中国社会科学院"2023 年中国社会状况综合调查"

中国社会科学院实验室孵化项目"我国社会结构变迁的仿真和系统推演研究"

国家社科基金重点项目"中国式现代化的评价指标及发展规律研究"

# 仗卷走天涯

## 全国大型社会调查之督导笔记
### （第四辑）

SOCIAL SURVEY SPREADING THROUGH CHINA

*Reflection of*
*Chinese Large Social Survey*
(Volume 4)

崔 岩 林 红 田志鹏 **主 编**

任莉颖 邹宇春 李 炜 **副主编**

社会科学文献出版社
SOCIAL SCIENCES ACADEMIC PRESS (CHINA)

# 序　言

崔岩　中国社会科学院社会学研究所

在时代的洪流中，社会变迁有时以波澜不惊、缓慢平和的方式徐徐进行，有时又以疾风骤雨、风驰电掣的姿态将时空维度急剧压缩。不论呈现在我们面前的社会变迁是何种形态，其在历史的长河中必然会留下一幅幅浓墨重彩的画卷。为了更加系统、全面、准确地记录社会，以期为未来绘制更加美好的蓝图，中国社会状况综合调查的同仁们，投身到这项前所未有的社会科学事业中。这不仅仅是一次数据的收集，更是一次心灵的触动，一次对这片土地上许多鲜活生命的深刻接触。

我们的初衷是希望通过中国社会状况综合调查，揭示社会发展的真实样貌，为政策制定提供科学依据，为学术研究提供丰富素材，为公众提供了解社会的窗口。同时，我们也希望通过社会调查，引起更多人对社会的关注与思考，共同为构建更加和谐、美好的社会贡献力量。

## 一 互联网时代的入户问卷调查

对于中国社会状况综合调查来说，调查方式是入户面访。从各类问卷调查的形式来看，入户面访是互动层次最高的问卷调查形式，不同于邮寄问卷、电话访问、在线调查，入户面访过程中，访问员和被访者的互动过程，对于信息采集有着至关重要的影响。在我们和学界同仁交流的时候，经常被问到两个问题：你们为什么要坚持入户面访？是不是可以用在线调查形式？众所周知，随着智能手机和互联网的普及，在线调查成了学界开展社会调查的重要方式之一。不可否认，相比于传统问卷调查，在线调查门槛更低、效率更高。但是，互联网和智能手机的使用在不同人群、不同区域之间仍然存在一定的差异，因此基于互联网的在线调查会影响样本的代表性。同时，在在线调查的过程中，并没有访问员在访问现场和被访者进行互动，被访者在填答问卷时有很强的匿名性，这可能会增加被访者臆答的可能性。因此在线调查虽然为被访者提供了匿名应答的环境，但可能会影响问卷调查质量。同时在大型社会调查中，一些问卷中的问题需要访问员进行解释和跳转指导，有访问员协助的问卷调查可以为问卷设计者提供更复杂的问卷设计的可能性。

同时，入户面访为每一位研究者和访问员了解真实的中国人与中国社会提供了难得的机会。在《仗卷走天涯：全国大型社会调查之督导笔记》（以下简称《仗卷走天涯》）（第四辑）一书中，读者可以通过阅读各篇文章，感受到入户面访过程中展现出的人文关怀和温暖。在《仗卷走天涯》（第四辑）中，一位位作者以问卷调查员的身份，走进千家万户，与不同背景、不同年龄、不同职业的被访者进行面对面的交流，记录下一篇篇看似平凡却蕴含着人间百态的故事。相信读者朋友们在阅读本书时，能够感受到入户面访的互动中，所体现出的那些真挚的情感；更能够感受到在现代社会中弥足珍贵的人与人之间深深的信任与共情。在《仗卷走天涯》（第四辑）中，读者朋友们可以通过文字结识不同的被访者：有意气风发的年轻人，他们忙碌于城镇与乡村的各个角落，但依然愿意抽出时间与我们分享他们的生活和梦想；有白发苍苍的老人，他们向我们讲述了人生中的风风雨雨，让我们更加感怀今日中国所取得成就的不易，体会到今日国人应有的底气和信心；还有那些默默付出、为社会做出贡献的基层干部和志愿者，正是他们那些看起来平凡的点滴日常才汇聚起了今日中国的力量。对于中国社会状况综合调查的同仁们来说，每一次入户调查都是一次心灵的洗礼。每一位访问员在参加中国社会状况综合调查的过程中，不仅能够收集到宝贵的数据和信息，更能够感受到当下中国社会的真实和国人的真情。这些感动瞬间让每一位中国社会状况综合调查的参与者更加坚定了理想和信念，要用自己的行动去传递爱和温暖，让更多的人感受到社会的关怀。

## 二　大数据时代的入户问卷调查

在大数据、人工智能技术快速发展的今天，入户面访似乎有些"落伍"于时代。当今社会科学领域基于大数据研究取得了快速的发展，社会学研究也迎来了拥抱大数据、人工智能的热潮。有些人认为，在大数据时代，以问卷为载体的社会调查已经可以被归为"传统"研究方法，其为以大数据、人工智能为代表的新技术、新方法所取代，将是大势所趋。不可否认，大数据研究有着显著的优势，基于大数据的研究方法推动了社会科学领域实证研究的跨越式发展。特别是在我国互联网普及率日益提升的背景下，以大数据挖掘方法对互联网信息进行采集和智能化分析，可以实现高效的"社会化聆听"（social listening），为社会科学研究者提供从各类网站和社交媒体中提取的社会公众的认知、表达、情感的趋势分析。基于问卷的研究方法在数据分析逻辑层面是以统计学原理为基础的，依托假设检验的思维框架开展科学论证，试图以样本推论总体的方式，实现对社会现象和规律的探讨。在这个层面，大数据研究方法有其优势，摆脱了在统计分析中对"分布""代表性""显著性"等概念的依赖。然而，问卷调查方法在社会科学研究中仍有着不可替代的地位。特别是基于问卷的研究方法在研究设计逻辑上是以理论为基础的，遵循着社会科学研究中的"因果关系"和"因果机制"分析范式，能够更为系统、深入、全面地对概念之间的因果关联性展开学理性的阐释。而时至今日，大数据研究方法在因果分析上尚未能够实现更有效的理论和实践突破。因此，从侧面来讲，大数据研究方法和问卷调查方法不是替代与被替代的关系，而更可能是互为补充的关系。在对社会科学研究方法的讨论中，理论驱动型研究、模型驱动型研究和数据驱动型研究如何能够实现更充分的互补，应该是学界进一步讨论的重点。

## 三 《仗卷走天涯》(第四辑) 作为田野笔记的意义与价值

《仗卷走天涯》(第四辑) 的价值所在，与其说是向学界介绍中国社会状况综合调查的执行过程，不如说是向社会调查界同仁们的辛勤努力致敬。作为全国大型社会调查的田野笔记，其记录了我们在调查过程中的所见所闻、所思所感，是参与社会调查的朋友们的笔谈交流和心灵碰撞。

这一辑《仗卷走天涯》的内容分为五个主要部分，分别是"以趣观"、"以差观"、"以功观"、"以俗观"和"以道观"。在"以趣观"部分，作者们记录了他们在不同地区进行调查的经历。从跨越几千里的调查到不忘初心的坚持，每一篇文章都饱含着调查者的热情与细致。这部分内容不仅展示了调查者们的所见所闻，还描绘了他们在调查中的心路历程，体现了社会调查的丰富性和挑战性。

接下来的"以差观"部分，更多地涉及了调查过程中遇到的困难与反思。从地图地址抽样的挑战到应对拒访的策略，这部分详细地描绘了调查现场的实际情况和调查者们的应对措施。这些真实的案例不仅展示了调查现场的复杂性，也反映了社会调查者在面对各种挑战时的智慧和韧性。

在"以功观"部分，内容则聚焦于调查工作的实际效果和影响。这部分深入剖析了调查工作的内在逻辑和方法论，为读者提供了思考和启示。参与CSS的每一个督导和访问员，用自己的亲身经历，讲述了社会调查中的点滴故事。这些故事中既有成功的喜悦，也有失败的教训；既有面对拒访时的无奈，也有获得信任时的感动。在这个过程中，每一位调查者都在不断成长，不仅在专业技能水平上有所提高，更在个人能力和心理素质上得到了锻炼。

在"以俗观"部分，作者们通过与不同文化背景的被访者互动，揭示了文化差异如何影响调查结果和对调查方法的选择。这部分内容展示了文化在社会调查中的复杂性和多样性，以及调查者在面对文化差异时的应对策略。通过这些经历与反思，读者可以看到文化在社会调查中的深远影响，以及调查者如何在多样化的文化环境中进行有效的沟通和互动。

最后的"以道观"部分，则是对整个调查工作的深层次总结与思考，展示了调查者们如何在困境中不断前行并最终取得成果。这部分通过社会调查界同仁们介绍他们和CSS共同成长的故事，不仅展示了社会调查者们的智慧和勇气，也体现了他们在调查工作中的奉献精神和无私态度。

《仗卷走天涯》（第四辑）既是关于中国社会状况综合调查过程的记录，也是对每一个老师和同学成长历程的记录。一方面，在任何问卷调查中，不论研究者的研究设计多么精巧、问卷设计多么严谨、抽样设计多么科学，要保障调查质量，最终的落脚点都是问卷调查的执行过程。社会调查的真实性不仅仅依赖于研究者的研究设计、问卷设计和抽样设计，更依靠访问现场每一位访问员的艰辛付出和每一位被访者的耐心配合。这种双向的努力，是确保调查数据真实可靠、研究结论具有实际意义的关键。访问员作为社会调查的"前线战士"，需要将研究者的意图和问卷内容准确无误地传达给被访者，并记录下他们的答案。这看似简单的工作，实则充满了挑战。访问员需要克服各种困难，并在访问中展现出高度的专业素养和沟通技巧。因此，从调查执行的角度来讲，每一位访问员的学术素养和社会责任感，以及对社会调查质量标准的坚守，是维护调查真实性的重要基石。从另一个角度来看，每一期中国社会状况综合调查不仅是对中国社会变迁的全景式深度挖掘，也是对研究者和访问员们的一次全方位的锤炼。这些成长经历将伴随他们的一生，成为他们宝贵的财富和回忆。

## 四　展望未来与期待

不知不觉，这已是《仗卷走天涯》的第四辑。和前几辑《仗卷走天涯》相同，每一位作者把自己参与中国社会状况综合调查的经历用平实朴素的语言记录下来。其中，没有华丽的词语，也没有晦涩的术语，有的是用真情实感写下的他们在中国社会状况综合调查中的所做、所看、所感、所悟。《仗卷走天涯》（第四辑）展现了社会调查者眼中的山河图景，记录了CSS共同体的建构过程。在未来的日子里，中国社会状况综合调查的同仁们将继续在问卷调查的学术道路上坚定前行，用心去聆听每一个被访者的声音，去感受他们的喜怒哀乐，用社会学人的行动诠释当代学者应有的责任和担当。

本辑《仗卷走天涯》由李炜、邹宇春、崔岩、任莉颖、林红、田志鹏负责统稿，胡玉淑负责课题组的事务协调和资料工作，朱建琴、兰雨、席东杰、赵常杰、宫新爵、李庆显、于佳琪为本书的出版做了大量工作，在此表示诚挚谢意。

最后，我代表中国社会状况综合调查课题组感谢所有参与这次调查的学者、访问员和被访者。是你们的辛勤付出和无私奉献，让我们得以顺利完成这次调查工作。同时，我们也要感谢所有关心和支持社会调查事业的人。是你们的关心和支持让我们更加坚定了推动社会调查事业发展的信心与决心。让我们携手共进，为构建更加和谐、美好的社会贡献自己的力量！

# 目录
C O N T E N T S

第一篇

# 以趣观

# 导语：
# 志之所向，趣之所在

*任莉颖　中国社会科学院社会学研究所*

**2023**年，中国社会状况综合调查（CSS）迎来了第九次调查，也是我自2017年加入CSS项目组以来参与的第三次调查。近7年间，我见证了项目组老师们和所有督导、访问员对这个调查的热情、认真、持守与奉献。

随着中国社会的变迁，入户面对面访问变得越来越困难，调查成本也日益高昂。国内已有一些大型知名调查转向电话、网络或混合调查模式；有些由于某种原因不得不中断纵贯调查；而一些新的调查项目则畏于困难，放弃概率性抽样，采用社交媒体大数据或网络大样本自愿调查的方式。

CSS项目则迎难而上，不仅在2023年的调查中根据全国第七次人口普查数据更新了抽样框，还运用先进的计算机、通信和空间技术，加强了对抽样和访谈的质量控制。

与我曾供职的北京大学中国社会科学调查中心不同，CSS项目组没有常设的执行机构，而是通过筹资，同全国各地30余家高校或科研机构签约，构建全国调查网络，共同完成实地数据采集。于是，从2023年4月起，项目组就开始组建一支调查督导队伍。老师们利用周末的时间，连续六周对招募的学生进行涉及调查技术、问卷题目、系统使用等内容的培训，并通过笔试、试讲和实地三次考核，遴选出合格的督导。一旦入选，督导们就担负起项目组与地方机构的联络、调查物资的发放、历时4~5天的课堂培训和实地调查支持等任务。本篇的作者彭丽艳、黄粤丹、陈之杞、钟雨诗便是项目组直接培训的督导。与此同时，全国调查网络的合作机构负责老师要在7月前组建起地方调查团队，学期考试一结束，就与项目组合作开展培训，然后进行实地调查。本篇的作者翁莉雅、高飞、郭渊、史新宇、罗嘉棋就是来自浙江、辽宁、内蒙古、云南和广东的地方督导或调查员。

项目组对督导的直接培训地点选在北京城区的西南位置，招的学生多为北京高校的研究生，也有一小部分来自外地。京外参加培训的学生要在周五乘高铁或飞机到北京，周日培训结束后返回学校。即使在北京的一些学生，也要跨越半个北京城来到培训地点。校区在北京昌平区的彭丽艳记述道："前一天晚上，我们准备好要带的东西，定好早上五点的闹钟，约好互相叫醒对方。一切按照计划进行，五点起床，五点半走到校门口，打车，坐地铁，昌平线换十号线，再换房山线，然后骑自行车到上课地点，刚好赶上九点的课。"彭丽艳和她同校的督导们参加培训时有过挣扎，困难一是每次培训周六早上要五点起床。困难二是经济问题，单程就需要三个多小时，他们无法在周六晚上赶回去、周日早上再赶过来，只能在社科大（中国社会科学院大学）附近住一晚。困难三是如何兼顾CSS和自身专业学习。那段时间他们一边泡图书馆写专业课作业、论文，一边认真完成CSS作业，预习、复习CSS知识点，累到每天沾床就睡。

在培训过程中，有学生主动退出，也有学生经过考核后因不能胜任而被劝退。这种筛选使得留下来的督导们更加清楚地认识到CSS项目的严肃性和即将面临的挑战。学生们报名时可能还有一些天真的冲动，培训后的他们明确了参与这次活动的志向。黄粤丹说："一想到我用汗水和脚步得来的数据能够汇聚成社会科学研究领域的公共资源，我便会觉得肩上的担子虽沉重但令人极其兴奋。"钟雨诗"想知道前沿调查具体的操作方法，也想去不同地方，看看不同地方人们的生活和想法"。陈之杞则"担心自己在象牙塔里待了太久，就失去了对真实世界的感知"。各地合作机构中参与调查的同学们也有类似的想法，翁莉雅"希望能够透过社会调查之眼看到真实的中国，在自己的家乡温州看见真实的'附近'，直面日常生活的复杂"。罗嘉棋在深圳长大，但感到"有太多关于深圳百姓疾苦的空白，有很多我还没踏足的土地，都在等待我去——真切感受"。

志之所向，趣之所在。参与CSS的学生们不满足于只见"百川灌河"，而是向往"观于大海"。进入调查实地后，学生们身处其地，趣观所见，感受所历。

学生们在CSS中认识到了调查研究方法的实施规范，感受到了调查方法的原则与实践之间的张力。彭丽艳记录了她被派到地方后从培训到实地的真实经历：培训时遇到"阿訇""满拉"对应哪个职业编码的问题，督导们内部讨论后，马上和项目组的专家联系，请求指导；实地绘图时小组成员每天晚上十点结束工作后都会聚在一起分享绘图或核户中遇到的问题和摸索出的经验；入户访问时遇到中途拒访时，访问员用真情打动被访者，终于完成第一份问卷；陪同访问员入户访问时，访问员会认真地确认访问过程没有出现问题或错误。对于有新闻传播学、社会学和人类学三个学科研究方法训练背景的翁莉雅来说，她从比较的视野来观察这次实践。她认为调查是科学与艺术的结合，"从定量社会科学的角度来看，项目组的质量控制相当严格，常常令访问员胆战心惊、焦头烂额，对问卷可信度的把控也科学合理，可以确信通过这次大型社会调查得出的数据将是有较强参考性的。然而从定性研究的角度来看，凝固的话语与现实之间存在着一道阴暗的断层，很多时候我们只能对这种悬浮视而不见"。高飞、郭渊、钟雨诗、史新宇和罗嘉棋记录了他们在实地调查中的点点滴滴：他们看到了居民住宅格局的混乱，使得设计严谨的绘图抽样方法常常难以实践；他们看到了敲门时常常无人应答，有人应答时也会拒绝开门，甚至出言不逊，致使概率抽样的原则受到挑战；他们看到了访问过程中一些被访者对调查问题理解的艰难，从而困惑是该忠实于问题的原始字句，还是可以用自认为通俗易懂的说法去提问；他们还看到了质控员对于调查规范不容变通的严苛，虽抱怨但也认同这是对数据质量的保障……参与CSS的学生们大多上过"社会调查研究方法"课程，他们发现教科书中的条条框框在实践时如此艰难，高质量调查数据如此来之不易。

学生们在CSS中还观察到了当代社会的民生真貌，感受到了人世间的甘苦炎凉。社会抽样调查是一种观察性研究方法，调查员要保持中立的身份，不应对被访者有有意或无意的干预。作者们笔下的被访者中，有的是村里的上访户，热切盼望通过这次调查访问帮助他们解决问题；有的处于被社会排斥的状态，渴望与人交流；有的家庭幸福，热情接待访问员，温暖了访问员的心；有的则家境困难，言谈中流露出无奈。钟雨诗这样记述道："在调查过程中，我们遇见了各种各样的人：很热情帮助我们的村干部、认为我们做的事情很有意义的大爷大妈、见到我们就很开心的聋哑老人、希望我们结束访问后陪她聊天的孤寡老人。还有一些认为调查没有意义、极度抗拒的人，比如一对夫妻，访问到一半的时候他们认为一切都没有意义，并且强烈拒绝我们继续访问。在同样的一个世界里，存在各种家庭和各种人群，有时候你会和他们一起流泪，有时候和他们一起开怀大笑，这种感觉怎么说呢，你进入了不同人的世界里，并且体会了不同人生的酸甜苦辣。人生百态，是调查中深切体会到的东西。"

学生们也反观自己，思考在CSS中有哪些收获。彭丽艳感悟到"人生是多变的，无法一直顺风顺水。我们在未来的人生道路上可能会遇到各种各样的问题，可能不断地想放弃，但说不定再坚持坚持就成功了呢。就像我这次的CSS之行，从一开始，我并没有想过能走到最后，从培训时遇到的各种困难想放弃，到实地更多的障碍难以言说，在放弃中坚持下去，就会发现原来另有一片天地"。陈之杞在这一路上"都在寻找自己想要的答案，好像经常找到了答案，却每次又都还不够"。翁莉雅"离开温州之后，时不时想起那句'中县的天空飘满了蒲公英',或许每一段调研都会让人见到类似的世事浮沉、人生交汇,无非随着阅历增长产生不同的体会"。高飞说:"CSS就像一阵风雨,让我们感受着不曾有过的感受,迈出自己的舒适圈,尝试人生的更多可能性。这是一阵风,吹走了我们的茫然;这是一场雨,浇灌着我们不知所措的心;这是一片日光,温暖着如雨后春笋般即将破土而出的我们。"

读罢这一组文章,我不禁思考,若也以趣观CSS项目,我会有怎样的感想。清代诗人袁枚写有一首五言绝句《苔》:"白日不到处,青春恰自来。苔花如米小,也学牡丹开。"参与CSS项目的每一位老师、学生、被访者和给予支持的基层干部们,正如这苔花,也许不为人所知晓,也没有人感谢,却以青春的激情努力绽放。

然而当这些苔花拼接在一起时,则是触动心弦的美景。6月14日,英伟达公司首席执行官黄仁勋曾在美国一所名校的毕业典礼演讲中提到了一座著名的苔藓花园,以及他偶然遇到的一位在花园里工作了25年的园丁。"那个园丁已经把自己奉献给了他的手艺,做着他一生的工作。"黄仁勋希望毕业生们也能找到一个他们毕生致力于完善并磨炼技能的手艺,并让它成为他们一生的工作。CSS项目中的每一条调查数据都如小小的苔花,蕴藏着一个个被访者的生命故事,承载着访问员们的辛劳。这些数据汇聚在一起,就反映出中国社会发展的宏伟场景。

在中国社会调查界,也有一批兢兢业业、专心"手艺"、奉献毕生的"园丁",借此向改革开放以来致力于做"中国好调查"的调查同仁致敬!

# 一路向北

彭丽艳　北京化工大学文法学院

作为一名法学生，对社会学了解并不多，第一次接触社会学还是本科期间公共课老师推荐的费孝通先生写的《乡土中国》，因为对其中描述的差序格局非常感兴趣，我对社会学萌生了好奇心。本次有机会参与中国社会状况综合调查，我学习到了更多社会学知识，并进一步进行了实地调查。这实在是一次难得的机会。

## 一　相遇

第一次接触CSS是2023年4月的某个晚上，我的朋友突然很兴奋地来找我说，我们一起去报名CSS吧。她说她社科院（中国社会科学院）的朋友参加过，特别好，可以去其他城市做调查，了解不同城市的风土人情。报名后，我不断从官网、搜索引擎上了解这个项目，内心从开始的无所谓转变为非常希望参加。很有意思的是，收到面试通知的时候，我和黄粤丹正在爬居庸关长城最高点，当时特别兴奋。收到面试通过邮件的时候，又恰好是我在雍和宫上香的时候，仿佛这一切都是上天安排的！

5月20日，第一期培训正式开始。由于我们校区在昌平区，而社科院培训地点在良乡，这两个地方位于北京五环外两个不同方向的对角，因此我们要先坐地铁从昌平到城区，再坐地铁从城区到良乡。前一天晚上，我们准备好要带的东西，定好早上五点的闹钟，约好互相叫醒对方。一切按照计划进行，五点起床，五点半走到校门口，打车，坐地铁，昌平线换十号线，再换房山线，然后骑自行车到上课地点，刚好赶上九点的课。第一堂课是李炜老师给我们介绍中国社会状况综合调查，然后是邹宇春老师告知我们一些培训管理规定。下午和晚上就直接开始CARS系统讲解和绘图实操了，整个培训节奏非常快。

实际上从第一期培训后我们就在不断地打退堂鼓。困难一是每次培训周六早上要五点起床，绝对没有赖床的机会。因为我们前一晚预约的网约车司机五点半会准时在校门口等我们，而我们从宿舍走到校门口要十五分钟。五月的清晨略微有一丝丝凉意，然后慢慢到六月，天气越来越热，薄外套换为短袖。说实话没有CSS培训，我们根本不会知道凌晨五点北京的天是那么纯净，校门口的花开得那么好。困难二是经济问题。因为听培训课程的路途遥远，仅单程就需要三个多小时，我们实在无法在周六晚上赶回去，周日早上再赶过来，只能在社科大（中国社会科学院大学）附近住一晚。而这种付出可能是没有结果的，因为并不是每一个候选督导都能通过最终考核成为正式督导。一旦落选，前期付出的时间、精力和金钱都将成为一场空。困难三是如何兼顾CSS和自身专业学习。那段时间刚好处于我专业课课堂展示、提交结课论文的时期，而CSS不仅要求周末的全部时间线下集中学习，还会布置作业作为考核的一部分。周四也要开线上会议总结、讲解作业。我现在都记得那段时间一边不断泡图书馆写专业课作业、论文，一边认真完成CSS作业，预习、复习CSS知识点，累到每天沾床就睡。

经过前期的培训学习，我们终于迎来了最终考核。最重要的当然是怀柔的试调查了。印象最深的就是试调查第一天，我和我的搭档入户成功后，访问了将近三个小时。因为第一次敲门就成功入户了，所以我们非常兴奋，觉得肯定能马上完成任务，甚至完全忘记了吃晚饭，马不停蹄地打算继续入户。结果却是乘兴而去，败兴而归，不断地遭遇失败。所在区域的样本都分配完了，督导说先去吃晚饭吧，我们一致说不饿，又要求分配了其他区域的样本，终于精诚所至，成功入户。而由于问卷实在太长，中途无数次被访者和其亲属都想放弃，我们均本着诚心，耐心讲解，最终得以在晚上十点多完成问卷。回到酒店后，已经十一点多，此时方觉饿意袭来。或许我自己都不相信，在早上五点多起床，经历了上午顶着大太阳绘图，下午爬楼核户，晚上入户访问，十几个小时的奔波，却完全不觉饿、不觉困，也不觉累，我想这是一定要完成试调查这一信念带来的吧！

皇天不负有心人。一个多月的坚持与努力有了回报，我通过了考勤、作业、最终笔试、试讲和试调查等考核，成了一名正式督导。一切祷告有了回音。正如我们年少时看的偶像剧，我们总以为相爱的人在一起，举办婚礼就是最好的大结局，然而婚姻却是爱情的另一篇章。从候选督导成为正式督导意味着我们虽然圆满地画上了培训的句号，同时也意味着即将开启另一华章。我们即将去往祖国各地，去实地检验我们学习到的知识。正如人们常说的，实践才是检验真理的唯一标准。后来，我们才领悟了绝知此事要躬行的意义，培训时面临的问题和实地所要面临、处理的问题相比，真是小巫见大巫。

## 二　出发

从湖南衡阳到西宁，不到两千公里路程，转了三趟车，坐了将近十一个小时高铁，一路向北，我的内心满是欢喜，已经迫不及待想把自己学到的知识运用起来。经过一个多月的学习、试调查，我已经摩拳擦掌、跃跃欲试了。

我去西宁的任务是和王师姐、中杨同学一起完成青海师范大学的访问员培训工作。尽管考核时有试讲环节，但是当真真切切地站到跟我同龄的研究生学员面前，旁边还有老师们旁听，完全由我们三个小伙伴安排讲授一个星期的课程时，我还是焦虑得像是热锅上的蚂蚁。作为学生的我们，这个时候才明白台上一分钟、台下十年功的意思。每一次上课前，我们都会在酒店反复熟悉PPT，模拟并演练讲解，反复思考访问员们可能存在的难点疑点，以及如何讲解才能让访问员们记住相关知识点。印象比较深刻的是，因为青海本地少数民族多，会存在一些职业是我们平常上课没有遇到过的，比如有访问员提问"阿訇""满拉"应当对应哪个职业编码。我们三个人进行内部讨论后，还是无法肯定，马上在督导群内联系了北京总部专门研究职业编码的王卡博士。她在了解了两者的工作内容以及职位后，随即为我们做出了解答。在整个培训过程中，我们三人相互配合，顺利完成了课程讲授、实地绘图、试访、考核等工作，不仅对CSS的相关知识和工作流程更加熟悉，也建立了深厚的友谊。在我们的后续调查中，我们随时保持联系，互相沟通有关专业问题。

完成西宁的培训工作后，我便马不停蹄地赶往我的第二站——兰州。经历过西宁的讲课后，兰州的工作相对较为得心应手，但是问题总是随时变化的。西宁的访问员多为社会学研究生，之前有过一些访问经验，所以理解问题比较快。兰州这边的访问员多为大一学生，社会经验相对不足，因此在对专业知识的理解上，以及人际关系的处理上较为薄弱。于是，我们针对性地充实了讲课内容，并且尽量讲得慢一点，保证讲解通俗又不缺乏专业性。同时，在试访的时候，我们特意安排缺乏社会经验的访问员们多进行锻炼，并且，结合自身经验，总结一些入户访问技巧。总体而言，访问员们态度积极，学习认真，培训效果良好。

兰州培训完成后，我就要带领兰州的访问员们开展实地调查了。

## 三 实地

我们前往的第一个调查点就是一块"硬骨头"。D社区是一个大型社区，辖区面积约1.7万平方公里，原居民小组有5个，物业小区有8个，人口有3万多人。作为我们调查的第一个社区，情况确实比较复杂。我们到达村庄的第一件事是联系社区负责人，让他填写村居问卷，以便我们对社区有一个总体了解。

然后是绘图环节。由于村居较大，在绘图这一阶段耗费了比较多的时间。还记得那几天绘图，我们通常都是每天两万步起。辖区内有很多城中村，大门落锁的情况下，我们比较难去判断是否有住户，以及住户数是多少。因此常常存在绘制了建筑图层，但是核户的时候发现没有住户，或是住户数不对的情况。我们只有每天晚上十点结束工作后才能分享各自的工作经验，不断沟通总结，做到行动一致。作为巡视督导，我们不仅要跟访问员迅速熟悉，还要能够去了解每一个访问员的性格和做事风格，从而做到监管到位，保证数据真实。我采取的方法是和访问员共进退，不管是大太阳还是刮风下雨，我都和他们一起行动。天气过热时，我会买好水为他们降温，真诚永远是必杀技，很快我就和他们熟络了起来，对他们每个人的脾气秉性也有所了解。对于比较粗心的访问员，我会重点核查其绘图核户情况。后续发现其确实存在绘图漏缺的情况，我在第一时间跟总部汇报后采取了有效补救措施。

接下来是入户访问环节，这是最重要也是最难的一个阶段。刚开始抽样抽到很多高层小区的样本，我们非常庆幸，觉得可以不用穿梭在城中村。但是当我们把高层小区样本的门全部敲了一遍后，才发现一天下来毫无收获。大部分是敲门无人应答；小一部分是直接拒绝开门，认为我们是骗子；还有一部分是听完我们的来由后，了解到不是强制性的调查便直接拒访了。尽管我们知道入户很难，但是这种当面一直被拒绝的挫败感对人打击还是很大的，整个调查组从之前的干劲十足转为士气低迷的状态。第二天，我们迅速调整了入户方向，决定从城中村入手。我陪访的是一个高大憨厚的男生。我们最开始是骑共享电动车穿梭在充满历史厚重味道的城中村里，后面因为门牌号难找，只能靠双脚去核对门牌号。调整方向后，入户依旧不顺利，基本上都是敲门无应答。临近中午时，我们决定再去一户已经上门三次无人应答的样本试一下，再不行就只能终止该样本了。

那是一个城中村的独栋建筑，一楼看起来较为荒芜，我们正围着一楼窗户往里看，房间很空，感觉应该没有人居住。但是，我们又实在不甘心，不想就这样放弃，于是决定在周围看看并问问邻居，刚好碰到一个遛弯的老大爷。大爷看我们围着房子看，大声质问我们是做什么的，在我们解释清楚后，就非常热心地告诉我们这里有一对夫妻居住，于是我们决定在附近等一会儿。果然，不久一位中年大叔朝门口走来，我们赶紧迎过去，表明来意，大叔非常热情，打开房门邀请我们去楼上坐。那一刻，我们简直要感动哭了，这两天的挫败感在这一刻都释然了。我们顺利地完成了住户登记，了解到他还有一个妻子正在买菜，大叔说他妻子可能不愿意接受访问，我们心里祈祷着抽样能抽到大叔，但是抽样系统并不受我们控制。最终，抽中大叔妻子作为被访者。于是，我们只能坐在沙发上，等着大妈回家。大妈回来后，刚开始对我们还挺热情，但是听说我们要访问她，便不断拒绝，重复着："我什么都不会答，没读过什么书，你问我老公，他懂得比较多。"大叔也表示："我给你们回答吧。"我们只能解释着我们的访问要求，一旦抽样完成，便只能访问大妈，并且不断鼓励大妈，"我们会念给您听，您表达您的看法就成，没有对错之分，我们就想听听您的想法呢，您的看法也很重要"。最终，大妈同意接受我们访问。由于大妈确实很多词听不太明白，需要不断解释和重复，我们在磕磕绊绊中完成了前半部分的问卷。当问卷进行到社会保障问题时，大妈表现出了极强的抗拒；到社会评价、社会参与问题时，大妈就明确表示拒访了。我们深知，如果这份问卷不能完成，我们就无法再敲开大妈的门了。而且不做完一份完整的问卷，前面访问的这一个半小时将前功尽弃。但是，大妈已经打开门赶客了，我们也不能强来，此时，别说访问员了，我的内心也已经崩溃。就在这个时候，我陪访的访问员，接近一米九的大个子，朝着大妈深深地鞠了一躬，然后哽咽地说道："大妈，我知道我们确实耽误您很多时间，真的非常抱歉，但是问卷还差一点点就完成了，不然前面我们访谈了这么久都没有用了，再耽误您二十分钟，我念给您听，尽快结束，这也是我的任务，麻烦您帮帮忙。"说罢他又深深鞠了一躬。大妈迟疑了一下，访问员迅速半跪在大妈身边直到完成问卷。结束访问后，大妈深有感触地说："你们真的很不容易，我听了这么久都累了，你们还要一个字一个字念，也不喝水，学生也不容易啊，留下来吃饭吧。"我们礼貌拒绝后，她又让我们带上玉米。我们说："大妈，组织有纪律，不让拿被访者家里东西。"大妈说："你们这些年轻人真的不错，有做事的样子。"从大妈家出来后，我陪访的访问员不断反复询问我，"学姐，我刚刚访问没有什么问题吧，不会废卷吧"。我表示肯定后，他长长地舒了一口气，我看到，他的背上，竟然有着清晰的背包汗渍印。这是我们小组的第一份问卷，也是他的第一份问卷，我能感受到他从上午的垂头丧气到做完后的欢欣鼓舞。组内的冰点气氛瞬间被打破，很多访问员来问他。访问员们也明白，哦，原来精诚所至、金石为开，我们是可以敲开门的，也是可以完成问卷的。

第二件印象比较深刻的事情是我陪访的一个小女生。当第一份问卷顺利完成后，陆续不断有很多问卷完成，基本上组内每个人都完成了一份以上的问卷。而这个女生一直没有完成一份问卷，心理压力很大。当时，我们不仅跑了高层住宅楼，也跑了城中村，从早上到晚上，一直无法成功访问。此时，我们了解到一些实际情况，即为什么我们跑了那么多高层住宅却无人应答。通过居委会和物业我们了解到，很多高层小区的业主是年轻人，这是他们买的婚房或者安置房，但是住户都外出务工了并不在家，因此我们常常扑空。而有一个小区入户访问率极低的原因，是物业和业主极其排斥外来人员，进出小区，保安均会盘查，而且据访问员反馈，就算出示了证件也不管用。因此，我决定带着访问员把这个小区死磕下来。我们一进小区，有一个中年女业主就指着我们说："你们干吗？不准进来。"我们刚开口解释，她就非常愤怒地打断了我们："我不管你们是谁，要干吗，不准进来，我们没有义务配合，赶紧走。"为了不激化矛盾，我们只能往外走，寻求保安的帮助，让他带我们去找物业经理。刚开始，物业经理的态度和中年女业主一样，非常强烈地反对。我们出示了中国社会科学院关于CSS的公函、居委会的通知等，他还是不太配合。最后由居委会书记给物业经理打电话进行沟通后，我们才得以顺利入户，并完成了该访问员的第一份问卷。还记得她一出小区就抱住了我，说她这几天一直在努力，但是其他人都成功了，只有她一份都没完成，地方老师对她也有意见，她每天晚上觉都睡不着，信心备受打击。现在完成一份后，她感觉一切都在往好的方向发展。那种感觉我至今都记得。因为这次陪访，我们成了很好的朋友。

当然，除了上面提到的困难，我们也碰到了很多热心的好人。比如，社区负责人特别热心，在一些物业人员配合不积极时，他会当着我们的面一一询问进展；一些物业的姐姐亲自带我们一对一上门敲门，并帮我们解释，无人应答时会挨个查询电话为我们进行电话预约；还有村里的一些大爷大妈，听说我们要去哪个门牌号，蹒跚着带我们去。

## 四 收获

对于作为巡视督导的我们而言，在CSS中收获太多，系统且专业的社会调查知识，最先进的绘图系统、访问系统的应用，人际交往沟通能力的锻炼，团队意识、领导能力的培养等，最为深刻的莫过于与督导们、老师们、访问员们建立的深厚友谊，以及那一颗颗永不言弃的心。对于我而言，整个CSS过程中，我确实遇到了很多此前没有经历过的困难和阻碍，每每濒临崩溃的边缘，总想弃而远之。每当这个时候，我心里总会想起第一次上课时老师说的，要做中国好调查；会记起这不是我一个人的战斗，我身后有众多跟我一样的巡视督导在祖国各个地方为之奋斗，有一群质控督导没日没夜地在后台为我们保驾护航，还有那最让人感觉到踏实放心的一群社会调查的专家老师在背后支撑着我们；会想起访问员们那一张张稚嫩的脸庞，他们为了调查而认真学习，为了核户在烈日炎炎下东奔西跑差点中暑，为了入户成功哪怕屡屡被拒还要不断抱有希望地去敲响下一个被访者的门，为了与被访者顺畅地沟通而保持半跪的姿势一个多小时，为了完成问卷苦苦哀求中途想要放弃的被访者……我又怎能轻言放弃呢？所有身体上的、精神上的累和苦都可以抛之脑后了，只管努力向前，只管不断奔跑，奋力去做，永不言弃，共同完成这个利国利民的大项目，如此方能对得起这些人和这段光辉岁月！

对于地方访问员而言，我相信他们在这个项目中也学到了很多。首先，毋庸置疑的是，我们讲授的社会调查知识是前沿的，使用的工具是先进的，培养计划是系统完善的，实地走访是规模巨大的。我时常听到访问员跟我说，他们就是冲着中国社会科学院来的，无论什么苦他们都能坚持。他们觉得学会了很多在地方高校无法学到的知识，并且得到了很大的锻炼，真正践行了学以致用这一真理。

对于被访者而言，他们大多是平平无奇的普通人，或是贩夫走卒，或是引车卖浆，每天为了生活和家庭勤勤恳恳、忙忙碌碌，可能终其一生都没有人会关心他们对世界的看法，甚至他们自己也不相信有人会在乎并重视他们的看法。但是 CSS 提供了这样一个平台，所选取的样本无关职业，无关社会地位，无关贫穷或富有。我们虔诚且平等地听取每一个被选中的被访者的声音，重视他们的真实看法，不惜历经数月、跨越千里、耗费巨大，面对面地聆听他们内心的声音，了解他们的现状，并如实记录。中国社会正是由千千万万个普普通通、并不完美，但鲜活的"他们"组成的，"他们"的个人、家庭、工作、生活等方方面面又汇聚成中国社会状况。只有了解中国社会状况才能制定出符合中国国情的政策，才能让那些原本淹没在历史洪流中的普通民众的声音得以被放大，提升他们的生活水平。我想这正是群众路线中的一切为了群众、一切依靠群众，从群众中来、到群众中去的体现。

人生是多变的，无法一直顺风顺水。我们在未来的人生道路上可能会遇到各种各样的问题，可能不断地想放弃，但是说不定再坚持坚持就成功了呢。就像我这次的 CSS 之行，从一开始，我并没有想过能走到最后，从培训遇到的各种困难想放弃，到实地更多的障碍难以言说，在放弃中坚持下去，就会发现原来另有一片天地。我想，无论何时，我们都应该拿出 CSSer 应有的态度：人生一路向北，永不言弃。

# 绝知 CSS 须躬行

黄粤丹　北京化工大学文法学院

作为一名法学学生，我有幸参与到2023年中国社会状况综合调查（CSS），脚踏实地、求真务实地以亲身实践感知民生，在一次次对话中感受国家发展变化及个中酸甜苦辣。

## 一　砥砺前行的CSSer们

在经过报名、面试、培训和考核环节后，我拥有了一个新的身份——CSSer，与几十名各个学校、各个专业的伙伴，共同肩负起中国社会状况综合调查2023年的调查任务。一想到我用汗水和脚步得来的数据能够汇聚成社会科学研究领域的公共资源，我便会觉得肩上的担子虽沉重但令人极其兴奋。在一个月的培训中，我与同组的CSSer们互通有无、互相成就。仍记得在校园中模拟实地调查时，我还很慌乱且不会分辨建筑、画入口方向，我们组的组长非常靠谱地为我们"开小灶"。在培训过程中我提出新想法时，组内成员都会认真地聆听并给出许多反馈。虽然到最后不管年长年幼他们都叫我"黄姐"，但我还是觉得我得到了大家最多的照顾。

在湖北省做巡视督导期间，与优秀的CSSer并肩前行的七月，成了在炎热的夏天我最难忘的时光。我闭上眼闪过的是可爱温柔、会照顾人的雅宁，是吃很多、睡很香的小驰，是洒脱靠谱的川川，是经常请吃饭的博文学长。我遇到了很多纯真、热忱、会照顾人、努力认真的访问员，我时常会恍惚我们是一起玩了很久的同龄人。我们会在一筹莫展时相互支撑，在完成问卷时分享喜悦，在疲惫时相互鼓劲儿。有趣且充实的七月湖北调查行，让我很想感谢在最累的五月、六月里坚持下来的义无反顾的自己。

在广东省做巡视督导期间，给一百多人的访问员大队伍培训绘图，对我来说是一个全新的挑战，讲台上的慌乱和失误最终都在访问员出色完成每一项绘图任务中消解。在广东省开展调查期间，我经常遇到很多特殊的、棘手的状况，那是我作为访问员可能都无法完美应对的地狱难题，却总能在项目组各位老师和广东金融学院的田老师的帮助下顺利渡过难关，访问员们也总会积极思考更优解。

在这里，所有人向着同一个方向，大跨步地走过每一个障碍，只为收集最真实、最全面的中国社会数据，为政策实施、中国社会转型提供数据支持。每一个CSSer都在以一腔热血去完成鸿篇巨制中的一个个字符，也在认真践行出发时的誓言："不忘初心，砥砺前行，做中国好调查。"

落笔写下这篇文章时，我在想这趟CSS之行带给了我什么，才发现雪泥鸿爪、弥足珍贵，我认识了认真负责、耐心温柔的项目组老师，认识了积极向上、优秀踏实的每位CSSer，认识了真诚善良、知行合一的地方督导和访问员，认识了错综复杂、多样化发展的社会，认识了每一位坚韧、温暖的被访者。

## 二 一年换了四份工作的同龄人

在深圳做巡视督导期间，我与访问员一起来到了一个一层有8户出租屋的梯间式建筑，在一层和二层之间甚至还有一个门只有半身高、需要半跪才能敲门的小夹层。

37度的盛夏，在狭小的楼栋空间里，我们敲开了样本户的门。门是一个瘦瘦的女生打开的，屋中还有一位男生。在我们说明来意之后，家里的男生强烈拒绝，不想接受任何的访问。但是看到我们汗流浃背，在当地访问员和女生的说服下，他从开始的抵触变为逐渐接受。20平方米的出租屋内，只有一张上下铺的床、一张桌子和一个拼命摆头的风扇。

在抽样环节，我无数次希望抽到温柔爱笑的女生，可惜抽样平板从来不关心我们的祈求，随机抽中了男生。嘴上说着"要做那么长时间的问卷，好影响我休息的""以前也有很多做社会调查的，但还不是什么都没有解决吗"的他，还是会把摆头风扇开到最大对着我们，把家中所有可以腾出来的凳子拿给我们坐。

随着访问的不断深入，我发现我和被访者两个同龄人，在人生的旷野上，似乎有着不同的走向。被访者的母亲是聋哑人，父亲也因为在工地受伤成了残疾人，从小父母的争吵不断，家庭的争吵、经济能力的局限，导致他在初中毕业后就来到深圳打工，没有什么文化但年轻力壮的他在工地干过活、在餐厅当过服务员、在电镀厂当过工人，现在在一家制造公司上班。来深圳的一年间他换了四份工作，但挣的辛苦钱却只够在深圳的吃住。从问卷中社会保险部分我得知他现在的工作单位并没有为他购买社会保险，作为法学生的我告诉他在劳动关系下，用人单位是有义务为员工购买社会保险的，"同事因为工作夹到手指，最终也不是给赔偿，而是被辞退，能给你这份工作已经很好了，哪里有跟老板讨价还价的"。纸上得来终觉浅，书本会告诉我们用人单位应当为员工购买社会保险，在工作时间因为工作原因受伤是工伤，可是没有人告诉我们能够平等地去争取自己的权益对于部分人来说是一种奢侈。

我曾到过深圳的一个高档小区，物业负责人协助我们进入楼栋，向我们介绍建筑物内的基本情况。该建筑共21层，每三层住两户，业主家里可能有台球桌、游泳池、大天台，他们一个月的物业费，是很多外地务工人员一个月的工资。

我顿觉命运的重量压在任何人身上都有千斤。蔡崇达先生在《命运》中就曾说过，"只要我们还活着，命运就得继续，命运最终是赢不了我们的。它会让你难受，让你绝望，它会调皮捣蛋，甚至冷酷无情，但你只要知道，只要你不停，它就得继续，它就奈何不了你。所以你难受的时候，只要看着，你就看着，它还能折腾出什么东西，久了，你就知道，它终究像个孩子，或者，就是个孩子，是我们自己的孩子。我们的命运终究会由我们自己生下。我们终究是，自己命运的母亲"。原生家庭的不幸、经济能力的限制、教育的缺失，都会让一个人的生活失去很多选择，认知的差别还会在代际传递过程中越来越大。人生海海，大多数人，在命运的洪流里载沉载浮，仅活着就耗尽了全力。但是"真正的英雄主义，是在认清生活的真相之后，仍然热爱生活"。人生本就变幻不定、起落浮沉，不丧失对生活的勇气，就一定会有好事发生！

## 三　听不见但说了很多的聋人奶奶

在湖北省做巡视督导期间，我陪伴了访问员们的第一次入户。在我与访问员一次次遇到空户后，幸运地遇到了有人居住且户门大开的样本户，而这个敞开门的样本户，我去了三次。

第一次，在一次次经历空户、拒访后，发现根本无须敲门、有人居住的样本户时，我和地方访问员很兴奋；但是走到门口发现一个奶奶正在躺椅上睡觉，好像也没有其他人的声音。因此我们就没有进去打扰，只是根据客观情况填写了接触记录。房子是两层平房，奶奶躺在通往二楼的楼梯口处，屋中挂着一幅巨大的毛主席像，前面的桌子上有一张黑白的老爷爷的遗像。屋中说不上杂乱，但是有满地乱摆的家具。

第二次，与第一次唯一的差别是躺椅上的奶奶不见了。我和访问员礼貌地敲门，对着空旷的屋内大喊"有人吗"。没有得到回应的我们也不好踏入家中，只能重复敲门和询问。在我们准备填写第二次接触记录时，双腿外翻的奶奶拿着扫把和剪刀从楼上蹒跚地走下来，看到我们俩站在门外，就疑惑地问我们是搞么子的（湖北方言，指来做什么的）。在访问员介绍CSS项目并说明来意时，她用方言打断了我们并说了很多话；但是由于语言差异，我和访问员都听不懂奶奶在说什么。奶奶越说越激动，挥舞着手中的剪刀，用我们听不太懂的方言时而兴奋、时而悲伤地跟我们对话。从听不太懂的方言中，我听到了奶奶提到自己的儿子，提到自己已经离世的老伴。让我至今印象深刻的是，奶奶对着天空，作揖了五六下，嘴里念叨着感谢老天爷。

因为听到奶奶说她还有儿子，我们需要确认家中常住人口以进行抽样，便问了旁边晾衣服的邻居阿姨。阿姨告诉我们，奶奶是个聋人，无法听到我们说话。阿姨告诉我们，奶奶说了一大段，是在说陈芝麻烂谷子的旧事：今年已经80岁的奶奶有三个儿子，均在外地成了家，一年到头都没见回来过。奶奶大多数时间都是自己在家，因为无人照料，奶奶曾从二楼的楼梯上摔下来而无法动弹，最后还是在地上用四肢吃力地爬到门前求救才被人送去医院。村里人告诉了她的三个儿子，但是没有一个人回来看老人。因为奶奶的年龄超过了调查对象的年龄范围，我们无法完成这份调查问卷。但监利县的地方督导自掏腰包，把本来送给完成访问的被访者的洗衣粉、牙膏和挂面悄悄放在了奶奶的屋里。被奶奶看到了，奶奶又是拉着我们出来对着天空念念有词。

第三次，在上次离开后，不知道为什么，我一直很担心奶奶一个人会不会准时吃饭，在听不到声音的情况下一个人吃饭会不会孤单。在同一条街寻找样本时，我第三次经过奶奶的屋门，看到奶奶正在吃馒头和菜，我松了口气。

隔壁阿姨还告诉我们，奶奶对着天空说的是："感谢老天爷让这个社会变得这么好，感谢老天爷让两个孩子读到了书，让这两个孩子这么有出息。"不知道奶奶是不是从我们身上看到了自己久未回家的孩子的影子，但我从奶奶身上，看到了每一个坚强、感恩、善良的女性。

## 四　全天下最幸福的叔叔阿姨

在所有老师培训完毕后，我们在怀柔开展了试调查。在此期间，我和同组的妹妹搭档，一同开展某小区的绘图抽样并入户完成问卷。在尘土飞扬、没有电梯的施工小区，因为时间紧、任务重，我们快速地爬上爬下，穿梭在每一个单元楼中。爬完了一半腿就像爬完长城一样不受控制地抖动，屡屡想放弃时都会想到万一上面这层楼与下面的楼构造不一样呢，都已经爬到这里了要是出了错就太亏了……在放弃和坚持之间，我就这样稀里糊涂地完成了建筑物的绘制。我仍记得同组妹妹在我们俩都爬不动楼的时候说出的"姐姐，四楼以上交给我去爬，我年轻"的豪言壮语，也还记得我们俩在等待抽样的间隙去小商店买的最甜、最冰的冰棒。

记得老师在课堂上说过，不被拒绝个十次八次，都无法成为一名成功的CSSer。果不其然，敲的每一次门都是未知的，"人不可貌相"也是我上的重要的一课。看起来很好沟通的阿姨，把我们拒之门外三次；看起来很清闲悠哉的奶奶，以没有时间接受访问拒绝了我们；看起来笑盈盈的爷爷，会把门啪的一声关上说我们是骗子。在一次次遇到空户、遭遇拒访、不被信任后，我们来到了一个叔叔阿姨的家，这是让我最受感染的一次入户访问。

敲开阿姨家的门，阿姨配合我们完成了抽样部分，在得知主问卷的大概时长后她开始犹豫，在同组妹妹的一声声"这是我们的作业""我们已经被拒绝过好多次了"中，她让我们进屋里先坐下慢慢开始。进屋后，阿姨给我们拿来了王老吉让我们先喝点凉快一下，我们在初次访问时非常慌乱，阿姨和叔叔养的鸟时不时会飞来我们这里看看热闹，把我俩都吓得不轻。阿姨和叔叔一直耐心地等着我们，问我们从哪里来，渴不渴，热不热。

阿姨和叔叔有一个孝顺的女儿、刚上幼儿园的孙子，和一只叽叽喳喳、很爱闹腾的小鸟。不论是在问卷的哪一个部分，只要能提及女儿的地方，阿姨都洋溢着笑容，炫耀着女儿。

在社会态度部分，一旁的叔叔忍不住高谈阔论，阿姨只是笑着点点头。当我们再次向阿姨确认时，阿姨每次都是笑着回答，"我没什么文化，这些事情我家老头懂得多"。即使阿姨把家里打扫得干净整洁，把女儿和孙子照顾得非常仔细，但她还是时常否定自己，羞于表达自己对社会问题的看法和态度。我们肯定地告诉她："阿姨，您有一个幸福的家庭，您肯定付出了特别多！"阿姨仍是慈祥地笑笑说："我也觉得是！"屋内的所有人都被阿姨逗笑。谁说不是呢，每一个人都应该比他人更相信自己、认可自己。完成问卷与叔叔阿姨告别时，即使我们连声拒绝，还是被阿姨硬塞了一袋杏子："不要有负担，这么热的天两个姑娘太辛苦了，看到你们我就想起我的女儿，你们收下吧，杏子可甜了！"

我依然记得跟阿姨道别后，留下的最后一句话是："我一定会成为跟你们女儿一样的孝顺孩子，让我的父母也能像你们一样提到就满脸骄傲。"阿姨挥着双拳说："一定会的！"

第一份成功完成的问卷，一直温暖我至今。我们不仅完成了问卷，还感受到了每一次入户成功背后的确幸：或是家里有值得骄傲的大学生、值得炫耀的女儿，或是对社会问题的敏锐发现和关心，或是对平淡生活的倾诉，或是想帮助辛苦的我们完成"作业和任务"的温暖善心，这些都支撑着我打开下一扇未知的门，用第一视角体验每一个人、每一个家庭的酸甜苦辣，收获他们的生活经验和人生感言。与每一个被访者的相遇，都是故事的开篇，翻开故事书，你会看到一个个生动的故事，或悲伤，或喜悦；你会了解国家的经济水平、政策实施情况及现实困境；你会感知到不同的世界观及其背后的种种形成原因。然后合上书本，在未来之路上，承担更多使命。

正如习近平总书记所说，"只有在实践中才能不断提炼自己狂热、浪漫的想法""不要认为学校中学到的知识是高超、万能的，只有到社会中与群众打成一片、扭到一起后，产生了社会责任感，才能获得真知灼见"。诚然，大学期间我的第一次转变源于一次次的法律援助活动，当时我才知道原来课堂和书本只能带给我们完整的世界观，而"没有调查就没有发言权"，只有脚踏实地、求真务实地走进实践，才能知行合一，获得解决难题的方法论。接受应然和实然的差别，迈出走向中国大地、社会实践的步伐，以我所学，服务社会，是每一个人都应肩负的使命与责任。

　　人生不是轨道，而是旷野。探索更多的可能，从而成就自己，这就是社会实践的意义。

# 我们一直在路上

陈之杞　北京化工大学文法学院

## 一　缘起CSS

我和CSS的缘分开始于我和我的丈夫还是情侣时。2021年的暑假，我正常放假回家，但是他却留在了北京，他告诉我他要去做一个项目，叫CSS。彼时我还不知道那是一项怎样的事业，我只知道那时候的他真的很忙、很累。我与他说话的频率大大降低，并且我找他的时候他一般都还在工作。无论早晚，好像只要我醒着的时候，他就都是醒着的。甚至他通常都不方便接我的电话，而只能用发消息的方式来回应我对他的想念。即使是在暑假，我也连续一个多月没有见到他。2021年暑假，我唯一一段与他相处的时光就是他因为我们订婚的事情而回到家乡，短暂地停留了三天，然后又投入了工作。那时我见到的他黑了许多，为人处世与谈吐更加成熟。从那时起，我正式燃起了对CSS的好奇心，我真的很好奇是怎样的一项事业，可以让一个人在短短的一个多月时间内变化那么大。

终于，2023年我有了机会去探究这样一个埋藏在我心中将近两年的疑问。当得知CSS开始报名的时候，我们两个都迫不及待地填写上了我们的报名信息，并暗暗期待着CSS2023将为我们带来的一切。只不过，我是初见，他是重逢。

## 二 初探CSS

现在想来，当时的选拔和培训固然非常严格，但那种严格就像温室里的门一开一关而短暂带来的外界的风雨一样，与我们真正下实地所面对的各种问题和困难完全不能相提并论。2023年我一共走过了六个省，按照时间顺序分别是山西、山东、河北、辽宁、黑龙江和吉林。可以说从第一个省开始，无法预料的困难就接踵而来。

第一次到实地为访问员们进行培训，可以说我是很惶恐的。但当站在讲台上的时候，一切的惶恐、不安与担忧都需要被藏起来，把最自信、最踏实的一面展现给访问员们。从第一次上讲台开始，我就意识到，当我们这些巡视督导在外行走的时候，在别人眼里个个都是独当一面的，每一个人都能代表项目组的形象。带着这样的意识，我在下实地的时候更加注意去解决别人面对的问题，减少自己带来的问题。

从山西省太原市前往山西省长治市LZ区，我是与地方团队一起行动的，这样的集体行动给我带来了数不尽的安全感。但作为巡视督导，我需要尽量顾及我负责的所有团队。所以还没来得及真正熟悉LZ区的住宿情况，我就要启程去山西省长治市QY县。地方团队的老师对我非常体贴，帮我联系了车辆在QY县等着我，接我去他们正在做调研的村里。但从LZ区到QY县，是我人生第一次坐大巴出门，而且是在陌生的城市独自一人乘坐一种陌生的交通工具。并且，我很快就迎来了人生中第二次坐大巴的旅程。那时我即将从山西前往山东。首先需要面对的问题就是怎么从镇上前往市里。镇上是没有大巴车的，我打电话给来时的大巴车司机师傅，司机师傅告诉我，每天早上七点左右会有一班车路过我所在的那个镇，所以我需要站在路边挥手把它拦下来。于是我六点多就站在路边开始等待，生怕错过了自己唯一知道的这一班车。那时，路过镇上的只有一辆辆运着货物的货车，马路上尘土飞扬。偶尔有路过的小轿车停下来问我去不去太原，但出于各种各样的顾虑，我拒绝了。在我拒绝了两三个人之后我走到了马路对面的中国邮政大厅里面，拖着我的行李箱等待着大巴车路过。那时我甚至不敢经常看手机，生怕错过大巴车，让我没有办法回到市里。

一路颠簸。当离开了山清水秀的村落、回到了我所熟悉的现代化都市太原的时候，我产生了一种非常明显的恍若隔世之感。那时的我风尘仆仆，穿着一身黑衣服，从头捂到脚，箱子上满是尘土，黑色的运动鞋变成了泥土的颜色，上面甚至有一层厚厚的土垒成的壳。但我那时心中涌动的更多是自豪之情，我知道那是我的功勋，是我与访问员们一起上山下地留下的珍贵的记忆和痕迹。可我作为不需要做问卷的巡视督导尚且如此，访问员们和地方督导们，只怕会比我辛苦得多。

## 三 追寻答案

做巡视督导的那段时间，我在各个省都看到了访问员们的艰辛。为了做出一份问卷，访问员们常常需要非常有耐心、有毅力和有勇气地跑上跑下几十甚至上百层楼。即便如此，我们还有可能遇到非常不礼貌的拒访。我们一百分的努力，被访者和他的家人可能只能看到其中的一分。所以在我们做问卷的过程中，我常常能感觉到被访者及其家庭的不理解。他们不知道为什么被选中，对于我们敲门这件事，有着极强的不安全感。他们不明白为什么学校会这么"残忍"——这是一位被访者的原话——让一群大学生在暑假期间还要这么辛苦地跑来跑去。他们更不明白为什么需要做这么长的一份问卷，为什么需要他们如此细致耐心地配合我们。与此同时，我能发现许多访问员其实是带着迷茫的情绪在进行访问的。他们也不明白为什么自己要吃这么多苦，去做一项不知道会不会有理想结果的事业。但恰恰是这种不理解，让我在事后回味时感到了一种感动。虽然我们做的事情很容易被人误会，被人当作没有意义的事，虽然大家自己尚未搞明白我们在做什么，但当同学们有了"访问员"这样一种身份的时候，他们从来没有停下过自己的脚步。我们也遇到了许多配合度高到令人激动的被访者，他们向我们释放的善意，足以支撑着我们度过很多辗转反侧的夜晚。

我是带着一些答案来做CSS这项事业的，但在我进行工作的同时，我还一直在思考我的答案是不是能够继续完善。得益于2021年作为"巡视督导家属"的人生体验，我从一开始就知道这项事业是非常艰巨的。但我同样也知道，我来过就会有痕迹，我努力过就会让这个世界多一点点变得更好的可能。在宏观上，CSS项目是为全体中国人民做贡献的，这样的事业总要有人去做；在微观上，我认为自己是一个素质高、能力强的学生，那我为什么不来做这种脚踏实地、富有挑战性的事业呢？我向来担心自己在象牙塔里待了太久，失去了对真实世界的感知，所以我一直非常感谢CSS项目能够提供给我这样一个机会，让我亲身体验、亲眼见证真实的社会是什么样子的。我一直抱有让自己、让身边的人，甚至让这个世界变得更好的理想，而CSS项目给了我这样一个机会，让我意识到我理想中的那些"人"，不再是一个个虚无缥缈的幻影，而是一张张或喜或悲、真实存在的面容。在我对访问员们进行培训的时候，我会特别强调说，我们不要对被访者的意见进行反驳，一个原因在于礼貌，这是为了能够营造出继续进行访问的氛围；另一个更重要的原因是，我们访问的是一个个具体的人，他们都有自己的人生，所以他们给出来的答案和想法都是有自己完整逻辑的，我们不能轻易否定一个人的逻辑和他的人生经验。

但我一直还在探寻更多的答案，关于我为什么要参与到CSS项目中，关于我为什么能够一直保持极大的热情和干劲。

从山东到河北，从我的出发地到目的地是没有直达的火车的，所以我必须找一个地方中转。当时，我的母亲听完我的行程后，建议我在家乡中转，回家休息一晚上。那时我已经在外奔波了大半个月，心中自然有强烈的对于家的思念之情。我如同乳燕归巢一般回到了家里，在我看到家中熟悉的摆设、感受到那种坚如磐石的安全感时，几乎要落下泪来。但那时的我还不能把自己紧绷的弦松上哪怕一丝，因为我虽然回到了家，却仍旧在路上。于是，第一天晚上十点多我回到了家乡，第二天早上五点多又起床前往火车站，坐七点多的火车前往下一个城市。我在我的家乡甚至没有待满十二个小时。那时的我其实已经有了满足CSS项目组要求的履历，但我想做的事还没有做完，所以我不能停下。

河北事毕，回到山东，我又马不停蹄地去到了村里陪访。那时正值盛夏，村里的蚊子非常多。我为了检查绘图，在村口树荫下站立不动两分钟，等到再一抬脚，惊讶地发现自己唯一露出的脚踝上腾飞起一大片蚊子，粗略一数也得有十几只，真可谓是"惊起一滩鸥鹭"。果然，没一会儿，一小块儿的皮肤上被蚊子咬的包就显露了出来，那两厘米宽的一圈腿上整整有二十一个包，大包叠着小包，整个一圈的腿红肿了一片。可在做CSS项目之前，我一直都非常小心，不想被蚊子咬到，所以我还没有被咬过哪怕一次，没想到一来就是"大阵仗"。这事虽小，却突破了我心里的一道防线。我突然意识到自己并不是钢铁之躯，于是我问自己，我是否做好了心理准备，去面对身体上的一些疾病和伤痛。答案是，是！我认为自己已经做好了这种准备。于是我跟村口的阿姨们打了个招呼，继续查看下一处的绘图。

在山东做回访工作的时候，我的父母就在隔壁城市，所以他们决定开车来看看我。母亲说，她还记得第一眼看到我的样子：三十几度的大晴天，我为了防晒把自己裹得很严实，所以肉眼可见的，我汗如雨下。但她刚下车想与我说话，就被我赶走了。当时的我正在向村民回访，进行一些事项的询问。可我的父母一来，氛围就变了：我自认为自己的打扮还是很深入群众的，可当他们开着车在我身边停下的时候，我父母的那种气场和我就格格不入了，村民也显而易见地变得紧张了起来，不愿意说什么了。于是我母亲刚下车就被我赶回了车上，我请她去酒店等我，告诉她我还有工作要忙，她也就只能开车离开。这事成了我母亲几个月的谈资，她经常把这件事情跟她的朋友们讲起，说起我工作有多投入，甚至把她这个许久未见的母亲都抛在了脑后。但其实我当时的内心是非常纯粹的，我顾不上想自己与母亲多久没见了，顾不上跟她谈起我吃了多少苦、受了多少委屈，一心只想着把手头的事情做得好一点，再好一点。我并不是想宣扬自己有多么不近人情，只是当我想起那一刻时，我意识到，自己其实早就做好了准备，全心全意地投入CSS的工作中去。

在辽宁的时候，我又面对了不同的困难。要回访的住宅区在城里，但地方团队当时在镇里活动。为了安全起见，我还是决定和地方团队住在一起。但从火车站送我去镇里的那位司机师傅太能聊了，他一直问我是不是一个人、有没有人接我、我要怎么从镇里再回到城里。出于对他可能是一个好人的考虑，我留下了他的手机号，以便之后再从没法打车的镇里回到城里；出于对他可能是一个坏人的考虑，我告诉他我是来旅游的，我的同伴们在等着我，我们是因为期末考试的安排，所以不得不分成了两拨走。那两天我往返于城里和镇里，早上六点多出发，晚上再回来。现在回想一下，当时辛苦吗？是挺辛苦。当时害怕吗？非常害怕。但日子就是一天天这样过去的，工作也是一点点这样做出来的。过去了，就都好了。

从辽宁前往黑龙江，情况再次变得不一样了，那时候台风的影响仍然非常显著，整个东三省有很多地方在抗洪。而我要去黑龙江，那里正是一个洪灾很严重的地方。前往哈尔滨培训访问员的路上，我就看到有很多田地被淹；和地方团队一起去佳木斯陪访，我更是亲眼看到了居委会如何进行抗洪工作。显然居委会对来打扰他们、给他们增加工作量的我们，肯定不会有太好的脸色。但我们一边感受到了基层工作多么困难，一边成了被这些困难所阻挠的人员中的一分子。我突然意识到，自己从一开始就知道CSS项目是非常锻炼人的，只是当时才感觉到它对于我们对这个社会的适应力是如何锻炼出来的。

这一路上我都在寻找自己想要的答案，好像经常找到了答案，却好像每次又都还不够。

## 四 仓皇结尾

我还以为自己可以有大把的时间、有更多的机会去探索我的答案，却没想到人算不如天算，我的巡视督导工作居然收尾得那么仓皇。那是八月下旬，在吉林的培训结束后，在黑龙江回访期间，有一天我突然发起了高烧，自己试图降温却失败了，一度烧到了40度以上。去县人民医院检查，才发现自己是新冠初阳，并伴随着细菌感染。在县医院住院两天后，为了更好地治疗和休息，我只能仓促地告诉老师们我的身体情况，并暂时结束自己在CSS项目组的巡视工作，回到家乡接受治疗。幸好在黑龙江的回访工作是我和我的丈夫一起承担的，如此才没有太耽误工作，也没有让虚弱的我再一个人拎着行李箱上路。但对我来说，这样结束工作总有一种虎头蛇尾的感觉。或许，这就是CSS巡视督导的工作给我的临别赠言，告诉我不成功和遗憾也是人生的一种常态。所幸，在身体没问题的那两个月，我已经尽量把事情都做到了自己心中满意的程度，才没有让自己太过遗憾。

现如今，各地的工作已经宣告结束，甚至2023年这一整年也已经到了尾声。CSS2023注定在我人生中的2023年和我的25岁留下浓墨重彩的一笔。虽然听起来有些俗气，但我还是想说，我非常感谢项目组能够给我提供参与CSS的机会，并且我非常感恩与项目组中每一个人的相遇。或许对于老师们、同学们和朋友们来说，大家只是说了随口的一句话，做了随手的一件事；但对我来说，这些话和这些事，共同构成了我生命中永不褪色的美好回忆。并且我也希望自己能够为亲朋好友乃至整个社会，带来一些小小的色彩。

在我写下这篇文章的时候，我和同为巡视督导的丈夫已经领取了结婚证。可以说，CSS贯穿了我们的恋爱阶段，见证了我们两个从青涩走向成熟，也见证了我们互相扶持的一段生命历程。我无比珍惜和感激我们与CSS的缘分，我也永远以自己是一名CSSer为荣！

# 看见真实的中国

翁莉雅　浙江工业大学人文学院

虽然CSS已经过去了4个月，但还有很多省思与感触依旧在我脑中碰撞，以至于当我写作这篇手记时，还需要久久酝酿才能落笔。

## 一　从已有实践出发

7月参与到CSS的培训当中时，我刚刚结束长学期"社会研究方法"课程和短学期浙江大学人类学训练营课程，因此非常巧合，作为一名广告学专业的学生，我能够带着新闻传播学、社会学、人类学这三重学科视野参与到全国性大型社会调查当中。

每一个学生报名参与CSS的时候都是带着梦

想来的，我也不例外，我希望能够透过社会调查之眼看到真实的中国，在自己的家乡温州看见真实的"附近"，直面日常生活的复杂。这种天真的梦想在后续调查过程中被打碎又重建，但始终支撑着我前进。

田野对我来说既熟悉又陌生。一年之前在疫情防控的压力之下，我作为本科生申报了温州社工生活状态调查的课题，并第一次在当地进行了民族志研究。因此我相对熟悉温州地方社区和村委会的工作模式，也清楚如何与社区工作人员和居民进行沟通。

在CSS的培训中，项目PI李炜老师和三位地区督导在紧张的几天时间内对我们进行了细致周到的培训。CSS的培训从定量社会科学角度出发，我们因此得知一个规范有序的定量社会科学项目是如何运作的，概念如何界定，作为一个访问员如何与被访者互动。除了"做中国好调查"之外，CSS对于学生们来说也是一场社会化教育。我们从对题目的理解当中了解社会生存所必要的常识，在社会调查的现场了解一般意义上的"社会"。许多同学在参与培训之前并不清楚住宅楼的具体分类、医疗保险和养老保险的类型等知识，直到参与到社会调查当中，在与被访者的交流过程中才对这些知识有了具体的认知。

三年疫情，许多社会调查被迫转移到了线上，了解了大量网络民族志实践之后，对于线下直接入户调查，我反而有些无所适从，似乎还没有从一次次线上会议中缓过神来。试访问可以说是把我们从这种桎梏中解放了出来，对培训内容查漏补缺。

收拾收拾，我们就启程去温州。金华组要去金华永康，湖州组要去往王兵导演纪录片《青春》的拍摄地——织里镇，而对于温州乐清这个距离我家乡平阳很近的地方，我不禁想到项飙所研究的"浙江村"，据说"浙江村"的第一个住户就来自乐清。

## 二 访问是一门艺术

脚底的炙烤，是体验真实感的第一步。到达温州乐清时，根据四个SSU（二级抽样单位，即村居）之间的距离，团队决定前两个SSU兵分两路，同步进行。于是在X村和W村，两个小分队遇上了截然不同的调查条件，也因此面临不同的挑战。

对于X村的同学们来说，南侧房屋排列规整算是访问的有利条件，然而北侧的大多数楼房排布混乱而密集，违建房、群租房屡见不鲜。队伍中绝大多数成员为女性，天色渐晚时楼房的暗影令人不免担忧自身安全。对于W村的同学们来说，村落中居民大多为老年人，经过反诈宣传后有较强的警惕心理；村中房屋排布散乱，卫星定位时常漂移；白天房屋中大多空无一人，傍晚街道照明不佳，一片阒寂，难以找到访问对象。

不同于格尔茨的田野调查，问卷入户调查更具侵入性，因此更需借助地方行政力量。与两村村委会合作，大幅降低了实地入户的困难。疫情以来，基层大力推行的社区网格化治理方便了团队绘图作业，温州当地村委会的GIS系统信息非常详细，与团队绘图互相验证，大大减少了绘图工作量。在绘图结束之后，两支队伍得到网格员的协助，得以更容易地获取居民的信任。除此之外，团队成员均为温州本地人，大部分成员掌握当地方言，只是口音略有区别，因此更容易被当地居民接纳。

W村村庄面积较小，房屋分布却极为复杂，各类建筑没有明显的区块分隔，外形亦无明显区别，因此绘图经历了相对漫长的过程，也经历了多次纠错。村庄内部拥有均匀分布的3家小卖部，西北面为安置房小区。村庄边缘分布有小型五金厂和电气厂，工人多为家庭帮工或外来租户，村庄南面有大片农田。

W村在当地的发展成果并不突出。村内老龄化严重，部分老年人有精神障碍。村庄主体部分中，房屋分为村民自住房和出租房两种。一般来说，建成年份较晚的多层独栋楼房为本地村民自住房，建成年份较为久远、居住条件较差的平房被本地村民出租给外来住户。村庄内部宗教信仰多样，佛教、基督教、道教信仰在一条街道上常常和谐共存，几乎每家每户房屋的墙根都刻有"泰山石敢当"字样。村庄东南面建有一座村庄大姓祠堂，节庆活动有时在祠堂中举行。

根据该村庄的特点，分队的策略是利用好网格员这个守门人（gatekeeper）和小卖部老板这些协商者和信息的传播者。村庄规模较小，因此网格员有较大概率认识或知晓村庄中的大部分人，熟悉大部分住户的家庭情况。分队经由热心的网格员联系到了大量被访者，成功完成了大量访问。除此之外，我们认为村庄作为熟人社会，社会关系的网络很大程度上重合于商业活动活跃的地方，比如小卖部。村口的女老板A和村北边的男老板B是我们顺利开展访问的重要突破口，通过与小卖部老板的攀谈，分队获取了大量村庄信息，也将调研目的、调研内容等信息借小卖部老板之口宣传给周围村民。

在W村的调查中，我们获得的经验是，入村除了邀请村委会工作人员填写村居问卷之外，也要通过网格员大致了解村内建筑的分布情况，方便后续绘图工作。在与被访者的互动当中，我们发现中青年被访者往往具有较强的反应能力；拥有高中及以上学历、政治面貌为中共党员的被访者往往对问卷问题的理解程度较高；外来务工者对村委会工作人员和访问员的配合度较高，但对问卷的理解程度较低，常常一知半解；本地村民不时有拒访情况出现。

问卷的书面语言与被访者的日常生活经验有一定差距，对于文化程度较低的被访者，在访问过程中需要注意分辨被访者是真正理解了问题再做出的回答，还是没理解或者理解错了问题。如果没有在这个细节上多加注意，非常容易得到完全相反的回答，且问题质控组难以通过录音来进行检查，需要访问员细心甄别。在暑热中，如果访问时间较长，需要注意安排中途休息，以便被访者更好地投入问卷作答当中。

结束W村的调查，两个分队在N村再度聚首。N村集体经济相对发达，虽然行政区划为村，但当地展现出一种小镇风貌。该村辖区由三个地块组成，主要地块又有老城与新城之分。老城中有大量空宅、废宅，格局复杂，统计难度较大；新城沿街商铺相对容易统计，却也有大量回字形杂院情况复杂，给核户带来困难。同样借助村委会网格员的帮助，团队能够以更快的速度厘清各类楼房的格局，对于部分空宅也能够清晰辨别。N村的访问相对顺利，团队迅速转移至D村，争取避开台风干扰。

D村是四个SSU中最为特殊的村落，相比于其他SSU的平原地貌，D村四面环山，居民区离发达城镇较远。村中有大片稻田，由于台风即将到来，水稻正在收割过程中，白鹭从低空掠过，风吹过稻田，给田边的村民广场带来阵阵稻香。D村村委会与村民的关系并不如我们想象的那般和谐，在与村委会沟通确认行政边界的同时，团队初步了解了村庄情况，并讨论与村委会、村民的相处模式。一部分村民与村委会有社保和征地补偿冲突，在村委会与村民的纠纷和博弈之中，团队的角色是研究者，需要秉持价值中立原则，在村干部与村民之间做到平衡。

除此之外，临近台风天气，部分民居位于山腰，容易遇到气象灾害。团队还了解到村中"光棍"较多，女性访问员需要注意安全，结伴而行；村中老人和留守儿童较多，年轻人外出打拼；村中方言难度大，会讲普通话的人不多，符合条件的访问对象可能较少。与项目组多次协商，团队努力在确保问卷质量的前提下降低访问难度，减少工作量。

幸运的是，由于村庄房屋密度较低，团队成员互相协作，快速完成了绘图工作，经历了前三个SSU的磨炼，访谈技巧有所提升，更有督导老师协助解释方言，尽管遇到了客观困难，团队还是高质量完成了任务。

## 三 天真的初级研究者

如今回想，访问的确是一门艺术，它不仅是策略战，也是体力战、心理战，只有经受住这三重考验，才能够顺利完成所有访问任务。社会调查并不是只有绘图与问卷调查两个机械的过程，进入田野需要人情练达的本领。与村委会顺畅沟通给绘图和入户访问带来的便利绝不是三言两语能够概括的。

作为社会科学研究者，幻想着待在书斋里就能理解当代社会，几乎是一种空想。只有"理论与实践相结合"才能够做有真实感的学术。在现场调查的过程当中，我常常尝试从某种框架出发，解释村庄的社会现实，试图厘清村民如何互动，他们的经济活动与整个中国社会如何链接，又如何通过这种局部的事实"管中窥豹"，反映出某种社会问题。在田野里行走的过程中，研究者是浸泡在经验当中的，避免了"就理论谈理论"的困境，只是需要注意不要在经验材料中迷失方向。

在谈及对社会调查的反思时，我不免想到Ruth Behar的那本*The Vulnerable Observer*：研究者的入侵常常是暴力的，它常常使被沙土缝合的伤口重新汩汩流血。仅仅是在地表上行走，我都时常觉得难以忍受。在看见真实的世界时，肉体经受的烈日暴晒和暴雨侵袭都是不值一提的，至少这让我们觉得自己是和大地一体的。

作为大学生或者初出茅庐的研究者，我们希望做有真实感的、经验感的学术。我们面临着一种叙事困境——我们的调查结果在何意义上是真实的？学院中的问卷是否能够解释居民的真实生活？这一套数据得出的机制性解释是否可靠？从定量社会科学的角度来看，项目组的质量控制相当严格，常常令访问员胆战心惊、焦头烂额，对问卷可信度的把控也科学合理，可以确信通过这次大型社会调查得出的数据是有较强参考性的。然而从定性研究的角度来看，凝固的话语与现实之间存在着一道阴暗的断层，很多时候我们只能对这种悬浮视而不见。

被访者W01和D01是村里的上访户，他们热切盼望本次访问能够解决他们多次上访都无法解决的问题，并认为接受访问是他们该做的；被访者W02刚被诈骗不久，虽然不信任访问员，却送来了大块西瓜，花费三小时在蚊虫叮咬中艰难地回答自己不太想得明白的问题；被访者W03把晚饭放在一旁，饿着肚子邀请访问员们坐下提问；被访者N01婚姻不幸，晚年孤独，独守技艺，与访问员聊天是他难得与人说说心里话的机会；被访者N02在退休的年纪独自卖水果、加工计件商品赚取微薄回报，得以让家人勉强维持温饱。

胡台丽导演的《兰屿观点》中那种"晋身之术"的自我怀疑始终缠绕着我，我们看到了拒绝，也感受到了接纳。作为学生，我们对被访者的生活难以提供任何有效帮助；作为访问员，我们无权干预被访者的生活。"物不平则鸣"，而我们对这种村庄与时代的共鸣却只能袖手旁观。很多个夜晚，我都察觉我身体里社会科学研究伦理与新闻专业主义的激烈冲突。赤手空拳的我们在时代面前是无能为力的，但作为受过初步新闻传播训练的学生，我们难道不是这条裂隙的舌头吗？在宏观层面，数据果真能够反映真实的困难吗？那种拯救是否又太遥不可及了？收藏了被反复摩挲展平之后送出的名片，却再也不能联系，不能举起摄像机，不能尝试让世界听到微弱的声音，这不免令人沮丧、愧疚。

与此同时，我又难免察觉一种傲慢，那种坚信自己能够拯救什么的信念无异于赎罪券。此方似乎难以忍受的"苦难"，在彼方只是生活本身而已，如果不能提供实际的帮助，眼泪其实太廉价。我们清楚地知道，我们的能力有限，只能保持脆弱的乐观。

安妮·埃尔诺认为，为生活在平凡中的人们诠释真实才是艺术的最高命题。或许，在社会调查中见人世、知人心，能够面对真实世界，感悟日常生活的复杂。仅仅因此，"在现场"这件事就充满意义。

## 四 调查后记

社会调查的过程是艰苦的。在暑热里，衣物汗湿风干了一轮又一轮；走在村里和村民养的狗上演"秦王绕柱走"；站在不通风的车库里和被访者一问一答，嗓子发干……尽管劳累，但有并肩的队友共同奋斗，感受到的更多是成就感与使命感。

离开温州之后，时不时会想起那句"中县的天空飘满了蒲公英"。或许每一段调研都会让人见到类似的世事浮沉、人生交汇，无非随着阅历增长产生不同的体会。离开PSU（初级抽样单位，即县/市/区）之后，看到市区的房屋，我还是会习惯性地在心里绘图抽样，想象某楼某户住了几口人，他们过着什么样的人生；遇见社区党群服务中心，总想走进去看看宣传栏上的辖区概况和干部任职情况。我会看着手里的名片发呆，回忆永远去不了第二次的店铺的样子。

不久前的分别，到了今天却始终没能抑制不舍之情。在阳光下不觉暑热，在雨里踏水浪行走，在月下唱《撒尼少年跳回来》的日子，不会再回来了。我还在等待下一次田野调查，等待天空中飘着蒲公英的日子。

# 也无风雨也无晴

高飞　沈阳师范大学社会学学院

2023年暑假，我在"中国社会状况综合调查"（Chinese Social Survey，简称CSS）中担任辽宁省本溪市地方督导，后又担任沈阳组督导。通过参加本次调查活动，我不光掌握了科学严谨的调查方法，还在实践中锻炼了自己，开阔了视野，更走到了百姓的家中，听到了人民的心声，看到了社会中的人生百态。在做CSS时还是林绿花香、烈阳艳艳的"风雨一夏"，转眼现在已是大雪纷飞的凛冬，回望来时路，从培训到上战场，再到"二战"，是一种如梦如幻的感觉。CSS贯穿了我的整个暑期，虽时光飞逝，但回看每天的点点滴滴又异常充实。这一趟，有风有雨，也有头顶上的骄阳；有悲愤有疲惫，也有快乐和激情；有困难有希望，也有成长与收获。一路走来，我最想说的是感谢，感谢遇到的每一个人，有良师，有益友，有伙伴，更有淳朴的地方百姓。

## 一 调查准备阶段

在报名参加CSS后，有幸得到老师的信任，我成为本溪组的地方督导。当进入第一次的培训课堂时我就感觉到社会调查的严谨和严肃：有督导证，有公函，有各种指导文件等；有关于CARS的培训课，有关于CAPI的使用教学，有关于督导的工作强调，每一项工作都有系统的培训，这是一项科学的、有技术加持的调查；有专业老师的认真指导，有巡视督导的耐心解惑，这是一个有温暖、有关怀的实践。

在理论教学结束后开始进行实操训练，并且在实操训练结束后我预感到日后跑实地的辛苦。当时是七月中旬，还不是最热的时候，顶着燥热的大太阳在偌大的校园里面游荡，最终走到校外的一个小区，路边的树影都像在躲着太阳一样只有可怜的一丁点。进入小区后我被"复杂"的情况搞蒙了，商用楼和居民楼混在一起，前后是两个楼但是里面有的是打通的，有的住人，有的却不住人。刚入手的CARS用起来还比较陌生，小区里面没有电梯，在昏暗无窗且闷热的楼梯间里爬楼，从一楼爬到七楼，再爬到一楼，反反复复。每次从楼道里出来见到阳光都会大口大口地呼吸新鲜空气，这是一种从溺水的海底被捞起来的畅快感。当实操训练结束后我深感跑实地的不易，但我觉得这一定是一件很有挑战性的事情。

培训阶段好像临行前收拾行李，培训人员像老母亲一样，将知识技能一点一点事无巨细地装进我们出发的行囊。从最开始画图阶段的等腰三角形，到输入地址"1–42–绿门破了一半对联智能锁家和万事兴"里面的"–"，再到后面CAPI接收提交，耐心地教学，负责任地强调，让我们在真的上战场时得以顺利且高效地完成任务。当遇到困难和不解时，他们说"有啥不明白的直接给我们打电话"，就好像全天都守在电话旁一样，时时准备做我们的救兵。

我作为本溪组的督导，在培训阶段的任务是提醒访问员坚持认真完成每一堂培训课，对技能的学习和巩固，发放物料，整理目的地物资，管理团队成员分工，收集整合目的地相关信息，联络人员，保证大家日常生活安全，为大家提供精神支持等，像大家长一样。事实如此，我所带队的成员基本都是小一届的学弟学妹，重任在肩，我同时会很在意大家的精神状态，希望大家有一个美好的回忆。

由于我们去的PSU是比较偏远的一个小县城，到那里的绿皮火车五天一趟，从沈阳出发要坐六个小时。前三个小时还好，睡睡觉，吃吃东西，玩会手机就过去了。但是到后来进山过隧道，连信号也没了。于是我掏出了提前准备的扑克，发动几个人一起玩游戏，感觉很快乐。在这个过程中车上的人越来越少，我一直留意坐在我们后面的一位中老年人，应该是外出务工返乡人员，他看起来潦草邋遢，时不时会越过座椅"偷窥"我们。出于担心大家的安全，我一直留意他，但是全程无事。并且在我们玩扑克很开心的时候他会来"扒眼"，跟我们一起笑。后来我们结束了扑克游戏，他一个人买了瓶白酒、一根火腿肠，在座位上孤独地喝了起来。此刻我感觉心里很难受，世界上有很多善良淳朴但是过得很苦的人，我多希望此时有能力用自己所学去帮助他们，让这些善良的农民、工人过上更好的生活。我相信此刻自己所做的事能够帮助到穷苦百姓，为他们带来福祉，这更加坚定了我前进的脚步。

## 二　调查经历

在本次调查中，我们的第一个SSU是L村。在联络村委会工作人员时对方非常自信，说村民很好，放心过来，我当时还有点担心。但事实证明我的担心是多余的，杨书记、徐叔、苇苇姐对待我们就像自己家的孩子，让离家在外的我们倍感温暖。村民也特别友好。我们下到的是离县城六公里的村子，里面没有可以吃饭的地方，接连几天一日三餐都是提前买好的面包。后来徐叔搬来了两箱泡面，从井里打水，烧开，从此我们的午饭变成了热乎的。跟我们最亲的是会议室的大长桌子，中午吃完热乎乎的泡面，拖着疲惫的身体，七个人就围在会议室的大桌子上趴一圈睡午觉充电。虽然每次起来腿和胳膊都是麻的，但是很解乏，用杨书记的话来说我们就像小狗一样往桌子上一趴。因为目的地离住的地方比较远，基本上每天早上七点多出发，晚上十点左右回来。徐叔每次都会从家里跑来村委会帮我们开大门，即使有时候他已经睡觉了，也会爬起来帮助我们。在绘图时我们经常绘到很晚，天都黑了，徐叔会一直开车跟着我们，与村民解释我们在做什么。跟着我们的同时他还给我们一户一户地介绍各家的家庭情况，真的对每一家情况都了解得十分清楚，就好像村子里的大长老一样。

记得顶雨绘图的夜晚，大家一手举伞，一手打光，同时还要填写信息并拍照，拎着充电宝和一大兜子东西，恨不得长出八只手，但是每个人都在尽力克服困难——这是一支极富凝聚力的团队。在疲惫之余，我们会随机领到"物资"，到一家做问卷或者路过时人们都会招呼我们吃个雪糕。爷爷奶奶大叔大姐都很好，每到一家都能领到一根水灵的黄瓜，还可能是雪糕、土豆、苞米、李子等。这是我们的中途补给，感觉很幸福。即使我们已经做完调查离开L村，每当有暴雨警告、防洪抗汛警报时，杨书记和苇苇姐都会打电话提醒我们千万注意安全，每一次都会。暑假在L村做调查时每天都是烈日骄阳，暴晒，但是离开后，基本上将近一个月我们所在的县城都是暴雨天气，处于洪水时期。据社区工作人员说，洪水冲跑了一个人，也是因为天气原因，那个阶段我们的调查工作不得不处于停滞状态。

在调查过程中还有一件很有意思的事情，当时要入户，有一家是"光棍屋"。但是因为一些客观原因我们无法入户，备注信息是"该户为光棍屋，具有流氓无赖行为，说两句话就开始骂人，同时具有暴力倾向。在绘图时该男子光着身子，不关窗户和门，同时没有围墙。村干部无法掌控事情发展情况，为保障访问员及相关人员安全，该户不进行入户访问"。在第三个村子也有一户"访谈中途色变，揭竿而起，欲殴打访问员，遂拒"。在访谈过程中还有很多有意思的事情。在调查过程中我们遇到了许多很好的人，比如热心的出租车大姐，当时在村子里面跑调查，衣服没时间洗，出租车大姐直接说把衣服给她，她拿家用洗衣机洗。但是因为在村子里面来回跑，已经洗不出来了，大姐用手搓了很多遍才洗出来，到手后衣服都是香香的。宾馆姐一家也很好，在八月调查中期最热的时候，给我们送西瓜吃。很感激我们在调查中遇到的善良的、淳朴的人，他们已然成为我在调查路上的动力。

由于前期准备充分，绘图等工作进行得相对顺利。农村信任度高，入户较为容易，但是村中多为老年人，对问卷的理解度较低，一份问卷通常要解释两个小时，甚至三个小时，需要访问员耐心解释。同时村中有很多"问题"居民，在访谈过程中有很多次不得不中途放弃。还有就是村委会对村中的情况不会有明确的数据记录，所有东西都要重新统计。在环境较为和谐（村民友善，村委会与村民关系良好）的村中更容易入户，且访问员会工作得较为幸福。但是遇到村子环境较为恶劣的情况（村民与村委会关系恶劣，村民大范围遭受过诈骗等事件）则会很难与村民进行沟通，拒访情况很普遍，更有甚者会大打出手，村民会用怀疑与排挤的眼光看待访问员。同时遇到不作为的领导干部则会使入户工作很难进行，必要时可以运用行政手段施压来推进调查进度，让村干部协同进入被访者家中。还会遇到村干部将访问员送入被访者家中被访者却中途拒访的情况，这时可以再次求助村干部进行劝导。农村社区是熟人社会，可以利用村干部等资源进行入户，村民都会听村干部的话配合工作。困难则是农村社区通常很大，我们做的第一个农村社区占地面积18平方千米，第二个农村社区40平方千米。第一个农村社区在借助汽车等交通工具的情况下绘图时依旧磨漏了我的一双运动鞋是我万万没想到的。同时在农村社区会遇到交通不便、担心访问员人身安全、通勤浪费时间、平板电量不足无法及时充电、村民理解能力较差、村民不认可工作、村民暴力拒访、基本饮食需求无法满足、天气情况恶劣等各种状况。但是这些问题大多能得到解决，比如求助村民通过给予报酬的方式获得交通便利，访问员结伴出行，通勤浪费时间干脆不通勤。第二个农村社区距离县里五十多公里，虽然我们选择住在村民家也会生出很多麻烦等，但是见招拆招，有问题就一定有解决办法，车到山前必有路。

对比农村社区，城市社区的工作更加难做。首先是社区书记不一定配合，即使社区书记配合，社区居民也不一定配合。整体的关系是层层递进的，需要走很多程序，同时要跑很多负责部门，也需要在部门里面一层一层"找关系"，在这些程序性工作中就会无形地浪费很多时间。在绘图阶段遇到的最大的困难就是门禁问题，解决该问题需要去走社区的行政程序，从社区书记到网格员，从安保人员到总经理，从物业人员到物业经理，都是一条条关系链，需要将每一环都沟通好才能使绘图工作顺利进行。

其次就是老破旧乱的小区存在私自修缮地下室，私自开门，有的楼层里面三户，有的四户，有的里面打通，属于自己改造的等情况。走在这些小区里面像是走迷宫，并且到了晚上灯都是不好用的，一旦天黑就不敢让访问员进入了，这大大压缩了工作时间。城市社区入户难度较大，存在空户、敲门无人应答等情况，有时即使屋内有声音住户也不予开门，开门后仍会遇到不同的碰壁情况，比如进入屋中一方愿意配合，但抽中对象不配合，或者因访问时间长中途拒访。在这时只能凭借我们钢铁般的意志和死皮赖脸的精神不停地"骚扰"，这个访问员行不通换另一个访问员，男生访问员行不通换女生访问员，基本上能入户访问成功的住户我们都拜访过四五次。在城市社区入户除了不停敲门这种笨拙但有毅力的方法外，也需要借助社区的力量。但直接找社区能发挥的作用较小，城市居委会并不像农村社区一样。他们平时在入户和做工作时也会遇到同样的阻碍，这时我们可以换一种方式，社区无法带我们入户，但我们可以借用社区的资源，如居民居住情况、居民住户信息、社区内网格员、社区楼长等相关信息。通过找到对应住址的居民进行入户访问时间预订等，能大大缩短入户所消耗的时间。当社区无法帮助我们拨打电话时我们可以用"自助"的方式获得信息去多方面沟通，晓之以理、动之以情，努力打动对方。在城市社区入户时，基本上第一批样本都会有敲门无人应答而废弃样本的情况。要注意的是城市社区入户方式，除了要和社区搞好关系，告知居民的通知下发到位，打通社区与各个负责部门的关系外，还要多去敲门，多要样本，多去"刷"。因为城市社区样本大多集中，敲门时间有间隔要求，一旦样本用完就去申请新的样本，时间到了就可以错峰敲门，增加入户的可能性。除此之外，大学生一定要利用好大学生的身份，通过博取同情、利用身份让被访者放下戒备心等。在城市社区入户的时间较为关键，但也要看小区类型，城市社区居民一般晚上六点之后，周六周日早上九十点以后有人在家，开门概率会大一些。如果小区为老旧小区，居民多为老年人，则可早些开始、早些结束，并且家里全天基本上都会有人。同时还要留意老旧小区内的"情报人员"——坐在楼下的大爷大妈们，搞好关系是关键，能够便利地获取信息。反之，关系不好则会让整个小区样本废掉。在绘图阶段也要机灵些，留意楼房中潜存的信息，如未知楼层和内部结构的楼房无法进入，蹲人跟门行不通时可以留意窗户上有没有向外出租的信息，可以假意看房询问楼层户数信息等。在城市社区还要注重与物业人员、安保人员搞好关系，尽量获取门禁卡、电梯卡等，这可大大提高入户的效率。但也要注意诚信问题，不可"忽悠对方"，准时或提前归还门禁卡、电梯卡。

在完成本溪组的问卷任务后，我又担任沈阳组督导进行问卷入户调查，此时面临的阻碍更大，如时间问题。访问员工作时间不统一，通勤时间长。访问员课程较满，用于访问的时间较少。社区工作人员工作时间与访问员工作时间相错开等。还有关系连接困难。我们所分到的社区属于较为老旧的小区，社区与居民矛盾较大，社区居民怨念较大，易引火烧身；社区内成分复杂，有很多区域需要被划掉且无法接近。但主要困难还是访问员的工作时间较少且与社区工作时间对不上，此时只能硬挤时间，对访问员设置定额任务，让其利用零碎时间定额完成。通过多次走访我们发现，家中有大学生的家庭更愿意帮助访问员完成任务。还有个小技巧则是可以准备具有纪念价值的小礼物，如印有学校logo的袋子、带有专门纪念性的刻字走珠笔等，这样可以增强被访者接受调查的意愿。

## 三 收获感悟

CSS对我们每个人来说是一次挑战，更是一次机遇。从培训，到实地调查，再到收尾结束，这一路走来，有骄阳烈日的暴晒，有倾盆大雨的洗礼，但是我们练就了也无风雨也无晴的态度。无论是面对拒绝的失落，还是完成任务的狂喜，这一路的点点滴滴都成为那个夏天最美好、最珍贵的回忆。

一起挤公交，一起吃大锅饭，一起做菜刷碗，一起为了可怜的生活费而生活拮据，一起暴晒淋雨，无论是大桌子上一碗碗热乎的泡面，还是随处可坐的马路牙子，无论是一块块晒黑的皮肤，还是一次次没电的平板，无论是一本本磨损严重的示卡，还是一个个已经背到变形的电脑包，它们都见证着我们的努力与成长。从一天一份问卷，到一天四份，这都是我们成长的轨迹。我们在深夜回程的车上分享着访谈中遇到的奇葩的、暖心的故事，我们在餐馆里大口地吃着一天中仅有的"饕餮盛宴"。一双双磨平的鞋，一张张湿掉的纸巾，一件件晒掉色的衣服，都陪伴着热血拼命的我们。他说"这都几点了赶紧回去吧"，他说"这才几点，你们这也太辛苦了"，她说"就凭借你们这股劲，一定能做好"。我说"没事，我们年轻"，我说"没事，早起对身体好"，我说"有志者，事竟成，破釜沉舟，百二秦关终属楚"。

在调查路上，我切实感受到了"用脚步丈量数据"，走进了百姓的家中，看到了真实的生活，听到了各种各样的故事，更看到了这淳朴的土地上有血有肉的人。在路上我看到了人生百态，同一块土地，人们的境遇各不相同。在路上，我还看到了各种不同的风景，清晨云起雾绕的青山，日出时在沟渠中戏水的鸭鹅，正午停不住的蝉鸣，夕阳下摇曳的树影，夜间皎洁的月光，还有半夜静谧的晚风。走在乡间的小路上，两侧是稻田，轻风拂过，稻穗翻滚，杨树叶沙沙作响，好像是在欢迎过路的人们。道另一旁的大河被水坝拦截，上游平静无波，下游像瀑布一样汹涌。岸边有调皮的蜉蝣生物在危险的边缘试探，水中不时有窥探猎物的大鱼。一场雨过后，一切都焕发生机。太阳就像是在家憋了很久出来透气一样闪耀，乡间土路上一个个大水洼偶尔闪现出色彩，路过的我们像嬉笑的准备上学的孩子。

CSS的旅程结束了，但是我与CSS的故事并未结束。相信每个人心中都有一个吹过风、淋过雨的自己，但经历风雨后，我想，每个人都有一种也无风雨也无晴的坦然之感。CSS就像一阵风雨，让我们感受着不曾有过的感受，迈出自己的舒适圈，尝试人生的更多可能。这是一阵风，吹走我们的茫然；这是一场雨，浇灌着我们不知所措的心；这是一片日光，温暖着如雨后春笋般即将破土而出的我们。

CSS对于个人和社会的意义都是巨大的，希望更多的人能够因为认真的调查而得到帮助，依靠真实的数据推动社会进步，通过贴近民心民意的调查促进国家发展。

# 聆听远方的声音

钟雨诗　中国社会科学院大学社会与民族学院

虽然实习、毕业论文、未来方向等推着我不断往前，似乎没有多余的时间回顾参加CSS的经历，但思来想去，我还是决定写下来。也许我的文笔不是那么有水平，也许我写的东西不是那么有价值或者有意义，但既然经历过、体会过，就应该记录下来。有些东西如果不记录下来的话，那么一晃而过，过去了就过去了。

## 一　记录的意义

我很早就知道CSS，这是学院和学校的重点调查项目，更是国家重大调查项目。从读研究生开始我就一直在等待项目的招聘信息，因为我实在是太想参加这个项目了。为什么想参加CSS呢？原因太多了，它的调查内容、调查方式，以及调查本身的丰富性和可能性，等等。

我是一个很喜欢旅行的人，大学那四年，我跑遍了中国大部分的省会城市。我总觉得人应该多去看看不同的地方，去感受不同地方的风土人情，这样你的视野会更加开阔，对于很多东西会更加豁达。我喜欢观察各种各样的人，比如餐厅里面的服务员、开出租车的师傅、旅行过程中碰到的热情居民等。我喜欢和他们交流沟通，交流过程中我发现每一个人都有自己的世界。虽然我跟他们身处的环境和背景有差异，但是我想知道他们的生活，他们对于万事万物的看法。我是社会工作专业的学生，从专业角度来说，这样的调查经历对于自己加深对专业的理解和将专业知识切实运用到人与人的关系中有很大帮助。我很想知道前沿调查具体的操作方法，也想去往不同地方，看看不同地方人们的生活。更重要的是，CSS可以切实帮助到我们整个社会。所以这是一个难能可贵的、我非常珍惜的机会！

从2023年5月开始我们每周末参加CSS的培训，每一个周末都要全天培训。我有幸认识了很多优秀的热爱调查、热爱CSS的同伴，还有很多厉害又优秀的老师给我们授课：幽默的李炜老师、温和的邹宇春老师、认真的任莉颖老师、谦虚的崔岩老师、严谨的田志鹏老师。老师们都非常有耐心并且将有关调查的知识倾囊相授，从问卷的设计到访问的技巧，从绘图抽样操作到实地试调查。我学习到了关于调查的操作和流程，以及实际操作中的技巧，最终有幸成为CSS2023的巡视督导。

## 二 踏上调查征程

6月底，邹老师带领我们前往湖南长沙。在高铁上，邹老师就要求我将培训内容完整梳理一遍，并进行展示。第一遍我很紧张，生怕出错，但是邹老师一直很有耐心并且认真细致地告诉我每一个部分应该如何表达得更清楚准确。在此，我特别想感谢邹宇春老师，感谢邹老师一路带领我们，从培训到怀柔试调查再到正式调查。整个过程中，我从老师身上学习到了很多优良的品质，老师也教给我很多为人处世的道理。

一下高铁站，南方的热浪席卷而来，我们被热得直冒汗。时间很紧急，第二天我就需要上讲台给访问员培训。我们出高铁站后直奔中南大学进行PPT和教室设备的调试。和小伙伴们吃完晚饭后，回到酒店我立马一遍又一遍地练习讲课的内容，直到我差不多可以将课程内容背下来的程度，我才终于放下心来，安然睡去。

第二天培训正式开始，来到中南大学，我其实是非常开心的，尤其是看到那么多优秀的社会学专业本科生。很多同学都很认真并且对此次调查抱有较大的热情。在我给访问员培训的过程中，很多同学都有一个疑惑：为什么问卷的问题如此之多？正常情况下我们协助被访者完成一份问卷需要耗费40~50分钟。访问时间很长，有时候被访者会在访问过程中逐渐失去耐心，可能会产生影响问卷质量的问题。我知道，因为我们太珍惜每一个访问机会了，总是想从更多方面了解大家的态度和看法。因此问卷设计得非常全面，并且内容很丰富。如何在问卷问题数量较多的情况下保证访问的效度是我们需要重点掌握的内容。

在几天高强度的培训之后，同学们在公寓楼附近进行试调查。试调查过程中，同学们充分发挥了主观能动性，比如判断是否有人居住这个问题，在敲门无人应答的情况下，有同学尝试观察门口是否有其他物品或者电表，抑或贴门听一下是否有声音。这些都是判断是否有人居住的有效方式。试调查结束以后我们大家一起进行了复盘总结，培训就此告一段落。

## 三　所见所闻

这一次在湖南调查，我作为巡视督导主要负责郴州、衡山两个小组并且辅助第三个小组的相关工作。几个地方督导和小组长都非常认真负责，组员们也很团结，所以我负责的这三个组访问工作开展得较好，在此由衷地对他们表示感谢和赞赏！

拥有理论知识和做实地调查是有一段距离的。以我带的郴州小组为例，第一天他们对于抽样和CARS系统的操作还不熟练。所幸他们认真、有耐心，在实际绘图抽样中，也严格按照规定进行，调查工作才逐渐顺利起来。在这个过程中我深切体会到实际操作非常重要，需要不断地去上手练习。在绘制边界的时候需要非常细致，一定要注意每一个边边角角，一旦审核通过，在实际绘图中才发现边界有问题，后期处理起来是非常麻烦的。此外在核户过程中，如果出现无人在家以及没有任何明显生活痕迹的情况，我们就需要询问村民或村干部以获取准确信息，这样可以减少无效样本。第二个小组，本文中我称之为衡山小组。我们到县城里进行社区绘图的时候出现了一个情况，就是县城有些住宅看起来很规则，其实并不规则。比如说有两栋居民楼在外形结构上一模一样，但是他们的住户数量并不相同。其中一栋楼一层住两户，另一栋楼一层住一户。并且不同的楼层可能有不同的户数，比如我们去的一栋楼，第一层住一户，第二层住两户，第三层住两户，第四层又只住一户。因为县城里很多居民楼是没有电梯的，我们需要每一层都爬楼梯上去看，不能提前设想每一层或者每一栋楼的情况一样，这需要我们细心并且认真核对每一层、每一户，不然就有极大可能在后期抽样的时候出现错误。

整个绘图核图工作完成后，就到了访问的阶段。我陪访进入的第一户人家是一对年纪80岁的夫妻，爷爷奶奶特别热情，一听到我们是学生就很开心，讲起了他们的儿女和孙子孙女，一脸幸福。虽然他们不在我们的访问对象行列内，但是却给予了我们温暖和善意，让我们对接下来的访问工作有了较大的信心和力量。

接下来，我们进入另一户人家，接受访问的是一位中年大姐。因为她正好要吃晚饭，她还很热情地邀请我们在她家吃饭，但是我们要遵守要求，我们只进行了访问工作。这份问卷是我陪访的两个访问员的第一份问卷，耗时将近3个小时，因为被访者太热情了，她有很多话想说，将她的家庭情况很详细地告诉了我们，对我们比较信任。除此之外，有一些内容她是不太明白的，比如被问到有关社会开放程度方面的问题，我们需要解释"性少数群体"的含义。类似情况在后面访问其他对象的时候也都存在。因为有一些问题他们不知道，也不理解，这个时候，我们需要去解释。但是这个过程中由于被访者不懂问卷的问题，我们用自认为通俗易懂的解释去询问，不知道是否会存在对于这个问题表达和解释的偏差。这也是我的疑惑，即如何保证自己的表达清楚准确，以及如何保证被访者的回答真实准确。因为接下来的被访者是年纪较大的独居老人，她不会说普通话，我们请求了村干部的帮助，这个过程不仅耗时较长，而且她对于问卷问题的回答是不能保证质量的。在这个过程中，尽管我们一直跟村干部协商沟通，希望村干部向老人解释问卷上的问题，但老奶奶绝大部分的回答是不清楚。我们不确定村干部是否进行了解释，我们也不清楚村干部的表达是否准确。这需要我们进一步思考，当出现语言不通的情况时，我们应该如何尽可能地保证问卷的质量。

进行访问工作的第二天特别忙碌，大家都在村干部的带领下去往抽中的样本户家中。在陪访的过程中，我发现访问员依然存在对于问卷和访问流程不熟悉的情况，这需要每一位访问员反思并且努力改进。在访问过程中，访问员必须牢记不能引导被访者回答某个选项，并且在使用平板时自己看问卷、读问题就可以了，不要展示给被访者。当两个人一起访问一户时，另一个辅助访问的同学应该予以配合并且减少旁边的干扰因素，这些都是大家可以做到并且需要注意的。

由于其中一名访问员在入户抽样的时候抽中了第二天要回县城的被访者，我们晚上从村里赶到被访者县城的房子里进行访问。访问结束的时候已经半夜十二点了，我们回到住所的时候将近凌晨一点，从中午到晚上都没有吃饭。这个时间没有外卖，于是我们吃了一些面包，就洗漱睡觉了，因为又要早起进行新一天的工作。与此同时，尽管我在郴州小组巡视的那段时间一直没有陪在衡山小组旁边，但他们真的让我感到骄傲，为了第二天赶去即将修路的村庄，他们在一天之内成功完成了22份合格问卷（其实有20份合格问卷就达标了）。督导和组长也很负责，每天电话沟通及时汇报情况，而这是我没有要求的。

我有一个很大的感受，在县城访问比在农村更困难一些。我在郴州小组那边主要是进行农村的陪访和巡视工作，衡山小组那边主要在县城和镇上。大家都说村居的绘图很难、很复杂，其实城市绘图也不容易，就像我上文提到的，县城里面某些片区的房子设计得非常不规则，在绘图的时候要耗费大量的时间和精力。不仅如此，很多人白天不在家，可能都去上班了；但是有些人晚上又不在家，可能出去散步或者逛街了。因此，核户时就无法判断是否有人居住，在上门入户时有很多没人在家的情况。农村地区的村民基本上都认识村干部，所以在村干部的帮助下入户难度会大大降低。而城市里面的居民对于社区工作人员不太熟悉，因此城市社区的入户难度更大。

我们在县城上门入户的时候，小伙伴们都受到了打击。大家说在之前的农村，村民们都非常热情而且配合得很好，大家也完成得很顺利。但是他们一到城市社区，就遇挫了，这比之前在村庄里进行调查难太多，大家一度都有不好的情绪。还有小伙伴在过程中被年纪大的奶奶骂，这时候我尽量安抚大家的情绪，并且积极陪访有需要的伙伴。虽然之前已经提前做好了心理建设，但是在真正遇到这种情况的时候还是会很难过。我很理解，因为任何人在做一件自己认为有意义、有价值的事情时，当遇到不理解甚至诋毁谩骂的情况都会有难过和沮丧的情绪。这时候我们需要让自己冷静下来，快速调整，因为还有后续的工作要做。这个世界上有各种各样的人，生活环境的差异使得每个人对于事物的看法和态度不同，我们只需要知道认真做调查是我们的课题，正确面对各种突发情况，来自他人的不理解甚至谩骂并非因为谁的过错，我们应该淡然处之。虽然伙伴们有沮丧的情绪，但是他们马上调整好自己的情绪，又继续一家一户地敲门进行访问工作。尽管这个过程中还是有拒访和其他不利的情况发生，但是他们依然坚持着努力着完成我们的访问工作。

整个过程中，大家都很累很辛苦，连续多天重复绘图、核户、入户、访问等，大部分时候一天都没有休息的时间，还有些同学出现了中暑等身体不适的情况。但是督导和组员们很团结，大家相互照顾、相互鼓励支持，认真负责地一步一步完成调查任务。是什么支撑我们一直这么认真努力，每一天在烈日下重复调查的工作内容，有时候连啃一口面包的时间都没有？我想就是"做中国好调查"的信念！

## 四 感悟人生百态

当你去到不同的地方，访问不同的对象，那种感觉是不一样的。每个人的受教育程度不同，生活环境不同，人生阅历和经历也各不相同。CSS给了我们一个机会，一个通过随机抽样可以不界定人群的机会。不管你是谁，不管你从事什么职业，不管你身处什么地位，都有表达自己看法的机会。

在实际调查的过程中，我们遇见了各种各样的人：很热情帮助我们的村干部、认为我们做的事情很有意义的大爷大妈、见到我们就很开心的聋哑老人、希望我们结束访问后陪她聊天的孤寡老人。也有一些认为调查没有意义、极度抗拒的人说，"你们做这些有什么用？""你们搞这些东西真的让人恶心！"还有一对夫妻，他们唯一的女儿在我们调查的前几个月自杀了。在我们开始访问的时候，他们还很平静地回答问题。访问到一半的时候他们认为一切都没有意义，强烈拒绝我们继续访问。我们在这种情况下表示理解并且将这份问卷作废了。在同样的一个世界里，存在各种家庭和各种人群，有时候你会和他们一起流泪，有时候和他们一起开怀大笑，这种感觉怎么说呢，你进入了不同人的世界里，并且体会了不同人生的酸甜苦辣。人生百态，是我在调查中深切体会到的。我想这会化作一种润物细无声的力量，这种力量会让我们变得更加包容、更加强大。我们会更加理解其他人，我们也会更加珍惜身边的每一个人，因为每一个人、每一个生命都如此宝贵，如此值得被珍惜和保护。

在巡视的过程中，我们也遇到过一些"危险"。比如某些地方会有精神不太正常的人，还有些在街上对我们吹口哨的精神小伙。这时候你需要远离危险并且保护好自己。这一次CSS我也去了河北，但主要进行的是回访工作。我们被分到不同的地方，大家都是一个人在一个SSU回访。虽然自己当时没有察觉到有什么异样，但是现在回想起来还是有些后怕。不管在哪里，不管进行什么样的调查和访问，都必须先保证自己的安全，这非常重要。

除此之外，作为巡视督导，我们应该摆正自己的位置，提前做好各种应对突发事件发生的心理准备。我们需要与地方督导和访问员共同合作完成问卷，这时候我们自己首先要有稳定的情绪，在访问员之间出现矛盾的时候，要及时协调并处理好关系。遇到问题或者困难的时候就积极解决问题或寻求更好的帮助。正如老师们说的一样，CSS一直在发展，也一直在完善和更新，我们需要不断地学习和进步。

## 五　一些记忆碎片

记得调查第一个村庄时，每天艳阳高照。到了傍晚，天边有着紫红色的晚霞，小河里的水缓缓流淌，两岸是水田，长满了嫩绿的青苗，一派宁静又美丽的景象。在我们结束一天的访问后，司机师傅开车送我们回县城的路上，在漫天的晚霞下我们有着欢声笑语，疲惫但是快乐。有一天晚上，我们访问到天黑，村庄里晚上没有路灯，我和一个访问员走在路上，这时候热情的村书记开着三轮车呼呼地向我们驶来。他特地赶来接我们回村委会，在夏夜的晚风里坐三轮车，真的好舒服。

转眼间，郴州小组的巡视工作告一段落，我又去往衡山小组。去往衡山小组的前一天晚上，我和郴州小组的组员一起吃了一顿大餐。回住所的路上，偶然经过一个中学门口，正巧碰到中学生放学，我们一群人置身于穿着校服的人群中。这时候我们都有默契地开始融入其中。我说道："我的《五年高考三年模拟》还没做完呢，回家还得补一补。"小伙伴们说道："英语单词还得背几遍。"哈哈哈，真的好有趣。有时候这种转变角色的小玩笑，某种程度上体现了融入群体的适应性。

到衡山的第一个晚上，为了欢迎我，小伙伴们带我一起去了吃火锅，还玩了"谁是卧底"的游戏。回酒店以后大家边打麻将边聊天，真的很轻松。

我觉得难能可贵的是在我进行督导工作的过程中，出现问题或者困惑他们会及时询问，每个人作为团队的一份子，都贡献了自己的力量，不吝分享个人的感悟。当出现拒访的情况或者不开心会向我倾诉时，我也会开导和安抚他们。我很开心，因为我知道他们信任我才会告诉我。我也很感谢他们对于我的信任和支持。

　　回到自身，巡视的过程中我自己也有疲惫的时候，也会遇到一些问题。我很感谢CSS项目里的所有小伙伴和老师，大家都很团结并且一直鼓励我、支持我，出现问题的时候总是能第一时间帮我解决问题。伙伴们会在空闲时间相互打电话，尽管有时候会吐槽，会有抱怨的情绪，但是大家会相互倾诉，彼此安抚和开导。你会知道你不是孤身一人，大家都在陪伴你，大家都在为了同一件事情而努力。

　　最后，我想分享2023年7月22日我记录在巡视日记上的一段话：结束湖南的巡视后，我坐着从村里到县城火车站的班车，一路穿过绿油油的树林和山峰，缓缓行驶在乡间蜿蜒的小路上。微风透过车窗吹进来，看着逐渐模糊的村落，我知道这一段旅程已经结束。但是我会一直记得这个夏天，记得CSS带给我的这个有意义的夏天。我相信CSS会越来越好，中国好调查也会越做越好！

# CSS是"源"抑或"缘"

郭渊　内蒙古科技大学文法学院

本科毕业而硕研未始的假期理应快活而良心无违，但我参加了2023年内蒙古地区的CSS项目。我与团队首先在呼和浩特经历了四天的培训，而后共同前往鄂尔多斯市达拉特旗进行了约七天的调研，结束后我们又分别前往了巴彦淖尔市临河区与兴安盟。在将近半个月的调研中，我于公园长亭之中"水杯不知风雨飔，吐得浮沉气定闲"，于住户楼道中叹"夕落红霞抚山峦，黑云难盖金丝穿"，于拆迁户之屋檐下感"书到用时方恨少，屋旁大树在洗澡"。总之，这半个月的所见所闻将成为我人生书卷中，又一以现实主义为题材的大作。

在达拉特旗之行中，我与另一队友负责G社

区分图三的绘图任务，我将此阶段的关键词总结为：节奏快、为抽样、找得到。分图三是一片将拆未拆且未经过统筹规划的城中村。其地形、地势复杂，房屋排列奇特怪异，居住人口来源广泛。具体而言，一家的入口可能要穿过另一家的前院，怪异如此。在晚上的"经验总结大会"，我们私下所称的"十二点批评大会"上，由于我编号绘图时未贯彻"右手原则"[1]被带队老师指出可能存在结构性错误。在此我做出保证，两年之后的CSS中倘若分图三再次被抽中并存在结构性错误，我离得再远都会回来修改！但基本是不可能的，分图三不日将会全部被拆除。

到了入户阶段，我将这一阶段的关键词总结为：个人魅力、嘴甜、姨姨我们也不容易。对于育才X区，我将其称为达拉特旗"难入户之最"。这个小区我们花了三天时间，苦口婆心，字字锥心，但最终换来的结果是"再不走就报警"！育才X区，你伤害了我。我们队伍中的几员大将相继遭受冷眼、闭门以及驱离。我在这个小区共完成了两个有效样本，其中一个是警察家庭，而另一个的家中有一位即将步入大学的学生。值得一提的是，我们在入户过程中最盼望遇到的是这几类人，即党员、大学生、知识分子以及社区领袖。并不是说和其他人沟通存在障碍，而是遇到这几类人我们的入户成功率明显更高。育才入户虽难，但育才之名名副其实。衷心祝愿那位以公费师范生身份考入陕西师范大学的同学能乘风破浪，建设家乡！

在临河区，我与几位队友、带队老师及巡视督导共同进行调研。有一部分队友则前往兴安盟进行调研。因为担心出现人手不够的情形，到达临河区之后我们就立即展开调研工作部署，统筹规划调研日程安排、人员安排，力求效率最大化。临河区的调研之旅相比于达拉特旗似乎没那么"曲折"，我们学到了一些技巧并得到了感悟。

首先，在入户工作开展之前去建立行政联系异常重要。例如在临河区的D社区、S社区及Y村委会入户前我们做了充分的部署工作。身穿社区志愿者红衫，脖戴访问员牌，让人一看就想做份问卷。

其次，迅速拉近与被访者的距离。在我访问的几个比较有特点的被访

---

[1] "右手原则"只是建议，没有强制要求。

者家庭中，我有以下看法。第一，与城中村及处于拆迁边缘的住户交谈时要时不时谈到"此地是否即将拆迁"诸如此类的问题，亲测有效。大姨听到拆迁二字后似元神归位，双眼炯炯有神，相谈甚欢。第二，与家中有大学生的被访者家庭"吐槽专业"，一番操作下来，大学生曰："高山流水遇知音啊！我说服我爹妈配合问卷！"第三，与年纪较大的被访者谈论子孙工作，回忆往事。当然，上述种种并非套路或话术。接触过那么多被访者之后我想唯一的捷径就是同理心和真诚。

最后，是对于Y村的一丝留恋。我虽从小于城市的车水马龙中成长起来，但刻在骨子里的乡土情结激发了我对Y村的一丝留恋。朴实的农民、一望无际的田野、村巷里步履蹒跚的老人……艳阳似乎要蒸发掉田地中最后一滴水，就好似这岁月在摧残那个曾经意气风发的少年。好似故乡，当然，那不是故乡。可是，那不是故乡吗？

已记不清自己完成了多少份问卷了，在这里分享一些我真实的所见所闻。

在达拉特旗调研的最后一天，日暮将至，但样本还差一两个未完成。我在前往其他分图进行支援的路上"临危受命"去S社区完成最后一份样本。并未在路上耽搁多长时间，我到达J小区之后亦顺利找到了样本住户。屏住呼吸，叩门无应。我慌了。这是最后一个可用样本，怎么办？我站在门口。酷暑七月，楼道却那么阴寒。"你找谁？"一位大姐问道。我回过神来，将忧伤暗藏，"自报家门"说明情况。其实家中并非无人，而是大姐的丈夫前些年遭遇了车祸而导致了半身不遂，好在定为工伤。我进门，映入眼帘的是简单的家具陈列，让我回想起20世纪八九十年代的风格。大姐放下随手拿着的饭盒，换上拖鞋，紧接着电话响起，电话那头似乎在说着有关陪床的事情。结合饭盒，我略知一二。我坐在一旁，早已将设备调试到位。大姐忙里忙外，我静静地看着她扫地、拖地、做饭、给大哥开啤酒、给我倒了茶……一切尘埃落定，问卷也正式开始。在问到家庭成员时，她提到自己的儿子在呼和浩特最好的专科学校读书。问到父母情况时，她黯然神伤，给我讲述了她的母亲这一次来到城市看病的种种"被无视、被轻视"等。直至结束问卷大约持续了70分钟，过程非常顺利。当时已接近晚上九点，我走出小区，手机里传来队伍庆功宴的消息，我呼出一口气。游离在大街上，回忆着刚才看到的、听到的以及感受到的一切。我记得费老曾经在书里写道："一个农夫来到城市不懂交通规则，他不是蠢，他只是不太理解什么叫交通规则；一个城里人到乡下分不清麦子和稻子，你也不能说他蠢，他也只是不太理解。所以真的希望，我们遇到和自己观点不一样的人，能够本着一颗求同存异的心，不要带有知识的优越感。当你去的地方越多，你就会走出这样一种地域的偏见；当你书读得越多，你也会慢慢走出这种时代的偏见。"我想这段话说给现在的我们刚刚好，正值人生巨变之伊始，我们即将"入世"。时代的接力棒还差一个弯道，怎么接、以何种面貌接是我们应深度思考的问题。读过的书、走过的路都在告诉我，当前我的思想是贫瘠的。

前些日子回到达拉特旗，又偶然遇到那位阿姨，她的脸上依旧充满疲惫。她还认得我，朝我挥挥手，简单问候几句得知老人已经去世了。我又回想起乡土社会的限制，可能生于斯、长于斯、死于斯。落叶归根，如是而已。

这一路走来，我遇到了一个个真真切切又鲜活的灵魂。他们可能富有，可能贫穷；可能身体康健，可能疾病缠身；有的从西藏来，只求温饱；有的大学毕业便投身工地；有的孤身一人，却好似千军万马。还记得访问一位独身老奶奶时，那是一个非常高档的小区，入户率非常低。我好不容易敲开了一户人家的门并解释清楚了来龙去脉，老奶奶才放我进了家门。随后我才知她已经81岁了，并且独自一人居住，我有些失落，告知抽样原则后准备离开。谁知她说必须喝杯茶再走，我只得遵命。谈话间，她提到自己是独身主义者，没有生过孩子，更没有谈过恋爱。我问她那你有时候会觉得累或者无聊吗？她只是说习惯了，这些年风风雨雨的终究也过来了。她还提到曾经遭遇过催债和抢劫，这一切她现在说来是那么轻描淡写。我瞠目，感叹，甚至不相信这一切，但一切确实如此，她胳膊上有一条很深的疤痕。她说她死后就把一切都捐给穷苦人，说她自己曾经也是个穷苦人。总之，他们都在以平凡的自己诉说着不平凡的人生。他们的生活可能并不理想，但他们一直在追寻本我限度的"自我实现"。

以往的反思大多都在进行自我批判，并做出总结和展望。在这里我更想写一点值得讨论的东西。

关于右手原则。绘图时的右手原则是指当确定起点后，必须在指定的路线靠右手边行走，在绘图时只画右手边的住户，楼房中的楼层也是选定一个起点并依次只画右手边的建筑。这样能保证绘图的客观性、连续性、避免样本的遗漏，充分保障了绘图及后续抽样的科学性。但在相对复杂的地形或建筑排列相对奇特的情况下，右手原则的效率性和实用性就有待考究了。S社区分图三就是其中的代表，我确实在运用右手原则时存在疏漏，但分图三的整体构造也可能有一定因素。可能在自然村当中屋舍排列更为规律，而城中村是访问员需要着重注意的，某些村民可能为了多获得一些拆迁补偿款而乱搭乱建从而改变原有村貌。可能通往某一户人家的路需要侧着身子通过，也可能一家的大门需要通过另一家的圈圈。也要注意"在脚下的大门"，其类似于陕西"入户不见门，闻声不见人"，也就是地坑院户型。在此次的调研过程中竟也遇到了。

关于社会工作价值伦理的思考。我们问卷的篇幅比较长，询问时间必然较长。每当被被访者询问持续时间时，我们总是吞吞吐吐、含糊不清。倘若照本宣科式地读问卷上的问题，我想"拂袖而去"的有效样本会更多。为了不让我们陷入这种所谓的"伦理困境"，我想可以从以下角度去优化。首先从根本上优化问卷结构入手，在不降低问卷质量和不缺失必要信息的前提下着力凝练、丰富问卷题目，针对不同人群有更精细化的提问内容，通过逻辑跳问，更有针对性地调查我们想要知道的问题。其次，应从培训访问员的技巧与方法入手，探索一套具有普遍适用性的技巧方法体系。问卷质量和访问员的"访问素质"有根本联系，应适当在培训过程中加以系统性的技能培训，达到与被访者"打成一片"的效果，这样更有利于今后的共同行动。最后，访问员自身应根据具体情况随机应变，在不违背研究伦理的前提下，最大限度、最高质量地完成问卷。如此，从伦理困境、问卷质量、访问员素质以及访问成功率这几个方面来看应都会有所改善。

在绘图、核户、抽样以及入户之前还存在一个隐性环节——建立行政联系。建立行政联系的目的如下：首先是赋予访问员在社区（村）的准入权及行动权；其次是给之后环节的顺利实施提供保障；最后是最大限度地保护访问员人身安全。行政联系的建立固然对有效访问具有重要意义，但也存在一定的问题。在建立行政联系时需要向村（居）委会告知访问相关流程及内容。而接下来村（居）委会负责人向村（居）民传递消息时，是否会无意地赋予访问团队一种背景或角色，从而或多或少地影响被访者接受访问时的心态呢？这是一个值得思考的问题。我想之后在建立行政联系的过程中，应注意一定程度的澄清和保密，不要过度解读访问，如此得到的问卷结果会更真实。

CSS是"源"。其一为权威数据之来源。自培训之初，崔岩老师就告诫我们，我们所做的每一份问卷、填写的每一个数据都将成为之后学者们所应用的权威数据，故定要保障抽样的科学性与完整性，坚持问卷进程中的"被访者主观性"原则。权威数据是学术研究性文章成文之基，而CSS又是产出权威数据之"源"。其二为我认识世界和探寻世界之源。CSS问卷中的问题涵盖我们日常生产、生活的方方面面，这使得我们访问员在访问过程中可以直观感受到被访者对于问卷中问题的"显性回应"，有时问题产生的根源会在被访者的不经意间展现出来。虽问卷并不能体现根源性问题，但我们不能忽略此类问题。初出校园，久居象牙塔的我们缺少对于社会问题的根源性理解与认识。通过问卷这一媒介，也许CSS是我认识世界、探寻世界之源。其三亦为我们建设自身、发展自身之源。曾几何时的入户中，很多被访者在我说明来意后秒懂。问卷开展过程中或结束后，上了年纪的被访者会不定时地分享一些自己家庭中养育子孙的经验和教训，难得有机会能听到如此生动活泼的经验分享。于经验中建设自我、发展自我，CSS亦是吾之三省之源。

CSS是"缘"。首先是与两位带队老师之缘。在寻找实习机构时，机缘巧合下我结识了石震老师，而后在CSS项目中我亦通过石老师引荐进组，行文至此，祝石老师工作顺利！未来我们换个身份再见！与王老师的共事则更多是在巴彦淖尔，一周的相处让我深深感受到王老师是充满大智慧的老师。其次是与两位巡视督导之缘。比较巧的是由于前期表现略显"突出"，我被盯了一段时间。也就是在这段时间我对两位督导学姐有了一定了解，她们都很有趣、很优秀。最后，是发生在巴彦淖尔市临河区的一段"跨时空"之缘。S社区的入户难问题不亚于育才X区，早在对接时，社区工作人员就表示该社区住户很难"拿下"。初到此社区，正在楼下等待入户的我一筹莫展，忽见二老提瓜前来，曰："子故何来？"答曰："遵师命、聊民生、品现世。"二老解，引入门厅，促膝长谈。谈及旧务，老妇藏面。论中偶询："子源何来？"答曰："本自大榆，现居绥远。"老妇惊呼："同源同乡是也！"又询："姓甚孰后？"子实答。二老暴起，泣呼："吾与汝太公已六十余年未面乎！"后证，如是。年超，虽未中。后思仍有所感："原来如此，缘来如此！"

于我个人而言，CSS贴近社会现实，使我亲身感受到生活在不同环境下的人对于相同问题的不同看法及回应，用灵魂聆听被访者对社会及个人现状的真实感想。各美其美，美人之美，美美与共，天下大同。我并不解反移情为何，我只想懂你。我想这应该就是贾平凹先生文中所说的"活在世上"吧。

CSS是源，亦是缘。

# 我与CSS相约龙陵

史新宇　云南大学民族学与社会学学院

## 一　调研缘起

　　距离第一次探访龙陵佳地已四月有余，当看到CSS招募访问员后，我毅然追随导师来到这个让我魂牵梦绕的故地——龙陵县。回首CSS之旅，忘不了黄草产业的惊人盛景，忘不了龙陵黄山羊的味美汤鲜，也忘不了黄龙玉文化的璀璨明光，更忘不了与六位小伙伴在云南大地上共同奋斗的多彩田野生活。在这里，有困惑，有快乐，有温馨，也有深深的感动。

　　庆幸自己与龙陵有着深厚的缘分，可以用脚步丈量这片土地，用心灵感受乡村生活。一张张照片记录着我们田野的足迹，一段段视频讲述着我们拼搏的岁月,一份份问卷述说着我们入户的故事。每当我翻看不舍删去的团队工作剪影时,便会回忆起我们团队一起在乘车、绘图、抽样、入户中的点点滴滴,虽已是过去,但场景依然清晰可见,故事丰富而有趣。

为期五天的线下培训,让我对调查绘图、入户访问等内容有了更为系统性、全面性的认识与理解,现场模拟训练更是让我感受到CSS全程调查的严谨与科学。我与龙陵又会发生什么样的故事呢?

得益于年初参与的中国乡村大调查,我对龙陵田野调查中的问卷调查部分有了初步了解,对其中的困难与风险有了较为浅显的认知,但对CSS中的绘图工作充满了担忧,担心由于绘图的复杂程度、团队成员的人数而影响入户调查的进度。事实证明,团队的力量是无穷的,"积力之所举,则无不胜也",我的担忧常常有些多余。

## 二 再访木城

木城乡位于龙陵县的边防地带,为龙陵县的一个民族乡,背靠19.71千米的边境线。虽已是第二次前往木城,但我依然对从龙陵县城到木城乡的多段蜿蜒道路充满了担忧,唯恐引起身体不适。庆幸的是,我们中午时分在中间地段的芒市中山进行了休整。同行的三位团队成员虽然晕车呕吐,但依然坚持按时到达第一个调查点——A社区。该社区多为搬迁农户,整体居住的集中性为我们绘图、入户提供了一定便利。

时值七月下旬,在两位老师的带领下,大家一起来到A社区村委会,经与村委会人员商榷过后,大家立即前往最近的搬迁社区进行建筑绘图。"象达姑娘龙陵雨",龙陵降雨量很大,有"滇西雨屏"之称。刚刚还是晴空万里,突然淅沥的雨滴便降落,愈下愈大。刚开始还能简单进行绘图,直至手机已湿透我才决定前往附近农户家的铁棚下避雨,大约持续了20分钟,这家中的阿姨归来,见到我欣喜万分,连忙让我品尝水果。我执意拒绝,待雨下得小些,我便继续开始进行绘图。直至晚上九点,大家终于完成了搬迁社区的绘图工作,相约返回村委会。

第二天,大家乘车来到A社区北边区域进行绘图,a村作为A社区北部的地址抽样村之一，其周边坡度很大，有些房屋着实难以绘图。为了找寻一个实际住宅，我和小伙伴们来回上下陡坡多次，尽管汗流浃背，大家依然选择坚持下去。午饭过后，我们淋着雨一起来到北部村落，没有丝毫退却，纷纷撑起雨伞绘图。龙陵的天说变就变，刚刚阵雨连连，转眼间便晴空万里、阳光四射。环境的复杂并没有使任何一位小伙伴退缩，反而更加动力十足，终于下午三点大家都完成了绘图，在核实过后提交了申请。虽有些许差错，但大家集中在一起，分工修改自己出错的部分，难以修改的部分也能通过询问督导与后台迅速解决问题。总体而言，第一次的绘图工作比较顺利。晚饭过后，为了推动整体的进度，大家选择立即入户进行问卷调查。我有幸夜间时分与团队中的两位访问员一起来到A社区进行问卷调查，在嘈杂、慌乱中完成了云南地区第一份CSS问卷。结束后虽已经很晚了，但大家毅然选择坚持下去，相约一起回到住宿的地方。

在一天半的时间里，大家顺利完成了22份有效问卷。虽然部分问卷由于农户职业的界定、收入的划分等问题需要修改完善，但每份问卷都达到了标准化念读、及时追问等要求，受到了后台质控小组的评语激励。后续的入户问卷在经历一次次修改之后，问题出现得越来越少，大家的工作逐渐娴熟。

## 三　初访大垭口

惜别木城A社区，我们驱车一天来到B社区。傍晚时分，大家在村委会与工作人员的交谈中进行了村居边界绘制。第二天，我和团队中的另外两名访问员一起吃过早饭后便来到麦地进行绘制建筑图层，由于对当地村落分布的不了解，第一次绘制的建筑图层有些偏差，大家直接删掉，与村小组长叔叔一起又走了一遍，上去下来，来来回回。我们一路由远及近进行建筑图层的绘制，坡下建筑格外分散，距离也很远，空户十分多，但从村小组长的口中我们得知还有八九户没搬。我和带队老师一起下村查看，途中道路很长，坡度很大，上来后我们已气喘吁吁。下午又再次到其他两个村落进行绘图确认，稍晚些，我们三人一起进行绘图。绘制完最后一个住宅，刮起了大风，下起了大雨，我们赶忙躲进车里，回到了酒店。

第三天，我开始核户，爬山、下山、走路，从未停过。快到中午时分，雨滴悄无声息降落，打得我们猝不及防，大家淋着雨开展核户工作，结束后一起坐车来到第二个村落继续核户。核户结束后，便开始了入户问卷调查环节。在入户访谈时，我们见到了醉酒男人生活的无奈、妙龄女子居家带小孩的乐观、拿低保的中年男子生活的落魄、空巢老年妇女的窘迫，纷繁复杂的世界里每时每刻发生着不一样的故事。回来已经晚上七点多了，吃过晚饭后大家继续做问卷。晚上九点开始入户做问卷，村小组长叔叔开车载着我们，并一直陪伴我们到晚上十一点半，我们十分感动。

## 四 探访腊勐

C社区作为乡镇社区，其建筑多位于乡镇街道两侧，路况十分复杂，地标建筑繁多，小伙伴们在C社区的绘图工作格外艰难。我与两位访问员一开始绘图便遇上阴雨绵绵的天气，只能走在泥泞的田间小路上艰难绘图，但大家干劲十足，仅用一天半的时间便把C社区周边的田间山头"攻下"了。第三天，由于一位访问员上午有入户问卷预约，中午没来得及吃午饭。下午，我和另一位小伙伴又再次入户，拒访率依旧很高，直至下午四点，我们才"开张"。天公不作美，龙陵的雨又悄无声息地降临乡村，小伙伴们纷纷在雨中奋勇坚持着。终于，在小伙伴们的辛勤付出下，C社区的21份有效问卷完成了。

## 五 寻访杨梅田

告别C社区，我们驱车前往D社区，转过数座高山，终于来到山林环抱、云雾缭绕的D社区。恰逢龙陵雨季，又地处深山，D社区雨滴时常悄无声息便会降临。但这里民风淳朴，村民热情好客，我们常常能够感到世间温情。

入户走访过程中，我们在村小组长的带领下来到上回龙组，被访者阿姨不识字，但性格洒脱，常常对自己的主观回答开怀大笑。而且她十分好客，给我们递上了水果。之后，我和一位访问员在村委会成员的带领下继续前进，由于拓宽道路的需要，将近四公里的山路全部变成了山石路，加之龙陵雨的"贡献"，道路已极大程度地破损，长长的水沟到处可见，旁边的落石分外显眼。我们驱车一路颠簸，随着山路十八弯上山下山，有的地方落石挡住了去路，还需要下车将石头搬走方可通行。走至石灰路的尽头，司机叔叔艰难地把车倒好，我们在村委会成员的带领下顺利访问了一位小伙子。小哥哥格外配合，虽地处深山，但当被问及是否会选择创业时，小哥哥依然满怀期待，说自己十分想养胡蜂，对生活很乐观。结束后，我们继续前进，抽到的被访者叔叔也比较配合。为了尽快完成问卷，我和访问员回来又来到一个养猪大户的叔叔家做问卷。家中阿姨十分好客，为我们端茶送果，不知不觉问卷结束已经晚上八点钟了。真诚感谢司机叔叔陪我们奔波了一天，或许在他眼里那是平凡的一天，但对我们而言却是极不平凡的。一双塑料拖鞋，走得了千家万户，过得了千难万险，我们仍然心态平和，眼里有光。

告别D社区时我们着实有些不舍，不仅是因为这是我们此行的最后一个行政村，而且还因为我们遇到了像叶书记一样坚守大山、保卫绿植、甘于奉献的年轻基层干部。他们孜孜不倦，默默为基层群众奉献着自己。叶书记在第一天接待我们时便说出自己的心声，"我知道自己或许在这个岗位上不会有太大的贡献，但我可以守护好自己身后的绿色环境，保护好核桃树，待到可以开发乡村旅游的时候，也可以为村里人的生活富裕提供一点点帮助"。他们乐观且坚强，切切实实为群众的生计贡献着自己的全部智慧。

夜晚的山路格外惊险，但CSS之旅在大家共同努力下终于画上了圆满的句号，和小伙伴们一起工作的十几天点点滴滴在脑海中浮现，迎着下坡路，感觉一切遇到的困难都已随风而去。感谢小伙伴们的陪伴，感谢老师们为我们保驾护航，也感谢我们自己不屈的灵魂！

## 六　调研反思

作为CSS的一名调研督导，在调查的综合培训、精准绘图、结对入户、问卷审核等过程中，我对云南乡村发展和基层治理有了更为深刻的认识，也对综合调查研究的方法和实践有了一些反思。

在督导过程中，我发现明确调研目标是快速取得成功的关键。通过资源链接、分工协作、快速反馈，我们团队逐渐明晰调研的重要环节与调查的阶段性目标，从困惑重重到快速"推图"，时刻将4个行政村概况、80余份调查问卷、多个建筑图层作为行动目标，每天审视团队成员的完成情况，很大程度上有序推进了调研进程。在具体工作任务中，每位成员积极作为，集思广益，以解决问题、完成有效问卷为导向，共同推动了团队目标的实现。我们需要耐心为村民讲解调研活动与乡村发展、村民利益之间的关系，不厌其烦地讲解调研目标，以期能够收获村民关于乡村发展的有用信息。

同时，选择合适的调研方法也至关重要。不同的村居绘图、入户问卷、后台质控方法对于整体工作有着差异化效果，我们需要根据研究目的和资源条件来选择最合适的方法。关于村居绘图，我们刚开始想要绘制完整的行政村图层，但现实情况是云南地形复杂、村庄分散、户数较多，通过与后台沟通交流，得以通过随机抽样的方式选择初始绘图范围，提高了工作效率。关于入户问卷，刚开始通过两两组队，团队成员能够较快熟悉问卷流程，辅助问卷快速完成。待熟悉问卷后，团队每位成员都能够"独当一面"，有效缩短了滞留时间。关于后台质控，前期陪访过程中，我注重对访问员问卷质量的把控，使得审核问卷时间由于堆积而延长；后期在改善注意事项的基础上，问卷审核得以在陪访过程中进行，有效加快了整体调研工作进度。

样本的选择直接影响研究结果的代表性和可信度。在调研过程中，我们需要充分考虑到云南乡村的多样性和复杂性，尽可能依据后台随机抽样系统选择具有代表性的样本，以确保研究结果能够反映中国乡村的整体情况。在初次样本分配后，团队成员秉持与自己建筑绘图一致性原则，优先选择自己熟悉的样本，并能够分配4~5个问卷样本，以便应对入户无人、错失访谈对象等特殊情况。在预期问卷数量难以达到的情况下，我会及时统计问卷使用情况，积极向后台说明情况，申请问卷样本补发。在整个寻找入户对象的过程中，团队成员能够始终秉持负责、用心的态度，仔细核查入户地点，按照问卷标准进行问答，保证了问卷的效用和代表性。

在样本选择和代表性方面的认真行动有助于确保研究结果的可信度和适用性。同时，合理的样本选择和代表性考量可以有效增强研究的科学性和实用性，从而增强通过数据分析而得出的研究结论的说服力和应用性。

数据收集与质量的把控是调研过程中非常重要的一环。一方面，数据收集是调查研究的核心环节；另一方面，数据的质量直接影响研究结果的准确性。通过前期集中培训，团队成员在学习与实践中理解了数据收集的工具和方法，获悉了问卷数据的填写要求和质量标准。在督导过程中，我强调了数据收集的严谨性与准确性，同时也思考了如何在数据收集过程中减少偏差和误差。通过"督导－后台"进行现场监督、数据审核、交叉验证等方式，有效建立起质量控制机制，这有助于确保数据的质量，并及时发现和纠正问题。

对中国社会状况进行实地调研和观察是深入了解中国城乡发展状况、发现问题和寻找解决方案的重要途径。同时，实地调研和观察能够让我们深入了解城乡的实际情况，与城乡居民进行直接的交流和互动。其不仅有助于我们获取第一手资料，还能够让我们更好地理解城乡发展面临的挑战和机遇。第一，深入了解中国实际。实地调研和观察可以让我们深入了解城乡的社会、经济、文化和环境状况，通过与当地居民交流、观察他们的生活方式和生产活动，我们能够更好地理解中国乡村的特点和需求。第二，发现问题与挑战。通过实地调研和观察，我们可以发现城乡面临的问题和挑战，其可能涉及基础设施、教育、医疗、就业、环境等各方面。而了解这些问题有助于制定有针对性的政策与干预措施。第三，培养观察能力和批判性思维。实地调研和观察需要我们具备敏锐的观察能力与批判性思维，通过观察和分析现象，我们能够逐渐培养出自己的洞察力和问题分析能力。

调查研究的最终目的是促进社会的发展。对中国社会健康发展的政策启示和实践推动需要注重科学性、参与性、反馈性、长期持续的关注。通过科学的调查和实践，政策制定者和实践者可以更好地了解城乡发展的需求与挑战，制定更有效的政策和实践措施，推动社会发展和进步。第一，政策制定的科学性。调研活动可以提供关于社会发展状况的全面、准确的数据和信息，为政策制定提供科学依据。政策制定者可以根据调查结果，制定符合城乡实际的政策，增强政策的针对性和有效性。第二，政策实施的参与性。调研活动可以促进居民的参与和合作，让居民在政策制定和实施过程中发挥更大的作用。政策制定者可以通过与居民的交流和合作，了解他们的需求和意见，从而制定更符合实际情况的政策。第三，政策评估的反馈性。调研活动可以为政策评估提供反馈和改进的机会。通过对政策实施效果的跟踪和评估，政策制定者可以及时发现问题和不足，并进行调整和改进。第四，长期持续的关注。调查研究是一个长期持续的过程，需要政策制定者和实践者持续关注和投入。通过长期的调查和实践，政策制定者和实践者可以不断积累经验，提高政策与实践的质量和效果。

## 七 调研小结

中国社会状况综合调查是一项重要的调研工作，通过对城乡的深入调查和走访，我们可以更好地了解中国社会的状况和问题，为城乡发展提供科学依据和决策支持。在调研过程中，我们需要保持客观、严谨的态度，同时也需要关注城乡的多样性和复杂性。

诚然，龙陵县的调查充满着温馨与感动。一方面，我们的调查得到了龙陵县各级部门的大力支持，带队老师以身作则，为同学们做好表率；另一方面，同学们相互鼓励，克服困难，共同成长，体验了不同民族和地区的风土人情，领略了云南城乡建设的新成就和蓬勃发展。我们有机会将学习的课堂从校园转向田野，将学术研究与中国社会发展实际紧密结合。

不可忽视，通过调研活动，我们可以发现，城乡发展面临着诸多挑战，如人口流动、土地流转、产业升级、人口老龄化、少子化等。同时，我们也看到了乡村发展的良好机遇和潜力，如乡村旅游、农村电商等。在未来的城乡发展中，我们需要更加注重其生态环境保护、文化传承和社会治理等方面，推动城乡的可持续发展。

另外，对中国社会状况的综合调查是一个长期的过程，需要我们持续关注和投入。我们需要不断总结经验，改进调研方法，不断提高调研质量和效果。同时，我们也需要加强与各方的合作和交流，形成合力，共同推动城乡的良性互动和健康发展。

立足当下，通过这次督导工作，我深刻体会到了乡村发展的复杂性和多样性，也认识到了调查研究的重要性和挑战。着眼未来，我将继续努力，不断提升自己的能力，立足实际，怀揣学术报国之志，传承魁阁精神，用脚步体验乡土生活，用心灵感受新时代城乡发展，将论文写在中国大地上，在实践中更好地理解中国人群、社区和政策，为城乡发展贡献自己的青春和力量。

愿后来者继往开来，在调研之路上继续勇往直前，不断探索求知，做好中国社会大调查，为我们的社会和世界带来更多有价值的发现与改变。

# 与深圳的真切接触

罗嘉棋　广东金融学院公共管理学院

"从此刻起，我志愿加入CSS大家庭，将把我的热血与激情，投入CSS的学术公益事业中，与全体CSSer一起，不忘初心，直面挑战，向阳而生！"广东金融学院本部礼堂传出铮铮宣誓，我们将以所学知识与社会实践相结合，积极响应CSS项目组"调查入万家，聚力现代化"的号召。

"前方到站是，福海西站。"高铁停下，我们深圳宝安调查队搬运着大小行囊，有说有笑地，来到了深圳市，开展"中国社会状况综合调查"为期近一个月的调研工作。

我从小到大都生活在深圳，在这个追求速度的时代，我有太多关于深圳百姓的认知空白，有很多我还没踏足的土地。十分荣幸，在2023年暑假我能够与一群志同道合的伙伴，带着"知之真切笃实处即是行，行之明觉精察处即是知"的工作宗旨和目标，以访问员这样独特的身份，重回故地，与深圳来一次真切的接触。

## 一　深圳初印象

作为从小在深圳读书长大的外地人，深圳无疑算是我最熟悉的地方，虽然我没有深圳户口，但我仍然享受着深圳完善的基础设施等公共福利。

我真正意识到深圳是一座大城市，不是因为历史书对深圳迅速发展的描述，也不是因为新闻里对深圳科技日新月异的惊叹，而是我上大学后，远离深圳，我的大学同学问我来自哪里，我说深圳，他感叹道："哇，大城市！"……恍惚间，我才真正意识到深圳的强大。

这座城市的确发展得很好，有完善的基础设施、发达的科研技术等，引得无数怀揣梦想的年轻人来到深圳打拼。但是，无论是大人，还是小孩，这里的每个人都背负着巨大的压力，驱使我们每天都要不断奋斗。

## 二　绘图核户

我们第一站来到H社区，刚下过雨，空气与地面都很湿润。督导将H社区所抽中的A小区和B村一起拆成了四个分区，除督导外，其余八个人两两分成四组，各自到所负责的分区开始实地工作。

我的运气不错，第一个绘图的小区地形平坦，房屋很工整，没什么不规则的情况。这对于第一次绘图的我来讲，那可太好了。来到我们所负责的分区，看到第一栋楼，围着大楼转了一圈又一圈，终于琢磨完三角形最小的锐角——门的朝向后，又开始琢磨怎样才能进入大楼，去看看里面每层有几户、有没有电梯等。我们尝试询问楼下的商贩，发现他们不是这栋楼里的居民，没法带我们上楼。接着我们又看了看大门口贴着的二维码，在一堆商业广告中，有一张二维码上赫然写着"社区网络格"！

很快，我们的调查工作群里就传来了消息，扫这个二维码，可以知道里面每层有几户，不用每栋楼都一楼一楼地爬、一户一户地看。这天大的好消息大幅缩短了绘图调研的时间，深圳真好！我们一到大楼底下，就立马锁定大门旁边的社区网络格，扫一下二维码手机上立马跳转出大楼的基本信息。有时候如果碰巧遇到有人开门，我们还会上楼和社区网络格的信息校对一下，防止有不准确的情况出现。就这样，每个小区的绘图核户工作都是半天搞定，yes！这就是深圳速度！

由于酒店离我们所负责的S社区、L社区较远，楼下的共享单车便起到了作用，我们骑着共享单车在马路间穿梭，不一会儿就到了L社区，好不自在。提到交通的便捷，怎么能少得了深圳地铁，地铁现在在我心里，那简直就是"伟大"的存在呀！十块钱以内就可以在深圳市随意遨游，不到五块钱便可以在宝安区任意穿梭。我们每要去下一个目的地，都会优先考虑地铁，大伙儿搬着大包小包，挤进车厢，转瞬就到了。交通的重要性在调研活动中淋漓尽致地体现了出来，感谢我大深圳！

来到L社区，我的第一想法就是，这边完全不是城中村了，这里的基础设施非常好。L社区是非常具有设计感的小区，从地图上就能看出，这里不是规整的四边形的楼层，而是像花一样，电梯位于中间，每一层楼的四户都分别像花瓣一样展开，有三十几楼，非常高。我是第一次见到这样具有设计感的楼层，好高级啊，有被震撼到。

这还不是最复杂的，最复杂的是小区有地下车库，还有三层！问了下物业，楼下有什么设施，物业说有车库，有员工宿舍，还有商铺！并且这个地下车库，不是每层楼楼下都有一个独立的区间，而是全面打通了，是五栋楼的楼底下，有一个巨大的空间，可以任意穿行。我走到地下车库的时候，已经面露难色了，这个图怎么画？我们立马请示巡视督导，这样的情况该怎么操作。

"M层和负一层，又有车库，又有住人，这个情况怎么绘图？"

"照常记录，有几户就写几户，车库不用管，在备注里写一下情况就行。"

"物业那边压力很大，不敢讲有几个宿舍，也不肯带我去，怎么办？"

"请示公函，出示一下。"

其他分区的队员说："我们完成了，这边都很规整，物业也很配合，需要帮忙吗，我们去支援你们！"最后大家都来到了L社区，支援分图二，终于在晚上八点多完成了绘图工作。真的十分感谢我们深圳宝安队的每一名成员，因为有他们，再多困难也不算个事儿。回酒店的时候，我把一整天的遭遇都回顾了一遍，和看电影一样，很精彩。白天在社区楼层中几度徘徊，犹豫不决，不知道如何是好，因为我们组是所有组中进度最慢的，特别担心拖累进度。但所幸我们都克服了困难，真棒！

夹层是什么？自我们来的第一个社区开始，每次一扫社区网络格的二维码，就会看到一层不仅有常规的101、102……还有"夹层101""夹层102"等。有一次我等到有人开门爬上去见识见识，才知道夹层指的是一层和二层中间的楼层，楼层间距较小。至于这个楼层怎么算，请示了巡视督导，这个情况怎么办？"算在一层，备注要说明情况。"这是调查带我了解的新知识。

超长楼层值得震惊一下！来到BM社区，相比以往调研的小区最大的特点就是不规则，其中最令我震惊的是有那种特别长的楼层。究竟有多长呢，就是扫一下社区网络格的二维码，可以从101一直排到154，就是这么夸张！看到这样的信息，我们还在想是不是登记错了，就绕着楼走了一遍又一遍，并且上楼一探究竟，确认再确认，才发现是因为其中有一半属于夹层。夹层位于一层和二层的中间地带，上夹层还需要爬一层对应门户的专属楼梯，不然还上不去。就这样，怀着越发震惊的心情，我们绘完了这个村的图，不禁感叹道："好神奇的建筑物啊！"

广东八月的天气变化无常，正值酷暑，方才是阳光明媚，晒得人的汗直滚，我们才在酒店收拾行囊，豆大的雨滴就齐刷刷砸向玻璃，夹杂着轰隆隆的雷声，清脆响亮。窗外，透过落在玻璃窗上的雨滴，只能看到一片灰白。配合着天公不作美带来的雨水，空气都是湿热湿热的。穿着宽大不透气的雨衣，在每栋大楼下驻足，抬头仰望，数楼层，进行绘图登记。我心里多么希望现在就能停雨，最好还能吹来一阵清凉的风，把闷热吹走，那该多好啊。

在深圳这座国际大都市里，不是每栋楼都有电梯，并且为了绘图数据的准确性，即使有社区网络格的帮助，我们仍然要爬楼梯上去，一探究竟。并且入户的时候，要拍一下大门，我们都是一楼一楼爬上去的。

"在几楼？"

"七楼，快到了。"

"样本序号是多少？"

"031。"

边爬上去，边在平板上点开对应的样本，准备核户……

调查真的是一个体力活，需要在小区楼层间来回穿行，时不时还要动用我们机智的脑袋，巧妙地解决问题。在此之前，我觉得"调查"这个词，离我特别远，但听上去是件很酷的事情。这次亲身体会了专业的调查活动，运用专业的调查方法，和一群志同道合的小伙伴儿做同样的事情，我觉得调查本身这件事情更酷了，它充满了魅力。同时我也觉得调查很接地气，需要一步一个脚印地走出来。

感谢这段经历，我很荣幸能够参与其中。

## 三 入户访问

"先生您好，请问有人在家吗？我们是中国社科院的访问员，是广东金融学院的大学生，我们现在有一个社会访问，是关于您的家庭、生活、社会看法等的访问，是一些很基础的问题，请问您方便吗？""您能告诉我不接受访问的原因吗？根据统计法我们会将您的所有信息保密的，不用担心。"……这几句烂熟于心的开场白，明明调查已经结束了好几周，我还是久久不能忘记。

关于入户访问受挫折这件事，我只想说"吃得不多，也就闭门羹而已"。当我们一腔热血，带着热情敲开一扇门后，总会出现很多情况。有的住户带着警惕的眼神对我们骂骂咧咧，我们想解释但其压根没给我们说话的机会就把我们赶走了。有的明明室内有声音，我们敲门他们却装听不见，或者直接把电视关掉或把声音调小，直接无声拒访。还有的是预约好时间，但第二天去住户不在，被放鸽子了。更有甚者扬言要报警。我们刚开始很受挫，难受且无奈，虽然闭门羹吃了不少，但依然有人很乐意与我们谈天，愿意讲讲自己对生活的一些不满与不解。我们因此掌握了方法，越挫越勇。我们会在茶余饭后想起这些经历，真的很难忘。

受访小区拒访率极高让我很气馁。我们队督导有一次跟着我们一起去入户访问，就给了我在语言艺术方面的极大冲击。记得是晚上，我们接连敲了几户，都是没人在家，终于敲到了一户有人。开门后，年仅30多岁的大哥一脸茫然地看着我们，站在我身后的督导就往前一步和我搭档一起你一言我一语地与大哥展开了对话。

"哥，您好，我们是中国社科院的访问员，是广东金融学院的大学生，您看这是我们的学生证和身份证，身份属实。我们现在有一个社会访问，是关于您的家庭、生活、社会看法等的访问，一些很基础的问题，请问您方便吗？我们有和社区打过招呼，这是我们找他们开的红头文件，您看看。"

"我们这也是为国家做贡献，您的数据会直接给国家，可以不用通过社区等一一向上反馈情况，这样多好。"

"哥，您看看，这是我们的问题示卡，都是一些很基础的问题。"

"您能告诉我您不接受访问的原因吗，根据统计法我们是会将您的所有信息保密的，不用担心的。"

"哥，我们在门口站了那么久，您也和我们唠了这么久，我知道您也是愿意和我们聊聊的，我们进去坐坐吗。"……这段对话长达40分钟，从国家的宏观层面聊到每家每户的微观层面，从人情冷暖聊到天文地理……我站在他俩身后，抱着平板，被震撼到了！虽然这户最终还是没有接受我们的访问，但在我心中，我感到了大大的震撼！激励我要向督导学习，好强啊！语言的艺术，好好学习！越挫越勇！

从8月16日起，我们深圳宝安队，因为不小心感染了病毒，不断有人中招，接连发烧病倒。我在8月17日感染生病，那两天可太难受了，整天昏睡，清醒的时候看着调研工作群每天传来的消息，"074完成""全都拒访"等，或好或坏，心里跟着着急，想赶紧病好，加入他们，一起战斗！

"@督导 我要归队！"在工作群里，第一个病倒、已经稍微好点的同学说。

"老师让你休息。"督导回道。

"不！爷们要战斗！我37.0℃了，可以上班了。"

"我嗓子说不了一点，没一下就咳嗽。但我可以帮忙打下手！"

就这样，我们病好了之后，会戴着口罩、带上水，没事就喝水，尽可能别咳嗽太猛，吓到住户。

红马甲是我们深圳的特色之一。为了增加住户对我们的可信度，督导向社区借来了志愿服。穿着红马甲，我们穿梭于大街小巷，一些住户看到我们穿着红马甲，一定程度上增加了信任感。巡视督导将我们穿着红马甲的照片发到了CSS大群里，为CSSer鼓舞士气。结果江门台山队、广州黄埔队、梅州惠城队的队员都说他们也借到了志愿服，真是英雄所见略同！

针对我们在门口蹲守、迟迟上不了大楼的情况，督导联系了社区网格员，帮助配合我们开展调研工作。我们一早就到了社区网格员的办公场所，社区网格员说如果住户在，会协商住户配合；如果住户不在，就联系楼栋长，让楼栋长协商配合……太酷了吧，还可以这样！

受到东莞队的启发，我们也联系社区开一份红头文件："中国社科院CSS2023项目于2023年8月14日至2023年8月20日在我社区开展社会调查活动，期间将有访问员进行入户调查，访问员会出示相关证件，调查所得数据将会保密，不对外公开，希望各位居民给予配合，感谢支持！（注意：访问员不会询问关于银行卡、支付验证码、短信验证码等信息，谨防诈骗！）"自那以后，我们有了社区的证明，走路都神气了。每每讲完"先生您好，请问有人在家吗？我们是中国社科院的访问员，是广东金融学院的大学生，现在有一个社会访问是关于您的家庭、生活、社会看法等，是一些很基础的问题，请问您方便吗？"，我们还会出示红头文件，提高住户对我们的信任度。

我们到了Y社区，督导联系了社区C主任，我们在"Y社区工作群"报楼房号，C主任远程操控开门禁。"Y社区八区95号，麻烦主任。""Y社区八区98号，麻烦主任。""@主任 我在八区88号，被保安盘问了，他表示需要网格员给他打电话，确认我的身份。""@主任 您好Y社区八区66号，需要网格员，打电话给管理人确认。""主任，可以给一个新密码吗？"有主任的帮助，真的进展神速，好棒！

早晨九点，我骑着共享单车四处找找有没有早餐店，想买点包子和豆浆，边吃边到所负责的小区。到了门口，才发现早餐时间早已结束。拿出访问员证、问题示卡、红头文件、活动介绍书、预约信、感谢信，将入户调研的仪式感做足。"您好，有人在家吗？402有人在家吗？早上好！"……没人响应，下次再来。这样的情况我们经历了好多次，虽然稀松平常，但也体会到了调研的辛苦。

深圳的打工人一般晚上六点多才下班，甚至八九点可能还有人在加班。为了不错过任何一份问卷，我们晚上都会在门口蹲守。"别老盯着门，有时候看看别的地方，看上去像上门要债的样子。""哈哈哈哈哈，好！"有时候我们还会带点西瓜来，看似吃瓜，实则等人，时不时还聊聊天。好不自在！

每次敲门，不知道下一刻迎接我们的是惊喜，还是冷漠，但所幸惊喜带给人的印象更深刻。这一路遇到很多很多温暖的人，我们欣然接受他们的帮助与温暖，使得这次调研活动更加充满意义。我想努力记得他们带给我的温暖与闪光，我想我更热爱生活，更爱深圳了！

白天接连干完绘图核户后，晚上我们就开始入户调研，碰碰运气。幸运的是，第一户迎接我们的是个30多岁的大哥，他的到来鼓舞了我们的士气。在我们做完简要介绍后，这位大哥几乎没什么犹豫，就接受了我们的调研，而且整场都很配合我们，使这次调查有了个相当不错的开门红！回去的路上，督导也很开心，问我们想吃什么，他请客！

在Y社区，我们遇到这样一户人家。入户的时候，抽样到妻子，但妻子在外工作且工作很忙，我们就预约到周五晚上，留下了预约信并互相留下了电话号码。当天晚上，那户人家的妻子可能有些担心，给我们打电话来问问情况。

"我们是中国社科院的访问员，是广东金融学院的大学生，我们可以向您出示我们的学生证和身份证。"

"主要问的是关于你的家庭、生活、社会看法等，是一些很基础的问题。"

"我们和社区交流过，您可以看看我们的红头证明，上面有社区的盖章。"

"我们会根据统计法，将您的所有信息保密，不用担心。"

"您也可以看看我们的活动介绍卡，上面是我们的组织及活动信息。"

挂了电话后，等到周五，我们如约而至。那户人家还给我们备了水、西瓜等。

在访问过程中，被访者非常配合我们。当我们问到对生活的不满的问题等时，她和丈夫相视一笑，"应该是我们拖累了深圳吧哈哈哈"。其实这句话给了我不小的惊喜，令我耳目一新。因为一路调查过来，其实大多数人都在说"政策没落实好""我们家还是这样子"诸如此类的抱怨、不满。我很喜欢她，感觉她很善良，有关注自己身边的困难，并向社区反映；被问到是否受到政策的优惠时表现得不是一身怨气，而是说可能给深圳拖后腿了，好开朗、好善良，向这个姐姐表示敬意！

在BM社区，我们如约而至，不过住户夫妻俩都在工作，手上的工作不方便停下，起初是想拒绝我们的，但经过我们的劝说后，还是顺利开始访问了。抽到的是两口子中的妻子，她坐在小椅子上，为了拉近距离，我的搭档也蹲下和她访问。我搭档背着沉甸甸的背包，蹲了十几二十分钟，他腿麻了，就一直来回换腿，有点蹲不住。看着这一幕，想到我们的调研活动快结束了，回想过去，真心觉得大家都好辛苦！我主动去拿搭档的包，希望能够分担点辛苦。这份问卷是蹲了一个多小时的成果，当这份问卷完成上传后，搭档站起身，满头大汗，那一刻突然好感慨，调查工作真的很辛苦！大家都在努力！

讲个小细节。我们一开始的调研问卷，要在问卷中修改职业大类，要打电话或再次登门追问住户的收入或支出等信息，甚至还会有废卷的现象出现。但调研项目后期，我们的调研问卷慢慢地就没有问题需要改正了，审卷的老师在评语中说我们很棒，我们也受到鼓舞啦！

## 四 一点总结

写到最后，是我对本次调研的一些总结与感受。我能够作为访问员这个新身份回到深圳市宝安区这片我熟悉又陌生的土地上进行入户调查，实属我之荣幸。一开始看到2023年"中国社会状况综合调查"这个项目报名的推文，我就是抱着试一试的心态，过五关斩六将，通过一轮又一轮的面试和培训考核，绘图核户、入户调查完四个社区。我们要实现满足人民对美好生活的向往这个奋斗目标，可谓任重而道远。而"中国社会状况综合调查"这个项目，正是倾听人民群众的呼声的一个有效途径，我想这就是这个项目要开展的原因和时代使命吧。

在此次与深圳的真切接触中，我收获满满。我学习到了专业科学的调查方法与技能，并且我将知识熟练运用到实践中去。我们每一次敲门入户，不知道将要迎接我们的是冷漠，还是惊喜。但所幸惊喜总让人印象深刻。尤其感谢我们深圳"保安"大队的小伙伴们，我们齐心协力渡过了一个又一个难关，每天都会在茶余饭后分享当天开心有趣的事儿，没心没肺地打闹玩笑。因为有了他们，这次调研的路上不再单调，不再孤独。虽然"中国社会状况综合调查"深圳调研项目已经告一段落，但我们早已建立深厚的友情。在我们的小群里，我们还是会时不时分享各自在学习生活上的点点滴滴。

2023年这个暑假，于我而言是我度过的最充实的假期！我想，当我再走过深圳熟悉的那条街，路过那个社区，那栋楼，那家饭店、酒店……我一定会想起我们在一块的画面，是抱着平板时不时查看反馈情况的画面；是我们在学姐房间里欢乐玩闹的画面；是我遇到压力时，女生们开导我的温情；是我们大家齐心协力一起出发，寻找最后一份问卷的斗志昂扬；是督导在深圳调研工作群里发"091完成！"，还有伴随调研结束的激动、欣喜。

真的很荣幸能够参与这次项目，我会将这段经历牢牢记在心里，骄傲地分享给身边的亲朋好友。同学们听完我的精彩暑假后，都来问我，什么时候还可以报名参加，好期待能和一群志同道合的人，一起做一件非常酷的事情！作为一名访问员，我对深圳的印象更加深刻。聆听住户的过往，路过他们的人生，是我最骄傲的一段经历，也是我最珍贵的一段回忆。

第二篇

# 以差观

# 导语：
# 仗卷千里外，天地一行间

邹宇春　中国社会科学院社会学研究所
兰雨　中国社会科学院大学社会与民族学院

在《庄子·秋水》中，庄子通过河伯与北海若的对话，探讨了事物大小、贵贱、是非的相对性。北海若回答河伯关于如何区分事物贵贱、大小的疑问时，提出了"以差观之，因其所大而大之，则万物莫不大；因其所小而小之，则万物莫不小"的观点。他强调，从差异的角度来看，万物的大小是相对的，没有绝对的标准。如果顺着物体大的一面去观察，就会认为它是大的，那么万物都可以被视为大；反之，如果顺着物体小的一面去观察，就会认为它是小的，那么万物都可以被视为小。这一观点体现了庄子哲学中的相对主义思想，即事物的性质和价值是相对的，取决于观察者的视角和参照系。庄子通过这一论述，批判了人们常常以自我为中心，以自己的标准去衡量和评价万物的做法，强调了超越主观偏见，以更加开放和包容的心态去认识与理解世界的重要性。

这个反映了中华优秀传统文化的观点，可以用社会学的许多理论去做更详细的阐释。比如，社会互动理论认为，人们的认知和行为是在与他人的互动过程中形成的，这种互动具有相对性。因此，对于事物大小、价值的判断，也是在社会互动中形成的相对认知。开展调查研究，督导、访问员们通过与不同社会背景、不同观点的个体互动，观察到多样化的社会行为和态度。这些互动经历促使他们反思和重新评估自己的社会角色与信念，从而更加理解与包容不同的生活方式和价值观。

又比如，社会建构主义强调，社会现象（包括事物的大小、价值等）并不是客观存在的，而是由人们在社会互动中建构出来的。换言之，事物的大小是相对于观察者的视角而言的。而调查研究让督导和访问员们能够深入社区，了解不同群体的生活经历和故事。这些第一手资料帮助他们建构一个更加多元和丰富的社会图景，从而不断调整对个体和社会的认知。

再比如，社会比较理论认为，人们倾向于将自己与他人进行比较，以评估自己的能力和价值。在这一过程中，人们会选择特定的参照群体作为比较的对象。同样地，"因其所大而大之，因其所小而小之"反映了人们在观察事物时，会根据自己选择的参照系来判断事物的大小和价值。如果选择的参照系较大，那么被观察的事物就会显得较小；反之，则会显得较大。在调查研究中，督导、访问员们会遇到各种社会阶层、经济状况和文化背景的人，他们通过比较不同群体的生活方式和生存条件，能够更全面地理解社会的多样性和复杂性。这种比较过程促使他们不断调整自己的认知，变得更加包容和开放。

还比如，从更宏观的社会结构角度来看，这一观点也隐含了等级观念的影响。在传统社会中，人们往往根据社会地位、财富、权力等因素将社会划分为不同的等级。在这种等级观念的影响下，人们容易形成"以大为尊，以小为卑"的价值取向。然而，正如庄子所言，这种大小、贵贱的区分是相对的，取决于观察者的视角和参照系。而调查研究能够帮助访问员和督导接触到不同领域，了解社会结构的多样性和复杂性。在这个过程中，他们不仅观察到不同社会群体的生活方式、价值观念，还能感知到社会结构中的权力关系、资源分配等深层次问题。这种全面的视角有助于他们形成对社会结构的更深刻认识。

本篇中的九篇文章，皆以小见大，又以大彰小。"行"是本篇的主体词，行的主体是能动的，行又塑造着客体，"行"是最能代表调查的词语。南北东西，督导、访问员们所到之处，处处异质又处处同质，文化风俗各有所异，百姓所求皆为大同。仗卷千里外，天地一行间。社会调查的珍贵之处，在于它是联结社会与个体、个体与个体的通径。见天地、见众生、见自我，是一个逐渐舒展又回归的过程。去经历、去体悟，仗卷行走以窥天光。

"行劳神不倦，千里快哉风。"以问卷为舟，行劳神不倦，千里快哉风。督导吴奕帅用生动的文字记录了参与"中国社会状况综合调查"（CSS）的经历，从陕西的城市社区到广东的城中村，从单位制社区到传统农村，真诚感受着每个地区的独特风貌和背后的社会问题，记录下那些真实的生命轨迹、鲜活的生活数据和世间百态。从城市社区中物业与居民的矛盾，到单位制社区的封闭和"石油人"的认同感，再到广东城中村的流动人口与"悬浮"的社会关系，作者用一个个鲜活的案例，展现了基层治理中存在的各种问题和挑战。在社会转型期，需要更多人以"仗卷走天涯"的精神，去了解中国社会，去记录中国社会，去推动中国社会发展。

"田野纵深处，宛若天宇。"督导侯晓晨扎根田野，在安徽和云南的调查之行中，感受到了"乡土社会"的独特魅力。在她的笔下，不仅记录了乡村生活的细节，更看到了村民们对故土的深厚感情和对民族文化的自信。从踏上"旅途"的兴奋，到调查中遇到的各种困难，再到通过"关系"和"话术"这两个关键词解决调查中遇到的问题，除了对这些的记述，文中也有对社会调查的严谨性和生动性的探讨，其中尤为值得关注的是对社会调查中可能存在的误读和误用的讨论，以及如何避免"单向度的人"的出现。作者认为社会科学学者应以理论关怀为基础，并扎根实践，成为现实的观察者和记录者。

"邂逅相遇，适我愿兮。"督导高境翼与CSS的相遇，如同一场奇妙的缘分。从天津的独立工作，到沈阳的团队协作，再到黑龙江的下沉历练，似乎短短月余，已然成长非凡。独立自主、团队合作以及更深入的对社会现实的理解，这便是"行"所带来的收获，也是"行"所塑造的个体叙事。

"行路难：鄂、赣、粤调查小记。"督导叶张驰记录了湖北"没有婚礼的夫妻"、江西的"陌生家乡"、广东的"难办"方言，他以社会调查者的身份，以社会学的视角，重新进入了自己的家乡和他者的世界。城镇化、个体化的社会发展，个体命运随之裹挟进历史的进程中，诚如叶张驰所言："只身走进田野里，只是用心去看，去观察，并尽可能记录下这片伟大土地上发生的事，有好有坏，有辛酸有幸福，每一个数据后都是一段故事，每一份问卷后都是一个人生，唯愿我们这些数据的记录者能以最忠实的姿态反映出社会的每一种可能。"

"抬头是上海，低头是生活。"访问员迪丽热巴·吾买尔江是来自新疆的姑娘，在上海的调查中，她感受到了这座繁花似锦的城市的另一面。高档别墅区的奢华，农民工生活的艰辛，人与人之间的差异在一座城市中如此显著，她明白了"幸福"的意义并非只有一种。"这座迷人的魔都城市第一次这么真实地揭开了它的样子，那繁华的生活，那灯红酒绿的夜晚，那时尚潮流的城市也有它脆弱的一面。我们踏进了价值上亿的别墅小区，也走进了农民工的农村租房区，见过这个城市最富有和最贫穷的地方，对这个城市的了解更深刻。"这便是行者对"大"的反馈，调查将无限种可能汇聚起来。从新疆到上海，从贫困到富庶，从学校到都市……走到最深处去！

"行万步以窥百态。"访问员覃馨瑶的经历则充满着对社会调查的热忱。正如她所写，"用一句话来概括我的这次CSS经历最为合适，那就是'一直在路上'。这一路既是我在各个建筑之间不停地来回奔波绘图、确认住户信息、与样本点进行充分接触的过程，也是我不断学习、不断成长、不断感悟的过程"。正是一直在路上，才能窥百态，才能将课堂所学转化为现实所用。除了实地调查外，培训督导也承担着大量的工作，在调查中发挥着重要的作用。

"CSS培训行记"是督导刘川辗转于湖南、湖北、宁夏、甘肃和河北五个省区进行实地培训的真实记录。虽然他未能参与实地调查，但此"行"，意义非凡，知识的传递在这样的走南闯北中得以完成。"为者常成，行者常至"，访问员周宇恒在湖北的调查中，体悟到作为微观的个体，应该在改变中国、改变中国百姓生活状况这件事情上，尽己所能。"缘与CSS2023"，督导燕浩修则用轻松幽默的笔触，记录下了在广东的调查旅程。他与队友们共同克服困难，互相帮助，不仅完成了调查任务，更收获了珍贵的友谊。无论是个体所体验，还是个体所深思，"行"的调查是一切滚滚而来的基础。

每一位参与CSS的访问员和督导，都用自己的方式，记录下了这段难忘的经历。他们都是"仗卷走天涯"的行者，在探索社会、了解社会、服务社会的道路上，不断学习，不断成长，不断前进，也用自己的行动，诠释着"青春与梦想"的意义。这段行程，必不会辜负他们，而会影响他们的生命历程。个体与社会在此行中不断交融，完成了学以致用的仪式。

# 行劳神不倦，千里快哉风

吴奕帅　中国社会科学院大学社会与民族学院

我们走出那扇门，笑着与被访者道谢，离去的那一瞬间突然发觉，我们这一生可能再也不会相见，短短一个多小时的时间，我们和一个个真实的人相遇又分别，但那些最真实的生命轨迹、最鲜活的生活数据和最可爱的世间百态，却得以被记录下来，让人难以忘记。

离初次与CSS相遇已经过了大半年的时间，经历过四月面试时的紧张不安，经历过五六月培训、试调查时的逐渐熟悉，到七八月实地访问，CSS的旅程虽然已经告一段落，但是那些记忆却永远不会消失。在这次的CSS旅程中，我跟随项目组去了陕甘宁地区和广东地区，更加深刻地体验到了基层社区治理中的各个主体的互动，更重要的是感知到了在庞大的社会结构之下的每一个真实的、活生生的人，也与各位CSSer结下了深厚的友谊。

## 一　偶遇城市社区矛盾

我们坐上开往西安的火车，真正开始我们的访问之旅。自7月16日开始，我们在陕西省实地调查一共持续了15天。

实地调查的第一站是西安市的LH区，首先我们去的是XG街道的X社区。在我们初次来到X社区时，书记和工作人员非常热情地接待了我们，并且从他们的话中我们得知该任务是由"民政局派下来的，要多多配合"。而正因为有了"民政局"，西安市社区的配合情况相较于其他地区更好，足以见得地方的行政单位在当地事务中发挥的重要作用。在我们和书记交谈时，我们了解到该社区下辖4个网格，一共包含大大小小34个小区和自然村，涉及单位制社区、自建房、商品房小区等多种类型，情况较为复杂。我们在实地开展绘图工作时，也发现社区内建筑物类型复杂，因该社区处于西安市市中心，存在着部分拆迁后新盖起的商品住宅，也存在着大量的老建筑，这些建筑多排布不规则，两栋或者三栋楼为一组，存在着外设楼梯、户套户的情况。

各个小区的管理方式大不相同，商品房小区由物业管理，出入有一定的登记制度，社区的通知相较于这类小区来说较为管用；而老旧小区则多没有门禁，楼与楼之间的邻居相识，还处于熟人社会的社会关系之中；而有的单位制社区存在着较为严格的门禁，比如在社区下属的审计局家属院中，门卫管理人员态度较为强硬地拒绝了我们进入的请求，当我们提出已经与社区联络后也并没有让我们进入，而是强调该地由单位所属。"这里住的都是单位的人，你们联系社区就去找地方社区的人，最好不要来这里，这里的人肯定也不会接受你们的访问。"门卫大爷这样拒绝了我们的请求。由此可见，较为传统的单位制社区虽然经历了改革已经融入了地方体系之中，但是在实际运行和居民心理上仍然与社区之间存在着隔阂，并不完全服从社区的管理。这一点在入户阶段也得到了证实，该小区中的不同单元、不同户型都代表着不同的行政级别，在社区内部存在着单位制特有的等级秩序。

虽然社区方统筹工作做得较好，各个网格有对应的网格员和微信群，在群里发布了调查活动信息，但是信息发布的实际效果却不完全是积极的。比如在我们入户访问阶段，有一个小区住户普遍拒绝访问，态度较为强硬，因为我们在该社区采取了同样的行政联络和入户话术方式，但是在其他小区入户较为顺利，这样的现象让我们感到很困惑。

7月22日，该小区的住户主动找到了我们的访问员，询问关于访问的具体情况，并且向我们讲述了该小区与物业、社区之间的矛盾，且该小区近期正在与社区书记联络解决问题未果，我们访问期间又是通过与书记联系入户，导致该小区认为我们是"社区派过来压我们的事儿的"，所以该小区的居民对于我们的访问持有较为强烈的排斥态度。事情起因是小区内墙面瓷片脱落砸伤居民，在我们调查过程中也确实看到该小区内单元门口都搭建了防护网，并且张贴了注意安全的标志。城市住宅小区物业纠纷作为社会深度转型的必然产物，给基层社会治理带来了巨大挑战。7月23日，昨日与我们反映情况的业主C女士再次联系到我，与我们详细讲述了事件发生的始末。我们发现城市住宅小区物业纠纷的多重主体包括业主、物业公司、政府部门和社区居民等，这些主体之间的利益冲突和地位权利不对称导致了矛盾的产生和外溢。C女士在交流过程中情绪较为激动，多次红了眼眶，并就物业公司、社区、业主等主体之间的互动和社区治理表达了自己的看法。她表示可以在小区内给我们召开居民大会，让我们听一下居民的心声。C女士和我的交流让我感觉到在基层治理中每一个个体所面临的整体结构运作的无力，其中也反映了基层治理主体互动之间存在的缺陷。

而这样的问题同样出现在LH区的其他社区。我们第二个接触的社区是LH区的B社区。相较于X社区，B社区所管辖的地区多为普通商品房小区，各小区均有市场主体物业公司的介入。在B社区联络入户的过程中也出现了物业公司与居民有矛盾的情况，从社区层面阻止我们进入其中某一小区入户访问。社区书记表示因为该小区最近电力供应出现问题，频繁停电，并且物业公司对于卫生的管理有疏漏，所以居民正在向物业公司和社区上访。

社区工作人员认为该小区居民情绪较为不稳定,访问过程中可能表现出对于社区的消极情绪,所以社区拒绝了我们请物业保安帮忙带入户的请求。但是在我们"偷溜"进入该小区和居民进行解释、交流的时候,发现居民对于配合做问卷的态度很积极,同时向我们反映了物业公司不作为、投诉无门的情况,表示每月都有按时交物业费,但是小区内的卫生却没有及时清理打扫。

在西安两个社区的经验让我感受到社区、物业公司与居民之间的复杂关系。物业公司发挥着社区与居民之间的桥梁作用,我们在入户阶段的带路人多为物业公司人员,一些发展较为完善或者工作情况较好的物业公司会具体了解到住户的联系方式、具体情况(比如几时下班、几口人在家)等信息,对于入户访问具有很大的帮助;而当物业公司或者社区两个主体中的任意一个与居民产生问题的时候,物业公司和社区则更加倾向于站在一起,以免敏感的问题激化矛盾。对于社会调查来说,社区联络起到的作用可能并非积极的,这表明在基层治理中物业公司作为市场主体应该如何联结社区与居民、发挥中间作用仍需要更多的经验探索。

## 二　单位人与传统乡土

7月25日,我们从西安离开,去往咸阳LQ县。LQ县常住人口36.42万人,LQ县建县已有2200多年,境内拥有古文化遗址21处、古建筑5处,是陕西省18个重点文物旅游大县之一。初到LQ县高铁站时,我们就感受到了县城中熟人社会的氛围。在我们从高铁站打车去往住所的路上,司机和四位本地人用方言打着招呼,相互之间非常熟悉。

我们所去往的第一个社区是LQ县C社区,该社区是非常典型的单位制社区。该社区在一个独立的大院中,门禁较为严格,需要提供证件或者登记方可进出。大院外设有便民超市,据了解是因为该地为单位用地,不允许第三方入驻院内。大院内外的设施和绿化具有较大的差异,社区内具有完整的配套服务,比如幼儿园、文化宫、健身活动中心等,结构上更像是较为封闭的微缩社会。社区内的居民多为退休的老年干部,互相熟悉,邻里友善。但是当我们提及社区联络的时候，爷爷奶奶们大多表示"他们没有什么用""很多事情你问他们，他们也不知道""几个年轻人都是近几年才来的，也管不到我们的事情"。并且在我们到达社区的前两天，社区办公室一直处于大门紧闭的状态，我们联系过后得知社区内全部工作人员都外出培训学习。当我们问到如果社区有事务要处理应该怎么办时，社区负责人并没有正面回答该问题。

经过询问后我们得知，该社区原来由上级单位全盘管理，在单位制改革后，归地方社区管理。该社区由C社区管辖，为C社区下属7个小区之一。但是由于其特殊性质，形成了社区下的较为独立的一个社区，在我们的调查中被抽中。但是在实际运行过程中，该社区的社区工作人员均为劳务派遣的外聘人员，由上级社区安排过来工作，流动性较强，并没有太大的管理权利，所以担心在社区内进行调查出现问题难以承担，故而并不愿意配合我们的调查工作。同时，由于该社区为单位制社区，居民普遍更加信任单位，在心理上更加认同自己是"石油人"，这导致了与社区联系从而开展问卷调查的工作更加难以进行。与西安市不同，该社区的物业公司则处于游离的悬浮状态，发挥着完全的市场作用，与社区事务没有太多的关联，在处理居民事务上较为严格规范。在调查过程中我们并未听到过居民们对于物业公司的意见和偏见，但是对于物业公司的好感也并没有延伸到社区之中去，物业公司作为一个独立主体在发挥着作用。

在咸阳市的第二个社区DZZ村就为典型的农村地区，村委会所管辖地区中存在着大量的耕地，且房屋较为分散，下有4个自然村。其中有2个自然村是村民小组改组后归属于该村委会管辖的，"两大合并"政策实施后纳入该村。"两大合并"政策的具体操作分为三个方面：合并农村集体经济和农村合作组织、合并村民小组和村委会、推广"多种经营、多途径增收"。村民小组作为农村基层的自治组织，隶属于村委会，是村委会的再延伸，直接管辖的对象为农户和村民。村民小组作为农村基层组织的重要一环，与村委会的关系密不可分。但是在以往的管理中，由于村民小组的独立性过强，村委会的权力往往受到限制。而在这次的合并中，两个组织可以有机融合，形成更加高效率、更有凝聚力的管理机构。

在农村地区中，村委会与村民的关系明显更加亲近，当村委会发布了入户的消息后，村民们都很配合。村委会干部带路的效果非常明显。村民们大多对该村委会很信任，这为我们的入户带来了很大的便利。相比较来说，在农村地区的入户调查要比在城市地区的入户调查简单许多，村民们质朴热情，和我们分享自家种植的桃子，在下雨时主动将我们迎进家中避雨、唠家常。对于从来没有在农村地区生活过的我来说，这样的经历弥足珍贵。

## 三　漂浮的打工人

8月，在结束了陕西省的工作之后，我跟随项目组来到广东省开展入户访问。广东省作为人口密度较大的省份，调查工作开展得较为困难。

在绘图阶段，我们首先遇到的问题就是城中村的建筑物情况较为复杂，大多数为自建房、出租屋，社区所能了解到的具体信息非常有限。人员构成复杂、流动性较强，违规搭建和出租房增加了绘图的难度。在入户阶段，我们面临前所未有的困难，当地住户对陌生人和入户调查的戒备心与抗拒心理十分强烈，社区能够了解到的只有户籍人口，但是该社区大部分都为外来的流动人口，且大部分出租屋内的人员只有房东清楚，社区根本无处了解社区内部的人员情况，村（居）委会的工作人员对这种情况也束手无措，很难从外部找到助力来降低入户的难度。也不像其他城市社区中有业主群等渠道可以通知到所有住户，这里的社区起到的作用似乎更加"被动"。社区与居民之间的桥梁从物业公司变成了房东，但是房东作为由个体集合起来的一类群体，并没有直接的理由和利益关系去配合社区的工作，且房东大多生活较为富裕，考虑到租户的安全等因素，并不愿意让我们去接触租客。我们与流动人口能产生关系的渠道就这样被阻断了，流动人口就此"悬浮"在了整个社会当中。在同一个社区场域中，有人悠闲地整天打麻将，也有人辛苦工作至深夜才回到逼仄黑暗的出租屋内，这让我们每个人都体验到繁华城市的另一面中巨大的张力。

城中村中更多的是这样的流动人口，他们悬浮在城市中甚至悬浮于基层社区治理之外，我们访问到的流动人口各有各的故事，有因为生意失败卖掉两套房子的一家四口，也有带着五个小孩打拼的女性，每个人都在历史的洪流之下努力地生存着。就基层治理而言，如何与社区内住户产生联系，让每个人有融入感，是一个很重要的问题。

## 四 物业公司作为中介

8月14日，我来到了广东省湛江市的M街道。M街道地处当地市中心，社区面积为3平方公里，常住人口将近2.5万人，其中有流动人口1千余人。下设七个网格。每个网格有各自的居民小组、网格员和网格协助员，社区组织架构较为科学合理。

社区内有未经改造的老城区、单一或混合的单位制社区、保障性住房社区以及普通商品房小区，社区类型多元，人员结构复杂。在M街道的前期联络工作并不顺利，后来与社区达成一致是因为小组内有组员的家人和社区书记曾是同学，在熟人关系和各方协助下我们才得以在社区开展工作。在当今社会，社会关系仍然发挥着不可替代的作用。社区对于我们的工作配合度较高，帮助我们联系了各个小区的物业人员，让我们得以在各个小区内开展工作。令我印象很深的是，有一位在社区工作的姐姐，她对于各个住户的情况了解得非常详细，当我们拿着住户名单希望他们帮助带路时，这位姐姐准确地说出了每层楼每个住户的情况，给我们推荐了合适的上门入户时间。姐姐说她在社区工作六年，基本上和每一位住户都相识。我们在该小区的入户访问因此非常顺利。

值得注意的是，当我们入户时，该小区的三期住宅刚刚收工，陆续有住户在装修入住。但是因为楼盘较新，很多配套设施还没有跟上，物业公司将在9月接手该建筑。在此之前，三期的住房处于没有被合理管理的状态。正因如此，我们在三期的入户就显得格外困难，很多住户不愿意开门，或者即使开门了也对于我们的真实性有所顾忌，虽然我们告知了已和社区联络过，但是住户们还是心存戒备。"现在我们这里没有物业也没有保安，什么人都能进来，我们家里都是老人小孩，不好让你们就这么进来。"一位年轻的女性这样委婉拒绝了我们的访问请求。由此可见，在当时，物业公司发挥着不可替代的作用，缺少了物业公司这一中介的引路，我们在小区的工作变得更为困难。社区作为基层政府组织在实地发挥的作用在某些时刻还没有物业公司这一市场主体大，社区作为基层自治组织在具体的居民个人身上又发挥着什么样的功用？居民如何处理社区与物业公司之间的关系？这是我们需要思考的问题。

## 五　党建引领下的社区发展

8月20日，我回到了广州市黄埔区。相较于其他地区来说，黄埔区的社区情况相对简单，多为普通商品房社区，建成年份较晚，配套设施完善，住户生活水平也相对较高。

我们在黄埔区的工作非常顺利，在我们在其他社区平均停留5天的情况下，我们在该社区只停留了1天半便完成了所有的工作。工作的顺利得益于社区和物业公司的大力配合。社区帮助我们联系了物业公司，而对接的物业公司组织结构完善，有专门的"小管家"对接楼栋，"小管家"和业主联系较为紧密，所以当我们请"小管家"带路入户时成功率非常高。同时该社区实行了"红色物业"的治理方式，把党的领导通过物业公司延伸到广大社区居民，把物业公司骨干发展为党员，把党员培养成物业公司骨干，使物业公司党员队伍不断发展壮大，成为居民区治理的领头雁和主力军。

8月23日，我联系了该社区的副书记进行访谈，以了解该社区在社区治理中的经验与方法。社区副书记告诉我，最近全区的书记都在脱产学习，现在的书记的工作都为"一肩挑"，党政工作由同一个人负责。同时社区内所有的党总支的委员跟居委会的几位委员都为交叉任职的，基本上党总支的几位委员跟社区书记都是一岗双责的。这样一来就保证了党在社区治理中的领导作用。谈及社区治理的时候，副书记提到目前社区的工作主要有两个方向，一个是"大党建"方向，另一个则是网格化的精细管理。该社区在2021年时入职了几位网格专员来协同工作，使得社区工作更上了一层台阶。

令我印象很深的是，副书记一直和我强调社区工作要注重"向内生长"，只要社区内部团结问题就可以解决。这一点体现在该社区工作的方方面面。在谈及社区与物业公司之间的关系的时候，副书记表示"我们都说，我们是战友，是盟友，是一荣俱荣、一损俱损的关系"，平时也会和物业公司的经理开会交流工作。该副书记也提到了在基层治理中存在的困难，如居民自治理念欠缺、物业人员变动频繁、党建活动的形式缺乏创新等。

同时，社区通过整合多元化服务资源，提升数字化智能化水平，以党群服务中心为核心，坚持以更高标准、更高质量推动党群服务圈与居民生活圈融合发展，把沿线的多个党群服务点串联成片，着力打造"一核两圈多点"的一体化"15分钟党群服务圈"，推动党群服务的全覆盖、全天候、零距离，使群众"足不出圈"便能享受到优质多元的服务。在服务阵地建设上，党群服务中心推进标准化、规范化建设，统一了标识，设置了党员志愿服务站、志愿服务岗、党员先锋岗等，实现了活动场所环境质量提升、功能提升、服务水平提升；在服务内容建设上，推出"2+N"服务模式，分党群和公共服务两大类，服务内容涵盖党团业务咨询办理、政策宣传、志愿服务、代办各类民生事务等。通过全面实行"一个窗口受理、一站式审批、一条龙服务"的运行模式，最大限度地为群众办事提供方便，进一步提升了党员群众的满意度、增强了幸福感。

## 六　余波

走过陕西地区和广东的各个不同类型的社区，我们深刻感受到基层主体之间的互动和治理过程；与被访者们的相遇，让我们深刻感受到时代进程中每个人的血肉。

除此之外，我们还收获了一同前行的同伴，我们一起通宵坐火车看日出；我们挤在村委会的小房间中分享被访者塞给我们的桃子；我们爬上建筑的顶层欣赏西安雄伟的城楼；我们在陕西帮叔叔剥玉米，在广东帮阿婆编蚝绳；我们在频频遭遇拒访后一起比出"20"的手势合照，背起书包再次向着目标前进……我们当时笑着说自己可以拍综艺节目，回头再看，已经成为最珍贵的回忆。"聚是一团火，散是满天星"，与CSSer们的情谊我将永远珍藏。同时，作为督导团队中为数不多的本科生，在这次CSS旅程中我得到了很多老师、学长学姐的照顾和指导，历时两个月的实地工作让我得到了很多的成长，CSS将成为我人生中浓墨重彩的一笔。

最后，我想用《仗卷走天涯：全国大型社会调查之督导笔记》第三辑中序的一句话作为我的结语，也期待自己可以与CSS再次相遇。"年岁一挥过，且唱曲三叠，愿为民安乐，策马再力竭。"

# 田野纵深处，宛若天宇

侯晓晨　中国社会科学院大学社会与民族学院

2023年暑期，在大区老师的带领下，我作为巡视督导，和团队一起，在安徽、云南两省开展了为期40余天的实地调查，其间参与了绘图、抽样、入户访问的培训和质控等工作。田野纵深处，宛若天宇，身处其中，我好像不曾无端感叹贫困、莫名表示同情，而是欣羡于山里的一切都有着天然的韧性。在过程中不断成长，学会互助和包容，其间遇见的人、经历的故事、接受的教导以及有过的矛盾的情绪，都让这段经历变得无比珍贵。

## 一　回首

暑去秋来，随着北京调查工作的推进，CSS2023已接近尾声。我反复翻看调查期间留下的笔记和照片，尝试把琐碎的记忆缝缝补补、串联起来。回忆的过程很有趣，因为在紧张备考的阶段，每写一点都像是忙里偷闲。

2023年是第九个"CSS调查年"，于项目组而言是新的起点。第一，抽样框更新，由此产生绘制新图、重新抽样、重建行政联系的需要，实地工作充满了不确定因素，但也给调查工作带来了新的机遇和可能性。第二，问卷更新，根据往期调查内容、老师们的学术积累和研究旨趣，项目组以"中国式现代化"为主题，从经济、政治、文化、社会和生态文明五个维度对主问卷的内容、形式进行更新，并将社区问卷的内容与现代化测量指标相关联。

从前期筹备、人员招募、调查培训、实地执行到项目总结，每个步骤都融入了项目组的集体智慧和巧思。经过专家老师们对调查细节的充分讨论，对问卷内容和调查指标的反复确认，项目组和地方团队在培训、执行和质控等环节的协作配合，调查的理念构想和蓝图愿景落实为具体翔实的统计数据和文本资料，"不确定性"和"风险因素"转变为切实可行的调查方案和实践经验。调查因此得以按原定计划有序推进，最终高质量地完成了本年度的工作。

从申请报名、督导面试、课堂培训、试调查到终期考核……这构成了贯穿我研一下学期学习生活的、完整而清晰的时间线索。行前动员会上，邹老师分享了李大钊在《青春》中的一段话，"吾愿吾亲爱之青年，生于青春死于青春，生于少年死于少年也……进前而勿顾后，背黑暗而向光明，为世界进文明，为人类造幸福，以青春之我，创建青春之家庭，青春之国家，青春之民族，青春之人类，青春之地球，青春之宇宙……"。逐字读过，我眼前浮现出眼神坚定、精神焕发的少年形象。长久的准备确实增加了前行的底气，对于此行我有着诸多期待，但对于很少出远门的我来说，却不敢预设会有怎样惊喜的奇遇，或收获怎样的成长。从细微之处着手，力求严密、周全，"冀以尘雾之微补益山海"，便是我对此行的全部期待。

## 二 "旅途"

2023年暑期，在大区老师的带领下，我作为巡视督导，和团队一起，在安徽、云南两省开展了为期40余天的实地调查，其间参与了绘图、抽样、入户访问的培训和质控等工作。当时各地调查点尚未完全启动，系统的部分功能还处于调试状态，作为项目组的几支"先遣队"之一，没有太多可借鉴的经验，我们所做的更多是探索性工作。现就实地调查中的切身经历，分享"旅途"中的见闻、体悟与经验。

历史性与现代感交织在安徽初夏潮湿的空气中，此行曾到访历史文化名城、"中华药都"亳州，也有芜湖、蚌埠这样活跃在现代互联网语境中极"有梗"的城市。城乡社区特质有别，与城市社区相比，以"熟人社会"为主要特征的农村社区在入户接触方面显然更具优势。但交通相对闭塞，且地形复杂，客观因素的诸多限制使得绘图等工作开展得步履维艰，这时"关系"与"话术"便显得尤为重要。

良好关系的建立可以将互动保持在一种相对舒适的状态，对调查活动具有重要意义。调查中有两类关系最为常见：其一是调查团队与地方村（居）委会的行政联系，其二是访问员与当地居民的工作关系。前者是先行的，是调查得以开展的基础；后者则是后发的，更多地表现为外来者对地方环境的主动适应和融入。C村的行政边界规整，但自然村之间相隔较远，由于缺少交通工具，开展访问工作多有不便。因此访问员商议后决定向村里借车。关系的建立是一个过程，最开始的时候，提出借车的请求之前我们会主动掏出学生证，根据村民的要求"抵押"盖着章的介绍信和文书，在对方犹豫或拒绝时反复措辞，极尽真诚。多次接触之后和大家逐渐聊熟了，村民也习惯了访问员的特殊身份，会在小卖部给我们烧热水喝，或者带我们入户，主动为我们提供一些工作上的便利。后来在不影响村民日常出行的情况下，访问员打声招呼就可以直接把车骑走。有时还能借到电动车或者是小三轮车，在车斗里摆上干草和长凳，可以同时容纳好几人。

话术是规范化的语言，调查的顺利开展有赖于话术的选取与使用。比如访问话术，这是培训中很重要的一部分内容，首先应表意简明，遵循语法规范进行严格念读，有条理、不出错；在此基础上要充分结合个人特质，于标准化中体现变通，让谈话有思想、有温度。调查时访问员会有这样的感受，随机抽样选中的被访者似乎总会提出各种拒绝配合的理由，"我不识字""我不懂，问别人吧"……而未被纳入抽样框的路人总是跃跃欲试想要发言。起初大家会抱怨运气太差，但后来逐渐明白其中缘由——被访者和旁观者由于身份不同而带来的心态差异。被访者容易紧张，本着"多一事不如少一事"的原则他们会采取回避策略；而闲谈者具有分享欲，以表达自身为目的，则没有上面提到的那种顾虑。因此，面对答话人或被访者不同程度的拒绝和怀疑，我们需要通过使用话术进行沟通来让对方充分理解调查行为的正当性，同时帮助被访者感受到发问与回答的价值和意义感。

另外，我逐渐意识到，话术既是有效的沟通工具，还是一种自我保护策略。为保护个人隐私、避免冗长的解释和追问，当地人会逐渐形成应对外来者的一套话术，只提供发问者想得到的答案而对真相有所遮蔽，为此需要对首次听到的回答多加甄别。访问员有时也会如此，在入户之前，若有当地人问起我们的身份，我们只笑称"学生做实践""画地图的"，目的在于用最简单的话语打消对方的顾虑，不去惊扰平静生活的人们，同时尽可能节省时间成本，保证效率。

当关系逐渐稳固，访问的开展就顺利多了。我珍惜建立起的每一段关系，或长久，或短暂，时至今日仍能回忆起访问时的很多画面。有时被访者就赤着脚，盘腿坐在马路边同我们交谈；有时访问员和被访者一家坐在车棚里，外面正下着雨，雨声比说话声还大。带着初次访问时的紧张感，访问员尽可能用最适宜的语速和声音念读，用最直白的话去描述；被问及来意时，还会和对方真诚地探讨我们的"实践理想"。被访者中途"逃跑"或拒访的情况时有发生，但大部分人还是友善的，看到有学生背着书包敲门多次问询、看到访问员帮忙哄家里乱跑的小孙女，也肯暂时停下手头的工作，或者约一个合适的时间，坐下来心平气和地和我们聊上几句。

　　七八月的记忆，是农户家里的葡萄藤、不见尽头的玉米地、神秘的烤烟房和绵延的群山。山路交错、地形复杂，但家户院落规整，留出不大不小的空间，刚好容纳这一方土地上的云影和天光。

　　云南是典型的多民族地区，民族文化的传承与发展一直受到人们关注。无数学者扎根于此，在感受云南各民族文化的同时，对地方经济、社会、习俗等展开深入的调查，形成了多学科相互渗透下的少数民族民俗研究范式。云南多元民族文化的保护与传承大多是在山区、乡村等相对封闭的空间进行的，在全球化、市场化和城市化的影响下，民族文化面临着纵向传承断裂和横向交流冲击的风险。但在西南一隅的县城与村落中，从人们的言谈举止间，我深切感受到民族的凝聚以及地方民众的文化自信。

　　在任何平台搜索"凤庆"二字，会发现每一条结果都或多或少与"茶"有关，在这方土地上，有着世界上最古老的职业——茶农，矗立着现存最古老的人工栽培茶树。据说滇红茶制作工艺中茶多酚和酶发生化学反应后，会产生独特的香气和甜味，已经成为当地的文化名片。每家店铺，不论主业是什么，几乎都有红茶售卖。盒装或袋装的红茶，包装上饰以纹样或文字，摆放在靠近橱窗的位置。谈及红茶的独特风味，店主的言语中便不自觉地流露出喜悦和骄傲。

　　L村的书记很热情，讲话时带着浓重的乡音，指着村委会门口的核桃树和院子里的芒果树，向我们介绍当地特色的食物和农产品。让我惊讶的是，书记看了一眼我们拍的门牌照片就知道该家户的情况，具体到房屋位置、家庭成员信息等，就像在讲述自家的事。访问间歇，村民会和我们闲聊，他们的言语似乎在表达，除了问卷上的问题，还有底蕴深厚的历史，这些都很值得去研究。对于此地，他们有着很深的感情。我深感这里的一切所具有的强韧、丰盈、温和的特质，人们已经和故土融为一体，访问过程中我也尝试着融入其中，当访问员问我在语言上是否有问题时，我说，"还可以啦，比'略知一二'要好一些，起码能听懂四成的凤庆话了！"

　　返程途中我和朋友描述，"上周我去了诗礼乡，诗书的诗，礼貌的礼，那里的村民就像它的名字一样"，质朴而温和。Y村地形复杂，位于山岭之间，住户分散，几乎是一座山头一户人家。卫星地图中有一片是彼此相连的高山，我们把该区域一分为三，由司机开车带我们到山顶，各留两人顺着山势向下走寻找被访者。雨天路滑，盘山路迂回曲折，司机师傅对自己的车技十分自信，途中我们也对其连连称赞。可以想象，在如此特殊的自然环境中习得这样的技能有多么不易。烤烟产业是当地重要的支柱产业之一，村民以此为业，拥有自家的烤烟房。日常生活蕴含着寻常百姓的辛劳，这里不算是文艺打卡的好去处，但是生活温暖，神秘而宁静，也更有烟火气。

在乡村世界中，文化自信是一种普遍的情感，即便是文化水平不高的普通村民，也能从其言谈举止间感受到他们对身后一方水土的自豪和依恋。交通闭塞使此地失去了重要的发展机遇，纵然裹挟在时代变革的洪流之中，文化自信仍滋养着一座城市乃至一个国家的文脉而使心意相通、山水相连。诗书礼仪在此地扎根，田园文化在此地相容，村庄自有其生存逻辑，民族文化不曾也不会断裂，就如同此地的茫茫山野一样生生不息。

## 三 尾声

从2005年首次开展至今，CSS已经走过近20个年头，很幸运能够在此时加入其中。学术探讨和基层调研是获取对转型期中国社会状况复杂性认知的重要来源，CSS的珍贵之处便在于此，其所提供的实践土壤，让因调查而生的一切情感想象和学术理性能够自由生长。这要求我们一方面要培养理论关怀的意识，防止在实践中对理论的误读和误用；另一方面，要投身于实践，做现实的观察者和记录者，对生活场景背后的意义善加体认。不断求索、扎实积累，而后真理可喻、功业可就。

调查是严谨而生动的，严谨性在于调查精神的彰显。通过指标设计、模型构建对社会现象进行严格的分析和测算。但这种严谨性有时是脆弱的，需要时常呵护。一般而言，先从理论和文献着手，找到可供探讨的空间，再投身于数据的收集和处理，这是为学界所接受的研究步骤。但在实操层面，通常的做法是，从数据出发，对已有的变量列表进行联想、做回归分析和检验，然后用理论包装。为避免缺乏理论关怀和受数据驱动，作者便在文章叙述中加以倒置和遮饰，如此便有违调查的严谨性原则和研究者的初心。

调查的生动性体现于与调查相关联的个体经验和感受。收录于教材里的"真相"是作者的知识精华，但与厚重的现实相比，终究是寥寥文字勾勒出的理论框架，缺失了现实生活中活生生的骨肉灵魂。有些"真相"在经历曲解和误用之后，往往变得模糊而难以推究。这提醒我们在继承他人思想时应多加思考，或者沉下心来，去现场一探究竟，吸收新鲜的知识，避免滑向"单向度的人"。

社会科学寄托着人们追求公平正义的理想，其发展所走过的每一步都蕴含着一代又一代学人直面现实问题所付出的艰辛努力，对此我们应怀有足够的敬意。学术是理论建构与检验之路，也是自我发现和自我成长之路。但遗憾的是，人的知识永远是不完备的，一个地区或一个时代无法代表时间和空间的全貌。如果无法避免在某一时段深陷井底，那么就将栖息处的口径发掘得大一些，让时间和地理的尺度伸展一些。我希望自己是一个有生命力的人，借着这股生命力，我可以在自己喜欢的领域向下扎根。因此，我为自己暂定的策略是，每去到一个和既有认知有很大反差的地方，让五官和四肢动起来，多走走、多体验、多尝试。

环境中的人来自四面八方，因社会属性不同而被分配成差别化的社会角色，由年龄、血缘、文化背景、人生经历引致角色身份和社会分工的模糊与缠绕，在一种理论上近乎混乱的状态下各司其职并非易事。细数从本科到读研期间的实习和实践经历，学校课堂、乡村田野、医疗系统、公益领域……这些截然不同的空间带给我无限的思考和启发，过程中我能够和不同的人打交道，也很幸运能够走进不同人的人生。在城市边缘的寻常巷陌，以调查的方式将学生的知识底色和乡土社会做一次具体的融合，去识别只言片语和宏大叙事的关系，我想，这便是社会实践的意义所在。

行文至此，是为尾声，此时脑海中浮现出印象最深的画面：结束了一天的工作，一行人赶在暮色将近之时匆匆离开，那时尚未有月色，四周归于宁静。耳边同时出现两种不真实的声音，赶路者怨声载道：明日复明日；前行者语重心长：追风赶月莫停留。现在回想起来，全部工作结束以后，在返京的很多天里我仍有一种失落的感觉。我留恋坐在农户家中侧耳倾听的场景，亦留恋行进途中车窗外平静的江水和长久矗立的高山……但我知道此时不应当说不舍，虽然明日复明日，风景如旧，但要永远充满期待，因为前途光明。

# 邂逅相遇，适我愿兮

高境翼　河北大学管理学院

提笔写这篇文章的时候，回想自2023年4月初无意间看到CSS2023督导招募推文，到8月下旬结束巡视工作，从初春到夏末，走过的路途，看过的景色，遇见的朋友，收获的成长，所有我在CSS2023的经历在脑海中一幕幕浮现。《诗经》有言："邂逅相遇，适我愿兮。"对我来说，以此表达我与CSS2023的结缘最为恰当，4个月的时间，感谢在CSS2023的所有经历与成长。

## 一　奇妙的出发

我与CSS2023，是一场邂逅。2023年4月去西安旅行的火车上，凌晨失眠看到了督导招募通知，我抱着尝试的心态填写了报名表。由于面向北京市高校学生的条件限制，我并未抱有太大希望，所以面试通知邮件，于我是意外惊喜。负责面试我的是田志鹏老师和标致学姐，面试过程中我出现了小状况，标致学姐温柔地平复我紧张的心情，田老师耐心地纠正我念读问卷时的问题。记得当时田老师问我为什么学校在保定要参加 CSS 项目，我的答案是自己的本科学校是河北农业大学，是 CSS 在河北地区的地方合作机构，2021 年因为考研，我没能作为访问员参加 CSS2021 暑期调查。现在我读研究生了，这次偶然的机会与其说是全新体验，不如说是弥补遗憾。我从未参加过田野调查或其他调查项目，对这次机会满怀期待。两位老师面试时谦逊儒雅的谈吐、认真专业的态度，使我对 CSS 项目团队更加向往和憧憬，我渴望能有向优秀的老师、团队学习的机会，期望参加 CSS2023 的决心更加坚定。

收到面试结果后，我在期待培训开始的同时，也面临新的挑战。一个月的培训，意味着我需要每周五去往北京，周日返回保定。我认为这是 CSS2023 对我的第一个锻炼和考验。项目结束后，我也觉得自己的独立成长，是 CSS 给予我的最好的礼物。参加培训前我从未独自一人外出过，周末培训的住宿问题更是大的挑战。培训开始前，我时常怀疑自己是否能行，时常又感觉每周独闯北京好酷、好刺激，犹豫和欣喜地期待着培训的到来。在候选督导培训通知群里，我认识了同样需要从保定往返北京的欲饶和超慧，我们约定好每周同住，这为我的 CSS 北京培训之旅解决了住宿难题。似乎一切都在为这一场奇妙的相遇做恰如其分的铺垫和让路，为期一个月的培训，我每周都在期待着周末两天，很喜欢奔波上课的紧张感，每周赶高铁去北京上早八这样的挑战也让我小有成就，我很庆幸自己收获了两位真挚的朋友。每周日傍晚，我如期坐上地铁房山线去往丰台站返程保定，地铁上我看着傍晚的夕阳，夕阳晕染着周围的云彩，橙黄色的晚霞与蓝天交相辉映，列车飞速前进，北京的远山绵延后移，温暖炽热的晚霞和我互相陪伴，她们仿佛在同我告别，而我也在欣赏夕阳的归途中，同每个周末的匆忙与紧张告别。

经历了怀柔的试调查，通过了最后的培训考核，幸运的是，我终于成为CSS2023正式的巡视督导，开始踏上巡视征程。记得在动员大会上，邹老师说这段旅程我们每个人都会收获很多，结束以后，会呈现一个全新的自己。当时的自己无比期待又踌躇胆怯。实际上，现在还回想起来，培训对于我来说，已经是一种锻炼。能够完成培训成为巡视督导，是我成长与进步的体验。

## 二　北上的征程

我从家出发，一路向北，在天津、辽宁、黑龙江和吉林四个地区做巡视督导。每每回想，我发觉自己在每个不同省份停留时都有不同的任务，在完成任务的过程中，我学习和收获了很多，就如同打怪升级一般，完成了阶梯式跨越。

第一站，天津。出发前一天，我临时被调整为巡视组长，由于从未参与过CSS项目，也没有担任过巡视组长，事先没有心理准备，加上突如其来的任务，我怀疑自己是否能够胜任这份工作，对自己不够有信心。抵达天津后的第一晚，因为第一次独自住酒店的恐惧和对未来的工作感到有压力，我一夜未眠，脑袋里不断思考如何做好与地方老师的沟通，担心未来几天讲课会紧张，害怕试访、模拟工作安排不妥当等。我忐忑得难以入睡，三番五次起床检查条幅、协议等必要物品是否准备妥当，检查授课课件是否修改完善，不断进行模拟授课练习。后来，我想，一整晚的失眠是因为对自己不够自信，对要完成的任务没有把握，但是正因为从未做过才让挑战有了意义，因为只有有了挑战才会有进步。回想自己在天津理工大学培训的五天，上课时会有紧张情绪，咬字不清楚，语言不流畅；在CAPI和CARS系统操作练习时，也会出现不熟练的问题。但是培训的过程是我在不断学习和提高自我能力的过程。在天津的实地调查过程中，我同访问员一起实地绘图、入户访问，经历过七月的烈日酷暑和大雨滂沱。天津是我巡视工作的第一站，这是我第一次独立完成巡视工作。从天津去往沈阳的高铁上，我不停地回忆，并将天津的巡视工作与怀柔的试调查进行对比，我能够很清晰地感受到自己每个阶段的进步。怀柔的试调查，我更多的是扮演访问员的角色将培训知识付诸实践，亲身体会入户的全流程。怀柔试调查过程中有老师和组长带领指导，有同伴互相加油打气，我们一起面对绘图被打回、入户拒访等困难。但在天津，我的角色从执行者转换为引导者。回想巡视初期，自己会因为访问员和地方老师的各类问题而焦虑、逃避，实则是我没有把握好自己的角色转换，还将自己视为完成任务的学生。回想起来，第一晚的焦虑失眠，实际上是我对CSS工作的恐惧和不自信，担心自己无法保质保量完成任务。

初次巡视面对13位访问员，我更多的是适应和学习。这是我从访问员到督导的过渡，更是使自己更加自立和勇敢的阶梯。令我印象尤为深刻的是在天津河东区中山门街道工作期间，无论是绘图还是入户访问，每一天都工作到晚上九点多，访问员会主动要求等待审核通过后再结束一天的工作。那些天，晚上结束工作后，绘图扫楼工作使得我的衣服多次被浸湿，我独自骑共享单车回到酒店，夏天夜晚的微风一扫白天的燥热，反而多了一些舒适和温柔。我独自骑行在回酒店的路上，有一种实现自我进步的成就感和小窃喜。一个人出门在外，一个人独住酒店，这些都是CSS第一站给予我的锻炼。在这个过程中，我学会了独自安排工作和生活，这也是CSS第一站赠予我的礼物。一切都是最好的安排，倘若巡视过程中有其他督导陪伴，我不会实现独自出行、独自生活的进步和成长；倘若不做天津的巡视组长，我始终会按照别人的要求完成工作，不会产生对于巡视工作的个人见解和执行特点。虽然初始阶段会有恐惧和胆怯，但是当跳出舒适圈的时候，我明白巡视督导的角色定位不仅仅是简单的执行，更多的是引导。我发现自己也可以妥善安排好授课、模拟、沟通和联络等工作，虽然工作过程中会遇到烦恼、困难，工作完成时会有瑕疵，但是非常感谢天津的老师和访问员同学们给予我的支持和鼓励，也很感谢田老师的引导和包容。天津，是我巡视工作的第一站，也是我实现独立的第一站。在天津，我走出了自己的舒适圈，独立完成了很多自己从未想过的事情。

比起在天津独立工作的紧张，在沈阳，我体会到的是团队合作的融洽。沈阳是我的CSS巡视旅程中最让我感到愉快和自在的地方。初到沈阳北站，其他几位巡视督导热情地迎接我，大家整理好物品后一起去实地踩点并在结束工作后聚餐。沈阳的第一天工作带给了我归属感和亲切感。在沈阳培训的时候，正赶上我的23岁生日，非常荣幸培训结束后老师和巡视督导伙伴们为我庆生，让我在CSS项目组度过了特别珍贵且满含温暖的生日。我将这视为我和CSS共同进步的一段经历。培训的几天时间里，我感受到了沈阳师范大学这所学校的奇妙和新颖之处。

初到沈阳师范大学，我感受到"接地气"的融洽氛围，无论是同为巡视督导的伙伴们，还是可爱的访问员们，都使我对辽宁省的巡视工作充满期待与憧憬。调查之余，和同伴们一起尝试了沈阳特色名小吃烤鸡架，以及铁锅炖和烀饼。正值盛夏，围坐在一起吃着热气腾腾的铁锅炖，大家分享着自己的兴趣、喜好和生活，谈笑间，我更加真切地感受到访问员们的热情和真挚。有一位访问员令我印象深刻，由于身体不好，她讲话语速缓慢，有严重的口吃。但是作为沈阳组的小组长，她认真负责，安排小组行程，协调物资，遇到问题积极反馈。最让我震撼的是她身上永葆热忱和冲劲儿，虽然动作缓慢，与被访者沟通时存在困难，但在陪访过程中，我能够感受到她渴望得到被访者真实反馈的迫切和对这个调查任务的认真负责。这个小小的缩影，能够映射出辽宁调查的情况，虽然缓慢，但是坚持推进，锲而不舍。我能够深深地感受到每位访问员真诚地对待这项调查，珍惜与每位被访者沟通交流的机会。与天津"一个人的队伍"相比，沈阳让我有了更温暖的团队和更真挚的体验。比起在天津紧张地加快调查进度，沈阳团队的从容不迫让我更有机会关注调查之外的人与事，给了我更多与其他团队伙伴沟通交流的机会，也让我能够从中发现他们的优点和长处，以取长补短。

追风赶月莫停留，平芜尽处是春山。于我而言，在天津时我开始独立工作，在沈阳时我开始尝试团队合作，而黑龙江则是我综合学习后的历练之地，也是我感触最深、成长最多的地方。一路北上，我沉迷于去往哈尔滨的高铁窗外的风景，一眼望去，一望无垠碧绿的稻田与辽阔的蓝天交相辉映，长满草木的平原尽头，矗立着一座座青山，列车穿行于青山之间，从隧道驶出的一刹那，豁然开朗，青山绵延，映入眼帘。在哈尔滨调查的那段时间，我有幸一览祖国北国的大好河山，也感受到了东北人民的亲切和热情，一方水土养一方人，肥沃的黑土地和奔腾的松花江滋养了一代代洒脱淳朴的黑龙江人民。大多数时间我都在乡村调查，更近距离地感受了哈尔滨乡间的生活。从城区赶往乡下，要走约一个小时的国道，哈尔滨的国道与我家乡的不同之处在于，这里的道路两旁是郁郁葱葱的绿树和连绵不断的青山，抬眼望去一览无余的蓝天上云卷云舒。印象里沿着国道走到山脚下，就是调查的村庄，天气尚好时，我与访问员们一同绘图，穿行在乡间小路上，两边是高高的玉米，远处是村落和矮矮的青山，黄昏时，能够看到袅袅炊烟。偶尔会遇到老黄牛不紧不慢地从身边经过，时而摇摆尾巴，时而低声哞叫。有时也会遇到村民饲养的公鸡昂首阔步地走在田间地头。

受台风影响，当地天气阴晴不定，时而晴空万里，时而乌云密布。阴雨时看远处的山顶云雾缭绕，颇有神秘感。连续的阴雨天给调查带来了诸多困难，我们撑着伞踩着泥泞的路，从一个屯去往另一个屯，有时会遇到湍急的河流，我们需要走过窄窄的水泥桥才能抵达。由此能够联想到生活在这里的村民交通和生活的不便，尤其受台风影响，不少村庄遭遇了洪水侵害，交通、生计更是每况愈下。东北地区是人口流出地，在调查过程中能够明显感觉到这一点，我们访问的大多是子女外出打工、在家务农的老年人，他们大多以种植庄稼为生，有的饲养着鸡、牛、猪等家畜，每家每户都有共同的东北特点——烧火炕。之前我只在电视上看到过火炕，这次亲身体验了一下火炕的感觉，只可惜正值夏天，没能感受其温度；但是通过床头或床尾烟熏的炭黑色，可以感受到年代感和沉浸其中的温暖感。推开一扇门，聆听不同家庭的故事，坐在炕头同被访者交流。令我印象尤为深刻的是一位五保户大爷，因为身体残疾一生未娶妻生子，他的土坯房因为年久失修而坍塌，只能和姐姐一家居住在一起。他说这一生因为残疾不能干体力活，没有经济收入，是共产党照顾他这无儿无女的人，给他提供生活上的保障。大爷的听力受损，对不少问题的理解程度不高，但是他始终耐心地倾听访问员提问，满怀真诚与感恩地诉说自己的生活经历。在访问一位与儿子儿媳同住的耄耋老人时，我坐在炕边，老人喂养的两只小橘猫爬上窗台，乖巧地向外张望，窗前门外的小狗安静地趴在小窝里，窗外的小雨淅淅沥沥地下着，为炎热夏季带来阵阵凉爽，极具田间生活气息的纪实画面和屋内其乐融融的氛围让我真真实实地感受到东北乡间儿孙满堂、椿萱并茂的平凡幸福。

从佳木斯返程途中，我在长春停留，进行了短暂的吉林省巡视工作。和超慧在长春的相遇，我将其称为 CSS 之旅的有始有终，因为 CSS，我有幸与超慧成为好友，共同在北京住酒店、参加培训，又非常荣幸在最后一站长春与她会合。相比前几站，长春的巡视工作更为轻松一些，我去的那天长春下起了滂沱大雨，风声呼啸，将空中的雨水吹得形成了雾气。我站在屋子向外望去，感受着大雨滂沱的清爽和舒适，回想这两个月的经历，因为 CSS，我收获了友情，见证了自己的成长，看到了自己的长处与短板。与这段旅程中交到的最好的朋友相聚在最后一站，于我而言，是 CSS 给予巧妙告别的仪式感，也是对长期以来忙碌巡视工作的缓冲和治愈。从长春坐上返程的高铁，在高铁上看着连绵的山脉逐渐后移消退，心中不由得感谢这两个月的经历，满载而归，有体悟，有收获，也有遗憾，正如行前邹老师所说的，我真的收获了崭新的自己。

## 三　归来的感悟

在回家的车上回顾这两个月的时间，天津武清的田野调查、沈阳的城市内涝、哈尔滨的农家问卷、佳木斯的连绵青山、长春的短暂治愈，从家出发一路北上，在高铁上闯过了山海关，一路将大东北肥沃的黑土地尽收眼底，亲身感受祖国大好河山的富饶辽阔，只觉得返程时颇为充实和自由。想到两个月前我还是一个从未一个人住过酒店的小女孩，两个月的时间我便可以妥善安排城市转停、住宿、差旅报销以及各类工作，自我的修炼和成长是我最该感谢 CSS 的地方。这段经历，单看成长就已经弥足珍贵了。

随 CSS 所到之处，皆是坦途；所见风景，皆为美景；所遇之人，皆要感恩。回首与 CSS 相遇的半年，我感谢自己当初坚定地选择报名巡视督导的选拔，正是当时的勇敢，才成就了我与 CSS 的美好邂逅，才会有后续征程的美好相遇。邂逅相遇，适我愿兮。分别之时，我没能抑制内心激动与不舍的情绪，愿将这一切珍贵妥藏。

# 行路难:
# 鄂、赣、粤调查小记

叶张驰　江西财经大学社会学系

在经历了一月有余的培训后,我开始了我的CSS2023旅途,从5月的晚春时节,直到8月底渐入初秋,转战湖北、江西、广东三地,这段"研0"时光,也许会是我一生都可以反复回顾的珍贵回忆。

## 一　初入"江湖"

结束了在北京的巡视督导培训后,我的CSS第一站从湖北开始。在湖北经济学院为期四天的培训中,前不久还是培训课堂上的"笨学生",我完成了一次向"小老师"的转变。培训结束后,我和调查小分队兵分两路，前往湖北的第一个调查点——京门市B村。

　　我抵达B村已是次日下午，小队同学们已提前完成了和村委会的联络工作，正在进行该村的绘图工作。由于该村面积不小，建筑零星散落，7月又正是湖北最热的时候，大家出去没多久就已是一身热汗。但是所有人都没有抱怨，完成了当天的预计绘图目标。在回住处的路上，坐在租来的三轮车的车斗里，望着眼前开阔的田野，我一时倒有些飘飘然，调查似乎没有想象的那么困难……

　　这种轻松的情绪一直持续到我们完成了该村一半的任务量，微信群里问卷完成的消息一个接一个，前十份问卷的轻松让大家很是自信，我跟着也松了一口气。但接下来的发展却让所有人都没有想到，似乎好运已经用尽，访问员们在敲门过程中开始屡屡碰壁。我们在第一批样本用尽后，申请了一批新的样本，这次抽到了村委会妇女主任的大嫂。我想，有这层关系在，访问总不会太难。早上十点多，我和访问员一起背着包、拿着平板，往大嫂家走去，大嫂正躺在竹椅上刷手机，原本乐呵呵的她在看到我们后脸色就沉了下去，没等我们开口，她先说道："我知道你们是来干什么的，我家没什么好调查的，你们去别家吧。"我有点郁闷，不知道这是什么情况，与我一起的是组里一位外向些的女生，她好似没听见大嫂的呛人话语，态度很好地解释了一下我们的来意，我又忙不迭地搬出妇女主任，试着请她理解配合一下我们的工作。没承想她态度更冷淡了，直接从竹椅上起身往里屋走，边走边催我们，让我们别浪费时间，说邻居家更好说话，别来烦她。我脸上有点挂不住，访问员也很是郁闷。我出了个主意，要不我们去把妇女主任请来试试，倒有些悟空解决不了的难事得请菩萨出面的意蕴。

　　猴子请来的救兵水平确实高出一截，带着笑容，攀着关系，大嫂总算坐在竹椅上开始接受我们的访问，结果问卷的内容又坏了事。当我们问到大嫂的婚姻情况时，她听到"初婚有配偶""再婚有配偶"时直接从躺着变成了坐着，恶狠狠地问我们："干吗问这种东西？有什么意思？"访问员倒是好脾气，还是很温柔进行了解释。后面再问到她儿子的婚姻状况时，她直接从竹椅上站了起来，一把拿过手边的扫帚，边挥边喊："滚滚滚！问些问题就知道揭人伤疤！我儿子结不到婚你们还在这里问！"我扭头看了看边上的访问员，她眼里已带着泪但仍想试着争取一下这份问卷。我心里倒是憋了点火，扯着访问员离开了，两个人沉默着回到了村委会。也许，这次的调查并没有想象中的那么容易。

令我记忆深刻的还有一位中年庄稼汉子。听村书记说村里人都起得早，四五点起来吃过饭就要下田干农活，直到中午11点才会回家歇会儿，避过中午最毒的太阳。我和另一位访问员分到了一户人家，担心去晚了碰不着人，赶了个大早来到这位大叔家门口。并排坐落的两间房子，大门敞开，外面整齐地放着一排农具，里面家具不多。大叔坐在一侧的屋门口吃饭，另一间屋里一位老人坐在一把太师椅上。大叔令人难忘的在于他的沉默，与我同行的是一位即将大二的女生，她从我们的项目一直介绍到这几天的进展，我俩像说相声一样你一言我一语，但并没有得到大叔的任何回应。这位大叔在扛起锄头准备下田时才跟我们开口："你们别再来烦我了，我没有什么意见和建议，也没有值得调查的地方，你们别再来了。"我和访问员只得又一次沉默地走回了村委会。这位沉默得像石头一样的大叔始终在我被拒访的回忆里占据很重要的地位，我难以说清这种情绪，每当想起，只能记得那一种无言。

调查之难多在于经历拒访，衬得温情时刻更让人感动。系统抽中的一个地址内住了一对老夫妻，经了解他们都已年逾古稀，不符合我们的访问对象年龄要求。我与访问员本已致谢后准备离去，两位老人却坚持要求我俩再坐一会儿，正是早饭时间，他们还想请我们留下吃了饭再走。在和两位老人的聊天中我们得知，他们孙子和我们年龄差不多大，跟着父母在外打工，一年也难说能不能回一次家，过去三年见面次数屈指可数，平时只能用手机打微信视频电话。而他们不识字，每次打电话要去找邻居帮忙，时间长了经常不好意思。有时候奶奶想子女想到流泪，但是不会操作智能手机，子女教过他们如何打电话他们也忘记了。奶奶说，我们的到来让他们很开心，有人来看望他们了。在我们走的时候，两位虽腿脚不便，但仍坚持着在门口目送我们远去。

在一天晚上回住处的车斗里，一位访问员问我，为什么见到的农村和课本上的新农村不太一样。我一时有点语塞，沉默半晌，只能说，也许这就是我们做社会调查的意义吧！

## 二 "陌生"的家乡

7月10日的凌晨，我乘火车回到了南昌，而江西省的培训将在这天的早上9点开始，身体的疲惫抵挡不住我脑子里的焦虑。与湖北相比，我在这里需要讲的内容要多得多，好在小分队里有两位靠谱的朋友，江西的培训也算是顺利完成了。

培训结束后，我与小分队坐火车转出租车来到了第一个SSU——J县H村。与在湖北时不同，该村离镇不远，城镇化程度很高。村里三四层高的小洋楼随处可见，又因缺少规划，往往离得非常近，这给我们在绘图上带来了非常大的困难。由于平板上的地图分辨率不高，这些建筑看起来都挤在一起，而房顶颜色的相近使得在平板上进行区分的难度大大提高，我们只能通过地标性的建筑，如以村里的祠堂和一些大型的牌坊为参照，再将附近的建筑逐一进行定位。仅绘图，我们就花了两天的时间，好在有村委会的全力配合，后续的调查进行得较为顺利。令我难忘的，依然是一份未完成的问卷，一对"没有婚礼的夫妻"。找到地址时，已是五六点钟的晚饭时间，一栋带院子的小楼，门没锁，男人在侧室生火做饭，女人和两位老人在另一间屋子里带两个小孩玩耍。我们向男人说明来意，出示了各种能证明身份的证件后，其妻子仍有些怀疑，带着孩子准备进屋"躲一躲"我们。好在这个男人比较健谈，看我们都是学生样子，很爽快地叫我们有事问他，他在家可以做主。经过严格的户内抽样，我们抽中了其妻子，只得请她来回答问卷上的问题。妻子此时已开始帮着丈夫端菜并准备吃饭了，对于我们非要找她做问卷很不理解，再三表示有事去问门口的男人，她没怎么读过书。我们一再解释并坚持后，她说让男人一起，两个人搬个凳子在门口，共同接受访问。问卷进行到婚姻状况时，熟悉的状况又出现了，女人撇撇嘴，看向男人，说："这事我不知道，他怎么想的我搞不清楚。"我和访问员两个人都糊涂了，本以为男人和女人是夫妻关系，这样来看似乎还有隐情。一时间场面有些尴尬，男人拿过我们的示卡，左右翻了翻，指着"同居"跟我们说："应该选这个吧？"女人不乐意地说道："意思是没想着和我结婚呗？"他俩就着这个争论了起来，我和访问员在一边倒是有些看家庭伦理剧的意思，只是这问卷再也没法做下去了。

另一次拒访则发生在这一天的早些时候。我们来到一栋很有年代感的独栋小楼门口，家里的男人正要推着自行车出门，我们赶紧上去做了自我介绍，并表示如果有事，我们再约个时间，晚些过来也是可以的。他直接拒绝了我们，顺带还吐槽了我们的调查项目，骑着车飘然远去。家里的女人听见声音出来观察，我们又燃起了一丝希望，又把刚刚的介绍重复了一次。好在她的态度很好，户内抽样又抽到了她，我们就直接开始了正式的访问。遗憾的是，访问进行没多久，男人就回来了，看到我们还在他家里，直接把我们赶了出去，顺带着用言语又进行了一轮攻击。访问的过程中，我真切地体验到了这个社会的多样性，以一种不那么愉快的方式。

在结束了H村的访问工作后，我们来到了W社区，位于J县县城里。在体验了在城市社区绘图的快乐后，我和这支小分队到了分开的时候。我的工作重心从陪访转到了对之前其他小队工作内容的回访上，从团队作业变成了单兵作战。我回访的第一个小区建成于20世纪90年代，来往的多是骑着老式单车的大爷和大妈，不考虑恼人的高温，行走其间倒是挺有感觉的……只是很快这些小浪漫就被爬楼时的痛苦消磨殆尽了。我对自己的要求是回访要尽可能走遍该社区已完成的20个样本户，很多都在六七楼，老式小区又没有电梯，导致我每过一小时都要在路边的店铺里买瓶水再来包纸。小卖铺大叔在我将要"下班"之际乐呵地问我，明天还来呀？我不由得略有悲愤地想，自我要求别太高！

南昌与鹰潭两地的回访过程于我而言是枯燥且困难的，很多被访者没有留下电话，经常需要反复上门才能见到被访者一面，确保访问的真实性，这是保证调查质量的一环。我由于没有参与这些社区的绘图工作，对这些社区并不了解，在社区里转圈成了我这几天的日常。有一个小区我一手举着平板一手对着导航，在周边转了大半个小时也没找到进去的入口。只盼看见这段文字的访问员同学们能用更准确的语言描述出符号后的真实图景，"第××个路口旁"的描述对于全是岔路的城市而言实在不是一个好的形容。

作为一个江西人，在自己家乡进行调查我的感受是不同的，在培训期间决定大家调查地去向时，我曾再三在内心祈祷，只要不把我分到江西去就好。我总以为调查就是要去远方看没有见过的人和事，但是在江西调查的20多天里，我不得不承认我对这个我生活了20年的地方并不了解。村庄里老人告诉我的故事、曾在银行工作的大妈的倾诉、居委会主任的抱怨，我以一个和以往不同的身份去经历这些，用一个新的视野去看待人和事。但熟悉的乡音又总能把我拉回到现实里，这种"感通"式的观察，让我受益匪浅。

## 三 "难办"的广东

行文至此，想起广东，我仍感到有些头大，以"行路难"为主题，有多半就难在广东了，不适应的气候，复杂的建筑布局，听不懂的方言。在这里不由得想要感谢广东金融学院的同学们，如果我是访问员，在广东大概是做不出一份完整问卷的。记得在顺德进行的一次回访，敲开门是一位上了年纪的爷爷，我俩进行了十分钟"马冬梅"式的对话，让我一度产生了身处异国的感觉。

如果说语言不通只困扰了我一人，那么广东众多的超大村居和各式奇怪的建筑让所有访问员都犯了难。对于超大村居需要在绘图开始前对其进行再拆分以减少工作量，拆分标准则是社区内各小区的人数，而许多居委会对于其治下的小区人数并不知晓，我们只得不厌其烦地找最熟悉当地情况的网格员进行估算。正式绘图中的难题则是广东有大量的城中村和自建房，其中奇形怪状者众，刚开始绘图那几天群里不断有访问员发来消息，"×××这样的建筑怎么画？"我只听他们的文字描述，时常为建筑设计人员的天马行空和施工人员的不拘一格感到惊奇。其间许多拿不准的，只得不断和后台的学长进行沟通。到了后期，熟练的画图员竟也有了许多新奇的画图办法，参照我们的画图标准，显得有特别的规范感。

在佛山完成的第一份问卷，由两位访问员主访，我则跟着当"技术顾问"。敲开门来，又是一顿自我介绍加说明来意，很顺利地就进了门。夫妻两人把我们迎进去，在饭桌旁坐定就开始了正式的问卷环节。中间略过不表，最让我感动的是在结束后丈夫对我们说的话，他说社会上有许许多多、各种名头的调查，大多只是流于形式。他听完我们的介绍，以及我们能真正走进他的家里，让他觉得我们这个调查是真切想要深入群众里去、听听人民的声音的调查。他拿着我们的感谢信，好好看了一遍才把我们送出家门。在调查中，我听到的最多的就是我们这样的调查"没有用"，有时我也会自我怀疑，我们付出辛苦拿到的数据，能在多大程度上改变人民的生活呢？现在想来，也许我们这样一个走进每一个社区、进入千家万户的调查本身，就已经产生了和社会的互动。回想起完成的每一份问卷，被访者对我们的信任，村居委会对我们的无私帮助，以及访问员们为之付出的所有辛劳和汗水，这些都已是改变的一部分，涓涓细流能汇聚成河，总有直挂云帆济沧海之日。

## 四 后记

我于匆忙中写下这篇文章，时隔数月，回忆之事或许显得乱而多有疏漏，所写下的则以对事件的记录为主，夹杂一些感想，还有一些难言的情绪，笔力所限也许表达得不清不楚。我主动略去了在北京接受培训以及在各地为访问员们培训期间的故事，这是在调查外给我留下最多美好回忆的故事，但既然以"行路难"为主题，总还是要把经历说得艰难困苦些为好。我也不打算学习J同学给项目组提好大一堆建议，若有机会留给下次作为选题好了。现在整理记忆，最为遗憾的仍是作为巡视督导和培训督导，我更多的是以一个技术支持者和质量控制员的身份出现，没有太多的机会真正参与到绘图和访问当中去，希望如果还有机会，能真正以访问员的身份再参与一次CSS，也许那能使我对调查之难有更深刻的认识。现在我已是一个学习社会学的学生，坐在讲授社会研究方法课程的课堂里，我非常庆幸能有机会参与到这样一个全国性的大调查，让我的实践走在了理论前面。在调查期间，我没带理论，没带问题，只身走进田野里，只是用心去看、去观察，并尽可能记录下这片伟大土地发生的事，有好有坏，有辛酸有幸福，每一个数据后都是一段故事，每一份问卷后都是一个人生，唯愿我们这些数据的记录者能以最忠实的姿态反映出社会的每一种可能。

最后我想感谢培训课堂上带来精彩讲解的老师们，实地带队的邹老师和任老师，以及三省的同行督导伙伴和可敬的访问员同学们，感恩遇见！歧路虽难，因各位而缤纷斑斓。

# 抬头是上海，低头是生活

迪丽热巴·吾买尔江
华东政法大学社会发展学院

时光如梭，白驹过隙。参与CSS项目的那些永远难以忘记的日子随着时间的流逝定格在生命的年轮里。

5月，老师在一节专业课后叫住我，她和我说暑假有一项社会调查项目，并在纸上写下"CSS"。她和我解释了项目大概内容及工作要求，让我回去好好考虑一下是否参加并给她答复。回去之后我开始收集有关CSS的各种资料，深思熟虑后决定参加CSS项目，那张纸上的"CSS"转动了命运的齿轮。在2023年7月的酷暑，我在上海迎来了人生中的第二份实习工作。因为在老师的另一个社会调查工作中表现优异，我获得了参与

CSS项目的机会。我们团队负责上海市四个SSU的绘图和访谈任务。在这一次的工作中，我学到了许多，成长了许多，我想用文字记录下所见、所做、所闻、所感、所悟。

## 一　失败失败再失败

万事开头难，我们的开头格外难。我们整体的工作分两部分，第一部分是实地绘图，第二部分是入户访问。经过近五天的学习，充分的理论探索和操作规范培训让我们对实地工作充满了信心。然而理想是丰满的，现实是骨感的，我们的第一站是上海市青浦区X社区。作为做好准备面对挑战的访问员，对我们来说，困难肯定不是遥远的路途、沉重的设备包、三伏天的酷热，真正的困难是让我们工作无法开展的各种问题。在X社区抽取样本的六个小区中五个是别墅区，一个是普通居民小区。尽管前期老师已经和社区做好沟通，我们可以进入小区绘图，但在开始工作时，我们只能进入普通居民小区开展绘图工作。当我们准备进入别墅区工作时却被拦在门口，连大门都进不去。面对这样的情况，我们首先向门口保安仔细介绍了CSS的工作内容以及其重要性和意义，并且用介绍信和访问员证等向他们进行身份证明。其次，在保安不认可任何解释的情况下我们联系了督导及老师，请求他们帮助。出现这个问题的原因有两方面：第一，保安不了解情况，提出需要当地政府下发的文件才能放行；第二，社区联系工作没做好，前期和社区联系时我们是被允许进入别墅区的，但在实际开展工作时却出现了社区一个书记同意我们进入别墅区，另一个书记不同意的问题，导致工作进度缓慢。为解决入户难题，我们的带队老师以最快的速度进一步与社区联系沟通，经过不断的努力，终于获得了进入别墅区的许可，但需要小区保安陪同我们进行绘图。最后，虽然当天只完成了部分绘图，但至少工作已经初步展开。从中不难看出，要想推进项目，需要具备促使各方合作的能力，尤其是在绘图和访问前能够获得政府部门与社区的支持会大大提高工作效率、降低工作难度。

我们经常听到，努力努力再努力、成功成功再成功，应该很少听过失败失败再失败。这句话是我们队员在经历过七七四十九次失败后总结出来的金句。我们第一个入户的社区是上海市青浦区Q社区，这个社区对我们最大的帮助莫过于提供了一个会议室作为休息处。作为一个居民小区较多的社区，绘图工作自然不会有太大的困难，最大的困难还是在入户访问。刚开始工作时，我们两人一组进行入户。我到此刻仍然记得自己第一次入户时的场景，在楼下按下了单元门铃，"丁零零""谁呀""您好我是中国社会科学院的访问员，抽到您家作为访问户，进行一项有关家庭情况、生活情况等方面的中国社会状况综合调查"，"哦，你上来吧"。我心中窃喜，也有点紧张，我整理了衣服，戴好帽子，确认好访问员证、学生证、介绍信、示卡、平板感谢信、礼品是否带齐，擦去额头的汗珠，敲了敲门。我在心中设想了无数种突发情况的出现，也在心里无数次练习如何应对和回应。我进行了所有的介绍，成功入户抽样，但当正式开始访问的时候，访问对象的孩子从卧室出来阻止了我们。我无奈地进行解释，对方强烈地拒绝，最后我们还是离开了。第一扇门敲开了，但失败了。一个小区所有抽中的样本户要么拒访，要么无人应答，让我一早上心情很低落。

我们尝试进入第二个社区，不停地爬楼，不停地敲门，每一个没有敲开的门都是潜在的希望。终于，我们敲开了一户人家，并且他们积极地配合访问。访谈中途，突然起风，奶奶和爷爷要去收衣服。我看着他们收衣服的背影，突然感觉到了释然。这种感觉很奇妙，经过重重困难终于入户，走进陌生人的家里，听着陌生人的故事，内心感慨颇多。访问顺利结束了，奶奶拉着我们给我们水杯里倒水，她说我们这么热的天好辛苦的，水都喝完了，倒点水再走吧。虽然我们有规定不能接受任何访问对象的东西，但我们很难拒绝一对善良的老夫妻对我们的善意。走出他们家已经是吃饭时间了，我们吃过饭要进行下一轮的入户。早上还算成功地开了个头，没想到下午困难依旧重重。我们抽中的每一个样本户都需要在四次确认无人应答的情况下才能放弃，这意味着每一个无人应答的样本户我们都需要敲四次门，而且要间隔至少一到两个小时。一个下午我们至少走了三十几个样本户，敲了两轮共六十多次门。但是我们不曾放弃任何一个，在一直无人应答的情况下，我们就敲邻居的门拜托他们转达我们的访问意图，并留下访问时间和联系方式。

傍晚了，晚风轻踩云朵，橘黄色的晚霞在贩卖快乐，可我们一直在失败。坐在馄饨店里，我们四个碰面的访问员，讲述着自己一整天的失败经历，可谓是失败失败再失败。虽然我们在失败，但是责任感与使命感驱使着我们坚持下去。我们决定天黑后再敲一轮门，尽管依旧没有很大的成功可能性，但只要有一丝希望，我们就要百分之百坚持。我敲开一户人家，开门的是一位老奶奶和一个四岁的小女孩，老奶奶热情地招呼我们。我们的抽样抽中了她的儿媳妇，由于儿媳妇八点半才下班，于是我们边陪小女孩玩边等待被访者回家。没想到八点半被访者回来却拒绝了我们的访问。在回去的路上，我打开车窗吹着晚风，心里失望、委屈、无奈，但看到小女孩送给我的玩具戒指，心里有一股暖流。尽管受挫，尽管有太多无奈，但是沿途总有温暖的瞬间，调查的意义和初心仍需坚持。

## 二 打卡网红社区

一个主动帮助我们访问员、带给我们温暖的社区一定要在这篇访问员日记里留下痕迹。上海市青浦区 C 社区是一个管辖居民小区聚集区的社区，为何会给这个社区很高的评价，可能的原因有以下几个。第一，衡量一个社区的工作情况离不开社区获得的奖项。我们访问员的落脚点是 C 社区的会议室，会议室不大，但映入眼帘的是一整面墙的奖状、奖杯，这些成就体现了 C 社区的工作成效。第二，社区工作离不开居民的支持，社区与居民及居民委员会的联系密切度也能够说明社区的工作情况。我们在 C 社区工作了三天，在此期间，社区开过两次会议均有居民参与。在帮助我们核实空户时，社区干部积极调动了小区楼组长，一起帮助我们排除了空户样本和联系样本户。第三，社区服务的完整度也是衡量其工作质量的标准之一。我们发现该社区的各部门分工细且明确，可以看到办公室的人流量很大，来办事的居民比较多。再从其他方面来说，就要重点说说 C 社区的社区活动中心了，这可谓是"网红打卡点"。该社区活动中心的面积大概有 100 多平方米，"麻雀虽小，五脏俱全"，这里环境温馨，设施齐全，包括但不限于电影播放室、咖啡厅、儿童活动区、阅读区、母婴室等。这里简单而不失艺术气息的环境非常舒适、宜人。我们在社区下班后，更换落脚点，这里有安静看书的老奶奶，有来喝咖啡的年轻人，也有家长带着小孩子在儿童区玩耍，像一幅宁静温馨的画。

在工作的第二日我们在酷暑里背着重重的设备包，走在去往各样本户家的路上。中午回到落脚点，看到C社区的工作人员为我们送来的解暑西瓜，内心无比感激和温暖。我们在C社区的工作无论是实地绘图还是入户访问，相较于其他社区是非常顺利的，这得益于C社区工作人员及居民对我们无私的支持和帮助。在实地绘图阶段，因为社区做好了联系工作，我们进入小区时没有受到阻碍，这大大提高了我们的工作效率，降低了工作难度。在入户访问阶段，在我们向他们提供了样本户的门牌号后，他们先帮我们排除了空户，并提前帮我们联系了部分样本家庭，让我们的工作效率得到很大提升。对于这样一个社会综合状况调查，各部分工作的完成必然需要多元助力，在其他社区遇到的种种困难与我们在C社区的工作形成鲜明对比。这说明CSS项目前期比较重要的部分是做好社区联系工作，尽可能得到他们的支持，这样访问员可以把更多的精力集中在提高抽样质量和访问质量上。我们非常幸运，在工作中遇到了这样一个有能力又有爱的社区，真诚地感谢他们的帮助。

## 三 遇见患难朋友

艰难的任务能够完成，是因为我不是孤军奋战。在这次CSS项目工作过程中我结识了一群有趣可爱的朋友，他们对我的帮助、支持和保护令我终生难忘。一起经历了太多，想记下来这几件格外特别的事情。

小鳗鱼生日记。在Q社区工作的一天，我们偶然间发现那天是队伍里一个姐姐的生日，我们都叫她小鳗鱼。那天也是大家经历"社会拷打"的一天，大家的拒访率都很高。那天中午工作完成后，我们拉上会议室窗户的窗帘，尽量营造生日氛围，大家打开灯，围着蛋糕唱生日歌。虽然现实中我们遇到了很多困难，不过大家互相加油打气期待着下午调查工作的顺利进行。

冒雨核户淋湿裤脚记。在 C 社区工作时，我和另一个小伙伴去一个并非我们画图的小区核户，所以我们对这个小区的地形不太熟悉。刚开始我们还在庆幸当天多云的天气不会那么热，之后突然就开始下暴雨。我和她只有一把伞，打开伞的那会儿功夫，全身湿透了。我们的第一反应是死死护住平板不要让它进水了，这是我们工作的重要设备。倒霉的天气，更倒霉的是我们迷路了。我们准备绕过其中一栋，走那栋楼后面的小路，由于地图标识不太清晰，我们走进了泥路。当雨越下越大时，我们又遇到了一条很长的泥路，我和伙伴紧紧抱着平板走过去，感慨着以后人生遇到的暴雨不会比这个更大了。最后我们回到落脚点的时候，衣服湿透了，裤脚上都是泥。

极限半小时吃火锅记。在 C 社区的一天，已经是下午六点了，我们几个访问员准备去吃顿火锅，吃完后再走一遍无人应答的样本户。刚点上菜，大家举杯碰杯喝可乐时，我们收到地方督导的信息让大家快速回去，社区帮我们联系了几个样本户。于是我们狼吞虎咽地吃完了那顿火锅，走出火锅店时有一种忙碌日子里偷摸着幸福的感觉。

十个人挤在一间宾馆单人间记。我想这一次 CSS 项目让我经历了人生的很多个第一次。第一次和十个人挤在不到五平方米的单人间里休息。大联村的图画得很快，早上绘好图后，因为没有专门的落脚点，我们便去镇上吃饭。吃过饭后我们想等村委会上班，那需要等几个小时，地方督导便开了一个小宾馆的单人间让我们去休息。我们十个人走进宾馆单人间里，围着一张床坐着愉快地玩小游戏。不一会儿前台打电话告知不能进入这么多人，我们被迫提前离开，但是这种十个人挤在一间单人间里开怀大笑玩游戏的经历真的一辈子很难有第二次。

大联村快乐农村访问记。大联村是比较特殊的，村民白天大部分时间都在农田里干活，这时候我们只能等着他们结束后再去访问。那天中午我们在村委会吃完饭，准备去小卖部买点零食。我们一群人进到小卖部，这里的零食是我们小时候吃的那种便宜小零食，我们买了一大袋。看到有扑克牌，大家买了一副，在无聊的等待时间里我们准备打扑克牌。村民们回家后，我们也准备工作了。和我一组搭档的是骏哥，我真的无比感谢我的搭档，如果没有他，我无法完成这里的工作。我是一个极度怕猫和狗的人，完全无法靠近它们，但是在农村，家家都有看门狗，通常这些狗又很凶，猫也是很常见的。因为我不敢独自去敲门，这大大降低了我们组的工作效率，但是我的搭档对此毫无抱怨，每一次都挡在我前面保护我，在我访问的时候怕我害怕，一直和我一起行动。我很感激他对我的帮助。

我想我会永远记得这些可爱的朋友，记得我们一起淋过的暴雨，记得我们一起玩过的游戏，记得那些没有打倒我们的困难，记得我们一起开怀大笑的日子。在和大家工作的过程中，作为团队最小的成员，我从他们身上学到了很多，也得到了很多的支持和帮助。我想是我们的共同坚持和迎难而上，乐观面对挫折和失败，互相鼓励、安慰、支撑，使我们完成了这项艰难的任务。

## 四　抬头与低头间

2023年的夏天，上海给我留下了最深刻的记忆。对我来说，这一次实习经历对我生命的意义是长远且深刻的。在CSS中，我第一次真实地踏入这座城市，第一次作为一个大人面对工作中的困难，第一次更加深入了解自己的潜力。如果用一句话总结这一次访问，那我会用"抬头是上海，低头是生活"。这座迷人的魔都城市第一次这么真实地揭开了它的面纱，那繁华的生活，那灯红酒绿的夜晚，那时尚潮流的城市也有它脆弱的一面。繁华的上海仍然有贫穷、有痛苦、有艰难，但是对于幸福而言，每一种生活状态都有它的意义，自那以后我也开始反思自己的人生追求和目标。在暴雨的日子，我们踏着泥地去画图，衣服都已经淋湿了，也都脏透了，我永远无法忘记那场暴雨。在农村被狗追着跑，我的伙伴竭力护着我，我也永远忘记他为我挡恶犬的经历。在实践中和培训中学到的所有将伴我一生，我会把实践的技巧和经验投入日后的理论学习与工作中，我相信每一次的辛勤付出定会在未来的某一天得到回报！

最后，我想真诚地感谢每一个为CSS项目辛勤付出的人，感谢每一个理解我们、配合我们的被访者，感谢我的老师给予我机会和认可，感谢帮助我、保护我的合作伙伴，感谢那个无限突破自我的自己，你辛苦了！真诚希望每一个用到CSS数据的朋友请你珍惜它，它走到你的面前经历了太多不容易，蕴含了太多的汗水和努力！

# 行万步以窥百态

覃馨瑶　中国社会科学院大学社会与民族学院

距离CSS收官已经过去一个月了。在这一个月里，我时不时会想起那段和小伙伴们一起参与入户调查的日子。在这一过程中，我既有过成功完访的兴奋喜悦，也有过被拒访的无奈心酸，总的来说，参与CSS是让我忙碌又快乐的：它增强了我对社会的感知力，拓展了我的视野，也让我收获了很珍贵的友谊。如今，当尘封的故事重新被拾起，过去种种酸甜苦辣的瞬间如电影片段般依次闪回，让我突然有了很多话想说。

## 一　缘起

最初了解到CSS的契机是风笑天老师的《社

会研究方法》。风老师在这本书中所提到的美国综合社会调查引起了我的兴趣：这一覆盖全美的入户调查涵盖了一个家庭中包括经济、教育、社会态度等多方面的内容，为美国社会学研究人士提供了丰富又全面的调查数据。这让我心生羡慕的同时也使我思考：在我们国家，是否也有类似的大型调查能够收集民众生活的各个方面数据以供我们学习使用呢？带着这样的疑问，我查阅了很多资料，随之发现了CSS，并了解到它是一项从2005年开始在国内进行大规模连续抽样调查的项目，数据资料包括我国人民群众经济状况、劳动就业、家庭状况以及对相关社会问题的看法等多方面。这些信息使我眼前一亮：这不就是我想要找的吗？并且我发现，同美国综合社会调查相似，CSS同样采用入户访问的方式收集样本资料。这使我对它产生了非常浓厚的兴趣。当时我认为，如果有机会参与其中将会是一段非常有趣的经历，这是我第一次萌生出想要加入其中的想法。

十分幸运的是，CSS2003年在我们学校发布了招募访问员的通知，我毫不犹豫地报了名，并满怀期待地迎接未来的访问工作。现在回想起来，我为那个坚决勇敢的自己而感到敬佩，因为访问工作所面临的巨大困难和挑战是我始料未及的，我完全是凭着对社会调查工作的一腔热血往前冲。这是我想对未来要成为CSS访问员的大家说的：CSS的访问工作丰富且有趣，但在访问过程中可能会遇到些许困难，因此在报名参与前要做好一定的准备，这样在访问过程中，面对突发状况才能应对自如。接下来将我从培训、绘图和入户三个方面具体谈谈这些工作的主要内容以及可能存在的困难，以供大家参考。

## 二 培训

我参加的是CSS2023北京地区调查，这里是CSS2023的最后一站。北京地区的调查任务预计四周完成，可谓时间紧、任务重。用于访问员培训的时间只有短短一周，三本访问员使用手册涵盖了绘图技巧、访谈技巧以及问卷内容等方面。负责培训的老师以及督导会针对问卷以及绘图的每个部分进行细致耐心的讲解，随后通过随堂练习以巩固知识，最后在学校中找到一位被访者进行模拟访问。那一周，大量且密集的"信息轰炸"使我感觉脑子快要转不动了，知识疯狂地被灌输进大脑里，我们一边学习这个知识点是什么，一边还要构思它具体应该怎么用。我记得当时看着好几页的纸质版调查问卷在心里问自己："这份问卷这么长，需要被访者回答的问题这么多，我真的能找到配合我的被访者吗？我真的能独立完成这样一份完整的问卷吗？"越到培训后期，我对于这个问题就越焦虑，但又希望培训早点结束，这样就能突破空间的局限，在实地运用这些技巧了。现在想来，当时那种焦虑且复杂的心情，是由对知识的实际运用充满恐惧所致的。我想用"纸上得来终觉浅，绝知此事要躬行"来形容当时的心情再合适不过了。

忙碌的时候，时间总是过得飞快，一周的培训很快就过去，我怀着忐忑不安的心情踏上了北京CSS的征程。

## 三 实操

在实际入户调查中，我参与了北京市朝阳区城市社区和房山区农村社区的绘图及访问工作，两种不同类型的社区给我带来了完全不同的调查体验，这种不同主要体现在调查困难上的差异。

从被访者的配合度和参与度来看，城市社区的调查难度大于农村社区。城市社区真正困难的在于入户访问工作。由于城市居民对于社区里陌生的来访者保持着较强的警惕性，且居民白天常常有工作和社交需求，就算是周末也经常不在家，因此在入户过程中"住户拒访"和"敲门无人应答"的状况十分普遍。记得我正式开始访问的第一天，在城市社区里从早上八点一直待到晚上七点，一遍遍地跑每一个还没有充分接触的样本。到结束时，我依然"颗粒无收"，只好带着未完成的任务孤零零地坐在便利店随便吃点东西。离开社区时，我望着里面的万家灯火怅然若失。这么多户人家，却没有一户愿意接受我的访问，这种挫败感和无力感真的难以言说。相反，农村社区在入户访问时遇到的困难要小很多，但前提是要提前同村委会的主任及书记建立联系，获得他们对我们工作的支持与帮助。我们当时在农村社区进行入户访问时，与村里的书记进行协商与沟通，委托书记帮助我们在村里做好宣传工作。此外我们还得到了村委会主任的支持，在村主任的协助下，我们高效地排查出了便于入户的样本点，村主任还派了一位村里的大爷带我们去这些样本点进行访问。被访者一看是村主任派来的村民，更愿意配合我们的访问工作。

经历了入户访问，我获得了一些成功完访的经验。首先是尽量与社区、居委会或村委会的工作人员取得联系，与他们达成合作关系，让他们协助我们开展访问工作。其次是要在入户过程中保持温柔、耐心的态度，并向被访者强调访问的意义和重要性，以及被访者被选中的原因，语气要做到真诚、恳切以打动被访者，求得被访者的配合。最后就是心态一定要稳，不论是拒访、住户联系不上还是其他原因导致无法完访，这在实际调查中是十分普遍的现象，不要因此灰心丧气，也不要怀疑自己的能力，一定要在反思失败、总结经验的基础上有从头再来的冲劲和勇气。并非每个被访者都存在交涉困难的情况，大家要相信自己是有能力完成问卷的。最初在对问卷以及访问术语还不够熟练的情况下，访问进展缓慢是很正常的，但只要迈过了最初的那道坎，后续的访问一定会越来越顺利的。

从绘图以及核户的效率方面来看，农村社区的调查难度大于城市社区。在城市社区中，我的任务是绘制分图中的三个单元，其中一、二单元有八栋塔式住宅，三单元有一栋走廊式住宅。塔式住宅一梯两户，每栋10层；走廊式住宅每层有38户，一共19层，整栋楼有500余户。绘图以及核户的工作量看似很大，实则一般。城市社区楼层规划比较规整，在地图上能够清晰地找到建筑物的所在地，并且每层情况都大致相同，因此全部跑完一遍不过花费大半天的时间，效率还是比较高的。然而，在城市社区的绘图经验似乎在农村社区毫无用武之地，因为农村社区的建筑布局似乎有些"不讲武德"：没有统一规划的明显分界线；建筑物的大门朝向东西南北各个方位，甚至一户有前后左右多扇门，难以辨别一扇门代表的是几户人家；各栋房屋没有明确的单元楼概念，只能用门口的明显标识来代称所画的建筑物，但走完一圈发现，分图中会出现好几个所谓的"红色大门"……这一切都加大了绘图的难度和工作量。我们小组在农村社区的绘图工作花了整整两天时间才结束，仅我负责的分图就有大约100个建筑需要绘制，可见村落分布的复杂程度。

绘图工作的巨大差异使我意识到，在建筑分布复杂多样、没有统一划分的社区绘图是一个"牵一发而动全身"的工作，如果最初的样本点定位定错了，后续想要修改将会是一个巨大而严峻的考验，几乎需要全部推翻重来，也会为之后的核户工作带来很多麻烦。虽然说绘图没有太多技巧可言，却是一项很考验耐心的工作，需要严谨细致的态度才能够将绘图工作做好。因此我认为，绘图员在绘制农村社区图时，需要重点关注绘图的定位和标注问题：自己所画的建筑是否在地图上显示的位置，一扇门究竟代表的是几户，除了大门颜色外，还有哪些明显标志可以将该建筑与其他建筑明显区分开来等。绘图是访问的基础，将这些前期工作尽量做得更细致一些，后续的调查工作会更有效率。

## 四　感悟

将近一个月的入户调查工作说长不长，说短也不短，给我带来的回忆是丰富且珍贵的。用一句话来概括我的这次CSS经历最为合适，那就是"一直在路上"：这一路既是我在各个建筑之间不停地来回奔波绘图、确认住户信息、与样本点进行充分接触的过程，也是我不断学习、不断成长、不断感悟的过程。在这一路上，我发现了城市社区和农村社区在结构、管理方式、居民组成方面的显著区别，看见了不同社区居民对待同一个社会现象有着不同的思考角度，了解到了人民群众真实的生活状态和心声……我所听到、看到、感受到的让我得以直观窥见我国群众生活的百态，这对于我而言是我专业成长的一大步，我由此得以拓展了视野，改变了我对社会片面、单一的认知。中国社会面貌的一小部分在我的脚步丈量下更为生动地呈现在我面前，这跟过去被动地在课堂上听老师讲授有着很大的不同。

这次的入户调查工作有很多令我印象深刻的瞬间，比如在访问城市社区时遇到了不配合的被访者，我表面上运用话术安抚失去耐心的被访者，让被访者继续配合我们完成问卷，实际上心里已经万分担心我的访问会随时被中断；又如我在农村绘图时定点错误导致画的图全部要推倒重来时我内心感受到的无助与崩溃；还如我在访问中要始终保持礼貌微笑及平和温柔的语气，敲开被访者的门后，面对被访者警惕、烦躁或疑惑的态度时大脑要飞速运转如何回应他们的质疑，如何在短时间内说明来意，获得他们的配合。那个时候我常常调侃自己仿佛是个推销员，需要挨家挨户敲门兜售我的问卷。

这些看似艰难的过程在经历过后让我反思，我们的调查工作应该从哪些方面改善，来使我们的访问员在未来的访问中可以少走弯路。首先在最开始的培训课堂上，大家要仔细学习老师以及学长、学姐讲授的内容，在课堂上把需要关注的重点弄明白。因为培训时间不长，但内容很多，这些庞杂的知识体系很难在课后再有专门的时间仔细复习，且实际上有些内容会在实践当中自然而然就体会到其中的意义，但涉及实际操作的一些重点，比如说"右手定则"、住宅绘制时三角形朝向这些内容，需要在正式开始调查前熟练掌握，因为这些重点内容是成功完成一份合格问卷的关键，如果由于这些失误导致入户错误就会面临废卷的风险。其次是在调查过程中，尽量不要在一开始接触时就向被访者强调需要访问的时间，因为这有可能会让被访者感到接受访问是一件很麻烦、很耽误时间的事情，这样一来被访者接受访问的概率会大大降低。当被访者问起时，我们可以委婉地用"可能需要耽误您一些时间，但具体时间会受配合程度的影响，如果访问进行得顺利的话，速度会比较快"类似的话来回答，以减轻被访者的受访压力。再次，在每完成一个部分时，一定要注意及时保存，并在整个问卷结束后及时上传问卷，以防问卷数据丢失。最后，还应当注意调查伦理问题，比如被访者隐私信息保密问题，不要在访问结束后将被访者的个人信息泄露，恪守访问员职责。

行文至此，我想说，在CSS期间，我每天都需要行走上万步，但我并不感到疲惫。因为每完成一份问卷、每收获一户家庭的情况，都会给我带来满满的自豪感和成就感，越到后面，我越觉得进行这项入户调查是一件有意义且值得做的事情。我认认真真完成好每一份问卷，认认真真对待每一个被访者、聆听他们的情况，不仅是出于做好这项社会调查的使命感和责任感，更是出于对社会真实状况探究的渴求。

　　作为访问员的我们，在这项大型的综合性社会调查中扮演的是最为基础的角色，访问员的工作或许不需要太强的专业性和技术性，也不需要特别高的知识水平。但实际上，访问员是保障问卷的真实性、准确性，帮助未来相关研究者们做出理性研究，以及相关政策制定者做出符合民情、贴合民意决策的关键。因此，我们要以端正的态度对待好这份工作，把每一个细节做好，如此才能将客观、真实的原始问卷数据呈现出来，将调查得到的实际情况反映出来，将中国社会百态展现出来。我想，或许当我们认认真真将这些工作做好时，我们才算懂得了"做中国好调查"这句话的真正意义吧！

# CSS培训行记

刘川　中国社会科学院大学社会与民族学院

对CSS慕名已久，在一个月的时间里，我先后赴湖南、湖北、宁夏、甘肃、河北进行绘图抽样培训，收获颇丰。

## 一　怀柔试调查

经过长达一个月的培训，通过怀柔的试调查来检验培训成果。我们组负责的是BY社区，虽然我们做好了会很艰难的准备，但为期三天的实地调查还是出现了很多没想到的问题。我们提前一天到达社区了解情况并绘图，在邹老师和胡老师的带领下，我们幸运地拿到了BY社区网格管理的分布图，里面包含了BY社区管辖范围内的小区及其分布情况。根据这张图和村委会人员的介绍，我们完成了村居边界和小区边界的绘制。但是村居绘图结束并通过审核之后，我们实地走访各个小区时发现仅凭网格图和村委会人员的叙述并不能完整且清晰地绘制出正确的小区边界，因为我们实地打听才发现有部分联排房子属于BY社区管辖却没出现在网格图范围内，因此村居绘图出现了误差。当天我们几个组长在村子里摸黑确认村居边界。

另外，我们组负责的BY社区共有23个小区，且独栋楼设立门禁单独成小区的情况并不少见，所以经常能在BY社区看到连排的小区房却只能一栋一栋地进入。考虑到23个小区边界绘制得过于杂乱且边界重合率高等问题，我们决定将23个小区分组绘制，分组原则参考小区名称及地理分布。这样最后绘制出的小区边界减少到了11个。

除此之外，BY社区最困难的地方就在于社区内有城中村，为绘图带来极大挑战。考虑到城中村的复杂情况以及绘图可能需要的人力和时间，我们将BY社区划分为7个分图，排列规则的小区建筑物绘图较为简单，较为复杂的城中村被划分为独立的分图。我们在城中村的建筑物编号上做了新的设计，即先分工绘制完城中村内所有的建筑物，命名时不写建筑物编号，等所有的建筑物绘制完毕再按右手原则重新给建筑物按顺序编号，由此城中村内较为复杂的编号问题得到了解决。

经过三天的调查，我深感入户工作受到三个重要因素的影响：居委会的支持、居民的协助以及个人形象的维系。自我们踏入社区的那一刻起，我们便成为CSS形象的代表，尤其是在绘图核户的阶段，我们将与众多居民互动，信任关系的建立在这一过程中显得至关重要。在这个阶段，真诚、微笑和礼貌被奉为永恒的真理，是我们与居民交往的纽带。

入户调查的过程让我深切感受到每一份问卷背后的不易，每一个数据都可能是经历过无数次拒访和辛酸的结果。在真正踏入居民家中展开调查的过程中，我亲眼见证被访者由警觉逐渐转变为信任，肢体和面部表情从紧张到舒缓，这更让我领悟到"信任"这两个字的巨大力量。

另外，前期老师与居委会交流顺畅，组长之间互相商议，不停地走访、询问，为大部队之后的调查打下了坚实的基础。后期每个人都认真负责，及时反映问题，愈挫愈勇，各司其职，各负其责，各展其才，才有了最后完成22份问卷的惊喜结果。作为小组长，我更加体会到凝聚大家，首先需要自己做到知行合一、身体力行、其次出言有度，处事有方，关注到每个人的情绪，让每个人都能心情舒畅地工作；最后还需要有大局观，跳出小我，用对工作高度负责的态度去思考问题。

在实践中，为了跨越定量和定性方法之间的鸿沟，一种可行的方法是将问卷视作工具，将自身视作方法。"把问卷作为工具，把自己作为方法"意味着我们需要认识到，问卷不仅包含纸面上的问题，还包含一个强大的逻辑、设定、基础与保障。访问的最本质逻辑是理解他者，这要求访问员具有好奇心和"将心比心"的态度。

## 二 行前准备

怀柔的试调查结束，气氛变得紧张。备受期待的培训之旅，在考核之后正式拉开序幕。承蒙老师的信任，我在接下来的一个月内主要负责绘图抽样部分的培训工作，这是培训中最为关键的环节之一。怀柔的实地考察让我深刻认识到，精准的绘图工作对后期入户工作有着巨大的助益，因此我感到了巨大的责任压力，渴望能在有限的培训时间内最大化培训效果，秉持着"不做无准备之事"的原则，我在行前尽可能在能考虑到的方面做好预防和计划。

一是按照培训要求和实地培训地点的特征购买防晒用品、正式服装和便于行走的服装。二是做好培训PPT，根据前线师兄、师姐的培训反馈不断修改自己的PPT，完善培训内容。特别是标致师姐在浙江的培训录屏给予了我巨大的帮助和启发，她简洁实用的"师姐小抄"被从湖南一直用到了后面的培训省份。三是做好与对方机构的联系和绘图抽样前期准备。由于绘图抽样在培训之前的准备工作较为零散，考虑到我自己偏大大咧咧、容易忘事的性格，我参考翰飞师兄的准备表格，为自己制作了一份详细的"备忘录"。已完成的任务用绿色标注，"未完成"则用红色并注明具体情况，整个流程变得清晰而有序。四是联系一线伙伴，便于及时掌握培训中出现的问题。我出发之前浙江已经开始培训了，因此我常常打电话给在浙江培训的伙伴，询问具体培训流程、时间安排、是否遇到突发情况等，尽量做到心中有数。

## 三 实地培训

第一站是湖南长沙。长沙这座城市给我的第一印象，并非来自地铁站一行人瞥见的具有地方特色的餐饮品牌，而是在踏出地铁口的瞬间，感受到阳光的温暖，同时被一阵辣椒炒肉的香气所包围。这一刹那，几个小时的奔波疲劳仿佛被饭菜的香气和人间烟火所治愈。我们六人小组，在邹老师的带领下，走出地铁，迅速办理了入住手续，稍事休整后，与中南大学负责对接的同学YR联系，前往第二天培训和实际绘图的场地进行踩点。我们检查设备，测试软件和平板功能，确保第二天的培训一切顺利。

湖南成为我首次培训的省份，这里有几十位学员。我此前并未经历过上课培训和模拟练习同时进行的情况，为了避免拖延和提高效率，晚上在宿舍里我进行了第二天培训的简单模拟。根据第一天的踩点情况，我重新完善了实地模拟绘图的分图和人员分组，并在后台为每个同学分发了模拟图层。在正式培训的当天，我们一行人纷纷戴上督导牌，穿上最正式的衣物，佩戴党员徽章，以最佳的状态迎接CSS工作。邹老师站在讲台上深入浅出地讲解CSS，结合实地调查，分享体会，言辞真挚感人，不知不觉中，我已经完全忘记了上台前的紧张情绪。等我真正站在讲台上，看着下面和我差不多大的本科生、研究生和准研究生时，不知为什么我的感觉不是紧张，而是一起交流学习和探讨问题的平静。给我印象最深的是ZZB同学，他真的做到了对我们每个培训督导的"句句回应"，那种一抬头下边就有人等待自己讲的感觉是对我们督导很好的鼓励！带着同学们熟悉操作和绘图的时候，我们小组的督导们在台下给学生指导如何操作、反馈问题、回应问题。如此顺利且有激情的课堂让我有一种满满的获得感和未雨绸缪的安全感，这样的感觉在培训结束后获得邹老师肯定时达到了顶峰。当时我也体会到了做老师的不容易，我穿平底鞋站着讲了两个多小时就已经脱力了，不敢想象那些年纪大的老师上课会有多辛苦。这一天给我的印象非常深刻，精神上的鼓舞和身体上的疲惫形成强烈的反差，虽然疲惫但是开心。回到酒店之后，我把培训过程中遇到的问题重新整理了一番，又请教了翰飞师兄，这才信心满满地投入下一天的实地模拟。

实地模拟选在校内的一个小区，事先我在系统上绘制了分图和村居边界，并将绘图员分成了7组，由培训督导带领出发，投身实际的绘图工作。在这个过程中，培训督导充当的是辅助角色，主要依赖绘图员来发现和解决问题，培训督导仅在问题无法解决时提供提示。我负责跟进的那一组很迅速地确认了自己的分图位置，并找到了分图地点，核实了负责的楼栋号。尽管最初对组内的分工不太清晰，但在提醒后，他们开始有序地各自绘制自己负责的楼栋。每组完成绘图后都在群里报备，等所有组完成后，由指定的同学负责提交数据和启动核户。后台有培训督导进行审核，在群里及时指出问题，总体而言，第一次的实地模拟非常顺利。

模拟结束后，正好是午饭和午休时间，因此我鼓励每个组的成员将自己在实地过程中遇到的问题、解决方法以及感受等进行总结，汇报给组长；在下午上课前，进行经验交流和问题解决的汇报，相互借鉴经验。由此我发现几乎每个同学都对"右手原则"有着深深的执念。由于实地调查情况的复杂性，"右手原则"在纸质绘图时是确保不漏画建筑物的方法，而在拥有CARS系统的情况下，可以更加灵活。经验分享和交流让我更加深入地理解了彼此的工作和学习方式，掌握了对方的学习程度，因此这个环节在每一个我负责培训的省份都有。晚上针对绘图抽样部分有个20分钟左右的小测试，督导们根据分数排名大致了解了学生的掌握情况，在接下来的培训模块会对掌握情况不好的同学予以额外关注。

至此绘图抽样培训工作就结束了，接下来就迎来了问卷、试访和地方督导培训等新的任务。在每位培训督导上课时，邹老师总会坐在第一排旁边进行必要的补充说明，而其他督导则在下边做辅助工作，包括适时地集中同学们的注意力、观察他们的学习情况、有针对性地指导和鼓励他们，以确保整个课程的顺利进行。

第二站是湖北武汉。邹老师、博文师兄和我来到了湖北武汉，在湖北经济学院与粤丹、雅宁、张驰会合，开始了第二次的培训。此时，我已经对整个流程了如指掌，不再有刚去湖南时的忐忑和紧张。整个流程和湖南时一样，唯一的不同是，这次实地绘图模拟的小区内存在一些复式建筑。这些复式建筑从外观上看和普通小区房没有什么区别，都是六层窗户，单元门的信箱和门铃无法作为区分的依据。差异在于，进入单元门内才能发现"别有洞天"，楼层号只有1、3、5这样的单数。如果根据外观判断绘图，必然会导致后续入户出现问题。因此，大家在发现这个问题后纷纷选择"蹲居民"，进入单元门核户。通过这个过程，每位同学都深刻领悟了一户一核、进门核户的重要性。

第三站是宁夏银川。我们在宁夏银川北方民族大学与奕帅和苏鹏师兄一同展开了第三场培训。北方的干爽夏天为我这个北方人带来了久违的舒适感，而且我们的住宿地点离学校非常近，大大节省了路上的时间。通过前两个省份的培训经验，我对整个培训流程和注意事项都有了深刻的了解，甚至曾用来备忘的"备忘录"也已经搁置。在这里待了一周，除了培训工作，还有考核工作。根据宁夏负责老师的要求，通过考核来确定谁是实地调研地方督导的最佳人选。这个考核贯穿整个培训过程，从开始的培训一直延续到实地调查的全过程，因此银川的地方督导并不固定。由于陕甘宁负责老师的要求，银川的培训时间被压缩，因此在有限的时间内，如何确保同学们充分理解并接受同样多的内容成为一个挑战。几天下来，虽然有一些同学能够理解透彻，但时间的压缩确实对整体学生的学习效果产生了影响。

第四站是甘肃兰州。我们踏足甘肃兰州，兰州大学成为我们培训的场所。这次邹老师有事无法抽身，因此只在兰州停留了一天就匆忙回京，临行前她与兰州的两位负责老师进行了沟通，确认了之后的培训能够大致顺利进行。自那之后，兰州的培训团队只剩下了四位培训督导。这个时候，我深感与合作机构负责人对话沟通需要谨慎小心，必须协调好我们和对方的诉求。在银川和兰州的经验让我更加理解了在合作中保持良好沟通的重要性，建立起相互尊重和信任关系的重要性以及沟通的复杂性，需要不断调整语气和表达方式，如此才能确保信息能够被准确传递且不产生误解。

与此同时，我们这几位培训督导对自己的要求也在逐渐提高。在兰州，有两位老师专程前来听课，这让我们对培训的内容和形式有了更高的要求。兰州培训督导团队中的成员都已经参加过至少一个省份的培训，且因为培训的大区不同，培训风格和习惯也不同，我和博文师兄结合丽艳与王宁师姐的培训思路，竟然在时间被压缩的情况下出奇地取得了很好的效果。

在这段经历中，我不仅收获了满满的友情，还收获了沉甸甸的快乐。为了确保培训顺利，在酒店里开启投影模拟，一边讨论着课程细节，一边通过电话分享着各自省份的点点滴滴，我们不仅是同事，更是知己。从一起喝咖啡到一同拉肚子，从一起吃烧烤到爬山逛夜市，这些片段在回忆的画卷中渲染出浓墨重彩的一笔。

这段旅途也成就了我，使我在快速的成长中变得更加沉稳，逐渐走出"社恐"舒适圈，遇见了更多的人，锻炼了自己。在这个过程中，我渐渐意识到，不同的人有着各自独特的经历和性格，需要用不同的相处方式。我明白了踏实做人、沉稳做事永远是非常重要的。在迎接各种挑战的同时，我也逐渐体会到，保持对生活的期待和热爱，是一种积极且酷的生活态度。这趟旅程不仅让我拓宽了眼界，更让我懂得了生活中的点滴温暖，以及对成长的责任和热爱。最后，我由衷感谢CSS给予我这次宝贵的调研机会，感激调查中的同行师友们对我的理解、启发和支持，这是一次难以忘怀的经历。

# 为者常成，行者常至

周宇恒　湖北经济学院法学院

兴许是感触良多，兴许是思绪万千，兴许是体验颇多，我十分想将自己的所见所闻、所思所感通过文字记录下来。但是，当我真正坐在桌前，看着那个夏天留下的照片，敲击着键盘的时候，却发现无从下手。反复修改，终觉得用任何的文字来表达我对此次CSS的复杂感情都显得有些苍白。我想，这印证了那句"纸上得来终觉浅，绝知此事要躬行"，让我这个涉世未深的大学生了解了"世事洞明皆学问，人情练达即文章"的意境。

## 一 遇见CSS

2023年6月底，我报名参加了我们学校承接的中国社会科学院湖北地区CSS项目。在递交简历之后，我十分幸运地通过了学校的面试，获得了参与此次湖北地区CSS项目培训和实践的资格。7月3日，学校放暑假了，看着身边一位位同学拉着行李箱，欢声笑语地离开校园，走向愉悦的假期生活，我没有一丝的羡慕之情，反而感到越发激动与期待。

虽然我所学习的专业不是社会学，但一直以来我十分崇拜中国社会学的一位大家——费孝通先生。他的著作《乡土中国》和《江村经济》我反复拜读了很多遍。在他的笔下，我见到了一个我未能窥见全貌的中国社会，他所身体力行的田野调查让我心驰神往。我一直十分希望能够有一个机会，可以让我走进中国社会的深处，走过城市与乡村的一个个角落，深入寻常百姓的日常生活，去领略、见证、感悟当代中国普通百姓生活中的酸甜苦辣。而CSS项目，无疑是一次难得的机会。

我满怀期待地等待着7月8日中国社会科学院社会调查督导组的到来，憧憬着通过培训后的CSS生活。

## 二 学习CSS

7月8日，终于我们迎来了第一次团队集体见面，我见到了将伴我一同进行社会调查的石首市小分队的其他成员，认识了远道而来的中国社会科学院的督导老师们。很庆幸，能够在这个夏天，认识这样一帮未来的社会工作者，能够有机会在邹老师和几位可爱的学长学姐的教导下，学习CSS项目的各项专业技能。

为期4天的培训十分短暂却格外充实。我们在学长学姐的教导下，详细学习了地图绘制系统（CARS）和入户调查系统（CAPI）的操作方法，并对CSS项目的内容、流程等多方面有了深入的认知。大量社会调查方法、技能的学习给予了我莫大的信心，一时不禁觉得社会调查好像也不过如此，只要按照流程来操作，便没有什么太大的难度。但是，当我被学长学姐们叫上讲台，站在讲台上面向大家，进行入户调查的模拟实践时，当我走在学校旁的社区里面，进行图层绘制的模拟实践时，我才真正认识到社会调查的艰难所在。如何取得被访者的信任，得到入户访问的机会；如何自然、流畅地引导被访者回答一些可能涉及一定隐私的家庭成员信息与经济情况问题；怎样通过一栋无法进入的建筑物的外观，进行建筑物信息的判断、录入；如何在绘图最后阶段对可供使用样本的居住情况进行核户。这些实践操作中无法避免的问题，很难依靠单纯的知识学习来解决。我们只有通过实践尝试，将所学习的那些技巧、方法不断融于实践之中，才能逐步增强随机应变和问题解决的能力，找到最合适的问题解法。

## 三 经历CSS

在经过了CSS2023培训最后阶段的试访考验与经验总结以后，我们终于正式成了一名CSSer。将从位于武汉江夏区的学校出发，分别前往湖北省的7个区县（PSU），分别完成4个抽取的村（居）委会（SSU）的地图绘制、抽样核户、入户调查等一系列工作，最终得到20份有效问卷（一个PSU共80份）。

夏日的清晨，阳光已然散漫地洒满大地，但远不似正午时那么灼人。我们石首市调查小队一行5人，分别乘坐地方督导马哥的座驾和一辆滴滴顺风车，满怀激动与憧憬之情，启程了。跨越上百公里，从湖北省东部到达湖北省中南部，一上午的颠簸，属实让人感到难受。为了更为高效地完成社会调查任务，我们小分队的地方督导老师提前联系了当地政府部门，与我们所要进行社会调查的各个村（居）委会进行了初步的沟通。所以我们一到石首市，便马不停蹄地赶往中共石首市委党校，开了一个简单的介绍会，希望得到当地政府部门的帮助。结果十分可喜，我们得以在第一天刚到时，就与四个SSU的负责人建立了联系，为之后工作的开展打下了良好的基础；同时还得到了住宿上的支持，解锁了调研期间我们的根据地。

中午简单地吃完午餐，稍作休整，我们便商议先行前往四个村（居）

委会的办公地点，完成一些先行工作：张贴CSS宣传海报、呈递协助公函、搜集村（居）委会的相关基本信息、完成社区基本信息问卷等。这无疑是一个良好的开端，我们满怀信心，准备大展拳脚。

根据初步了解的四个SSU基本信息，我们决定从距离我们据点最近的Q社区入手。一方面是因为其距离较近，方便通勤；另一方面是为了能够尽快磨合我们的队伍，在实践当中尽快把可能遇到的问题暴露出来，并有针对性地进行解决。不出所料，我们很快就遇到了社会调查中的第一大拦路虎——地图绘制。

Q社区是一个超大型社区，建筑类型多样、结构复杂，囊括众多机关单位的办公地点（机关单位的宿舍楼也是我们社会调查所囊括的有效样本建筑）和一个建筑物错综的城中村以及数个没有电梯的旧式小区。这里的地图绘制工作无疑是一个巨大挑战，我们划分好各自绘制的区域，仿佛置身于一个巨大的棋盘，开始了绘图之旅。

从早上太阳刚刚升起开始，到傍晚夕阳西下，我穿着一身防晒衣，背着CSSer专属背包，戴着CSSer帽子和身份牌瘫坐在城中村路边的石头上。看着手里的平板，密密麻麻的建筑物标注，累到一句话都说不出来。城中村里面的建筑物大部分都是自建房，极其不规整，CARS上的地图很难有效地分辨一栋栋建筑物的详细情况。通常就是按照"右手原则"一路画过来，发现实际存在的建筑物与地图上的对应不上，有的建筑物连成一体，有的建筑物没有在地图上显示，所以需要反复删改。最让我难以忘怀的还属城中村里的那一大片菜地和一方荷塘，刚开始时，我在地图上看到这一片区域，本以为可以松一口气，按照条例将其标记为非住宅建筑，然后简单备注即可。后来才发现，这片菜地与荷塘的深处，有着几户人家，它们在地图上被树林所掩盖，而模糊得难以辨识。坚持CSS地图绘制绝不漏掉任何一栋建筑物、保障数据真实可靠的原则，我四处寻找前往这处"桃花源"的道路。可是我寻寻觅觅、绕来绕去，一直都找不到过去的路，就差从荷塘里游过去了。在此，衷心感谢在家门口择菜的唐大姐，她在询问完我的来历、目的以后，不仅热心为我指明到那处"桃花源"的道路，更是细心地教我解读这处城中村改造后的双重门牌编号，对我的绘图工作给予了很大的帮助。

天色慢慢暗淡，光线逐渐被黑暗吞噬。这时，我们才拖着沉重的身子，会合回家。在开每日组会时，我发现大家的绘图工作都不太顺利，有的在城中村里面苦苦挣扎；有的在没有电梯的老式小区里面爬楼爬到瘫痪；还有位战友在机关单位门口晃晃悠悠，"贼眉鼠眼"地在平板上圈圈画画，结果被保安带到保安室问话，证明身份、解释清楚后才被放走。

在完成绘图、核户工作后，我们迅速地通过了北京质控部门的审核，当即便决定开始入户访问。然后，我们遭遇了又一次的滑铁卢。在社会调查时，城市与乡村最大的区别就在于此处。城市的被访者虽然相对文化素养更高，可能更有利于我们的访问，但除开双休日和晚上，很难遇到在家的、有空闲时间的、年龄合适年纪的。我们遭遇了无数次的敲门无人应答和拒访。

基于Q社区的局势很难打开，所以我们打算先前往其他SSU，将Q社区留到周末居民休息时，再尝试进行入户访问。同时，我们将Q社区的可供使用样本记录下来，在社区居民服务中心的帮助下，尽可能找到这些住户的联系方式，通过社区与他们预约访问时间，提高入户访问的效率。于是，我们开始了每日奔波多地的征程。

尽管烈日炎炎，走在村子里无遮挡的田野上，一会儿就让人汗流浃背、口渴难耐，但好在我们坚持了下来。很快，我们先后完成了另外一个社区和两个村居的绘图工作。那一段时间，我们上午集体分区绘图，下午兵分多路，一部分人前往新的区域绘图，另一部分人在已完成审核区域进行入户访问，晚上又分别前往不同地点进行入户。

乡村的道路实在让人饱受折磨，我坐着村里热心老人驾驶的三轮车在村子里画图，走过了很多称不上路的"路"。颠簸是常态，整个人在车斗里腾空飞起都不叫意外。大爷说："以前啊，这里的路还很好，但现在村子里的人都出去打工啦。年轻人出去了，慢慢也就不想回来了。村子里人越来越少，很多房子都荒废了。走的人少了，也就没有了路。"

我边画着图边跟大爷有一搭没一搭地聊着，听到这些话，心里觉得很不是滋味。我年纪小时，曾经跟着爷爷奶奶在老家居住了很久，每天随着老人过着日出而作、日落而息的生活。农忙时，在稻场上看着乡亲们打谷、聊天；每逢节日，和街坊邻里的孩子一同去看农家"大戏"，在戏场吃烧饼、看老人们打牌。那种热闹、和谐的农家生活，让人难忘、向往。现在，人们逐渐从乡村走向城市，走进钢筋水泥筑成的丛林里，乡村的人烟一点点消散了。也许再过些年，等待在乡村的土壤里扎根的老人们逝去，乡村就再也不是我们记忆中的那个乡村了，人们都成了"城里人"。那段时间，虽然每一天都很疲惫，但每一天都实实在在有所收获，十分充实。

乡下的7月，农活不算太多。在当地村委会工作人员的帮助下，我们入户访问的进展还不错。每天我们通过村委会，提前跟居民约定好时间，借助村委会和路边大爷的三轮车、摩托车乃至邮政面包车，赶往被访者家里进行访问。村里人近些年饱受诈骗的侵扰，所以对于陌生的外来人到家里做社会调查，大多抱有一种抵触、不接受的态度。我在做问卷时，总是听到被访者或者被访者的家人说，"我们就是个普通百姓，调查我们没什么用，算了吧"；或者被问到家里收入支出情况时，不想回答或者让我们随意填写。每当这时，我都依托我们培训的专业话术，耐心地进行解释，或者借助一些日常生活的话题，拉近与被访者的距离，在轻松、融洽的氛围中，再引导被访者进行访问。当然，如果被访者实在不愿意配合、担心上当受骗、不信任我们，我们为了保住每一个珍贵的可用样本，也只能再三麻烦村（居）委会的工作人员，帮助我们证明身份并劝导一下被访者。

住在石首城中村里的一对中年夫妻让我终生难忘。第一次上门，敲门未果。第二天，在社区工作人员的带领下，我再次登门，在向开门的叔叔介绍了我的身份和CSS的大致情况以后，他让我进了大门，并让我坐到客厅的沙发上。他搬来一张凳子坐在我的面前，与我相对而坐。年租房空间很小，一眼可以看个遍，老旧的单座沙发到大门只有两步之遥。房间内没有开灯，光线很暗，我借助沙发背后的那一小方窗户透过的光线，才得以看清面前人的模样。这是我第一次亲眼见到这样的人，外表并没有什么突出的特点，但就是给人一种非同一般的感觉。如果用一个词语来形容，那一定是"饱经沧桑"。他穿着的衣服看上去很旧，但袖口和衣领却很整齐。叔叔十分健谈，在他的配合下，我很快就完成了户内抽样信息的填写。在抽样结果跳转出现前，我很紧张，我们往往都希望抽取到一位本人在现场又比较配合的被访者，但生活很多时候就是爱跟我们开玩笑。我抽到了他在房间里休息的妻子，我十分抱歉地向他说明情况，根据访问的随机取样要求，我必须访问他的妻子本人。可能需要打扰一下阿姨，请他帮我跟阿姨商量一下，看现在方不方便配合我进行问卷调查。

在我执意要访问阿姨的请求下，他走进了客厅旁的一道没有光亮的门里。在一阵交谈后，一位穿着淡绿色外衣显得充满生机、脸色却有些额外苍白的阿姨走了出来。我向她简单地介绍了自己与 CSS 后，便进入了问卷的正题。阿姨出乎意料地配合，她回答的每一个问题都很细致，有一点点不理解的地方都会询问我，接过我递上的示卡，也看得额外仔细，好像生怕漏掉一点什么。在回答问题的过程中，阿姨透露了不少他们家庭的情况。她和她丈夫是这几年才搬进来的。因为她女儿的大儿子出生时，便患有某种先天疾病，病一直没能治好，也上不了学。她和她丈夫从她大外孙子出生时起，就带着他一起生活，为他治病，到现在依然如此。为此他们花光了积蓄，生活有些拮据。从她回答问题的信息中，我确实感受到了他们生活的不容易，但阿姨好像没有这么认为。她总表现出对我们大学生在假期外出做社会调查出乎常人的理解与认同，同时言语间流露出一种乐观。她总是说，"生活就这样啦，我们也要过好它"，"得了病，我们就肯定要治它"。在我问了"您认为三年前您的生活会更好一些吗？"之后，她很轻松地回答道："现在更好一些吧，如果没有疫情就更好了。"在我问到"那您认为三年以后您的生活会更好一些吗？"时，她好似思考又好似憧憬地回答道："希望会更好吧，希望孩子的病能够好起来，能够像你们一样去上学。"在访问结束后，她和她丈夫还热情地让我留下来吃饭，即使在之前她提到过"她们家一般饮食上支出很少，很少买肉和菜，一般吃素食"。我再三推辞，最终留下礼品以后，在她们的注视下离开了。

这一场访问，是我这一趟 CSS 之旅中印象最深刻的访问，它让我对于社会调查和未来的职业规划有了不一样的认识与想法。我其实很想为他们做一点什么，但无奈地发现自己的弱小与局限。只能寄希望于手中的那一份问卷，希望在未来，这份问卷的数据能够承载着那位阿姨的乐观，在学术研究、制度构建中起到一点点作用。

日子好像真的有一双脚，这样充实的日子过得格外轻快，数十天一晃就过去了。我们在完成除Q社区以外的SSU问卷之后，便又回到了Q社区。最终，在两次增加样本以后，我们拼上了石首市最后一块残缺的板块。

## 四　感悟CSS

在参与CSS的过程中，有时路人会问我"你是做什么的……哦，那这个社会调查有什么作用（意义）呢？"有时被访者会问我"你到我们家来调查这些，我们配合你们做这个社会调查有什么用呢？能对我们生活有什么帮助吗？"社区工作人员也会问我"你们来做这个社会调查有什么作用呢为了完成作业吗？"不只他们在发问，我也总在心底问我自己这个问题，"我们做CSS到底有什么意义呢"？十分幸运，这一路下来，我大抵得到了我的答案。

参与CSS，必然不仅是为了完成所谓的任务、作业，也不仅是为了积累大量真实可靠的数据，为学术研究、政府决策提供参考与支持，更大的意义在于以这种方式去反映多数人的诉求，以此为途径去深入社会，去切实地了解社会，建立起我们与基层社会的沟通桥梁，让我们去领略不一样的风土人情，走入不一样的家庭，与不一样的人进行沟通，了解不一样的生活，切实感受各方水土的现状。同时这也是我们作为弱小的个体，在改变中国、改变中国百姓生活状况这件事情上，能做到的有限之中，最大的尽己所能。

回忆暑假调查的一幕幕：村子里一些老人误以为我们是上面派遣下来做调查的领导时，向我们诉说生活的艰难、对医疗保障的感激、对国家政策的认同；家里独自一人看护幼儿的妇人，在谈到就业、经济收入时的苦笑，对孩子父亲只能远走他乡外出务工，为了养家糊口与幼儿分隔两地的无奈；年租房里乐观中年夫妻对于社会问题的看法，对未来美好生活的憧憬；以及村里孤寡老人对社会保障的认可；等等。我们亲眼看到中国农村真实的生活场景，这些成为参与我们CSS的意义与理由。如同一句话所说的

"不仅要见证向上的繁华，更要看到向下的苦难"。CSS所给予的是发现控制、影响我们生活的机会。

而过程中的拒访、打击、否定、冷漠，以及完访、激励、肯定、热情，"雷霆雨露，皆是君恩"。这些都是CSS给予我们的劫难与恩赐。所有的一切，起因、过程、结果，这些不可分割的每一部分，在我看来都是CSS的意义，也只有亲身经历，才能真正认识CSS的意义。

CSS这一路，经历颇多，我确实存在些许失误、过错，值得我深刻反思，引以为戒。

在外做问卷调查的那半个月，有一次入户访问让我反思得最为深刻。那是我在石首市正式做的第一份问卷，那份问卷并不如我所期许的那么顺利。我们傍晚决定尝试入户，当我走到距离我最近的那一户样本时，大门紧闭。我耐心地敲了几次门，却都无人回应。最终，在我失望准备离开时，我发现样本户门前停放着一辆汽车。我灵机一动，拨打了车上的挪车电话。电话接通后，通过初步的沟通，我确认车主正是我所要调查的那个人。电话里，我简单介绍了我的身份与CSS，获得了与车主叔叔见面的机会。我按照指引，在村口小卖部与在此处准备打牌休闲的叔叔见了面。叔叔一开始很不信任我们，不愿意接受访问。在我的再三劝说以及社区工作人员通过电话的身份证明之下，叔叔才勉强答应配合我的访问。很幸运，我抽到的被访者，正是叔叔本人，访问得以正式开展。但一个多小时的访问过于漫长，所询问的部分问题又涉及隐私，在周围居民的围观、干扰下，叔叔最终不耐烦地拒绝了继续接受访问。我只能请求叔叔留下联系方式，尝试预约一个再次访问的时间，便离开了。

第二天，我如约而至。但当我到达叔叔家，询问家人后，才发现叔叔并不在家，我被放了鸽子。我再次拨打电话与叔叔沟通，最终也只得到叔叔不确定的答案——"在有时间时，我会联系您的"。那时，我以为这个样本大概率是作废了，刚开始入户访问便遭遇如此挫折，让我倍感失落。我只好在小组群里汇报情况，登记相关信息后，便前往下一个样本处。

谁知两天后的中午，惊喜让我猝不及防。我陪同另一位队员在一户人家访问时，叔叔的电话打了过来，叔叔说他现在有空可以接受访问，问我有没有时间去他家里找他。这是我第三次前往他家，这一次叔叔格外热情，问题回答得非常仔细，叔叔还解释说，因为那天晚上本来就是在外面休息，旁边又有那么多街坊邻里看着，回答问卷问题很不方便，所以就拒访了。我向叔叔再三表示对那晚贸然打扰的歉意，最终完成了这份波折的问卷。

对于这一份问卷的完成，我的确应该深刻反思自己的行为。首先是没有充分注意到周围环境因素对被访者的干扰，没有考虑到被访者于众多旁观者面前，回答涉及个人及家庭隐私问题的不便。光想着一定要把这份问卷完成，却忽略了被访者的感受。其次，没有把握好访问的时间，在被访者外出娱乐休闲时前往访问，很大程度上破坏了被访者的心情，从而导致其强烈拒访。

社会调查的过程中，难免存在些许失误、过错。但只要我们不畏惧、不逃避问题，勇敢地去面对，从问题中不断汲取经验、反思自我，那么，我相信我们所经历的挫折，必然会成为我们前行的助力。这一路走来，所遇到的困难确实很多，获得的教训也很多。我们走了很多的弯路，从中汲取了很多的经验，及时做出了相应的改进。

一是城镇社区与乡村存在巨大的差异。这一点是一定要多加注意的。首先，城镇社区需要提前与有关社区、小区、单位进行沟通，得到他们的许可与帮助，才能够在此基础上进行绘图、入户。其次，城镇社区的入户需要把握好客观时间因素，在工作日时去上门，不仅会走空，还可能给样本户留下不好的印象，从而导致强烈拒访、样本作废。而在乡村进行社会调查时，如果能够得到村委会的支持与帮助，就已经成功了一半。乡村归根结底是一个熟人社会，与城市大不相同，在村委会工作人员这种村落内部的"自己人"以及"有一定地位的人"的带领下，大多数村民都会配合社会调查的开展。你会感受到村民的热情、淳朴与健谈。但需要注意的是，需要避开乡村农忙的时节以及村中有集体活动较为忙碌的日子，例如我们所遇到的"农业生产培训周"。

二是念读与口语表达。CSS对于问卷问题的问答有着十分严格的质控，如果北京方面的质控人员发现访问员的问答没有按照要求，存在较大的偏差，轻则补访，重则问卷作废。所以，这里需要访问员额外注意细节，问卷上的引导语偏向于书面、学术，在日常生活场景下，难免不好开口。而在这时，语言的表达转换能力至关重要。访问员要根据具体情况，保持耐心、多加引导，以一些通俗易懂或变通的方式进行问答。如果转化得十分困难，还有一个方法可以起到很好的效果，那便是深入询问，尽可能完整地收集相关信息，从中提取出需要填写的关键信息，多加备注。这样也可以起到保证问卷质量的良效。

三是对地图绘制工具的展望。在CSS绘图工作中，最为折磨的还属地图清晰度较低和地图绘制工具不稳定以及地图定位功能不准确的问题。地图上的建筑物难以辨别，经常导致在绘图时，漫长的一条路走到尽头，却发现建筑物实际数量和地图上的并不一致，有些建筑在绘制时被混为一谈了，致使需要反复修改建筑图层。地图绘制工具在长时间的绘图工作中，总是出现闪退、死机的情况，值得庆幸的是，往往只会导致一两个建筑数据需要重新录入，但也难免会造成一些麻烦，工具稳定性还需要进一步加强。地图定位功能不准确，给我当时确实造成了不小的麻烦。在绘图时，它将我定位到的地方与我正在绘制的地方，有时甚至距离两栋建筑之远。在我们借助村（居）委会交通工具前往被访者家中时，地图定位的偏差，导致我们经常在村里打转儿，有时绕了一圈，都没能确定被访者到底住在哪。如果可以的话，还应该将被访者家的建筑物绘制标识与一般的建筑物绘制标识区别开来，将其鲜明地呈现出来，这样会给访问员的绘图工作提供一定的便利。

## 五 结语

无论怎样，这次调查，都使我拥有了一段珍贵而难忘的经历。不仅是知识的增长、眼界的开阔，更让我认识了一群志同道合的组员，可供交流的学长学姐。我给予真诚与热情，收获了信任与友谊。

作为一名法学生的我，看到了社会基层的情况，看到了民众日常生活的真实场景，听到了民众在生活中的各方面需求。这让我深刻认识到，作为一名未来的法律工作者，应该深入基层，从基层出发，虽说是"星星之火"，但要相信"可以燎原"。在基层实践中，我认识到法学生应当承担怎样的社会责任；应当从哪些方面入手，更好地实现"全面依法治国"；怎样才能以自身所学，切实满足民众的生活所需，尽己所能地为改善中国百姓的生活，贡献一份力量。

此途虽然时间有些短暂，但我必定会铭记一生。希望我的经历与经验能够对 CSS 工作有益，为今后 CSS 的顺利开展提供一些素材与想法。对于看到此文有志投身于社会调查的朋友，在你们深入基层、走进社会，去见证不一样的生活、领略不一样的风景、与不一样的人进行交流之前，我借一言赠之——"为者常成，行者常至"，相信你们不会后悔走此一途。

# 缘与 CSS2023

*燕浩修　中国社会科学院大学社会与民族学院*

2023年，我碰巧参与了中国社会状况综合调查（Chinese Social Survey，简称CSS）。这个项目真是让我眼界大开，不仅让我结交了一群有趣的朋友，还让我吃遍了各地的美食。在这次CSS中，我和一群勇敢无畏的CSSer一起探索中国社会的状况和变化趋势。我们面对着各种挑战，比如绘图抽样建筑复杂，或者被访者在访问过程中的不耐烦，但我们从未气馁。我们是一支默契的战队，总是能够在困难面前互相鼓励，一起找到解决问题的办法。当然，CSS并不仅仅是工作，我们也不忘享受生活的乐趣。我们会聚在一起分享各地的美食。有时候，我们会开一个"美食评分大赛"，争论哪个地方的特色菜最好吃。这不仅让我们的胃得到满足，还拉近了我们之间的距离。通过这次CSS，我不仅对中国社会有了更深入的了解，也收获了一群宝贵的朋友。他们给了我无尽的欢笑和支持，在这个项目中，我们不仅工作得出色，还玩得不亦乐乎，这个与CSS的故事将成为我生活中难忘的回忆。

## 一 初次相遇

作为一名中国社会科学院大学的学生，在2023年5月的中午，我去食堂享用午餐，在打开手机浏览学校的微信公众号时，我偶然看到了一条招募信息。我好奇地点进去一看，原来是招募巡视督导和质控督导。CSS是什么呢？我上网查了一下，原来这是为中国社会质量基础数据库提供原始数据的调查工作。而我经常使用这个数据库中的数据进行统计分析，真是巧合呢！

这个发现引起了我对这项调查工作的兴趣，我想了解一下如何才能进行这样的调查，并且意识到这将对我的个人成长有很大帮助。考虑到时间比较充裕，我决定填写一份报名表。几天后，我收到了CSS项目组发来的邮件，通知我参加面试。我准备了一下面试内容，顺利地通过了考核。随后，老师就通知我参加培训。

## 二 深入了解

接下来我参加了从CSS的介绍到动员大会的六期培训，为期一个月，我简直成了"CSS培训大师"！在这一个月的时间里，我们不仅学习了CSS的理论，还进行了实地试调查。我仿佛变成了调查界的"007特工"！

培训的理论部分包括CSS的介绍、地图地址抽样及CARS系统的讲解、入户访问及CAPI系统的讲解，还有心理建设、访问员须知与入户技巧。我发现问卷设计、规范操作软件、与被访者建立关系等，原来都是有技巧的！

而实地调查则让我亲身体验了绘图和入户访问。我在街头巷尾穿梭，像个调查达人一样。有时候我还会碰到一些有趣的情况，有人误把我当成外卖小哥，还有人以为我是调皮的邻居！调查的路上无聊不了，每次遇到这些情况，我都忍不住笑出声来。

最后，还有考核环节，笔试和试讲都要通过。我就像参加考试一样，紧张又兴奋。但幸运的是，我顺利通过了考核，成了一名合格的CSSer！

## 三 广东之旅

嘎吱一声，列车停在了广州东站。我迫不及待地等着车门打开的一瞬间，第一个冲出去，大喊一声"广东，我来了"！终于，车门开了，一只脚刚下车，我就感受到了这座城市的热烈。广东的8月，正是它肆意展现自己热情的时候；而我，准备好了与它共同生活一个月。跟随着人群，快步往车站出口走去，浑身的毛孔已经被一下子扑过来的热气裹住，吸一口气，仿佛那空气都是带着体温的。看一下时间，晚上六点钟，广东的夜生活还没开始。但是我还无暇顾及这些，拖着行李箱，在人群中寻找来之前约好的"战友"——广东地区的负责人。同时，脑海中冒出一个搞笑的画面：我们遇见，第一句话，要对暗号，呵呵呵呵，不禁想笑。

小伙是个本地人，个子很高，打破了我对南方人个不高的传统印象，说着一口很有当地味道的普通话，浑身上下透露着一股干练劲儿，不愧是当过兵的。简单沟通后，我们先去了学校，熟悉一下环境，为第二天来的团队伙伴探好路。做好这一切，可以暂时先松口气。这时，肚子抗议了，坐了9个小时的车，不免有些疲惫，只有吃饱饭才能更好地养精蓄锐。于是，下一站，开饭！骑上街边的共享电动小毛驴，十多分钟的时间，我们停在一家门面还算宽敞的广东潮汕牛肉火锅店门口，今晚就它了。快速吃过几口后，我们便暂时分开了。第二天，我们的任务才刚刚开始。

第二天早晨六点半，经过一晚上的休整，我的身体调整得差不多了。拉开窗帘，"天！下雨了"，我不由得嘟囔一句。是的，这个季节的南方，相比于北方来说，雨水是多了不少，而且空气也潮湿了很多。早上，我匆忙整理好自己，准备出门。来到学校后，我们一起前往附近的快递接收点领取物资。这个时候，广东的督导和访问员也到达了。他们大多是大一和大二的学生，看起来有点稚嫩，但脸上洋溢着对CSS的渴望和斗志，他们是未来的有为青年啊！虽然我还在适应潮湿的环境，但看到这群年轻人，我感到自己也充满了动力和热情。让我们一起开启这段与CSS的奇妙旅程吧！

接下来的三天，是对地方督导进行培训的时间，我早早来到学校，把一切准备妥当，等着大家的到来。陆陆续续，督导和访问员们都来了。大家对于这次的调查还是很认真、很积极的，距离开始培训还有20多分钟的时间，大家差不多已经来齐了。理论知识不可少，因此，这次培训的重要性不言而喻。平时都坐在书斋里，即使学习了很多书本上的知识，但仍旧不能体会实际工作中的辛苦。这次的实地调查，正好给了即将步入社会这个大环境的学生们体会、实操的机会。

在培训即将结束的最后一天上午，我们进行了实操的模拟训练。大家很快地进行了分组、分工，有的画图，有的练习对被访人员进行访问，有的熟悉CAPI系统的操作，虽是初次见面，可我已经被这群督导和访问员深深地折服了。实操过程中，发生了一件事情：一位女访问员为了躲避狗的追赶，在奔跑过程中摔倒了，腿被磕出了血，走路一瘸一拐的。我们都劝她先休息一下，可是她倔强地仰起头说："我可以的，这点伤不算什么，不能因为我一个人耽误整个小组的进度。"

培训结束后，大家去往各自负责的区域，风风火火的一群人出发了，有的小组打专车，有的乘坐公交车，而有的因为地方比较偏远，没有很方便的交通工具，于是开动他们的小脑瓜，叫来了一辆货拉拉。总之，我们的目的是要按时按点到达调查区域，至于通过哪种方式过去的，已经完全不在考虑范围之内了。

第五天，早晨六点钟，经过三天的培训，各小组的成员都已经蠢蠢欲动，该是真真正正开拼的时候了。我跟随其中的一个小组，先奔赴东莞。

早晨的太阳很火辣，什么都还没干，我们已经汗流浃背了。来到新的地区，先到村（居）委会报到，对于当地的村居边界，他们是再清楚不过了。到了村（居）委会说明我们的来意后，大哥哥、大姐姐们很是热情，立刻帮助我们确定调查边界，有的耐心给我们讲解，有的直接动手帮助我们操作系统，还好心叮嘱我们天气炎热，要注意防暑降温。心细的大哥哥买来了凉茶饮料，这股炎炎夏日里的清凉，真的是流进了心里。同时，他们还给我们介绍了当地一些居民的情况，这些信息对于我们接下来的调查很有帮助。确定好边界就可以开始进行画图了，画图的前提条件是确定该栋楼有人居住，如此才是有效样本。大家麻利地拿出平板，立即投入工作中。

"肖，3号楼进去了吗？确定是有人在居住？"

"惠，你那里一切正常吧，好，接着往下画。"

大家的工作都在有条不紊地进行着，对周围发生的变化，似乎都毫无察觉，渐渐地，天黑了下来。

"大家完成情况怎样？"

"我这面马上完成。"

"我这里也基本完成了。"

看来画图的事进行得很顺利，多亏了村（居）委会工作人员的帮助，还有小伙伴们的共同付出。虽然画了一天的图，手有点麻木了，胳膊也有点酸疼了，但是我们按时完成了任务，心里那种开心，是别人理解不了的。

晚上躺在床上，看一下微信步数，4万多步，呀，这对于平时都不能超过100步的我来说，真的是超越自我了。闭上眼睛，回想着白天的情形，美美的，进入梦乡。

入户访问的第三天，虽是经过培训才上岗，但是在实际的调查中，还是遇到了各种棘手的问题，我们面对困难只能迎难而上，没有退却的理由。这不，工作才刚刚开始不久，手机响了，"小历被派出所的带走了，快去看看怎么回事"。这……挂断电话，我飞快地向派出所奔去。原来，入户调查需要至少四次登门拜访，而在被调查人家拒绝一次后，小历又去敲门，该户人家以为是骗子，选择了报警。

"哎，有苦说不出。"

"我们是在进行一项伟大的事业。"

"可是，谁又理解我们呢？"

虽然困难重重，但改变不了我们的决心，既然大家都选择了牺牲假期来做这件事，那就坚持到底吧。

入户访问几天后，大家越来越有经验了，掌握了一些技巧。就在大家有点小开心的时候，大家又被当头泼了一盆冷水。出发早的两个小伙伴去了新的小区，满心欢喜地想着去得早，可以多做几个样本。可是接连敲了两户人家的门，都没有反应，"看来今天也不是想象中的那样顺利"。瞬间，情绪有点低落了。出了单元楼门，也不知老天爷是不是故意捉弄我们，在这个时候凑热闹，竟然下起了雨，而且越下越大。恰逢这时，广东这面又暴发新一轮的疫情，虽然大家都已经"阳"过了，体内有了抗体，但病毒随时变异，有几个伙伴已经出现症状，吃过药仍在坚持，今天又淋了一场雨，后面的情况真的不好说。

到了晚上，大家也都没怎么吃东西，连续几天早出晚归，是比较疲惫的。手机又响了，"督导，我实在坚持不了了，已经高烧一下午了，吃过药也没见效果，想明天先回去养病，等病好了再一起奋战""身体是第一位的，先养好身体"。就这样，两位访问员被迫先回去休息，任务依旧很艰巨，而我们的人员又减少了两个，着实让人着急。

调查进行到第17天，调查的小区比较复杂，之所以说复杂，是因为居住的人员复杂，这个小区多半住户是外来务工人员。大家来自天南海北，说着各地的方言，拥挤在狭小的空间中，环境脏乱，与广东这个先进、发达的大都市显得有些格格不入。对广东最初的印象，是宽敞明亮，四处都散发着高科技的气息，有它独特的活跃感与灵动感。

如果不是参加这项调查，我估计永远不会想到，广东还有这部分为了生活，宁愿吃住差一些，也愿意为生活再拼搏一番的人。他们作为我们的访问对象，我们这才了解一些他们的真实生活：每天早晨九点上班，但是下班时间待定。为什么这么说呢，在他们的生活中，有个词叫"加班"，往往他们会加班到晚上十点，回到住的地方已经晚上十一点了。

为了能访问到他们，我们不得不提前几天和他们约时间，真诚恳请他们在不太忙的一天中能抽出两个小时的时间，做完我们的问卷。有很多人很配合，可我们心里有很多不忍，看着他们忙碌到很晚，到家顾不上喝一口水，顾不上洗把脸，就帮我们填问卷，心里除了感动，还有说不出的滋味。等到填完问卷，已经凌晨了，我们万分感谢他们的配合，同他们道别。

同样是拖着疲惫的身子，但可以长舒一口气，因为又完成了几份问卷。离我们的小目标越来越近了，抬头看着满天的星星，若有所感：生活就是这样，即使处在阴沟里，也要心向光明。

## 四　总结与反思

打铁还需自身硬。在绘图抽样和入户访问时，我们常常会遇到一些问题，让我们感到有点心慌。就像打铁一样，我们发现自己的基本功不够扎实，铁就容易变得弯曲。这时候，我们只能像打铁师傅一样，花费大量时间去查阅资料和学习技巧，来补充我们的知识和提高我们的能力。虽然这会拖慢我们的进度，但是别担心，打铁虽然难，但练就了强大的铁腕，有了它，我们就能应对各种挑战，让问题迎刃而解。所以，别焦虑，继续努力，我们一起打铁，练就自身的硬实力！

绘图时要像忍者一样。当我们去社区或村居进行绘图时，我们只需要访问20户住户，大多数人对我们的调查并不关心。所以，我们不要像个大明星一样引人注目，不要聚集在一起工作，以免引起别人的戒备心理，导致他们误会我们的意图，报警或者驱赶我们，这对我们后期的工作会造成严重影响。让我们像"幽灵"一样悄悄地完成任务，毫无痕迹地离开，就像从未来过一样。这样不仅能保证工作的顺利进行，还能让我们成为绘图界的隐藏高手，让别人对我们的存在感到神秘和好奇。记住，我们是绘图忍者，要悄悄地完成任务！

入户时需要微笑。微笑是与陌生人交流的最好方式。我们都是第一次来到一个陌生的城市，我们对于这里的居民来说都是陌生人。我们到别人家里访问，不乏会让人产生抵触心理。那么唯有微笑，才能让别人感到一丝的安全感，才能让他们更好地接纳我们，才能帮我们更好地完成问卷。而且，也许我们的微笑能够打动居民，让他们忍不住分享一些有趣的故事。毕竟，笑容是最好的钥匙，能够打开陌生人的心扉，也许还能开启一段幽默和温暖的交流之旅。所以，记得带上你最迷人的笑容，让我们的问卷调查既顺利又愉快！

第三篇

# 以功观

# 导语：
# 问卷调查中的功用之辩

崔岩　中国社会科学院社会学研究所
赵常杰　中国社会科学院大学社会与民族学院

庄子曰："以功观之，因其所有而有之，则万物莫不有；因其所无而无之，则万物莫不无。知东西之相反而不可以相无，则功分定矣。"这句话表明了庄子对事物功用的辩证思考。他认为事物的存在和功用是相对的，强调"有"和"无"的相互依存，以及事物对立的和谐与统一。在社会调查中，"以功观"强调访问员要从社会调查的功用出发，来思考和实践调查工作。这种态度不仅强调调查结果的直接应用价值，还关注其背后的社会现实与隐含的深层意义。

　　"以功观"是社会调查的一种积极态度，它

强调访问员们应注重调查结果的应用价值，社会调查不仅是为了发现问题，更重要的是能够提出解决问题的方案；社会调查不仅是了解社会现状的工具，更成为推动社会进步的重要手段。访问员们必须坚持客观公正的调查态度，严格遵守客观公正的原则，如实记录所见所闻，避免因个人主观偏见而影响调查结果，只有真实的调查结果才能为决策者提供可靠的依据。访问员们还应积极探索创新的调查方法，提高调查效率和质量，以更加全面和深入地理解社会现象。这种创新精神不仅提升了调查的效能，也使得调查结果更加丰富和多元化。通过访问员们的努力，社会调查成为一座连接理论与实践的桥梁，推动社会向更加公正和谐的方向发展。

功用之辩是对事物实际功用和意义的探讨，在庄子的哲学中，这种辩论体现为对"有用"与"无用"关系的深刻思考。他认为，许多被视为无用的东西，实际上在特定情况下展现了其独特的价值；而那些看似有用的东西，反而可能因为功利性而失去其真正的意义。在CSS中，功用之辩不仅仅是对数据和结果的直接应用价值的思考，更深远地指向每一个数据背后的社会现实与隐含的深层意义。CSSer们在数据的海洋中寻求真理，在复杂的社会现象中追求简洁的答案，这种追求功用的心态无时无刻不在影响着他们的每一步行动。庄子的"以功观"强调事物的相对性和辩证关系，指出"有"和"无"的对立统一。每一次CSS项目的开展，都是对现实社会的深层次剖析和反映。在这个过程中，CSSer们面临的不仅是烦琐的数据收集工作，还有对个人价值与社会贡献的双重考验。他们在追求数据准确性的同时，也深知每一个数据背后都是鲜活的社会现实，每一个统计数字都关乎着社会的公平与公正，以探究数据背后的复杂社会关系和结构性问题。

"以功观"这一模块独具匠心地揭示了CSSer们在追求功用与价值时的心态与目的，这一模块不仅是对功用的探讨，更是对功利与使命的深刻辩证。庄子强调事物的多样性和相对性，认为每个事物都有其独特的功用。在CSS中，这种观点引导访问员们关注各种社会现象和群体的需求与贡献，他们不仅是数据的收集者，更是社会现象的观察者与记录者。"以功观"不仅体现了CSSer们对自身工作的功利性思考，也深刻反映了他们对社会责任的自觉担当。在追求功用的过程中，CSSer们会不断反思自己的工作在社会中的意义，他们不仅要面对冷冰冰的数据，更要面对调查对象的真实生活。在这个过程中，他们逐渐认识到，功用不仅是实现个人目标的手段，更是服务社会、推动社会进步的重要方式。

通过这一模块的探讨，我们将看到许多实际案例，这些案例不仅展示了CSSer们如何在实际工作中平衡个人利益与社会责任，也深刻反映了他们在面对复杂社会问题时的智慧与坚韧。例如，有些访问员在面对被访者的抵触情绪时，凭借自己的专业素养和人文关怀，成功完成了访谈，获取了宝贵的数据；有些访问员在访问过程中，发现了隐藏在被访者回答背后的深层次社会问题，并将这些发现与课堂所学的知识进行对比和验证。他们通过与被访者的深入交流，发现了一些被表面现象掩盖的社会矛盾和问题，这不仅丰富了他们的实践经验，也加深了他们对所学理论的理解。

功用之辩，不仅是对个人价值的追问，更是对社会使命的深思。在这一模块中，我们将深入了解这些平凡而伟大的CSSer，如何在功用与使命之间，书写属于他们的辉煌篇章。他们的努力与付出，正是CSS不断前行的动力源泉。他们的故事，不仅是CSS的真实写照，更是对每一个访问员心路历程的深刻反映。每一次访问、每一个数据，都是他们智慧和努力的结晶，是对社会复杂性的一种解读和诠释。他们通过专业的方法和严谨的态度，捕捉到社会变化的细微之处，这种对功用的理解，赋予了他们更大的意义和更强的使命感。他们通过自己的努力和智慧，推动了CSS的不断前行，为社会的发展和进步做出了不可磨灭的贡献。每一位CSSer的心路历程，都充满了对工作的热爱和对社会的责任感。他们的经历和体会，体现了社会调查的价值和意义。

愿这些心得体会，能给每一位读者带来启发与思考。让我们在理解功用之辨的同时，也能更加珍视这些默默无闻的CSSer的付出与奉献。希望每一个人都能从中汲取力量，在自己的领域中，找到平衡个人价值与社会责任的最佳途径，为社会的进步和发展贡献自己的力量。

# 心念盛夏芳华

薛婧　苏州科技大学社会发展与公共管理学院

初始是坚定的决心与选择，后来是甘之如饴的投入与付出。我有深入社会、体察国情的初心，亦背负着社会工作专业大学生的使命与担当。我选择了CSS，有幸CSS也选择了我，这个夏日注定不平凡。时间快到来不及按下暂停键，时钟的秒针滴答地转动着，CSS之旅已画上了一个圆满的句号，在此致敬CSS2023的盛夏光年和那段光辉岁月里的CSSers！此刻，坐在学校的图书馆里，在CSS的一幕幕仿佛电影般在我脑海中上演，挥之不去的桥段让我回首追忆，感慨万分，不禁心灵柔软，双眼湿润。我用情、用心书写这些文字，只为铭记与珍藏。一路上有痛苦，也有欢笑；有汗水，也有泪光；有恶意，亦有善意与温暖。所有的这些我都会收入囊中，小心地存放在我的"记忆深海""心灵驿站"中，成为我成长路上的一枚闪耀勋章，在今后的日子里闪闪发光、熠熠生辉，照亮我之后的至暗时刻，借着CSS的光照亮我前行的路。

## 一 前奏

"中国社会状况综合调查"（CSS）是中国社会科学院于2005年发起的一项全国范围内的大型连续性抽样调查项目，目的是通过对全国公众的劳动就业、家庭、社会生活、社会态度等方面的长期调查，收集中国社会变迁的数据资料，从而为社会科学研究和政府制定公共政策提供真实、科学的基础信息。

在培训的第一天，李炜老师带领我们喊出了"聚力现代化，做中国好调查"的响亮口号，声势浩大，氛围感满满。令我感受颇深的是整个培训过程的专业和规范，在严谨中又渗透着趣味性。李炜老师点名让学生进行第一次入户模拟，在名字被叫到的那一刻，我不禁感叹自己真是"天选之子"，既兴奋又忐忑。至今我还记得李炜老师让我叫他阿姨的场面，大家都笑场了。这个入户模拟真的是"套路"满满，化作阿姨的李炜老师满脸微笑地说："小姑娘，你的头发真漂亮，我开了一家美容店，现在忙，你下次来我店里吧，给你一张我们店的美容卡。"我当时没有进一步思考，欣喜地接过了那张美容卡，居然没有发现端倪。后来在李炜老师"揭秘"的时候，我明白了美容院位于商用楼，商用楼在前期绘图的时候就需要排除，后期入户根本不可能抽样到商用楼，如果真去了阿姨的美容院，那可就犯了根本性的错误——入户地址错误。后知后觉的我"成功"地废掉了一个样本，怪我"学艺不精"，前期的知识还没有消化吸收透，自己努力的空间还很大。

让我感到万分幸运的是中国社会科学院的李炜老师亲自给我们授课，因为第一次入户模拟时我短暂地与他同台，有一次课程结束后我远远地看到了李炜老师，他面带微笑地朝我招手。我只是个很普通的学生，他总是那么亲切、温和，让我有种"受宠若惊"的感觉，那时我才深刻地理解：越厉害的人越谦虚，越懂得向下兼容。

培训的最后一天学院老师进行了震撼人心、入心用情的动员，她问我们选择参加CSS的初心，并问我们后悔了没有，我们低头在心里沉思。我并不后悔自己当初的选择，也不后悔把自己送去"吃苦"，这么美好的青春岁月，不趁年轻去主动吃苦，岂不是辜负。在书斋里待了太久，想看看书斋外面的社会真实的一面是什么样的，想深刻体验国家政策落实到基层百姓内心的真实感受，想真正把民生关怀带给社会现实中活生生的人。学院老师倾尽力量链接资源，做好行政联系工作，以保障我们后期的调查顺利进行。我们的后方很坚定，我们没有理由不坚定、不勇敢。此外，还有温柔帅气、尽职尽责的李少康督导，知识丰富、幽默风趣的李天浩督导，美丽温暖、鼓励支持我们的王吉彤督导。

## 二 "冰火"两重天

正式开始的第一站是江苏省苏州市吴中区的B社区。第一天早上我和团队小伙伴一起去绘制分图1，其实具体的步骤我还是处于比较模糊的状态，尤其是早上平板CARS系统怎么都显示不了正确的界面的时候，我害怕自己不能参与绘图，害怕拖累整个团队，之后多刷新与登录了几次，终于能进去页面了。在团队小伙伴的帮助下，我进一步夯实与巩固了怎么使用"右手原则"去给建筑物标明序号，怎么更好地填写住址信息并提交。在我自己主动地踏出那一步，不再依赖别人而是自己去做一件事情的时候，我学到了真正的东西，感受到了培训时讲的知识以及询问、请教别人的知识点，并将其真正内化到了自己的知识体系中，真可谓"觉知此事要躬行"。很多看似很难的事情其实并没有那么恐怖，缺的只是屏住气并勇敢尝试。在自己对一些步骤、方法、技术真的不懂的时候，虚心请教别人，是非常好的方法。

绘图的时候突然下起了大雨，天空电闪雷鸣，我躲进楼道避雨，看着外面哗哗落下的硕大的雨点，我不知该庆幸，还是担忧。庆幸是我在这样的天气遇到了"声势浩大"的江南雨，欣喜又激动，可以短暂休息一下；担忧在于我的绘图工作要推迟了，雨太大，没有办法出去拍门口的照片和查看住宅的分布情况。但之后我不知怎么的，明明之前是一个很怕打雷的小女生，在自己一个人的时候，依然会想着去拍门口照片、看住宅分布。我在瓢泼大雨中行走，心里不再害怕打雷下雨，而是担心任务是否能保质保量完成。

B社区住宅极其复杂，绘图不易且耗时长，李天浩督导说这是他很少见到的社区建筑分布，结果第一个就被我们碰上了。在绘图中，我发现了自己存在的问题：方向感不太好，绘图的时候总会把位置找错，把建筑物标错；不会把地图和实际路况、建筑情况一一对应。还有就是建筑物的门口朝向哪个方向，即三角形的正反朝向，我总搞不清楚，之后有错的我慢慢修改过来了。但一个人绘图的时候还是会担忧画错地方，分不清方位，看不太懂地图，真的是硬伤啊。我确实承认自己这一方面的不足，但也不害怕之后三个社区的绘图，以及一个人单独绘图，实在不行的话慢慢来，把自己手机上的高德地图或者百度地图打开，对照CARS系统，多走路看看边界以及建筑物（栋、单元号）的分布，估计一下大致分布与位置，一步一步走踏实，慢慢向前推进，不用太慌，在心态上一定要稳。

之后的核户并不如想象中那么容易，在那时我感觉自己好狼狈，汗水混着防晒霜流到眼睛里好疼，下巴那块儿一直有源源不断的汗水涌出，整个人都快要蒸发了。而且我还背着包，整个后背和衣服湿漉漉的，被汗水浸透了，望着刺眼的阳光，我好想回家乘凉，那一刻突然坚持不下去了。但想到这个小区是我绘的图，是我核的户，突然就有了动力：我在做有意义的事情，在为国家、为社会做贡献，在征集民意，有助于政府政策的制定以及国家深入推进共同富裕和聚力实现现代化。

真的很幸运，在B社区的第一个样本就碰到了很好的爷爷奶奶，但在真正抽样的环节我才知道爷爷和奶奶都70多岁了，不在我们调查的范围内，这个样本被废弃真的好可惜啊。临走时奶奶还一直问我需不需要喝水，他们人真的很好。接下来就不那么顺利了，第二个样本我上门了两次，开门的阿姨拒绝了我的访问，还说我不要再这样子，让我去找别人，她不需要做这个。她一直要把门关上，我的手被夹在门缝之间，可是阿姨还是很决绝地关上了门。那时候下楼时我的眼泪唰地就掉下来了，尤其是她的那句"你不要再这样子了"。之后的一个样本那个叔叔问我是干什么的，我给他回答完之后，他说我们这个有什么用。我说可以给政府政策制定提供依据，为国家做好事，为社会做好事。可是他说："你要是做好事的话，你还不如在小区的门口摆个摊子卖鸡蛋。"他很明确地拒绝了我。

被多次拒绝真的好想哭，现在回想起来人家拒绝我时的神情与连连关门不听我说话的动作，以及他们不关心这事的态度，还是让我很难受。做到"厚脸皮"真的需要勇气，下一次"厚脸皮"可能会成功，这当然是我们都希望看到的事情，也可能会再一次失败、被拒绝，就像前面几次一样。但其实"厚脸皮"不光指要接受住户的拒绝、质疑，还指面对一次又一次的失败，能接受生活中所有不堪的事情，并且在一次又一次的挫败中，依然不缺从头再来的勇气，调整好自己的心态与状态，慢慢地、稳稳地、从容不迫地向前走。

刚开始的那几天我感受到了一丝挫败感，但我仔细思考了一下，碰到困难和问题就去解决，慢慢来，毕竟对我来说，积累经验和专注于这个过程很重要。可能做不到那么好，但我是会认真努力去做的。虽然那几天的某些时刻确实有坚持不下来的感觉，但我一直记得我在CSS面试的时候说过的话：不管有多困难，只要我选择和认定的事情，我一定会全力以赴把它做好、做完整。

## 三 "善意"与"温暖"

第二站在苏州市吴中区的J社区，这里令我感触颇深的有两个样本。

第一个样本，被访者是一位28岁的年轻妈妈，有三个小孩，最小的孩子只有几个月，访问过程中喂奶两次，每次孩子哭了，我的心都"揪揪"的，因为害怕访问中断。但好在那位妈妈人真的很好，并没有因为我耽误她喂奶、影响她的宝宝而赶我出去。之后她说我还是个学生，就让我进去了，给了她50元的感谢金后，她还挺惊喜的。我很感谢她能够理解我，一直坚持着把这份问卷完成。

另一个样本，被访者是个60多岁的奶奶，虽然刚开始没有抽到她的儿子，她有点小失落，但她的家人都很好，为我找访问的位置并且管好三个小孩，不让她们吵闹。由于奶奶年纪较大，文化程度较低，再加上对问卷中的一些问题不是很理解，我和她一个问题接一个问题地往下走，虽然耗时很长，也需要一些耐心，但我觉得人性关怀就体现在你真的理解、尊重、支持并鼓励她，慢慢地问卷顺利完成了。她们家那时还烙了饼，邀请我吃，我突然想到了妈妈烙的饼，感觉像在家里一样。之后那个爷爷说："以后国家就靠你们年轻人了，这么晚还在工作，要好好干下去啊！"我被那家人感动，他们信任我、理解我、关怀我、支持我、鼓励我，让我觉得就好像家人陪在我身边一样，那种感觉太温馨了。

身在他乡，总是被这些善意与不期而遇的温暖所感动，我觉得上天真的很眷顾我，在我一天一份问卷都做不成的时候，都快感觉没有希望的时候给我惊喜，这可能就是所谓的"绝处逢生"吧！所以坚持下去总会看到希望的，哪怕希望很渺茫，哪怕光亮很微小，正可谓"山重水复疑无路，柳暗花明又一村"。果然，真诚才是必杀技！

## 四　经验总结

一是绘图。在确定村居边界的时候，一定要事先和村（居）委会相关负责人联系，尽量不要压到建筑物，要不然后期绘图会很麻烦，再重新确定村居边界又需要耗费时间和精力。在确定好村居边界后、进行实地绘图前，分图号就显得格外重要。一个绘图员负责绘图的区域可以用一个分图号来表示，分图号可以根据实际绘图区域加以详细划分和合理添加，这样一来一个人负责一个分图，序号就不容易混乱、重叠或者遗漏。如果一个分图有一个以上的人进行绘制，每个人可以按照1~50、51~100、101~150或者1~100、101~200、201~300进行编号，便于之后统一编号。

在实地绘图的过程中，没有必要非常死板地按照"右手原则"行事，我们的考量应该是提高绘图效率，按照实际情况变更，怎么方便怎么来，只要后期核户、入户能找到正确的户宅地址就可以。如果时间和精力允许的话，绘图时顺便就把住址照片拍下来，便于后期核户。核户的话记录门牌号至关重要，因为 CARS 抽样系统让我们核的户的地址是按照"右手原则"的，但实际上我们去联系村（居）委会，找抽中地址家庭的联系电话进行预约时，是按照实际的门牌号的。如果大门附近墙上没有标明具体的门牌号（这种在农村社区比较常见），可以找标志性物体进行判断，如"门前有石狮的橘黄色大门"，必要时善用备注。农村地区门牌号上括号里的数字一定要注意，那个是组号，每个小组长管不同的小组，标清组号有助于后期找相对应的小组长带领我们入户。在城市社区里，大多的住宅小区比较规整，几栋几单元标得比较清晰，我们可以先联系小区的物业，看其对小区的整体布局，每栋楼、每单元的熟悉程度，以及对哪些住人、哪些是空户了解得怎么样，再去核实一下物业所提供的信息和真实的情况是否相符。在绘图时要善于切换与使用谷歌地图、高德地图和卫星地图，结合起来使用效果比较好。对于一些有门禁的单元门，可以按家庭的门牌号按钮让居民帮忙开门，或者在单元门口等一会儿看有人进去或出来顺便自然地进去，抑或问物业要门禁卡、呼叫物业中心帮你开门（针对智能刷脸的电子感应门）。

在绘图完成后、要提交审核之前，自查一遍，分图号、编号、必要的备注信息、是否有漏掉没画的建筑物，尽量不要犯低级错误。这样之后审核下来修改的地方少，等待审核的心理负担没有那么大。

二是入户。强烈建议在入户前一定要和村（居）委会、小区物业提前联系，让其给抽中的住址家庭打电话或者把抽中的住址家庭的联系电话告知我们，我们自己打电话预约。也会遇到特殊情况，比如说高档小区或者别墅区的物业会极其注重户主的隐私从而拒绝透露，可以让其帮忙打电话询问并预约或者自己去挨家挨户敲门。有些小区的物业是极其配合的，会专门派人带领我们入户，这种成功率就会高一些。有了村（居）委会、物业、保安、志愿者等的帮助，入户的成功率会更高。因为第一个社区主要是我们访问员自己入户，所以拒访率超级高，吃了不少"闭门羹"。

电话预约是讲究沟通技巧的。我试过，可以说："我是社区的工作人员，需要上门走访一下，主要是看看民众生活得怎么样，顺便填写个民意问卷，您是我们抽到的优质家庭，一个社区就抽中了20户，您的回答具有重要性和代表性，此外我们还有50元的感谢金。"要由女生来进行电话预约，语气温和、委婉。如果一开头就表明中国社会科学院访问员和苏州科技大学学生的身份，加上"调查"这个敏感词，大部分人基于"就近"原则和"利己"主义，会觉得中国社会科学院离得太远，会考虑学生身份是否真实可信，对自己是否有切身的好处，就会明显产生疑虑心理。

预约成功以后，入户的话就主要看是否能取得答话人/被访者的信任。入户的成功在于信任，取得信任的"撒手锏"是真诚。在有了几次经验后，不得不感叹：果然，真诚才是必杀技！这时大学生的面容、形态与身份、暑期社会民意征集的任务、真挚的目光、额头的汗珠、温和的话语、浸湿的衣服等一系列细节会引发居民/村民的好感与心疼，毕竟谁家没有孩子、没有学生呢。有时候是入户了，但还有户内抽样，可能答话人并不是被访者，可能被抽中的被访者年龄较大、文化程度较低、对问题的理解程度低、不太配合、会出现中途拒访和问卷中断的可能等，我们都要学会接受，而不是苛求遇到一个完美的被访者。或许我们并不能为了做调查而做调查，能收获理解、支持与善意比完成一份问卷带给我的更多。

三是主问卷访问。在户内抽样结束、被访者开始回答问题时，主问卷访问对于访问员最大的考验在于耐心。如果被访者年龄较大、文化程度较低、对问题不理解，这通常要比一般的被访者花费更多的时间完成问卷，对问卷问题的解释和名词的阐述最好从被访者生活中寻找例子，需要访问员对这类被访者给予极大的耐心、尊重、理解、支持和鼓励，而不是表现不耐烦的情绪或发出抽样不幸运的抱怨。主问卷访问主要的要求是念读，念读要规范、合理，当然根据不同类型的被访者要灵活应变。对于较年轻、文化程度较高、比较配合的被访者要善用问卷示卡，在念读问卷的基础上，讲清问题的要求。还可以通过适当调整问问题的语速、被访者回答偏离时访问员的有效引导来控制主问卷时长，因为时间一长极易导致中途拒访。问卷访问不是简单机械的"一问一答"，要充分尊重被访者，不要太急功近利，加强人与人之间的交流更重要。

在所有问卷结束后，当场就点击"完成问卷"让CAPI系统检查是否有系统或者访问员漏问的问题，如果离开被访者家里之后发现有漏掉的问题，进行二次回访和电话补访都是不太容易的，而且极易被被访者拒绝。

## 五　一些反思

随着高楼大厦的建设，拉开的不仅是人与人物理上的距离，还有心灵上的距离——人与人之间的信任程度。越到后面，入户会越来越困难。有三个原因。其一，城镇化率越来越高，大部分人居住在城市社区里，但城市社区的自身性质与建筑格局会使人们之间的关系变得疏远与冷漠，人们的戒备心理、防卫心理增强，从而不利于人与人之间友好、和谐的信任关系的建立，这在一定程度上可以说是现代化的产物。其二，现在不正规的调查太多，人们质疑、担忧、恐惧，从而使得CSS这种正规的社会民意调查不好进行。其三，人在一定程度上都是"利己"的，现在人们的生活节奏越来越快，有空闲的时间也想着休息、娱乐，根本就不想花时间完成调查，觉得浪费他们的时间。况且有些人对50元感谢金并不在意，他们会觉得反映上去的问题根本没有也不会得到解决，不知道这种社会调查对于他们自己到底有何切身的利益，抱着"事不关己"的态度。

在实际调查中我发现，虽然村（居）委会的主任、物业管家、保安是我们入户中非常重要的"中间人"和"介绍人"，但在回答"你信任下列机构吗"以及涉及"投票选举"这类问题时大部分被访者是不信任居委会、村委会、物业的，而且大多数投票都没有充分尊重选民意见。一些小区把老年活动室弄成了麻将馆，导致老年人没有场地进行休闲、娱乐；一些物业公司不作为，反馈的问题得不到及时解决，民众会有意见。

至于为何这些"中间人""介绍人"大多会比较顺利地推动我们入户，我思考了一下，主要有两个原因。其一，基于"权力"关系，小区中的居民、农村中的村民是受特定社区居委会、村委会管理的，但居委会、村委会也要对其服务与负责。物业公司主要为民众服务，双方有彼此牵制的关系，有往来联系。其二，居民、村民给居委会、村委会和物业公司"面子"，既然我们来上门调查了，他们就顺便说出他们的诉求，希望通过我们让居委会、村委会、物业公司做得更好。基层组织与民众关系的建立在于"信任"，双方互相信任，基层组织的建设和服务与民众的相信和支持相辅相成。如此，基层组织稳扎稳打做好了，民众自会安居乐业，国家自会长治久安。当然，基层组织的上级部门也应该如此。

在建立起信任关系后，有些被访者会跟我们说现在存在的医保省内不跨市、省内不流动，不好办理转诊，一般主任医师不批，办理手续太麻烦且很难备齐，耗时太长，以及养育成本和生育成本太高、物价上涨、信息闭塞等问题，我跟他们说我们会真实记录。在我调查的最后一站——L社区的最后一个样本，被访者叔叔为自己的父母亲均是抗美援朝的志愿军而感到无比光荣和自豪，特意嘱咐我好几次让我写上去。我很感谢这些被访者信任我，肯向我吐露他们的心声，虽然我不知道自己能为他们做些什么实在的事情。

## 六　总结与展望

在参与了CSS后，我领悟到困难和挫折可以让我浮躁的心慢慢沉下来、稳下来、静下来，在苦痛中成长，在一次又一次的拒绝与质疑中成长。越到后面我越发现，在这些困难中能支撑着我走下去的永远是那个打不败的自己和坚定的初心与信仰，以及"重要他人"的一些期望和鼓励。崩溃到哭，把眼泪擦干，继续前行，每一次都是修炼与磨合。其实静下心来摆脱那些困住你的东西，你去反观它，就会发现其实不过如此。沉下心，一步一步慢慢来是最好的，没必要去和别人比进度，自己有分寸和规划就好。行走在大街上时，我觉得自己好狼狈，可这难道不是社会上大多数普通人的状态吗？让我震撼的是即便CSS很困难，但总有一些人在坚持做，他们的坚定让我感动，让我接力喊出我们的口号——"聚力现代化，做中国好调查"！

唯有保持纯粹、坚守初心、坚定不移地走下去，才能让头脑丰富、灵魂挺拔。愿与诸君共勉！

# CSS2023:
# 一场真正的毕业典礼

孟子龙　中国社会科学院大学社会与民族学院

中国社会状况综合调查（Chinese Social Survey，以下简称CSS）像一根线，穿起了我的四年大学生涯；又像一条小道，曲径通幽，把我引入实证社会学的桃花源。从大一参加CSS2019时对社会学的茫然无知，到对社会学的实证主义方法论产生兴趣并认同，掌握了社会科学研究方法，再到CSS2023成为一名督导，深入从未涉足的中原腹地并完成任务，这标志着我经过大学四年的蜕变通过了CSS2023的考验，表明我可以适当且综合地运用本科期间所学的理论和实践知识。这是对我大学学习成果的检验和认可，是真正意义上的毕业典礼。

## 一 在痛苦抉择中初探CSS

我第一次接触CSS是2019年，大一暑假。当时我处在非常痛苦的抉择中，是在社会科学中继续坚持，还是半路改学人文学科？大一的学习经历让我意识到，社会学的实证主义精神气质不同于人文学科的哲学思辨，我因难以适应而苦闷迷茫，性格内向的我经常陷入害怕被他人拒绝、把访谈弄糟、怯于观察外在世界的自我内耗中，不断自我怀疑。然而，在这十字路口，参加CSS2019改变了我的想法，把我真正引入社会学的核心区域中，抽丝剥茧地向我展示了社会学的旨趣和魅力。

在CSS2019中，我的工作是后台质控督导，在一个多月的后台质控工作中，我听过云南组、山东组、黑龙江组、四川组等组的录音，来自五湖四海、不同年龄、不同文化背景的被访者，涵盖了中国社会的各个阶层，代表了全体中国国民。他们既讲述着各自生活的喜怒哀乐、人生百态，也讲述着宏观社会结构的变迁、人口的流动以及各种大政方针带来的影响和改变。社会学在这个过程中逐渐从书本中的专业名词、调查报告中鲜活了起来。我第一次明白了米尔斯为何会概括出社会学的想象力、滕尼斯为何钟情于社区研究、费老晚年为何关注中国城镇化。社会学既能通过鹰眼视角触碰整个社会的脉搏，也能通过一次次入户深入每个独特个体的生活中，提供了丰富的想象和自由探索的空间。正是在数百份的录音文件中，我逐渐体会到了社会学的魅力、城镇化研究的魅力，我的本科毕业论文便是探究的城镇化问题，而研究起点和抓手就在于4年前CSS质控录音中进城农民工对生活的困惑。

## 二 在实践中树立科学的"访谈观"

我在CSS2019中的更重要的收获在于，我逐渐转变了"社恐"的性格，逐渐驱散了与人"打交道"的恐惧感，实现了当初选择社会学的初衷。这主要分为两个方面：一是CSS在方法论层面教会了我正确、科学的"访谈观"；二是我学习到了许多实操层面与人交往的技巧。CSS录音是从访问员点开问卷开始的，因此，不少录音保留了访问员从接触被访者，到被被访者驱逐、排斥，最后又被接纳的完整的过程。这对于当时苦闷迷茫的我来说，是非常宝贵的经验，它让我明白了不是每次访谈都能成功，也不是被拒绝就意味着失败和结束，在一扇扇关上的大门后总有其他门会向我打开。我记得一位甘肃的访问员在访谈中说出了自己被拒四五次的经历，最后感动了被访者而完成了访谈任务；另一位福建的访问员，抽到了进城务工集体户中的一个青年，在被拒两三次后跟着被访者去建筑工地，被访者一边干活一边完成了访谈；还有一位云南的访问员，访问到一个少数民族老奶奶，在老奶奶语言和理解能力都受限的情况下坚持一遍遍念题、解释，四个小时才完成访谈……

通过这些访谈我逐渐意识到，和人接触与进行访谈之间并不是一蹴而就的，不能把别人接受访谈视作理所当然。从被访者的视角出发，访问员是闯入其生活的陌生人，他们没有义务把自己的生活细节讲述给眼前的这个陌生人。因此，拒访与不配合可能才是访问中的常态。但访问员的不懈努力也让我意识到，进行访谈并非不可能，和被访者交心也不是天方夜谭。尊重他人，真诚相待，坚持不懈，我们是可以打开被访者的心扉的。

正是在这些经历中，我逐渐形成了正确的、科学的"访谈观"：不卑不亢，真诚以待，坚持不懈，积极乐观。这让我不再恐惧和陌生人打交道，不再害怕被拒绝，我坚信一次次的坚持和将心比心，会让我最终走入被访者的生活世界，了解他们以及他们背后的故事。我逐渐从向内求索的思辨模式中走了出来，开始渴望了解外在世界，了解其他个体的故事，这对我来说是一个根本性的转变。它让我体会到了实证主义的魅力和完成实证研究的成就感，我决定继续在社会学的道路上向前走。

## 三　学以致用

参加CSS2019的经历不仅让我坚定了学习社会学的信念，也让我在这种大型的学术性调研中学到了科学、规范的访谈执行流程并积累了数据管理经验，从前期如何熟悉、理解问卷题目和要点，到如何保证抽样代表性，再到访谈时如何提问，以及最后问卷回收后的质量控制，对我之后几年的学习和调研大有裨益。首先，CSS最为强调的红线性原则就是抽样规范，只有在抽样规范的前提下才能确保样本具有代表性，确保在样本数据基础上进行的研究具有参考价值，真正实现利国利民。因此，抽样规范被誉为CSS的灵魂，这也是为什么绘图和抽样的流程占了调研流程的一半以上。然而，"代表性"三个字说出来时轻如鸿毛，落实时却重于泰山，通常要通过烦琐流程，付出数倍的艰辛努力才能实现。正因如此才出现了访问员同学顶着酷暑或台风跋山涉水、走街串巷绘制住宅地图的场景，出现了访问员在被拒绝数次、夹杂着委屈和焦虑的情况下仍然坚持敲门访问的情形。访问员同学的认真执着和CSS项目组的科学严谨彰显了规范抽样的灵魂，令人印象深刻。

在2021年我自己的调研项目中，我也把这项原则作为项目实施的红线，打破"差不多先生"的行为惯性，严格选定每个被访者，保证抽样的代表性。中国正在加速实现现代化，无数农民工进城务工，我们通过简单随机抽样的方式抽出的名单中一半被访者都在城市，只能通过电话访谈。这需要经过费时费力的连线，不断说明身份和来意，如此才能获得被访者的信任，完成一份合格的问卷。在这个漫长的过程中，我经常陷入自我质疑和摇摆之中，这样做是否真的值得？我们是否真的能够承担一个上午只完成一份问卷的结果？最终我选择坚持初心，坚持样本代表性在抽样调查中的红线性意义。我们在艰难中完成了调查。在后来举行的调查答辩会中，答辩老师问起我们调查数据的代表性，我自豪地讲出了从保证样本代表性的重要意义到调查流程设计以及流程实施的整个过程，获得了在场老师的一致认可。我们团队因为数据收集的高质量获得了那一年的"优秀团队"称号。

同时，在录音中，访问员通过给孩子发糖、拉家常让被访者放松，张弛有度地掌握访谈节奏，和被访者保持联系以便回访等实操性访谈技巧也让我受益匪浅。同样是在2021年我自己的调研项目中，当时正值疫情防控时期，村民普遍对陌生人抱有恐惧感和戒备心。面对这样的情景，我利用学到的访谈技巧，通过给村民孩子买零食、辅导作业找到突破口，逐渐获得村民的信任。访谈本质上是交流，是主体间性的，只有拉近与被访者的心理距离，尽可能融入被访者的生活，才能让被访者接受。

可以说，CSS2019对我而言既是良师，也是益友。在调查中，老师们既能提供指导，也能在我被拒失落时提供陪伴和鼓励，给予我不断前行的精神力量和智力支持。CSS亦师亦友的陪伴，让我知行合一，了解了实证社会学的方法论，掌握了调研实施的技巧，让我在社会学的道路上走得更远、更稳。

## 四　一场真正的毕业典礼

2023年，我再一次参加CSS，不过，这次是以巡视督导的身份参加的。

从后台走向前台，指导更为严格、更加学术的大型社会调查，负责两个PSU共160份问卷的质量，这对我来说既是挑战，也是享受。挑战在于深入从未涉足过的中原腹地，与一群素未谋面的小伙伴通力合作，处理现场意想不到的困难，每一步都充满未知，考验着我的随机应变和沟通协商能力。享受则在于能够运用四年所学的理论和方法，在中华文明的发祥地沉浸地调研20余天，了解当地的生活细节，深入其意义世界。于是在数周的期待后我开始了我的河南之行。

7月的河南正值三伏热天，酷暑难耐，高温成了我们面临的第一个拦路虎。从早晨起床到晚上睡觉，衣领始终被汗水浸湿，而后背则是湿了又干、干了又湿，走路时被迫抬头挺胸，生怕后背贴到潮湿衣服产生黏腻感。手机和充电宝也不敢长时间拿在手里，因为长时间的太阳直射会让这些电子设备无比烫手。第二个拦路虎是当地的饮酒习俗。曹锦清在《黄河边的中国》中细致描写了河南的饮食文化，特别是饮酒习俗，让人印象深刻，而我深刻体会到了这一点。我本来酒精不耐受，几乎不喝带酒精的饮品，但是当地无酒不成席，盛情难却的情况下我也不得不饮酒。如果说前两个拦路虎是当地固有的，第三个拦路虎则是在社会变迁中产生的。河南本是中原腹地，又地处华北平原，有相当比例的连接成片的超大规模村居；而不少超大规模村居中又遗留了三线建设时期以及由乡镇企业设立的厂房和职工楼，建筑格局复杂，居民众多。因此绘图时不仅要在横向上画出平铺的独院式村庄，还要在纵向上核查老职工楼和小产权房等梯间式建筑的楼层和户数，工作量巨大。同时，随着中国的高速城镇化进程，一大半人口迁入城镇，CSS在2023年更新调查点后，城镇社区大量增多，在入户上又难度倍增，拒访是家常便饭。因此经过20余天的工作，我们都感到身心疲惫。

　　然而，困难并不是不能克服的。我和小伙伴们首先明确了我们所做工作的意义和价值。CSS是抽样调查，样本的数据代表的是世界上人口众多、发展进程最快的国家。从微观视角出发，这样的数据反映了人民群众的生活状态和生活水平，足以影响到大政方针的出台，关系到每个公民的切身利益，不可不重视。从伦理的要求上看，被访者给予我们这群闯入他们生活的陌生人以十足的信任，敢于向我们袒露自己的生活细节，我们于情于理都应当对得起这一份信任，认真遵守访谈规范，科学客观地记录下他们的数据，以供国家更有针对性地出台政策、解决问题。从宏观视角出发，中国的现代化进程轰轰烈烈，这是人类文明史上罕见且重要的社会现象，我们所做的是深入内部，尽可能详细而准确地记录下这个社会的脉搏，便于全世界的学者进行观察与研究，探索人类的发展经验，造福世界。因此，我们应当通过自己的努力，像精准的传感器一样，准确感知数据，客观记录并收集上传。

　　我们在调研过程中树立了坚定不移的信念来面对困难，我和小伙伴们互相打气。河南省有9800余万人，而我们需要在11个PSU中共完成880余份问卷，如果做一个不严谨的换算，相当于一份问卷就代表了11万名群众。作为对比，一名省人大代表平均是从7万人之中产生的，足见一份问卷的分量之重！因此，无论气候如何恶劣，绘图如何困难，民众如何拒访，访谈又如何艰难，我们都应该严格执行CSS的抽样流程并遵守访谈规范，百折不挠，保证样本的代表性和数据的严谨性，确保我们提交的每一份问卷都无愧于背后的11万名群众，对得起我们所肩负的责任。达到这样的效果不仅是CSS的红线，也是我们工作的核心。

　　我们通过访谈技巧来获得被访者的接纳，走进他们的世界。正如前文所述，访谈是主体间性的，在真诚、尊重、主动融入被访者生活的情况下访谈才能进行下去。在20余天的访谈中，我们放弃了学院式的话语体系，转而熟悉起村民的谈话方式，和村民聊播种与收成、医疗与家庭、工作与教育，走进村民的生活世界，了解村民的难点和痛点，逐步和村民达到同频共振。通过这样的方式创造出"沉浸式"的交流语境，减少"陌生感"，拉近与被访者的距离，让访谈顺畅进行。这个过程让我们逐渐从外来者和单纯的数据收集者，转变成了村民们生活故事的倾听者和理解者。这样的锻炼让我们在面对一群聊天的村民时，可以从容地加入，坐在他们中间，与他们畅谈生活的点点滴滴。同时，随着与村民的交往越来越多，其他访谈技巧也在复盘和相互启发中逐渐形成，如被拒访后第二次、第三次敲门时应该如何沟通，被访者中途烦躁不安时应该如何安抚情绪，面对不同年龄段的被访者应该分别采用什么说法来解释我们的身份，以获得信任，等等。这些逐渐系统的访谈技巧把拒访的可能性降到了最小。

在克服种种困难之后，收获也徐徐到来。如果说与高温搏斗给我带来了收获，那就是我发现藿香正气水并没有印象中小时候的那么难喝，我和它达成了和解。虽然喝酒的过程让我十分痛苦，但我逐渐感受到了饮酒的文化内涵。

在访谈中我逐渐发现，河南方言里的"中"不再以地域梗的形象出现，因为当连续被拒访之后而终于叩开一户被访者的大门，被访者一边说着"中！那中！"，一边热情接待我们时，我们能感到努力得到了回报，我们又能够完成一份问卷了。这时"中"就显得更加悦耳，变得立体、亲切、"中"了起来。

在挨家挨户绘图的过程中我逐渐体会到了河南作为中原腹地在农业时代物质上的丰饶和精神上的富足。河南农村随处可见百年古宅，青砖砌成的古朴的院墙、门楣上漂亮的毛笔刻字、浅灰色的瓦片和伸出墙头的修竹都彰显了这片土地的富足；而村民家中的古书、村中的墓碑博物馆、村民人人都能写出的一手好字以及复杂多样且历史悠久的信仰传统，则展示了当地的文化底蕴。

最令我印象深刻的是村委会会计和我说的一个当地习俗：自古以来，

村民都喜欢把"耕读"二字刻在院门口，这是当地村民最具代表性的两个特征。"耕"表示农民在现实世界的身份和本分；"读"则高于现实，体现了他们的精神理想和奋斗目标，是他们的诗与远方。这是处于传统文化中心区域的村民所拥有的丰富的理性精神生活，让我叹为观止。

由此可以见得河南作为古代中国早期最重要的农业经济区和政治、文化中心，上层社会的物质之丰裕和文化影响力之巨大，并且这是能够扩散到社会基层的。当地村民具有令人印象深刻的家国情怀和文化自信。我感性地体会到古代的河南所具有的地理优势、经济优势和文化优势，进而感受到今天我们以"中国"指代自己的国家、以"中国人"指代自己所体现出的自豪与自信。

这20余天的调研生活让我深入中原腹地，与同伴们一起感受中国社会的变迁，完成一件磨炼自己又利国利民的事情，这对我而言无异于一场真正的毕业典礼。从我在痛苦迷茫中参加CSS2019开始，到2021年知行合一带队调研，再到参加CSS2023成为督导，我愿意把它视作一场漫长的仪式。而完成CSS2023则是这场仪式的终章，它意味着通过四年的学习，我具备了一定的社会研究能力，能够继续在这条道路上走下去。这是对我四年学习成果的认可，象征着我的本科四年之旅的完结。这一路上既有艰难险阻，也充满了惊喜与欢乐。在最后一天访谈的傍晚，我坐在桥头仰望星空，群星和银河清晰可见，它见证了我四年的成长之路。因为在2019年完成质控任务返回学校的地铁上，2021年漫步在云南乡村的田野中时，我都曾抬头仰望，这片天穹如当时一样清晰与灿烂。结束是新的开始，我将在这条道路上继续前行，让星光再次洒在前行的道路上。

# CSS2023
# 走的每一步都值得

邱媛　中国社会科学院大学社会与民族学院

始于初夏，终于秋末，难忘此行！犹记5月周末百人培训，6月试调查，督导考核百感交集，行前寄语"吾愿吾亲爱之青年，以青春之我，创建青春之国家，青春之民族，青春之人类，青春之地球"，雨中馆前齐声喊"做中国好调查"。实地巡视，自北南下，辗转各地。这一行，走过很多路，看过很多风景，遇到很多人，应了老师那句"皮肤黑了，身体瘦了，心态老了"。社会调查难，但总要有人去做，这一次，我来了。

## 一 这一次，为何出发

知道为什么出发，也就知道如何出发，我想这是CSS行前准备工作所告诉我的。2023年5月20日，在不大不小的教室里，坐满了百名来自各个高校的候选督导，培训正式开始。项目组的老师们一一为我们介绍和讲解关于CSS项目、调查流程、绘图抽样、CAPI系统使用、入户接触与抽样、问卷讲解及模拟、职业编码、访问员须知、巡视督导工作、地方督导工作、心理建设等各个部分的知识与内容。作为候选督导，在知识点方面我们对每个部分不仅要知其然，还要知其所以然；在培训技巧方面，老师们以不同的风格和方法在讲授过程中言传身教。此外，还有一点就是我们与CSS的距离在不断拉近，于我个人而言，最初报名参加CSS的想法很简单，就是想知道这样一项大型全国性的社会调查究竟是怎样开展实施的，还想挑战自己、走出自己的舒适圈。所以最初我把自己定位为一个执行者和体验者，但后面这样的想法逐渐发生了改变。当知道项目组的几位老师都是在兼顾自身科研教学工作的同时，牺牲与家人在一起的时间，全身心地做CSS（调查每两年进行一次，覆盖全国31个省区市，从筹备到实地执行再到最后形成数据库，工作量和难度之大）时，我惊叹于项目组的"人狠话不多"，更钦佩他们坚持做社会调查、以调查为业的坚定信念！人这一生很少有机会纯粹地去为我们的社会贡献些什么，而做社会调查可能就是这样难得的一次机会！当然更多精神上的触动不仅在于言语表达之间，更在于培训过程中看到老师们的身体力行，我保证，你来过一次CSS培训，你就知道了。

如果说课堂培训在我心中播撒了调查的种子，那么试调查则坚定了我对CSS的信念：我想要加入这样一项伟大的事业，成为其中的一分子，严格遵守调查规范，为项目组获取真实有效的数据，为更好的政策制定和实施提供参考资料。试调查只有三天，遭第一天和队友们一起在城中村攻坚克难的并肩同行、绘图和访问期间在老师们带领下大家拧成一股绳的团结、城中村里热心肠的小卖部奶奶的关心与帮助、那份到晚上11点才完成的来之不易的问卷、一直默默在被访者家门外等我们一起回"家"的老师和队友、经历一波三折在居民楼下全程站着念读的人生第一份问卷、一直陪伴在身边鼓励和帮助我的师姐与摄影伙伴、前来支援的其他队的同学、队友冒雨前行去完成最后一份问卷的背影……大家都在为一个共同的目标努力着，怀柔让我吃尽了苦头，也让我收获了太多的感动，我深切地体会到每一份问卷的来之不易。从那之后，我好像不再那么担心前方未知的困难，心中明确了方向，知道了为何出发。我坚信，无论遇到什么困难，我都会找到办法解决。

## 二 我的督导成长史

6月20日那天，我们登上火车，去往我从未去过的F省。由于没有培训任务，我心中更多的是对实地调查的未知和期待，算是轻装上阵。调查目的地的地方团队与CSS合作多年，地方督导均由参加过上一次CSS的优秀访问员担任，团队调查经验比较丰富，但由于2023年的CSS在全国第七次人口普查之后更换了抽样框，因此仍是一次全新的开始。

刚开始出发的路上我和大家还比较拘谨，但是访问员们一个个古灵精怪，都是温暖的小太阳，团队氛围超好，慢慢地我便和大家打成一片。后来我从"督导"变成了他们口中的"姐"。在调查地点，我们一开始就迎来了绘图能力的考验。N社区被当地干部称为当地最大的居民区，原是军人出身的社区主任带着大家沿着社区边界暴走两小时才把社区走完。由于社区面积过大加上常住人口众多，最后我们按照超大型社区的标准对其进行了拆分。在具体绘制建筑物的过程中我们也遇到了一大难点：当地人自己家修房子会盖四到六层，但盖好后又涉及进行出租或者分家，因此看似是一栋，其实具体情况很复杂。究竟是选择不规则的独院式住宅还是规则的梯间式住宅，这成为一个问题，因此每画一栋建筑物我们都要认真询问、挨个确认，要反复确认才能画下。记得第一天绘图一直绘到晚上九点半才绘完所有建筑物，我们曾说"每一个三角背后都有它的辛酸"。而第二个S村涉及旧村搬迁，原村是一大片土楼群，村里大部分人都搬到了镇上，但仍有少部分村民在原村居住。因此现在村子的行政范围既包括原村，又包括大部分村民居住的镇上。我们与村里老人反复确认才完成村居边界的绘制。同时村中建筑物十分复杂，原村均是复杂高大的土楼群。虽然极少有人居住，但是我们仍然坚持"有则画之"的原则。镇上的建筑充满当地特色，仅靠外观无法辨认建筑物类型，需要多加询问才能确认，因此整个绘图工作进度较为缓慢。

对于访问员们来说，绘图难，远不及访问难！第一次正式访问是在这个PSU里唯一的城市社区，一天下来，只完成了2份问卷，敲门无人应答、拒访、中途拒访的情况频发。我们集体"哇"声一片，地方督导晚上召集大家一起开会，和大家一起分析拒访原因、分享成功经验。我主要跟大家耐心说明访问阶段确实是最难的，不像绘图，我们可以自己决定时间和工作量，访问是需要结合被访者的时间和安排的，因此最好在周末再进行城市的访问工作。周末开始集中访问后，我发现大家的访问情况不一，有的访问员比较顺利，有的则忙碌一天接连被拒。作为巡视督导，我当时察觉到情况后，及时同步跟进各个访问员的访问情况，特别是访问不顺利的访问员。我发现情况主要是入户接触受阻和中途拒访，因此我马上联系访问员及时进行安慰与疏导，并通过陪访帮助他们逐步提高入户接触水平、建立访问信心。

在当地我经历了很多个第一次，第一次学会融入一个陌生的团队，第一次暴走两个小时确定村居边界，第一次在超大社区收获"拆分"经验，第一次在有着复杂高大土楼群的村子里和队友们绘图，第一次陪访时访问员出门哭完回来继续出示示卡但仍旧遭遇拒访的难忘经历……在当地的每一天，早上6点多起床，跟随团队绘图访问，充当"绘图顾问"、"情绪稳定器"、同行者，出现问题、遇到困难及时回应和解决；每天结束收工后和大家一起找好吃的，偶尔会去彩票店买刮刮乐，和大家一起"摆龙门阵"。每次回到宾馆已是晚上10点左右，确定好明天的工作安排，收拾洗漱完，就开始和另一名队长聊聊各自队伍的进展，修补修补白天受伤的精神世界。

随着前面两个SSU工作的进行，我们小组的工作已经渐入佳境，并且后面的两个SSU根据踩点情况相较之下没有前面两个困难，我预备前往其他市支援，但突然收到项目组通知，J省的培训即将启动，需要抽调我过去，并担任巡视督导组长，于是我不得不撤出。在当地的最后一天是跟组员一起去TZ村进行绘图，第二天一早，天还未亮，大家仍在熟睡之中，我便踏上了去下一站的旅程。

与F省告别以后，7月5日我转战J省，拉上行李箱一大早便乘车前往W市。到了以后，我便前往J省合作机构对接前期准备工作，包括对接地方老师、安排培训日程、物资清点发放、熟悉培训场地设备等。这一次是我首次担任巡视督导组长，感觉身上多了很多责任，不仅要安排好各位督导的工作和行程，还要与地方团队保持良好的协调和沟通，很激动，很有压力，也非常锻炼人。比如在与地方老师对接培训日程上，提前获知地方学校课程表是前提，合理安排各个培训板块是关键，同时综合考虑访问员的接受程度、地方老师总体调研安排也很重要。同时这一次我也承担起培训任务，包括CAPI寻址、入户接触与抽样等。准备培训时我还是比较担心的，但在上一站F省积累了培训和实地经验，因此也是有法可循的。首先继承项目组的优良传统把PPT里面涉及举例或者图片的材料"本土化"，让同学们可以通过熟悉的文字与图片来进行认识和理解，其次，熟悉PPT的内容，标记好对应培训资料的位置，方便同学们课堂上同步，以及考虑在哪些部分可以互动、可以举例，或者使用刚经历过的实地事件作为例子。最后，就是反复模拟，把PPT的内容转化为自己的语言，精炼简化，然后跟标致师姐试讲，根据她的建议进行调整。最后的培训效果比我预想中的好很多，我为此信心倍增。

J省合作机构负责J省的5个PSU，我和另一名巡视督导负责实地巡视。由于J省合作机构采用的是模式一（在一个调查点，调查抽样与问卷访问工作分开进行，由两批人分别负责）的方式，因此前期已完成绘图，这次便直接进入实地开始访问。总的来说，J省的整个实地调查节奏快、难度大、强度大，我先跟随S队艰难完成两个SSU，后面由于W队访问进展缓慢，访问员和老师们均反映城市社区难进，访问员们敲门接连被居民投诉，有的甚至打110报警，男访问员更是上了黑名单，居民的排斥感非常强，我于是紧急前往W队确定情况并予以协助。到达酒店放下行李我就打车去社区找大家，看到的第一个场景就是W队的D同学一个人骑着挂满礼品的电动车刚买一大桶水回来。我很好奇怎么就他一个人，问了才知道其他成员两两结对入户，他刚好落单，想要自己敲门入户，但是又怕被拒了而浪费样本，所以只能帮忙接送大家和买水。我当时听完真的是既可怜他又忍不住想笑。后面跟W队团队协商后，由我陪他一起去敲门试试，我来负责敲门接触，后来成功预约1户和访问1户。我也是松了口气，没有我想象中那么困难。晚上和大家一起总结时我很惊讶，这个团队里谁做的问卷多，谁就有"话语权"。D同学也算有点"话语权"了，可以分享经验了。当然掌握实际情况后，我发现大家其实做得很好，拿到了社区的介绍证明和志愿证，和物业保安也比较熟悉。主要是W队进度比较赶，所以大家更多的是情绪上的焦虑。在W队协助三天后我们终于成功完工。此时我的督导队友也已结束L市巡视，需要调到其他省份。最后，只剩下H组还未完工，社区样本将用完仍然无法完成20份问卷，可能需要再绘图，于是我又马上赶往H组。刚到便直接陪着H组组长去预约的一户访问，被访者是一位大哥，之前在快递公司工作，后面由于父亲去世、母亲病重而不得不辞掉离家远的工作，一边照顾母亲一边另找工作。问卷中涉及去年的收支情况，这提起了大哥的伤心事，大哥还安慰我们说没关系，等他先算清楚确定了再回答我们。当时我们真的是百感交集。访问结束后，大哥急着去医院看母亲，便和我们告别。我深知自己能力有限，只能祝愿大哥早日找到工作，家人健康，生活幸福！H组的困难主要在于商品房小区入户难，老师不在，整个团队较为分散，后面我以身作则带着大家入户。那几天W市接连下着大雨，我带着大家一个小区接一个小区敲门，遇到了新搬家的温暖夫妻，也成功入户访问了别墅区的居民最后一晚我和大家冒雨坚持，终于成功完成最后一份问卷，整个J省的访问工作就此全部结束。我踏上返京的列车，历经一个多月的CSS实地巡视暂告一段落！

回到北京十天后，北方H省由于特殊情况需要开启第二轮的培训和调查，比较缺人，我是经不住磨的人，和督导老师几番对话之后，我便爽快答应了。北方H省前期情况较为复杂，这一次行前便已进行多轮的会议讨论和准备，但到了8月1日，我还是带着诸多的不确定出发了。不过事情只要推着走，问题就会慢慢迎刃而解的。培训虽然只有短暂的两天，但是在培训中我感受到了不同大区不一样的培训风格。在项目介绍环节，C老师说："我们做社会调查，是去了解社会，但并不是说我们要认可我们所看到的社会，我的理解是我们作为社会的观察者、倾听者，有一个前提是我们要保持自己的初心，坚守住自己的价值底线，不要因为看到了社会不好的一面而迷失自己的判断和方向。"这句话令我印象深刻、难以忘怀。

培训完后，我便跟随S队进行实地工作。第一次到北方H省S市，我便明显感受到和南方不一样，前往N村的路上成群的大卡车呼啸而过，各类工厂分布在道路两旁，远处工厂的大烟囱白烟向天空弥漫。进入北方H省的村子，我更是看到了一番不一样的景象，住宅集中规整、网格化分布。在实地绘图时，基本上一天便可完成绘图和核户。前期培训时我与H组的访问员接触较少，但是经历了前面的实地巡视，我有了一套跟队经验，就是主打陪伴式！不需要特意去与地方团队拉近关系，就每天陪着大家一起进行实地工作，和团队里不同访问员合作绘图入户，了解地方督导、访问员的性格和做事风格，有难题的时候自己作为督导先迈出第一步，先倾听后建议，在遵守调查规范的前提下，一起明确问题所在，然后共同解决。本质上，还是回归到人和人之间的互动，以诚待人，顺其自然便相互熟悉了。北方H省地方团队与各个社区建立了较好的行政联络，困难主要在于访问阶段经常抽到早出晚归的人，这使得每天的战线拉得很长，后期访问员们越发疲惫，地方督导适时安排大家休整，及时调整了团队状态。整体上看，S市的访问工作进展比较顺畅。当然，这主要是对于我自己来说，毕竟各种困难在后来的我看来都已是家常便饭，心态上更加坦然。但是在跟进每一个访问员的工作时我仍需要不断思考，协助其一一调整状态并提供支持。越到访问后期，随着大家访问的人越多，访问速度会越来越快，容易出现"边际效用递减"现象，此时一定要谨记我们或许不是第一次访问，但每一位被访者都是第一次接受我们的访问，一定要注意自己的访问状态。在北方H省的14天里，我从最开始的紧张焦虑、中间的松弛坦然到最后的惊喜感动，或许，这就是CSS的神奇之处吧，每一段经历都会让你感受深刻、难以忘怀。

我的CSS最后一站是在南方H省，主要参与了培训工作和前期部分实地工作。培训的三天里，我见识到了南方H省反复无常的天气，一会儿烈日炎炎，一会儿阵阵大雨，整个培训工作大部分时间是伴随着风声雨声进行的。不过我印象最深刻的是南方H省的老师和同学们，带队老师调查经验丰富，对CSS非常重视，做事高效，培训期间就已做好所有SSU的行政联络工作；而与同学们相处，我感受到了一种难得的"质朴"，遇到任何不懂的点他们都会积极提问请教，做事态度非常认真，遇到问题时虽然会害怕和畏难，但是行动上大胆尝试并坚持完成各项工作。试调查那天和大家在校园与周边的商铺寻找真实的被访者，队长先帮大家找，然后才为自己找，好不容易找到路边烤红薯的叔叔准备开始访问，天又突降大雨。他急急忙忙一边帮叔叔撑伞，一边护住烤好的红薯。但由于雨势不减实在无法进行访问，他被迫返回学校，待到雨停，下午才在食堂联系到阿姨进行试访。记得访问结束后，我俩看到湿漉漉的裤脚居然已经晾干了，不觉相视而笑。

　　培训结束后，带队老师打算先做好调查的前期工作，我便留下一天跟随其先前往较为复杂的前两个SSU进行绘制村居边界和分图工作，不得不说，CSS的挑战，一直在路上！在南方H省C县，我遇到了参加调查以来最大的一个SSU，行政面积达146平方公里！要知道在此之前所遇到的超大型社区最大也不超过20平方公里。村委会干部无法仅凭人力帮我们明确村居边界，因此发给了我们高清的村庄规划电子地图，最后是由我的队员花了近一天半的时间才把村居边界在CARS上绘制出来。那晚我的队员画完边界后反复向我确认有无错误或者漏画，我仔细核对一遍花了大概半个小时，与规划图的边界简直如复制粘贴一般，他所花时间和精力可想而知，不得不对他说一句：真乃绘图天选之子！离开南方H省的那一天，风雨交加，得知国庆或有台风降临，心中不禁为后面的实地调查捏一把汗。返回北京后，我便着手为自己的开题忙碌了，关于南方H省的调查工作只有通过调查群进行关注，偶尔协助在线回复实地的一些问题。10月5日在群里看到巡视督导发的大家访问全部结束后对着镜头一个一个说"收工啦"的视频，我想我与南方H省CSS的相遇，真正结束了。

## 三 结语

这一路道阻且长。社会调查现阶段在我国的知晓率和覆盖范围还相对有限，社会民众对社会调查本身存在着疑惑、敏感或抵触情绪，以及调查中无可避免的层层物理障碍、社会舆论、诈骗事件等，让实地调查工作举步维艰。这一路与青年同行。我们的访问员是来自全国各高校或研究院所的学生，他们因为CSS暂放下书本，走进千家万户，与社会对话，与真实的人对话，CSS传声筒在他们的接力中到达一线。访问员们不断地上楼、敲门、入户，用脚步和心灵丈量社会，CSS因他们的坚持而闪耀着青春的光芒。这一路让民声被听到。"为什么访问我""我不懂我不会啊""你应该去问他们"，我国有各级人大代表，他们层层汇集民声，为民发言，献计献策，我想社会调查的意义在于从另一个平行的渠道，自下而上传递民众的声音。这一次的社会调查，不分性别、民族、地区、受教育程度、职业、城乡等，经过科学严格的抽样。我们来到您身边，走到您面前，想听您的声音，包括您对劳动就业、家庭及社会生活、社会态度等方面的真实看法，您的意见对社会政策的制定至关重要，因为您对您自己的工作与生活是最了解、最有发言权的。

古希腊有一首诗，其中有一句是这样说的：狐狸知道很多小事，而刺猬只知道一件大事。英国思想家以赛亚·伯林以此把思想家分为狐狸型和刺猬型。刺猬之道，讲求一以贯之，可谓一元论；而狐狸的爱好类型为样，可谓多元论。在我看来两者并非对立的二元关系，而是一体两面。正如CSS这一路，我们需要带着做中国好调查的目标出发，去全国各地收集人民的声音、真实的数据，就像刺猬一样，对调查有坚定的信念，从始至终不曾摇摆。而在实现调查目标的过程中，我们需要像狐狸一样，迈开双脚去找，睁开眼睛去看，张开耳朵去听，触摸时代的脉搏，感受社会的多面。无论是督导还是访问员，我们所做的一切其实都隐性地包含在这千千万万条数据之中，做好小事才能成大事。

这篇调查总结记录了我在CSS2023的经历，写完已经是在最初督导培训开始的6个月后，我很庆幸参与CSS的每一天我都将工作经历记录在我的日记里，从2023年5月20日一直到10月26日最后一次培训。一篇一篇翻开，看着当时记录的文字和照片，脑海里回忆起调查当时的每一天，好像又经历了一遍。2023年这个不一样的夏天，走的每一步都值得！

# 青衿之志，履践致远

丁泽楷　江南大学法学院

———— 个人的内心不能总是硝烟弥漫、荆棘丛生，还要风和日丽、山花摇曳。如此，我们才不会远离生命的本意和初衷，在抵抗阴暗和扫除障碍之余，在深深的疲惫和消极之后，为自己积攒下一些美好的生命经验，不致辜负一生。

## 一　与居委会的那些事

我们所要调研的地区是常州市武进区的四个社区，分别是两个城市社区、两个农村社区。我和老高被分配到了两个农村社区。

在 X 社区村委会，热情的 X 书记在了解了我们的调查需要后，先是叫来了会计，对他说"他们要什么数据、表格尽可以给他们提供"，后面更是豪爽地表示"如果你们需要，我可以把各个网格的网格员和各个大队的队长电话给你们"。在填写居民登记表时，他也不厌其烦地回答着我们一个又一个问题，尽管过了下班时间，他也没有任何的催促。后面由于下雨的缘故，细心体贴的X书记在我们离开时，甚至开车送我们回到宾馆。

在抽样调查的时候，我们认识了热情的网格员"曾哥"和"朱哥"，他们骑着摩托车跟着我们进居民家里说明情况，帮助我们入户。尤其是我"曾哥"，真的是有求必应。大晚上八九点钟，骑着摩托车就过来了，我们哪户进不去，他就帮我们交涉，又是递烟，又是说好话，直到帮我们成功入户。

## 二　绘图之旅

画图的度，可以用尺量；而生活的度，需要用心去感知。

我们所访问的那几个乡镇，经济并不繁荣，环境和交通条件相对较落后。然而，这里却拥有美丽的山水和迷人的乡村景色，还有远离城市喧嚣的宁静。前期的绘图工作简直困难重重，我们主要在白天进行资料收集和实地核图，晚上则在宾馆进行资料整理，不仅需要准备第二天工作所需的相关资料，还要写自己学校布置的作业。我和老高最晚工作到2点多，然后第二天早上7点多就又起床去村里绘图了。

那段日子真的很辛苦。每天顶着烈日酷暑，被村里各种不拴绳的狗追着平均步数达到20000步。买的防晒喷雾涂在身上，感觉像风油精一样，和高温发生了奇妙的化学反应，我的大脑瞬间清醒。除了迫切地需要找个地方休息一下，完全无心去考虑其他事情，只希望能立刻入眠，不再多停留一秒。

伴随着反诈骗思想的广泛传播，乡村居民的安全意识逐渐加强。当我们拿着平板在村里逐个建筑地进行网上绘图时，村里的人好奇地打量着我们。有些人会警惕地问一句"干吗的"，我们耐心向他们进行解释，了解清楚我们的工作后，村民们也就拂袖而去。有时，热情的村民还会邀请我们一起吃饭或者进屋喝口水，村民们向我分享生活的琐事，聊横贯村里的那条公路，聊家里孩子上学、老人生病。聊着聊着，天边红日沉落，晚霞染天，金黄与橘红交织，微风轻拂，村庄宁静。炊烟袅袅，农民归家，乡村在夕阳下变得诗意而宁静。

在 X 社区时，经常下雨，我们便租了一辆车。老高开着，我在副驾驶核对建筑信息，进行拍照。车是目前最舒适的交通工具了，有空调、能挡雨，还能给手机充电，我们也不用跑来跑去，方便得很。就是有点贵，一天的成本差不多小 200 块，我们只开了两天，在 J 社区时，我们找到了租赁电动车的地方。电动车一天两块钱，我们别提有多高兴了。骑着电动车，我们在乡村的公路、小巷间飞驰。

## 三　满载风雨的入户调研

人生总要经历些风风雨雨，我们到 W 市的第一天，就下雨了。

上午，我们一行七人，我、马硕、雪彤、睢奕，乘坐沛沛老师驾驶的车子。老高和子璇则选择搭顺风车。虽然这场"不速之雨"让我有些担心，但我想我们应该能应对。

到了 J 社区后，因为下雨的缘故，车子的视野变得有些模糊，加之我们只有一辆车，无法容纳七个人，我和子璇只好决定徒步前往住户家中，而其他四位则继续跟随沛沛老师的车子前行。一路上，雨点轻轻地敲打着大地，宛如琉璃珠子般落下，渐渐地，雨势逐渐加大，密集的雨滴仿佛银色丝线，垂直而落，洒在树叶、屋顶和土地上，发出清脆而均匀的声音。村民们匆忙地收拾着家中物品，小心翼翼地防备雨水的侵袭。

我们勇敢地顶着狂风和暴雨，一步步走向村民的家门口。幸运的是，由于天气恶劣，村民们都在家中。我们按照计划，根据 CAPI 系统名单上的住户一户户地进行走访。每一户村民都有着自己独特的故事。第一户村民是一位外来民工，恰好上晚班，我们与他聊起了他在四川的家乡，他分享了家乡的杜鹃花和桂花糖藕，言语间他对家乡充满了思念之情。第二户则是一对夫妇，他们是当地居民，丈夫从事货运工作，妻子是一位贤惠的家庭主妇。他们非常热情地回答了我们的提问，并邀请我们品尝了他们亲手准备的美食。我们在温馨的氛围中度过了愉快的时光。当然，也有一些村民对我们的到访持有怀疑态度，他们将大门紧紧闭上，不论我们怎样耐心地解释，他们依然不相信我们的身份，拒绝让我们进入他们的家。

那天大家都很努力，截至晚上9点钟，我们在第一天就完成了13份问卷，这对我们来说是一种鼓励，更是一种鞭策。在村里的每一次拜访都让我们更加了解这个村子的风土人情。下雨虽然给我们带来了些许挑战，但也成了我们与村民建立联系的契机。我们尽心尽力地为每个村民提供帮助，并感受到了他们的真诚和善意。在这个充满感动的旅程中，我们与村民们建立起了珍贵的友谊，同时他们为我们带来了无尽的启发和成长。

当然，在成长的旅程中，意外总是难免的。这个事情发生在第二天，我们当时分成了几个小组进行入户访问。我与子璇一组，老高与马硕一组，雪彤与睢奕一组。下午，我们骑着三辆电动车出发了，还不知道将要发生些什么。就在那个晴朗的下午，轮到雪彤的小组做入户访问时，一位村民报警了。由于我们在村子里活动频繁，出现的次数过多，再加上我们的调查问题涉及一些住户的隐私，比如家庭收入、支出情况，以及父母的情况等，不可避免地引起了一些村民的警惕和防范。警车迅速赶到，场面十分引人注目。我当时正在做另一组的入户访问，无法及时到场。这件事情引起了不少村民围观，当时我们首先稳住了情绪，找到了研究生师兄，并随后联系了社区负责人。经过几方努力，负责人终于向警方证实了情况，也解开了误会。

这次意外事件让我们深刻认识到，在进行社区调研时，要更加注意与村民沟通，尊重他们的隐私，避免给他们带来困扰；同时要加强与社区负责人的联系，获得他们的支持，通过他们的号召力和影响力去解除居民对我们的误会，让他们了解我们的工作。我们从这次经历中汲取教训，更加谨慎和慎重地开展后续的工作，以确保我们的调研工作顺利进行。

## 四　调查中的小确幸

被人理解是很奇妙的事，就像你躲在黑暗的角落里，他提着灯对你说："我能坐这儿吗？"

之后的调查里，我们遇到了许多挫折，被报警，没戴头盔被交警扣下，被小区业主投诉，物业对我们进行警告，等等。但也有令人感动的时刻，在 X 社区，饥肠辘辘的我实在没有办法了，在被访者家中吃起了自己的晚饭，阿姨十分大方，又是给我倒水，又是开空调。她和善亲切地说："小伙子，知道你们不容易，饿了阿姨再给你做点，阿姨孩子也是在外面上大学，上的是那个政法大学，你能考上大学说明你很厉害啊，阿姨看好你。"当时我怔怔地坐在那里，半天说不出话来，只记得一口一口地向嘴里扒饭，眼眶却早已湿润。H 社区的李奶奶，在我们约好的时间提前赶到配合我们的问卷调查（CSS 为严格的入户访问，有时被访者不方便或抽到的被访者正好不在，便约好时间、地点再进行面访），她年龄大了却依然热心，居委会在四楼她硬是爬了上来。李大妈则是为了不妨碍家里人，在楼道里接受了我们的访问整整一个小时。虽然家里人不支持我们的调研工作，但她仍然给予我们理解与尊重，认认真真回答问卷上每一个问题，不懂的地方透过示卡向我们询问，那真切的模样至今令我动容。

透过每份问卷，我听到的是一个家庭的故事，以及他们对社会的一种声音。每份问卷所包含的个体故事可以帮助人们了解一个家庭或个人的经历、挑战和对社会的看法。这有助于更全面地理解社会中不同群体的生活状况和需求，增强社会的多样性和包容性。只有通过了解人们群众的心声，才能真正了解到普罗大众需要些什么，制定合理有效的政策，帮助他们提高生活质量，增强人民的幸福感与获得感。

## 五　调查反思

我坚信，每一段经历和每一次调查都是学习与反思的机会。通过反思我们自身的不足，我们能够更好地成长和提升自己。每一次经验都给予我们宝贵的教训，让我们了解自己的弱点，并且启发我们追求更高的目标。我们应该视每一次经历和调查为重要的学习机会，不断反思自己的不足并寻求改进，以便更好地提升自己。

一是在乡村社区中，要与村委会建立良好关系。在乡村社区中，相较于城市居委会，基层干部们更具有号召力。他们在乡亲们面前受到更多的尊重，拥有更多的"面子"。这种威信可以帮助我们在工作中取得突破，更有效地开展工作，从而降低时间成本。以X社区为例，前面提到的"曾哥"的网格员，他只需要递上一支烟，在交谈中加入几句方言，每户人家都愿意为我们敞开大门，积极配合我们的问卷调查。这让我们不得不对这种"熟人社会"的魔力深感钦佩。凭借着社区网格员和居民的积极配合，并通过链接之前联系好的社区资源，可以有效地为问卷调研工作提质增效。社区网格员发挥着熟悉社区居民的优势，他们了解每户的情况，可以更方便地联系到居民；而社区居民们也积极响应，愿意抽出时间参与我们的调查。

二是要尽可能做好准备工作。考虑到乡村地形复杂，部分道路仍未修建完工，因此在这种情况下，拥有一辆电动车将变得非常必要。在X社区，我们租了一辆汽车，尽管这辆汽车为我们带来了很多便利，但在乡村小道上行驶时，我们却面临着诸多困难。乡村小道通常是单行道，路两旁可能是农田或拥挤的房屋。驾驶在这样的道路上，我们不得不小心翼翼，避免碰撞和堵塞。老高曾开玩笑说："我觉得我把这辈子所有的倒车技术都在这片区域里练习了。"当我们回来进行抽样调查时，由于人数增多，租车无论从性价比还是实际操作上都变得不适用了。这时，我们想到如果事先找到可以租用电动车的地方就好了。

同样，在抽样调查中，提前对抽取到的90户或120户进行住户空间的整理非常重要。我们可以在Excel表格中标记不同图表中住户所在的位置，并可以在线编辑表格，记录每户的具体情况。例如，我们可以标记我们小组的拜访状态为"未上门、无人在家、有人在家不开门、预约、拒绝访问、拒绝访问可争取、不符合资格、成功入户"等。通过对住户详细信息的记录，我们可以更好地安排下一步的工作，有效地节省时间，避免重复进入同一户。

三是在被访者回答问卷问题前，让被访者做好对问卷问题的准备。在抽样调查时，要先告诉被访者需要具备什么条件（如年龄、是否居住等），避免该问卷因条件限制而成为废卷。其次，要告诉被访者该问卷所需时间，询问其是否有时间接受访问，如果所需时间超出了被访者的预期时间，则可以进行预约或者劝说。如果以强硬的方式进行问卷调查，会使得问卷效果极差，甚至可能成为一份废卷。要根据被访者的年龄和文化素质水平，浮动地告诉被访者问卷所需要的时间。理解能力强的人，能够快速看懂题目，给出答案。如我们之前采访了一个大学生，只用了不到一小时就完成了全部的问题作答；而有些农村的老奶奶，你可能还要花时间去解释题目中的某些表达，并且当对方不识字或视力不好时，你就无法使用示卡，只得口述，像这样的情况通常需要更多的时间才能完成一份问卷。

最后，在这次调研的过程中，我们经历了风雨的洗礼，也收获了令人动容的故事和小确幸。通过与村委会的合作，我们顺利进入了农村社区，并得到了村民们的热情支持和配合。X书记、曾哥、朱哥等社区工作人员成了我们的帮手和朋友，他们不厌其烦地解答我们的问题，甚至亲自把我们送回宾馆。在绘图的过程中，我们深入乡村，体验了乡村的宁静与美丽。虽然工作辛苦，但我们通过与村民的交流，收获了许多珍贵的友谊和感动。通过满载风雨的入户调研，我们面对了一些挑战和误会，但我们从中学到了很多，更加重视与村民之间的沟通和尊重。通过反思与思考，我们认识到了自身的不足，明白了调研过程中应该注意的细节和问题，为以后的工作打下了坚实的基础。总之，这次调研是一次宝贵的经历和学习机会，使我们成长和进步，也让我们更加坚定地相信，在风雨之后，彩虹必将绽放。

# 夏日 "言" "研"

**2023**年7月初，我有幸在本科班主任老师的介绍下加入了2023年中国社会状况综合调查（CSS）在内蒙古地区的调研组。仅仅20天左右的时间。我们便自西向东横跨了大半个内蒙古，在中部的呼和浩特进行了为期4天的培训，然后大部队一路向西到达鄂尔多斯市达拉特旗开始实地调研，最后我们兵分两路，一路继续向西去到巴彦淖尔市临河区，一路向东到了兴安盟扎赉特旗。

## 一　蒙西蒙东的风土人情

呼和浩特市是我除了家乡的小镇以外最为熟

悉的地方，作为内蒙古自治区的首府，其物产之丰饶、文化底蕴之丰厚、都市之繁华深深吸引着我们这些内蒙古其他盟市的孩子。由于本科在呼和浩特市上学，其更像是我第二个家，每次与三五好友介绍起呼和浩特这座美丽青城，我都会满怀期待地告诉他们："我想留在呼市，以后来呼市找我啊。"至今还记得我们在呼和浩特市培训期间，首次上街找路人进行模拟访问时，被访问的摆地摊大哥表现出对我们的高度同理心。当我和团队的一名同学在访问到工作情况时，大哥用诙谐幽默的语气补充道："这年头，啥营生也不好做。你们也是哇，大热天还得出来实习。"

初到达拉特旗，首先映入眼帘的是熟悉的蒙K开头的车牌号，其次便是倍感亲切的鄂尔多斯方言。谈到方言，让会讲方言的我在入户时更多了一分优势，在做问卷时总会被热情的叔叔阿姨多问一句："孩子，你是达旗哪儿的啊？听你口音感觉是咱这边儿的。"每当此时我都会真诚地向其解释："叔叔阿姨，我是准旗的。"可能是近因效应的缘故，每次与被访者这样简单介绍完自己的出生地，再加上项目组小礼品的诱惑，一部分被访者的配合度明显提升了很多。虽在达拉特旗访问过很多居民住户，但让我记忆深刻的却是某新农村社区超市的大姐，当时由于我在进行调研之前没有准备充电器，绘图的平板在我的辛勤工作下费电很快，绘图到一半需要给平板充电，于是社区超市便成了我的电源。而我也算是三顾超市吧，每次走的时候大姐都会热情地跟我说："完了再过来哇！"而我每次都不负众望，只要是去这个社区绘图核户，我就一定会拜访大姐。最触动我的是，第三次去超市充电时恰逢下雨天，我在超市一边避雨一边给平板充电，大姐在我走的时候给我拿了一把雨伞。或许正是因为大姐的善意，接下来的核户进行得异常顺利，在完成核户工作后我便将雨伞还给了大姐。而每当回想起我和团队另一名准研究生同学与两位带队老师共同前往树林找某村村委会工作人员对接时，我本科老师用不太地道的鄂尔多斯方言与老村支书谈话的场景，我便感触颇深，老师尽自己最大能力去最接地气地沟通，看似用此地话与当地人沟通是一件微乎其微的事情，但却是我们在进入农村社区开展调研非常关键的一步。于我而言，这不恰恰是社会工作实践过程所要求的"人在情境中"吗？

在前往兴安盟的路上，我与队友乘坐了整整20个小时的火车，不得不说乌兰浩特离呼市是真远，这次出行是我自出生以来乘车用时最长的一次。刚下火车，地地道道的东北话扑面而来，出站口对面的大楼上清清楚楚地写着"红城欢迎您"。这让我瞬间想起了鄂尔多斯是"暖城"，呼和浩特是"青城"，可见内蒙古这些盟市名字的独特用意。让我感叹的还有兴安盟饭店里的大分量食物，不论是扎赉特旗一碗热气腾腾的牛肉面，还是乌兰浩特满桌的东北菜，正如我队友所讲："来了兴安盟，甭管味道如何，一定管够。"这里讲的是东北话，蒙东地区虽在行政规划上属于内蒙古自治区，但在语言上更像东北地区，这里的每个人讲话都感觉天生自带幽默感，很有趣。这让第一次接触这么多东北人的我，在等到返程时说话的口音也略带点东北味儿，尤其是那几句——"嗯呐""那可不咋的""咋的了"，让我学到了精髓。虽然兴安盟紧挨着吉林，但它终归还是内蒙古的一个盟市，我们在进行核户时看到一些社区的居民在门上贴着蒙文对联，而我本人或许长得有点像蒙古族的缘故吧，在某社区楼下的超市给平板充电时，售货阿姨用蒙古语跟我沟通，在看到我一脸懵懂的状态后改用汉语说："还以为你是蒙古族人呢。"或许是我本人有过学习蒙古语的经历吧，感觉这边的蒙古语跟家乡那边的蒙古语在发音上略有不同，后来与一个会蒙语的同学了解过后发现，虽然同是蒙古语，但是蒙东和蒙西之间确实在口音方面有一点区别。在兴安盟，不论是小面馆的老板娘、出租车大哥、超市阿姨，还是被访者们，每个人的性格可能不同，但只要一开口，永远不变的是他们的豪爽和真性情。

## 二　我们是一个团队

本次参与调研的有13名同学，两位带队老师，两位巡视督导。CSS作为大型社会调查项目，团队协作是高质量、高效率完成任务的最佳战术。回想当时正处于"时间短、任务重"的紧急状况里，但凡团队内部配合出现一点问题，都会影响下一阶段的计划。

至今仍记得我的小伙伴们天天挂在嘴边的"哎呀，姐，没事儿""没事儿，我们是一个team""走，吃饭去吧，吃饱了才有力气干活""没事儿，我们都一样"。队友们的每一次鼓励都让我内心多了一分力量感和安全感。在达旗刚开始实地绘图时，我们由于缺乏经验，绘图的时间远远超出了老师的预期，每天晚上10点需要回酒店开会，接受老师们对于当日工作的点评和明日工作的部署。绘图结束后便是调研最核心的部分——访问阶段，这让爱哭的我再次破防了，大下雨天，上午一户都入不了。当时正好和老师一组，看着老师忙前忙后地跟我敲了一户又一户，好不容易敲开了一户，结果由于我一上来就说要访问一个小时，直接把答话人吓得关上了门，那时我的内心已经凉了半截，终于在吃午饭时忍不住了。老师见状立马安慰我："坚强点，你做问卷没问题的。"也许是老师的鼓励有某种神奇的作用，也许是我不想让老师失望，有了上午的前车之鉴，之后在与答话人介绍调研时我得心应手了很多，再加上团队内部队友的鼓励和帮助，好像之前遇到的问题都不是事儿了。

有了在达拉特旗的经历，去了兴安盟、扎赉特旗两个城市社区和两个农村社区之后，从绘图到做问卷，感觉一切似乎没有那么难以为继。但是由于队员人数的缩减和没有带队老师的帮助，在最后结束的前一天我们还是遇到了一点小麻烦。申请了两次样本之后，依然很难入户，特别是一向做问卷效率高的小学弟突然做不下去了，遭遇了多次的入户被拒，再加上我们两个队友和一个督导陪他围着几个小区跑来跑去，让这个阳光开朗的男生垂头丧气了一整个下午。最后在大家的坚持不懈之下，终于完成了访问。通过小学弟的这件事情，再次让我认识到了团队协作的重要性，队友不仅是合作伙伴，有时候更像是我们的精神良药，正所谓一个人走得快，但是一群人走得远。有了团队的力量，工作会产生一个事半功倍的效果。

调研需要极强的团队协作精神，虽然在这期间遇到不少大大小小的困难，但我们团队内部从未产生过影响调研进程的问题，而这也正是调研能够如期圆满完成的一个重要条件。

## 三　调研是一场磨炼

　　这是我首次参与社会调研项目，恰逢7月酷暑，几乎每日奔波于酷热与夏雨之中，在绘图时忍受着天气的热与燥、在做问卷时承受着被一家一户拒之门外的伤与痛、在每日工作结束后接受着老师对我们当日工作的点评，可以说这半个月我们经历了生理与心理双重之苦。早在进入调研之前老师就跟我讲过：这场调研是真的辛苦，需要一定的吃苦能力。如果要谈调研，就不能只说培训和做问卷，我得讲顶着炎炎烈日被答话人逐出家门、下雨天搭着外卖小哥的电动车只为做剩下的半份问卷、在农村社区与看门狗的斗智斗勇……

　　事实证明，每个做问卷的人都是有一定抗压能力的人，正如我的一位小学妹所言："每次我敲门前都会狠狠地心理建设一番，因为我不知道开门的人会做出怎样的反应。"我们做的每一份问卷看似只是简简单单的一小时谈话，其实不然，在入户成功的那一刻，我们接触到的不仅仅是答话人与被访者的答案，更是内蒙古居民对于当下社会问题持有的不同态度。当访问到低保家庭时，大部分被访者对社会问题的答案偏向积极，认为自己享受到了国家政策的照顾，很感谢国家和社会；在访问到个别住户时，也不乏部分被访者对一些社会问题持消极的看法，基本上表现为对公平公正和就业方面的不满，认为自己还是存在比较大的生活压力的；还有部分被访者出于对个人隐私的担忧保留了自己的真实想法，虽然我们极力解释会保护其个人隐私，但还是会出现口是心非的现象，由此反映出社会上人们之间的信任度仍然有待提高。

　　调研有时候就是感悟社会百态的一个过程。回想在达拉特旗某农村社区做问卷，当问到家庭成员时受访的大爷把自己刚去世一年的儿子算在内，当我接下来问起他儿子职业情况时大爷才缓缓地说没了，而我当时出于认真客观的态度，不清楚是什么没有了，便疑惑地问了一句："啊？没了？"大爷便开始讲述起他儿子去世的原因，我当时连忙道歉，好在大爷和大妈人很和蔼，能够理解我的工作。还有一次是在扎赉特旗，我和学妹访问的一位阿姨在家庭成员和家庭成员的收入这部分表现出极度不配合，甚至提出再问要报警，最终没办法只能被迫终止继续访问。后来我们才得知阿姨离异独自一人带着患了重病的女儿，阿姨的精神受到了重大打击。作为本次调研的访问员，我们没法改变被访者经多次劝说仍然拒绝访问和中途拒访等的客观因素，我们唯一能做的就是秉持社工人的温暖与关怀、真诚与善意，为问卷调查的顺利进行做好开头工作。

## 四　反思与总结

结合我个人的实践经历和反思，我认为此次大型社会调查项目仍然存在些许不足之处有待完善，具体如下。

第一，问卷的问题设计得比较多，被访者在被访中途容易产生倦怠心理。有不少被访者在回答问题到一半时容易犯困、烦躁，表现出不配合。有次在达拉特旗访问一位大爷直接从上午11点问到了将近下午1点，当时大爷家的午饭都做好了，为了接着配合我做问卷一直没有去吃饭，在问到后面关于一些满意度类的问题时，大爷哈欠连天，昏昏欲睡；还有的被访者直接表示时间过长，难以接受。由此可见，为了照顾被访者的心理接受能力，同时也为了间接增强问卷最终收集到的数据的真实性，适当缩减问卷问题的数量是有一定必要的。

第二，城市社区较难入户。在达拉特旗某个小区，居民直接趁我们没注意将我们三个访问员拍成视频发在了小区群里，提醒居民注意防范我们。最终我们放弃了继续在该小区进行访问。很明显，通过社区网格员或者物业人员等的引荐，我们入户的难度会大大降低，居民的配合程度会提高。

第三，问卷当中涉及隐私类问题较多，多数被访者会产生心理和行为上的抗拒反应。这一点与如今社会诈骗频发的现象有关，回忆起在扎赉特旗某个小区，这个小区正好当时是由我负责绘图以及核户的，出现了这样的一幕：此小区将近90%的住户门上被广告贴纸的痕迹所覆盖，有人居住的住户门上全是广告贴纸的胶痕，空宅门上直接全是花花绿绿的广告。正是这一现象的出现，让我对居民拒访的同理心达到了顶峰。

　　结合以上几点问题不难看出，调研不仅是一个从社会中发现问题、收集问题的一个过程，同时也是一个从我们自身出发去不断完善和改进的过程，正如当前社会主要矛盾所体现的那样：人民日益增长的美好生活需要和不平衡不充分的发展之间的矛盾。调研需要我们在了解居民需要的基础上，为解决不平衡不充分的发展问题做出努力，最终达到满足人民的美好生活需要的状态。

　　本次调研之路，不论是对我个人而言，还是对于整个团队，都是一场磨炼，也更像是一场修行。它让我有了一个深入社会的机会，让我在被访者的言行举止之间体味到了社会冷暖，更让我明白了我们国家的一些社会政策在前期是如何收集数据的。它让团队里成员的关系更紧密，我们在达拉特旗和扎赉特旗结束工作时举办了庆功宴，之后去了附近的KTV唱歌，正是这最后的离别之际，让我看到了老师们与平日在课堂上不同的另一面，他们既有着严谨的学术能力，同时也有着动人的歌声，他们的处事能力和办事态度都是值得我们学习的。此外，暑期我利用自己的闲暇时间参与CSS，在为科研贡献自己的一点微薄之力的同时，更为我整个平淡的本科生涯添上了浓墨重彩的一笔。

# 前路漫漫且灿灿

李琼瑶　中国社会科学院大学社会与民族学院

我记得第一次去GLY社区绘图的时候，是一个晴朗无云、秋高气爽的日子，我走在街区里，抬头看见阳光洒在路边的树上，树叶的影子照着一位中年大叔，他在那里洗车。他问我是什么人，来做什么。我诚实地回答了他的问题，将相关的证明给他看。他追问："哪一位社区领导同意的？"我调动突然卡壳的记忆脑区，顿了一秒才答出，"是Z书记"。他也停顿了一秒，然后语气缓和下来，紧张的气氛倏然消解，我的心平静了下来。我继续爬楼，从一楼爬到六楼，爬完一单元爬六单元，中间有几次与大叔再对视，我好像更加坦然了。

我并不觉得大叔的质问令人不适，相反，作

为一名社会工作专业的学生，看见社区居民关心社区事务，从社工的视角来解读，这是一件有利于社区的事情。而大叔询问的目的，也不是有意为难学生访问员，他只是需要被回应和被尊重。我们认真地与他交流，回答关键问题，获取他的信任，而不是将他视作被安排或可以被忽略不计的客体时，潜在的矛盾自然也就没有发生的可能性了。

## 一 敲开居民的门

社会工作的方法论常常强调正念，鼓励我们以积极正向的视角去看待和处理事务，怀着这样的心态，便能在事态平稳时，珍视正面的感受；在遇到阻碍时，正常看待困难，不自我攻击和自我设限，恰当地处理问题。敲开社区居民的门，是入户的第一步。敲门和询问并不难，只需看好被抽中样本的门牌号，"咚咚咚"地敲门，扯开嗓子，用恰当的声音说："你好，请问有人在家吗？我们是中国社会科学院的访问员，想来您家做一个简单的入户访谈……"但那扇门是否能打开，打开之后是否能进门，则需要的更多是运气和耐性。

由于我们大部分的访问员周一到周五都有课或实习，我们只能在周末来社区。而周末具体上门的时间也需要挑选，如果不幸运地选中了这家人出门游玩的时间，或者上门时他们正在午睡，那么便很难敲开居民的门。但有时，假如运气好，师兄师姐和督导提前联系好了社区的居委会，由居委会这一权威机构来做中间人，它的存在使我们更容易被接纳和信任。有时运气更好，甚至可以由居委会约好时间上门以免落空。

说到耐性，上门被拒绝，是一种常态，每当这个时候，就需要访问员调整心态，以更开放、更有耐心、更不怕拒绝的心态选择第二次上门。

我记得有一次，敲开门后，开门的是一位腿脚不便的青年，他看见我背后另一位高大的男性访问员，似乎有些防备，警惕地询问我们的来历。在我们介绍完之后，他仍然要打电话向居委会求证。在这个漫长的过程中，他始终保持冷脸，语气生硬地数次表示拒绝。但我们没有轻易放弃，一直具体地回应他的每一个疑问。最终在他和居委会通完话后，我一个人进去，得到了居民的配合，开始了户内抽样。这是我们一直保持耐心，不骄不躁，不因怀疑而感到怯懦，也不因否定和攻击而感到愤怒，才得到的收获。

## 二　门打开便不再难

一旦门打开了，访问员开始入户和抽样，一切工作便能够顺其自然地开展。虽然这个过程存在诸多困难，但是访问员可以通过多次访问，积累经验，逐渐熟练地应对。例如，问卷的问题很多，这需要访问员认真地和答话人解释，使对方理解我们的访问调查是有意义、有必要的，并使对方考虑到每个样本所花费的时间和物质成本，尽可能地体谅我们，配合我们完成问卷。再例如，有的问题太复杂，需要访问员耐心地解释。当问到"对社会保障的满意程度"时，有的居民不能理解什么是社会保障，那么访问员就要结合居民的日常生活来回答，使其意识到如医保、养老金和生育保险等，这些与民生福祉相关的东西，都是社会保障。此外，还有的问题涉及被访者的隐私，或者有的问题会涉及被访者认为敏感的话题，这种情况下，访问员则需要站在被访者的角度，考虑到被访者的不同需要进行解答，以打消其疑虑。当被访者担心信息泄露、影响个人生活和工作时，访问员要表明本次访问调查是绝对保密的，个人的信息将会隐没于宏大的统计数据之中。如果被访者质疑这种调查是"做样子、走形式"，拒绝回答或刻意胡乱回答时，访问员可以解释CSS的作用，以及举例说明以CSS数据为基础形成的学术成果，努力劝服被访者如实回答，为自己的权利负责。

访问员除了需要掌握以上的通俗技能，还有面对一些特殊情况，需要随机应变，灵活应对。一方面，访问员应该有敏感的意识，不管是对性别，还是其他的，都需要机警地去察觉，防患于未然。例如，有一次在GLY社区访问时，我和某位男访问员合作入的户，样本家庭是一对夫妻，户内抽样后抽中了家庭中的丈夫。我们一开始还感到喜悦，因为其丈夫配合度较高，受教育水平也高，对各个问题都能较好地理解和回应。当某些问题比较难时，他也会思考或询问一番再答，而不是胡乱回应。他真诚的答案，让我感到本次访问很有价值。

但访问进行到一半时，我们收到了女主人表达不满的信号。在里屋午休的女主人醒了，她先是询问了一番我们的来历，得到证实之后进了屋。不一会儿，她又出来了，询问我们还需要多久，我们老实地回答，"大概半个小时，很快就结束了"。见我们坚持，她转向其丈夫，略有些劝诫地对他说，"回答这些也没有什么意义，要是答得不好还给你惹麻烦……你还有工作要做，差不多得了"。这时，我忽然意识到，她或许是对于陌生的同性产生了戒备感。我急忙和旁边的男访问员换了一下身份，由他来对男主人做访问，而我做协助和记录，以及，为了使她感受到我们对她的尊重，为了使她信任我们，我特意起身和她交流，也一一回应她的问题。过了一会，她似乎终于放松了一些，放下我的证件，只嘱咐了几句，"快问，快点结束吧"，便回屋去忙她的工作。

一次危机就这样化解，而我意识到，如果访问员能够更加敏锐地观察到户内互动发生的变化，在很多不好的情况发生之前，在气氛紧张之前，就察觉到端倪，比如从性别敏感的角度，去看待性别的问题，就可以避免很多麻烦。

另一方面，访问员不仅应该结合被访者的性格来掌握访问节奏，也需要结合被访者的家庭情况、与家庭内重要他人的互动情况来应对突发状况。例如，每一位被访者会基于不同的立场和观点，对访问模式有自己的要求。在做一位退休老人的访问时，起初，我见他文化水平比较高，便认真地逐句念读问卷中的卷首语和题目，过了一会，他忽然打断我，说："姑娘，你可别这么和我念，你要这么和我念，我就不做你这个访问了。我啊，就不喜欢听这些特别正式的话，你就当咱俩聊天似的，也别念这么快，一问一答地把题目给答了就好了。"于是我放松下来，放慢节奏，对于问题的解释语气更加柔和，顺着他的话，我们很顺利地答完了很多题目。

我很感谢他能够坦率表达自己的想法和需求，基于此，我能够对症下药地调整自己的访问"模式"。就像我们在书里学的那些老年社会工作理论说的那般，有的老人是以积极、开放的心态去看待自己的老年化的，他们愿意去回顾自己的人生，愿意始终保持与外界的强互动，这是这位老人的"模式"。除此之外，我也被这位被访者心中满满的对生活的热爱所感染，那一天我感到无比满足，这是我除了访问之外的另一大收获。

被访者与外界的权力互动，也会对访问的顺利程度和质量产生影响。在做一次居委会帮忙预约好的入户访问时，由于该户曾与居委会有过数次良好的沟通，女主人表现得非常配合。但在抽样时，我们却没有足够的运气抽中她，而是抽中了她的母亲。她的母亲，则对于居委会和我们都不甚了解，自然也提不上什么信任。虽然老人慢慢地从里屋出来，不太愉快地放下手机，准备接受访问，但言辞中却透露着抗拒，"我一老太太，我有什么好问的，问我女儿不行吗？这家都是他们做主，我身体也不好，我也答不上来……"为了打消她对自己的否定，也为了亲近她而获得她的信任，同时因受到社会工作价值观的影响，我在访问中逐渐扮演起了一个更具人文关怀的角色。我肯定她的回答，陪她一起回忆过去的重要事件，夸她"记忆力好"，鼓励她表达自己的想法……但在访问结束之后，我复盘整个流程，我认为我的角色转换并不是特别成功。因为整个访问到后期时，几乎到了难以进行的地步，是我晓之以理、动之以情地不断恳求，加上她女儿的援助，才得以完成。

我思考背后的原因，我觉得，是因为我在说"软话"的同时，我被居委会赋予的"权威"的身份被解构了，她不再认为我是一个需要配合工作的工作人员，而是认为我是一个晚辈，一个什么都不懂的年轻学生。我的确与她更加亲近了，但她对我的信任和肯定程度却下降了。因此，她对我的态度随意了起来。好在，这户人家的女主人依然在场，基于对我的同情和理解，女主人劝慰她的母亲答完了问卷。

通过这件事情，我意识到，访问员不是简单的同行者，而是两个身份之间的互动。作为访问员，我们可以有情绪、有反应，但更多的时候，我们应该理性地分析情况，在合理范围内，利用好不同"身份"的互动模式，运用工具性情绪达成我们的目标。

## 三 看见每一个伙伴

看得见的，是一份份被记录、被审核的问卷，是巨大的统计表里的各项数据；然而，CSS的成功开展，背后还有许许多多看不见的，但是应该被看见的团队配合和个人努力。

首先，最应该被提及的，是台前幕后的准备工作。在去社区实地调研之前，李炜老师、兰雨师姐、王翰飞师哥和其他几位负责质控的师哥师姐分别对我们这群"小白"进行培训，培训涵盖的内容丰富，从CAPI和CARS软件的每一个具体的操作、需要注意的细节，到入户时应该怎么获得居民的接纳，怎么去解释问卷中的问题，就像老师们在手把手教我们一样。老师、师兄师姐和我们共同花费了两个周末和五个工作日晚上的时间，如此我们才能有准备、有信心且有能力地开展接下来的实际调查工作。

其次，社区相关人员的协助，也是非常关键的一部分。在去第一个社区绘图时，我感到一丝陌生和忐忑，是兰雨师姐和督导提前联系了社区，经多次沟通，才使我们能够在居委会的帮助下进入社区。实际绘图和抽样时，居委会也给我们提供了休息的场地，帮我们提前准备场地和联系样本户，为此他们需要在周末加班。最让我印象深刻的是某涉外小区的物业工作人员，是他们顶着压力，与一部分比较高傲的小区业主交流，为我们争取了入户的机会。虽然最终的成功率不高，但他们的出发点和心意，让人很是感怀。并且，当我们不慎被业主投诉扰民，还受到他们的威胁时，物业工作人员也会及时地出面斡旋。我记得，那是深秋的一天，太阳虽明亮，但不温暖，还刮着风。兰雨师姐和我们站在物业的亭子前，大家一起与居委会工作人员向小区业主表明身份。尽管最后，我们没能在该涉外小区调查访问到预期的数量，但在这个过程中每一个人的付出都是珍贵的，是需要被看见的。

再次，在调查中，每一个访问员都付出很多。第一次由访问员个人去敲门拜访居民时，我还不太熟悉看地图和找样本，我当时的两位搭档不嫌弃我笨，很用心地教我，让我很快上手。还有，我们的督导比我们早完成，每一次从楼道出来，都可以看见她在小区门口朝我们打招呼。我知道，她把我们的安全视作她的责任，她关心工作的进度，也关心团队中的每一个人。由于每个人分到的样本组各不相同，入户的难度也不同。有的访问员要去入户的楼栋居民性质简单，对社区信任感强，退休人员多，空闲时间足，因此入户成功率高；而有的访问员被分到的楼栋住户性质复杂，身份地位较高，常不在家或对社区不够了解，对调查访问不关心也不在意，因此成功率低。但正是因为有人选择了攻坚克难，才能有人获得更轻松的样本，其实最终所有的成功样本，是每一个人共同努力的成果。

最后，来自居民的体谅和包容，是整个调查过程中非常重要的一环。想起第一次前往社区入户访问那天，我从地铁站出来后，又在冷风中行走了十几分钟，抵达约好访问的居民家中时，我浑身上下散发着阵阵寒气。那时，女主人特意从厨房给我递了杯热茶，她家的狗子热情地绕着我打转，往我身上蹭，这让我感到十分温暖。在临走时，我不小心碰落了物件，发出了较大的噪声，使屋内的孩子从梦中惊醒，她不得不去安抚和重新哄睡孩子，我感到很不安，接连道歉，而她却选择了包容，并没有责怪我。我在她家做完了第一个样本，我很感谢她给了笨手笨脚的我一次成长的机会，这是我后期的信心和动力的一大来源，也是我很想要写这篇文章的原因。

理解与被理解，包容与被包容，这是贯穿整个调查的东西，是充盈在每一位调查工作人员心中的，使得负面事件能够隔绝在小团队之外，是抵挡风雨和坏情绪的东西。

除了访问成功的人，还有没有访问成功的人。除了去访问的，还有没有去访问的，还有绘图、抽样、质控人员，还有社区干部，还有社区里的热心人士……我们需要看见每一个人的努力。在NBD村访问的最后一天，也就是本次北京调查的最后一天。在村庄访问要比城市社区更容易，村干部们以及当地的居民都相当配合我们，让我们在京郊小村里感受到了久违的温暖与惬意。

那一天，我们两个小组一共完成了21份问卷，最后一份问卷完成时，我们在群里"拍一拍"那位"收官之子"，拍了好多下。我们开玩笑地讨论，"他一定不知道我们在干什么"。大家还很热烈地发送表情包，使得我的聊天界面充满了烟花、爆竹和爱心的动画……喜悦传染给了每一个在场的伙伴，这份喜悦，是"乘众人之智，则无不任也；用众人之力，则无不胜也"，是"关关难过关关过，事事难成事事成"，是"前路漫漫亦灿灿，少年眸里星泛泛"。

我们走的时候，在NBD村的村委会门前拍照，和"为人民服务"的墙绘合影。那天的天气格外冷，我们惊觉，原来就这样坎坎坷坷、匆匆忙忙、热热闹闹地走过了北京的收获之秋，就这样走入了储蓄之冬。这段时间，有过纠结，有过失落，有过意外，也有过欢乐……这是我一次宝贵的学习定量研究的机会，也是我一段难忘的少年回忆，如果再想起，希望它永远是我脑海中的暖色画面。

# 从课堂到田野：
# 西南调查记

*文康　中国社会科学院大学历史学院*

"库史木萨，兹莫格尼"，看到小徐的这条朋友圈时，我意识到大凉山的彝族已经过年了，而我们的CSS2023则吹响了胜利的集结号。小徐是同我们一起在四川做调查的西南民族大学的彝族学生，在那儿我愉快地待了十来天。我是偶然间看到CSS2023在招募巡视督导的，便报名了。我本身是学文物与博物馆专业非遗方向的，学习内容涉及历史学、民俗学、人类学和社会学，也算是沾边。CSS对我来说是一次很难得的田野调查学习机会，更何况安排我去的是西南大区，这对于一名非遗方向的学生来说简直是"泼天的富贵"。

我的CSS2023生涯大约有半年时间，4月报名通过初试，5月与6月在学校里参加培训。我们在北京怀柔区进行了一次试调查，随后便怀揣着对西南地区的美好憧憬出发了。7月，我被安排在贵州省巡视，8月又去了四川，10月和11月幸运而意外地被派往海南和西藏做调查。其间，我的足迹遍及西南四省区（且将海南也算进来），那里的山水、人、事都给我留下了深刻的印象，从课堂到田野，从理论到"在场"，我对中国的西南社会有了更深的认识。

## 一 穿越西南

巡视督导的主要任务是同大区老师一起负责每个省份访问员的培训，在实地调查中做好技术指导，保证调查质量，沟通好各方。我并不打算在每个省份的章节中分别叙述培训过程，相似的内容显得过于冗长，这里用一小节简要介绍其情况。

培训一般由带队老师和巡视督导共同完成，四省区的培训日程大致相同，都是五天左右。我们的卡姐——西南大区负责人王卡老师是培训的主力，最核心的问卷都是由卡姐来完成的，她讲起来轻车熟路，我实在是佩服卡姐能够在讲台上侃侃而谈，专业又通俗地讲上一天。但对我来说，最初那会儿心中是很惶恐的，我要把自己刚刚掌握的知识准确无误地传递给同学们。但我是第一次踏足CSS田野，面对的是对理论和田野更为陌生的同学。因此，在贵州黔南民族师范学院第一次讲课前，我足足花了一个通宵来优化PPT，不断地重复试讲。后来随着田野实践的增加，我在西藏的讲台上已经不那么紧张了，个案也能信手拈来。

每个省份因PSU数量的不同，配置的访问员规模也不同。四川是全国PSU最多的省份之一，10个PSU，访员人数达到60人；而西藏只有1个PSU，仅有5位访问员。其实，地方访问员基本是精挑细选出来的，从他们的党员和班干部身份就可以看出来。同时，贵州和西藏都会让参加过CSS2021的同学担任地方督导，这提高了工作效率，是一种很好的传承。但是，培训是一个理论性的短期加急训练，在实地总会有访问员抱怨"这和课堂讲的不一样呀"。因此，我们在培训中会特意增加课堂互动、模拟、实地练习等环节。

模拟是十分有必要的，因为理论不等于"在场"，实地调查遇到的情况是复杂多变和难以预料的。CSS要求既要保质保量，又要排除各种干扰因素，而这是培训中难以直接感受到的。因此，我们在培训中会穿插各种模拟环节。模拟访问要求同学们用半天时间自己寻找符合条件的被访者，进行一次完整的访问，还要给被访者礼品，最大限度地接近"真实"。虽然这种模拟仍有一定限制性，但可以减弱后续实地访问带来的冲击感。记得在培训时，在"访问技巧与安全须知"环节我们特意叮嘱同学们要注意衣着，要穿长袖长裤。但是在成都A社区模拟时，一位女同学穿着牛仔短裤，整条腿被蚊虫叮咬得密密麻麻都是红色疙瘩。这里环境潮湿，虽然感觉不到有蚊虫，但实际上身上很容易被叮咬。我对她不由得心疼起来，但我想这也是最好的教科书吧。

在贵州都匀，因为时间尚宽裕，我们便组织了两次实地绘图模拟，加强版的绘图模拟地点位于都匀市北郊一个村庄。不过，一开始我们低估了绘图难度，同行的巡视督导李同学对我说，"我虽然在河南已经有经验了，但还是第一次接触这种城中村"。这是一个较为理想的模拟村落，一半是现代社区，另一半是城乡接合部的城中村。城中村是最难处理的一种村居，其密度高，布局杂乱，建筑不规则，给我们绘图带来了很大的困难，同学们在CARS上难以确定建筑物的具体位置，在找路和找建筑物时经常会迷路。而这就需要绘图前充分地规划好各自区域，分组协作，实时更新进度，防止重复绘制建筑物。不过这对于队伍来说，是一次极好的协作和技能训练，但可惜，不是每个省份都有充分的时间进行这样的练习。

## 二 大山里的全景式调查

在都匀培训时，我们热得衣服总是贴着脊背。但到了毕节大方县，7月的早晨只有15度。一周后，我被调去铜仁碧江区，这里靠近"火炉"重庆，一下车，36度的炽热扑面而来。除了温度外，在云贵高原绘图实在不易。

我们到达的第一个村居B村位于城乡接合部，和贵州其他村子一样，B村有一个明显特点，村庄基本聚集在褶皱状的山坡上，而且县城还在坡上方的台地上。所以与东部不同的是，去村子里实际上是下山，而不是上山。这样的地形，访问员需要开车在各个居民点之间辗转绘图。但是城乡接合部的建筑往往很复杂，这里很多房子的一层和大门隐藏在公路下边，如果我们正常从路面上观察，很容易被误导。这样的建筑群实际上在谷歌地图上很难看清位置，不便于标注。以上因素都导致了我们在第一个村居的绘图花费了很多时间。后来，我们只标注出建筑的相对位置，但是要先确定一个准确的基点作为参考；同时，负责此居民点的同学也要负责该地的核户，因为在村居中，访问员只有做到对自己所画的居民点熟悉，才能提高效率。

在贵州调查，车是极为重要的工具。记得从大方县城到C村，坐大巴车在群山上摇摆了三个半小时才到。C村位于大山乡，乡如其名，街道就建在山巅之上。我们每天需要驱车下山去村子里工作，我们仿佛是大山的孩子被送到了深山，每天都"在云端"。C村建筑并没有B村复杂，但是大山上的建筑过于分散。好在陪同的两位老师贡献出了自己的爱车，全程充当司机，随叫随到，后勤工作安排得很妥当，保证了调查进度。不过，其他的地方就没有这么幸运了。贵州7月是雨季，山区滑坡、泥石流多发，常常阻塞进村的道路。在D村，村干部劝阻了欲进村的调查组，说"已经有几栋房子被埋了，上周刚死了人"。后来S老师也回忆说，"我的车在山上开到一半，发现前方路基悬空，差点跌落悬崖，惊魂未定"。

对于田野调查而言，难度系数最高的工作是进入田野。田野点已经被项目组科学而谨慎地选择出来，所以，最难的工作是如何"入户接触"，填答问卷倒是其次的。还是在B村，我们好不容易找到了一位符合条件的奶奶，S老师和访问员轮番上阵劝说，但是一听说做调查她就拒绝了，不停地重复"我听不懂你们说的话"，大家只好放弃。在大山乡，访问员们——其中很多是女生，在村里循着夜路一直坚持访问到晚上11点，回到民宿吃饭时已经是12点了，他们就像那路灯下的向日葵，坚韧、向阳而生。

在E村，小组遇到了更大的困难。村干部说，这个村在一周前刚刚经历过一次访问，政府有关部门在这里进行了一次长达两个小时的精准扶贫调查。村民听闻又要进行调查，便很反感，拒绝接受。另一个困难是，在这里，我们不得不面对人口老龄化、留守老人、民族语言不通等问题，我们很难找到符合条件的被访者。不过S老师最终解决了这个问题，那就是求助当地的关键人物——村干部。

和农村相反，城市社区的访问要困难得多，拒访率相对较高。当你处于一个现代化的社区时，你发现会被各种理由拒绝，即使你表明了你的正式、合法的身份以及出示了介绍信。对于高楼中的居民，即使是社区干部上门也不一定能成功打开门，他们的戒备心较强。一路下来，我甚至得出了结论："经济地位和受教育程度越高的人拒访率越高，他们对信息保密的信任度较低，似乎调查很容易触动他们的利益。"更多的时候，因为门禁，我们往往要在楼下蹲守许久，当有人开门的一刹那，大家便以最快的速度抓住门，不错过任何一次机会。

城市社区访问强度是比较大的，但这是一个塑造社交型性格和强大心态的实践过程。F小区刚刚宣传完"防电信诈骗"不久，因此这个小区的调查难度极大，记得当时50个样本成功的竟不到5个。一次，好不容易在傍晚敲开一户门，一位姐姐热情地接受了我们的访问请求，但是将时间预约在晚饭后。当我和小杨稍后再去敲门时，开门的是她母亲，对我们的态度发生了180度的大转弯，严词拒绝了我们的访问，并扔掉了我们的预约信。小杨淡淡地说了一句"我们被鸽了"，于是我打电话给那位姐姐，终于在沟通之后，她同意了我们的访问，让我们去楼下，她在那儿等我们。但是，我们在楼下并没有找到她，电话也再没有打通。我和小杨意识到"又被骗了"。这样的社区，能做出一户，都是极其考验访问员耐力和心性的，但我们做到了。

## 三　凉山腹地的彝家风情

在贵州，我到访了彝族村落，那里的彝家服饰和饮食与汉族并无太大区别。四川则相反，我所去的PSU是凉山彝族自治州布拖县。根据我的观察，人们的生活习俗和服饰礼仪保存得依然相对完整。正因为布拖县浓厚的彝族风情，我们的工作方法才富有当地特色。凉山州布拖县是四川10个PSU中难度较大的一个，恰巧，我被派往那里。因为是彝族聚居区，T老师早就考虑到了语言不通的问题，特意给我们安排了一位彝族同学——拉体，队伍里也配备了半数男生，而隔壁PSU则全是女同学。我们在成都完成青羊区的工作后，先是坐"绿巨人"到西昌，再坐大巴到布拖县。这里是川西高原，我们的车子从西昌出发半小时，仍然还在市区边的高山上盘旋，路很陡，但是沿途风景很美，可以看到泸山邛海以及高山草甸，谷克德正开着索玛花，那儿刚刚举办完火把节。

在少数民族地区做调查，首先要注意入乡随俗。要积极了解当地的生活风俗，尽快取得当地村干部和居民的信任，并和他们建立友善的关系，获得当地居民的认可。这种对"地方性知识"的了解和关系的建立对后期入户访问是大有裨益的。当然，要尊重当地政府规定和居民意愿，不得随意拍摄与公开资料，这是学术与道德的要求。

我们刚到布拖县时，对那里陌生的一切都很好奇，但是很快就适应了。彝族人民让我第一次感受到如书中所写的那样——少数民族是十分热情好客的。当我们在第一个村子绘图时，彝族同学告诉我们村干部杀了一头猪来款待我们，当时我们是极其震惊的。在彝族同学的建议下，我们买了一些东西来到村委会送给主人家。在那儿，他们杀了一头凉山小黑猪做成了坨坨肉给我们吃，我们学着当地人的样子，在院坝围成一圈用完了午餐。虽然部分同学对坨坨肉明显是不适应的，比如我，但是所有人都吃了一些，这是有必要的。彝族同学告诉我，坨坨肉是当地招待客人最高的礼仪之一，可能后边的村子还要杀猪。他说得没错，第二个村子仍然准备给我们杀猪，我们过意不去，婉拒了，但是村干部还是安排我们吃了一顿坨坨肉。在入户时，村民们同样热情。

入乡随俗，尊重当地习惯是调查的催化剂，能极大地促进与当地群众的感情，更深入地了解被调查对象的情况，有利于开展工作。一天夜晚，我和小张来到被访者家中，他们全家正围着火塘吃饭，大叔很热情地招呼我们喝酒，我好不容易才推脱掉，精瘦的嬢嬢又热情地给我们端来一盆刚煮好的荞面粑粑和鸡肉。我和小张象征性地吃了一些，荞面粑粑味道很不错。一番互动后，气氛开始活跃起来，大叔还兴奋地拿出了村委会颁发的洁美家庭牌匾给我们展示，采访进行得很顺利。

我对凉山的小孩子印象也极为深刻，在各地的调查中，小朋友一直都是有力的助手。布拖调查点几乎每个家庭都有两三个孩子，他们小小的身躯像大人一样能干，我肯定在这方面，他们比我们几个大学生强。小朋友在绘图带路、问卷翻译方面给了我们很大的帮助，我们每次出门时，也都会自觉地给这些小朋友们准备一些零食和糖果。小朋友的帮助是热情和无私的，他们会和我们讲述村子里的故事，也时常抬头憧憬山外的世界，临走时，他们隔着山头给我们招手送别。

在少数民族地区访问，语言不通的问题是无法避免的。语言不通有两种解决方案：一是找当地人帮助翻译，二是安排会当地方言的同学进行采访。目前，新疆和西藏采用第二种模式，大凉山则采用前者。第一种模式需要调查小组和当地村干部提前沟通联络好，比较考验学生的组织协调能力，一般是分配好对子后，由村民小组组长带一名访问员入户并担任翻译。在G村，一位年轻的村民小组组长全程陪同我们并进行翻译，一个下午翻译了三家，每家将近两个小时，回家时已经是晚上10点多，一脸疲惫。翻译往往需要一个问题多次沟通才能得到答案，同时，这不仅仅是语言的转换，还要考虑到当地人感情上的接受程度。这位村干部就告诉我们，一些问题比如"婚前同居、艾滋病"在当地都是不好说出口的。当然，除了村干部，当地的小朋友和家中的学生都是很好的翻译，在布拖，在家里遇到孩子的概率是很高的。值得一提的是，我们给每一位翻译准备了一份与被访者同样的礼品，这样能增强翻译的积极性。

在物质条件差、语言风俗差异大的地方做调查既是浪漫的，也是艰苦的。凉山州属于三区三州地区，是高寒山区，交通不便。这里在20世纪毒品泛滥，目前仍然有艾滋病群体存在，虽然得到了很好的控制，但是难免会给同学们带来心理上的担忧。在H村就有一个该县的毒品警示教育基地，景象让人触目惊心。但综观其过程还是相当顺利的，原因有四。一是队伍同学之间配合得很好，很团结；二是队伍带头人有着很强的领导力和凝聚力，如拉体和小朱两位组长；三是有老师的协作，这次行动，我们的带队老师T老师因家中突发急事，未能到场，但是她在后方尽力为我们周旋，将地方调查事务放手让同学们去做，极大地调动了同学们的积极性；四是当地村干部的大力配合，他们充当了中间人的角色，帮助我们顺利进入田野。

## 四　握手楼与语言片区

　　海南是项目组时隔多年又一次选择的调查地，同《仗卷走天涯：全国大型社会调查之督导笔记》（第三辑）中一位去过的同学所描述的那样，难度不可谓不大。我乘飞机到海口是28号，第二天在海口一个人度过了中秋节。海南和北方风格迥异，行道树上挂满了椰子，斑马线两边满满的是等待红绿灯的摩的，燥热的太平洋海风吹拂着我的脸颊，当地人说着我似懂非懂的海南话，对面就是近到一眼可以望到陆地的广东湛江。在大凉山，他们会问我，"你是汉人吧"？在海南，他们会问我，"你是大陆① 的吧"？我第一次有了身份上的觉醒。

　　海南只有一个PSU——澄迈县，我们都住在海口，每天早晨7点乘坐大巴到村居进行绘图调查，大约有40分钟车程。因为海南的调查时间并不充裕，进度赶得很紧，所以海南的调查总基调是快的。我也顾不得迷恋这海岛风光了，和我一起的小赵每天总是顶着一头大汗略显疲惫，访问员们的抱怨也不少。其实，在地方做调查时，同学的抱怨和老师的建议是避免不了的。记得S老师曾给我建议："应该用民族学、人类学的方法访问，我们做问卷调查时，村民大多都在说谎。"W老师跟我说："问卷太长了，内容也不适合我们这里的情况，很难完成任务。"像这样的抱怨和建议是正常的，这是巡视督导要面对的事实，但目前受制于经费等客观原因，还很难解决这些问题。

　　虽然以上表明，海南的调查并不太顺利，但在那里，我得到了两个调查经验——认房子和方言片区。

---

① 海南人习惯将外地人称为"大陆人"，这主要是由于海南是一个海岛，与中国的陆地部分并不相连。这种称呼是祖辈传下来的习惯，并没有褒贬之分，只是一个地域上的统称。

在CSS中，确定"户"是很重要的一个步骤。贵州乡村的房子是散居在山间的，很好辨认户数；大凉山多是一户一个院落，也易于辨认；除此之外遇到较多的是移民点，西南地区移民点规划统一，一般都是一户一宅并且有标记，辨认也并非难事。但是海南村落里的自建房和上述不同，它们类似于课本中介绍的握手楼，不同的是，楼栋之间没有缝隙，完全挨在一起成一排。这样的建筑布局虽然相对整齐，但是一开始，我们很难辨认户数，无法判定一排建筑有几户。后来我们发现这里的房子不同于北方，北方房子正面为长条形，但是海南自建房大多正面极其狭窄，户型是长条形，多为两三层，一般一户正面开一个门，户与户之间没有间距。最后，基于这种情形，我们终于有了快速确认户数的办法，绘图的速度也大大加快。

在调查中，同一地域的同学就一定能听懂当地方言吗？答案是不一定。在大凉山调查时，村民除了说彝语就是说普通话，但是在海南则不同，海南话似乎听起来和与其咫尺之隔的粤语很像，但是我并不能听懂，因为通常人们认为海南话属于闽南语。我们在海南所调查的村子长寿之乡居多，那里大多是老人，老人们可以听懂我说的普通话，但是他们说的话，我听起来很费力，抑或根本听不懂，而且他们极少说普通话，所以和他们的沟通难度甚至大于凉山。访问员有来自海南的，但是似乎也不大能听懂这样的话，因为几乎每个县的方言都有所区别，离得越远越听不懂。这让我意识到方言也是分片区的，所谓十里不同音，W老师曾给我提及这一点。在凉山，彝族同学虽然也会说彝语，但是他是宜宾地区的彝族，而布拖县属于彝语阿都测克方言区，因此，他并不能够完全听懂布拖的彝语。

## 五　翻越雪山到牧区

我实在没有想到能有机会去西藏，倘若不是CSS，可能我这辈子也不会踏足雪域高原吧。透过飞机的舷窗，可以看到无垠的雪山，第一次见到如此壮阔的景象，顿时那种山舞银蛇的豪迈感就油然而生。刚下飞机时，在海拔3600多米的拉萨，我和卡姐还是有一些高原反应的，走路和上楼梯都吃力。但是西藏大学的四天培训使我很好地适应了高原上的环境，为去日喀则做了充分准备。但是值得提醒的是，一般的培训内容在西藏或许并不完全适用，从各个方面来说，西藏的实地调查都是风格迥异的，因此，在后续培训中要注意内容设计。

在西藏的调查采用的是同上述三个省份完全不一样的模式。我们所要去的日喀则谢通门县是遥远的，从拉萨出发，司机整整开了大半天的车，所以往返路途就要耗费两天时间。从县城到村居同样遥远，调查名单中的两个村居位于牧区，我们从县城到K村足足走了五个小时，190公里，中间还翻越了一座海拔5000多米的雪山，晚上回到酒店时已经11点了。这样的距离，我们只得早上7点就出发，但因为时差，在那里还是凌晨5点，下午太阳落山时，北京已经完全天黑了。所以西藏调查中司机是很重要的，要技术过硬。Y老师给我们安排了一位老司机，但还是提醒我要一路与之攀谈，不要打瞌睡。去K村时，Y老师让我先感受一下高海拔，再判断能否去L村，那里海拔有4600米，如果出现问题，势必会拖累同行的访问员，好在我没有任何反应。当然，这也是认真听从建议的结果："千万不要感冒，一定要穿厚，不要耗费过多体力。"总之，要有充分准备。

西藏调查使用的是名单抽样，省去了画图。但是因为在藏族地区，所以我们的调查要特别依赖村干部的协作，因此，前期的行政联络是极为重要的。西藏的调查，访问员历来都是藏族学生，他们使用藏语进行访问。这里要注意的有两点。一是因为是用藏语访问，所以督导在现场要及时检查上传数据，并进行反馈修改。同时，尽可能多做两份作为备份问卷，因为想再返回村居做问卷是很困难的。二是通过调查统计，我发现一些数据与常理不符，可能与实际情况存在较大出入。例如，问卷数据显示，牧民多回答年收入为几百元，但是后来村干部告诉我没有这么低，同行司机告诉我可能牧民回答的是实际持有资金，但是他们所持有的更多是实物资产，如牛和羊，并不好折算。除此之外，在填写村居问卷时，当地一般不涉及林地，耕地也不适用于牧区，但是草场或草原基本有。问卷数据显示，牧民在计算草场面积时，通常使用古老的藏族单位"岗"，村干部告诉我其换算方式并不是固定的，人均草场面积一般非常大。

以上现象背后的原因还有待研究，但是访问员对问卷的理解和询问方式可能对数据有较大的影响。早期人类学家提倡异文化研究，我们在面对自己熟悉的环境时，总是会带入一定的感情，调查者很难保持客观性和敏锐性，对被访者的回答过于想当然，甚至使其偏离事实。所以本地学生在访问本地居民时，要注意对问卷多追问，要既能和当地民众融合，也能跳出角色，理性访问。在整个西南大区的CSS访问中，我发现，访问员主观的情感推断和客观理性的矛盾是导致数据偏差的一个很重要的原因，这是需要注意和警惕的一个问题。

除此之外，不得不佩服西藏老师的用心。在我们访问的几个村庄，Y老师都会给每个村委会准备一面锦旗，给被访者的礼物是每人两块黑砖茶，并用哈达包起来，或者直接献哈达，这些礼物既照顾了当地民俗风情，又有实用性。总之，西藏因其特殊性，在培训、访问、物资准备等诸多环节与其他省份有很大不同，这还需要总结，以便后续调查能更顺利地进行。

## 六　小结

刚进入田野时，自己仿佛是"天真的人类学家"；几个月下来，感觉自己又变成了"愚蠢的人类学家"。西南地区这种陌生的环境、民族风情、形形色色的人都是课堂上所接触不到的，但在CSS中，我可以在场直面"景观"与"文化"。从椰林海南到雪域拉萨，从贵州侗族到凉山彝族，我见证了脱贫攻坚和移民搬迁，也见证了中国式现代化。

在CSS社会实践中，我在调查和专业素养上都有很大的收获。CSS所做的是严格意义上的社会调查（social survey），根据抽样方法选取有代表性的样本，然后用结构化问卷询问方式来收集社会事实数据。我所学的民俗学的田野调查（field research）更偏重于人类学和民族学。我在学会用社会调查方法做严格的社会调查的同时，也在用民俗学的方法观察当地的社会和风俗，利用非参与式观察和简单访谈留存了一大批影像资料。当然，这也促使我在当地更容易接近那些被访者。

记得从凉山准备回京时，热情的T老师极力推荐我去凉山彝族奴隶社会博物馆看看，在那儿，我看到了林耀华先生的塑像。林先生于20世纪40年代深入彝族地区进行社会调查，并写了《凉山彝家》一书。我回到北京后，恰逢老师在课堂上介绍《金翼》。今天，我们很难想象70多年前，林先生在大凉山是如何做田野调查的，但是，那种求真和不怕困难的精神是值得我们CSSer学习的。

　　川黔琼藏四省区的调查，我的所见所感良多，本文只是通过五个视角对CSS2023做简要的叙述。最后，感谢在此次调查中王卡老师对我的帮助与指导！

# 积淀实践智慧：
# 我的CSS之旅

熊梓楠　南昌大学公共政策与管理学院

历时两周，CSS（中国社会状况综合调查）项目在南昌市青山湖区的调研终于落下帷幕。这是我第一次接触到专业的调研，也是我第一次如此频繁地与陌生人较为深入地接触。非常荣幸能得到这一次参加调研的机会，我收获颇丰。

正式开始调研之前，我们进行了为期四天半的理论培训。知识很多，时间却很紧，很多知识我都似懂非懂，直到第五天我们进行了试点绘图，我才真正明白了我们的调研流程。试点绘图的当天下午，我们就打包好行李住进了南昌大学青山湖校区的学生宿舍。

说实话，预想中要爬的高楼，要迈开腿跋涉

的、弯弯绕绕的路并没有使我感到恐慌，反而是入户这一阶段让我有些犯怵。作为一个自认为在社交技巧方面有所欠缺的人，入户对我来说是一个需要努力跨越的心理障碍。开始绘图的前两天，我努力让自己忙起来，在巷子里穿梭，在楼梯间攀爬，手上是不断出现新建筑标识的平板，额上是不断滚落的汗珠，但我仍然无可避免地想象着我敲响住户的门后各种可能发生的情况。可能住户会冷着脸拒绝，或者是不耐烦地把我赶出来，也可能住户压根不会开门。这种焦虑一直持续到我敲开第一个住户的门并成功预约之后才有所缓解，而焦虑真正消失还要从第三天中午我接触到的一个样本说起。

开始入户的第三天中午，我和另一位访问员忐忑不安地敲响了第20户的大门。本以为这一户会像其他几户一样无人应答，结果门却在我们要转身离开的时候打开了。一个年纪稍长的女人面色不善地看着我们，我们赶忙面带笑容表明来意。只是话说到一半，门便被"砰"地关上了。不多时门又被一位中年男性打开，他对我们的调研表现出了一点兴趣，我们忙不迭地进行了户内抽样，并按照抽样结果对他的妻子进行了访问。没想到他的妻子表示问卷问题太过枯燥，过程也实在漫长，于是只回答了几个问题便罢工了。我们不但中途被迫变换了被访者，而且被逐渐失去耐心的男主人"教育"了不少时间。最后问卷无疑作废了，我们也白挨了一顿训。

站在楼道里挨训时，我嘴上不住地道歉，脸也涨得通红，一时间竟有落泪的冲动。毕竟这样尴尬的处境我在前18年的人生中从未体验过。但回到居委会后我转念一想，接下来的入户难道还能有比这更难堪的情况吗？于是自这一次入户以后，我访问时竟然更加轻松自在了。这一次入户体验给我留下了很深的印象，此刻回想起来我并不觉得太糟糕，反而庆幸能够得到这样宝贵的经验，为我之后无论是入户访问还是做其他的事情，都增添了几分勇气、减少了几分顾虑。后面的几个社区由于有了第一个社区经验的累积，进度明显快了不少，最后我们组比计划时间更早完成任务。

但是在第二个社区，我们并非完全没有遇到困难。我们调研的第二个社区是Q社区，距离我们借宿的南昌大学青山湖校区的学生宿舍比较近，这无疑为我们节省了一大段通勤时间。在绘图阶段，我们遇到了与第一个社区不同的困难。在第一个社区，问题主要是边界不太清楚，建筑较为分散，导致绘图比较困难。而在第二个社区，实际建筑与谷歌地图上的建筑对应不上，因此无论是村居边界还是建筑图层都难以确定。

为了解决这个问题，我们首先向居委会确认了社区的管辖范围。实在无法确认的边界，我们就分成几组，沿着边界走一圈，观察道路旁边是哪些建筑。值得庆幸的是，这个社区非常规整，几乎是一个长方形，其中的每一栋建筑排列得也十分整齐。但同时，这个社区的建筑分布密度很大，是一个比较大的小区。幸运的是，居委会的工作人员借给我们几辆小电驴，让我们不至于在炎炎夏日中奔走。这个小区的楼栋数量在60栋以上，每一栋有3~5个单元不等。由于是老小区，楼房都是7层左右，并没有安装电梯。再加上一楼为了方便出入常常会在前后都安上一扇门，这些都说明我们的绘图将是一个巨大的工程。

在第二个社区，我印象最深刻的就是核查户数时爬楼梯的劳累。当时正值酷暑，正午时分。核户的样本发放了下来，虽然太阳十分毒辣，但我们依然选择抓起帽子，跑向样本所在的楼栋。居委会的工作人员不忍心看我们大热天在外面四处奔波，于是开车送我们去需要核户的楼栋，车里开了冷气，温度适宜，非常凉爽舒适。而隔着车窗的户外则是热浪滚滚。到了楼栋单元门口，我不得不下车爬上楼核户，整个过程中我频繁地上下车，每次上车没享受多久的冷气，就得打开车门开始爬楼梯。这样不断的冷热交替对我来说是一种精神和身体上的双重折磨。在数不清第几次爬上6层或7层核户，又飞奔下来上车的时候，居委会的哥哥看着我不断顺着脸颊滚落的汗珠，有些同情地递给我一包纸让我先擦擦汗再继续。我接过纸道了谢，胡乱往额头上擦了两下便又打开车门冲上了另一栋楼。

回到居委会已是两个小时后。虽然100多份样本分布在偌大的社区的各个部分，但是我们小组5位成员通过分工协作，还是较快地完成了核户。在居委会碰头时，每个人都汗流浃背、气喘吁吁，"咕咚咕咚"地灌着水。虽然很累，但是我们还是笑着相互打趣、相互鼓劲儿，稍作休息后，在晚饭前由居委会的工作人员带着开始入户。城区的住户边界感较强，不太愿意让我们进门，但当晚我们还是几乎每个人都入了两户，可谓硕果累累。

第二个社区工作进行得较为顺利，休整半天之后我们就前往了第三个社区。第三个社区规模并不是很大，不像第一个社区那样分散，但是居委会的干部告诉我们，这个社区是由江西省某公司、农基站以及江西省某医院家属小区组成的，所以这个社区存在居民素质两极分化的问题。更加不巧的是，最近一段时间，居民因为收物业费的问题与社区居委会起了冲突，对居委会干部的脸色并不是很好，甚至直接操起扫把对干部进行驱赶，更别提我们这样一群初来乍到、身份不明的调查员了。居委会主任苦笑着与我们说明了情况，表示会尽力配合。经她这样一说，我们心里都有些犯怵。

果不其然，我们在核户的时候就遇见了困难。由于是建筑工人的宿舍，宿舍的楼栋大多是走廊式的，一层楼有几十扇门，无法区分到底住了多少户人家。并且由于走廊式的楼栋较为开放，所以每每到核户环节进行拍照的时候，都会被住户警惕地盯着或者厉声呵斥。虽然每次我都礼貌且有耐心地向其表明我们的身份以及来意，但大多数人并没有耐心听下去。

到了晚上饭点的时候，我们终于结束了核户的工作，一边吃着带队老师为我们提供的补给小零食补充能量，一边紧张地等待建筑图层的审核。终于，在等待了近一个小时以后，我们接收到了抽取的样本，医院小区和公司宿舍抽取到的样本数量相当。我们立刻马不停蹄地往自己负责的样本住址赶去，当晚我在居委会主任的带领下成功入户了农基站的一户人家。原本居委会区干部叮嘱我说这户人家可能并不是很好交流，给我打了心理预防针。但实际却并非如此，给我们开门的是一位看上去年纪四五十岁左右的叔叔，他脸上一直带着和蔼的笑容，给人的感觉质朴又亲和。

我们的问卷确实事无巨细，甚至问题会涉及一些较为隐私的部分，但是叔叔以及他的妻子，并没有感到不耐烦或是被冒犯，非常认真地回答了我的每一个问题。印象最深的是"您目前是否有创业的打算"这个问题，叔叔很认真地告诉我，虽然自己现在是一个环卫工人，但是如果有机会他的确有创业的打算。

在访问的过程中，他们夫妻俩看出了我有些许急促，主动安慰我不要紧张，甚至在访问结束后邀请我留下来一起吃晚饭。我在第三个社区访问的第一个样本就这样顺利地完成了。我接下来的三个样本都是在某公司宿舍中，虽然访问的过程算不上顺风顺水，但是接受访问的被访者都很配合地完成了访问，即使是拒绝访问的，也大多礼貌地说明了缘由。回想起在开始访问之前所做的"某公司宿舍居民素质可能较差"的心理建设，我不禁觉得有些羞愧。

第四个社区比第三个社区规模更大，好在较高的楼层都安装有电梯。楼栋之间的格局几乎是一模一样的，每一层的户数也没有例外，让我们在绘图阶段方便了很多。但很不巧碰上周末，社区人手不足，只能由物业公司小哥带着我挨家挨户敲门。敲的第一户门就开了，是一个年轻的姐姐，不过在开门之前她翻看物业信息警惕地确认了我们的身份，并查看了我的证件，确认没有异常之后才略带抱歉地开门给我们递了鞋套。我很顺利地完成了户内抽样，只不过抽中的是她在外上班的丈夫。我只好写了一封预约信，表示下午两点再登门拜访对她的丈夫进行访问。接着我跟着物业公司小哥继续四处敲门，接下来的几户处处碰壁，要么无人响应，要么住户拒访，我倒也习以为常。敲到最后一户，一位老人颤颤巍巍地开了门，表示自己的儿子与儿媳中午就会回家，我连连道谢并递上了预约信。

我回到居委会一看，发现我的队友们上午都完成了一项"KPI"，甚至有人已经完成了两户的访问，我不免有些挫败。不过没等多久就到了我与老人约定的中午11点。我先去了最后一户对老人的儿子，也就是这一户的男主人进行了户内抽样，最后抽中了男主人的妻子，但她并不在家。于是我只好又预约中午12点再次登门访问，男主人有些不乐意，说他的妻子中午需要时间午休。我嘴上笑着说并不会耽误很多时间，实则心里十分没底，毕竟完成一份问卷需要花费1~2个小时。12点，我怀着忐忑的心情准时敲响了这一家的大门，这回开门的是女主人，她爽快地招呼我穿鞋套进门，并且让我坐在沙发上访问，她自己则一边吃饭一边带娃，还要从孩子的哭闹声中抽空抬起头回答我的问题。我在心生敬佩的同时，不自觉地加快了念读问卷的速度。

预约的第二户也顺利完成，当我口干舌燥地踏进居委会大门时，发现其他组员已经坐在居委会休息等待了。南昌市青山湖区的调研就这样在不知不觉中结束了，我们也到了返校与带队老师道别的时间。当晚我们一起欢欢喜喜地吃了一顿烤肉，就正式与老师告别了。喜悦与不舍同时围绕着我，一时间百感交集。

　　两周下来，我有诸多感触，体会到了一些在校园、以学生的身份无法体会到的东西，只有在实践中才能得到的真知，例如遇到与计划相左的问题时保持冷静、如何与组员更好地分工协作、如何以亲和可信的形象与陌生的居民沟通等，这对我而言是十分宝贵的。并且在这次实习中，我的解决问题的能力以及与人沟通的交际能力都得到了很大的提升，在补齐短板的路上迈进了一步，这是最让我庆幸的一点。

　　通过这大半个月的调研，我的成长在很多方面都有所体现。首先体现在社会交往能力的提升上。上课时老师常常告诉我们，身为社会学专业的学生，我们要足够"social"，要足够了解社会，并且具备良好的与人交往的能力。而这一点恰恰是我所欠缺的。虽然我是一个性格比较开朗的人，在为人处事方面并不懦弱畏缩，但是在与人打交道时也不十分外向，可以说是不太擅长人际交往。所以当我听说要"入户"访问的时候，我的心里的确"咯噔"了一下，随之而来的就是焦虑和抗拒。18年来我交友时几乎从未与他人有过冲突，所以光是想想可能会与住户发生的矛盾我就感到十分惶恐。无奈开弓哪有回头箭，当绘图抽样工作落下帷幕，样本已经送到我手中时，我也不得不拿起平板和示卡去敲响住户的门。奇怪的是，在门被打开、见到住户的那一刹那，所有的焦虑和恐慌都消失殆尽，我只能听见自己急促而有力的怦怦心跳，以及反复演练过多次才脱口而出的自我介绍。

　　住户拒访了，我继续劝说，表示可以再约时间；住户接受了，我立马掏出鞋套进屋访问并礼貌道谢。就这样接触了一个又一个样本，我突然间发觉，其实真正被拒访时并不会有多难堪。最差的情况不过是被不耐烦的住户在楼道里说教10分钟，然而我的脑子里思考的仍然是如何争取让住户配合我继续完成这份问卷。在调研的后半段，我已经不再惧怕敲开住户的门了，并且大致清楚了怎样的说辞才能让住户接受访问，怎样才能在访问的同时照顾到被访者的情绪。如果把这一变化具象化，我想可以用MBTI来表达。从前我测过很多次，无一例外都是I人，是一个比较典型的内倾人格。但是在调研结束后，我进行了3次测试，结果都显示E开头的外倾人格。用 I 人和 E 人来展现社交能力的提升也许有些刻板，但我想表达的是，不足一月的实习对我产生的影响的确意义非凡。成长还体现在视野的拓宽。这次实习给予了我第一次真正意义上短暂接触社会的机会。我虽然是社会学专业的学生，但是过去的一年里都在进行理论知识的学习，对于社会状况一概不了解。而这次大半个月的实习中，我对 18 位被访者展开了家庭、工作、经济、社会保障、社会满意度等各方面的访问，对我所生活的这片区域有了新的认知。印象最深的是在第一个社区里，两排平房中挤着五六户人家，每一间的空间都很小，两排之间的过道仅仅能容纳一人通过。前一间是一家人吃住的地方，后一间则是做饭、洗碗、上厕所、洗衣服、洗澡的"多功能房"。平房旁边的小楼有三层，但并没有多么气派，也是一栋摇摇欲坠的危楼。一位头发花白、步履蹒跚的老奶奶拉住我们的手，眼含泪光地告诉我们生活的苦楚。与她对视的那一刻，我好像有些明白了社会调查的意义所在。即使我们生活在同一座城市里，也有可能经历着完全不同的生活。甚至在同一个社区的管辖范围内，有人住着高高的电梯楼，有人全家挤在城中村小小的平房中，每天夜晚出门都要小心翼翼地摸索，连一盏路灯都是奢求。这在一定程度上打破了我对城区狭隘的认知。

总而言之，这一次参加 CSS 的调研让我获益良多。调研虽然结束了，但我的经验和记忆不会随着时间消失。"社会就是书"，我会保持一颗学习的心，以积极向上的态度不断从实践汲取知识，充实自我。"读万卷书不如行万里路"，这次参加 CSS 调研让我成功迈出了一小步。今后我会更加努力地学习专业知识，争取做到"知行合一"，阅读社会这本大书。

# 我与CSS共同成长

安龙洁　中国海洋大学国际事务与公共管理学院
潘淑贤　中国海洋大学国际事务与公共管理学院
许乐乐　中国海洋大学国际事务与公共管理学院

作为社科研究生，在研一刚入学的时候，导师就让我们学习使用一些数据处理软件，为自己之后的量化研究打下基础。看到一篇文献中写到"统计分析采取的微观数据源自2019年的'中国社会状况综合调查'"，我们当时就很好奇微观、细致的数据是怎么收集到的？到底得花费多少时间、心血才能够收集整理成一个供社科人使用的数据库啊？正好中国社会科学院给了一个宝贵的机会，我们参与了数据收集过程，领悟到了什么是"前人栽树，后人乘凉"，数据来得多么不易！现在回想起过去半个月的CSS经历，"再不出去报警了""干什么，出去""不出去打人了啊"

这些话与我们当时窘迫的样子就如同电影一样，在我们脑海里放映。

将时间拉回到 7 月 8 日，在经过了为期 4 天全面的培训之后，我们收拾好行囊，开启在北方 S 省的 CSS 之旅。我们小组一共 9 名成员，在 S 省的 4 个社区开展了为期 12 天的调研。在这里我们总结一下在农村社区与城市社区调研过程中的经验和想法，以及个人的反思。

## 一　城市社区里的"三道门"

在城市，有各式各样的社区，一般都有自己的大门，访问员需要得到门卫的许可后才能进入小区。相对而言，这重门的阻力是"三道门"中最小的。不同类型的小区，配有安保程度不同的大门和门卫。出于对业主和业主访客的尊重，门卫不会轻易拦截进入小区的任何人。一般来说，老旧街坊的小区，排他性较弱，大部分没有门卫，比较容易进入；但高档商品楼社区，尤其是别墅小区很难进入。小区的传统性与它的排他性，呈明显的反向关系。

因此需要社区居委会的帮助，我们在开始实地绘图之前先去了社区居委会办公室，向居委会介绍了我们的活动持续时间，请求他们给予我们帮助。居委会书记将我们的活动发到各个物业所在的群里，得到了各物业的帮助和支持，以至于我们能够较为容易地打开第一道门。

进入社区大门后，第二道门就是单元楼的门禁。此时，通过门禁的对讲电话，访问员向被访户的应答人介绍调查的缘由，说服其打开门禁。但若没人应答或者不知该按哪个门铃，访问员需等待有人出入时向其解释调查的缘由以获得进入的许可。但有时候这种解释不能获得许可，访问员连被访户的家门都没见到就被拒了。单元门禁，是个矛盾性的现代产物，似乎保护了单元楼里的住户，但似乎也隐藏着对这个社会安全性的忧虑。

如果单元门禁是经被访户许可进入的，那么被访户的家门相对容易进入。但如果不是，访问员在敲开第三道门时要花费一定的力气。作为无互动式拒访，第三道门的拒访，发生于访问员可以判断出家里有人，但无论怎么敲门仍是无人应答的情况下。有时候，是不凑巧，正好被访户全家外出而家里没有人，这种不属于拒访。真正的第三道门拒访是明明听见门内有声音，但就是没人回应。比如，可以看见猫眼后面有光影晃动，可以看见屋里有灯，或者可以听见屋内有人的声音。这种拒访颇有一种"我住长江头，君住长江尾。日日思君不见君，共饮长江水"的无奈。

以上拒访，基本上都是访问员还没有见到被访者就被拒绝了。这些拒访，其原因除了访问员自身应对技巧还有待提高外，外在社会环境的变化也是重要原因。

20年前，入户调查也会遇到拒访，但拒访率比现在低很多，尤其是暴力拒访的情况比较少。那个时候，多数被访者的态度比较友好，访问员被留下吃饭或带走几个水果是较常遇到的事情。但随着时间的推移，入户调查遭到拒访的情况越来越多。城市社区的陌生化程度、受教育程度较高，被访者的戒备心理越强，有些被访者出于不信任会直接拒绝，有些被访者则是要求查看证件，甚至有的被访者会要求拍身份证照片。

遇到这些情况时，应对方法之一是请求社区居委会工作人员帮助打开被访者的家门。我们组将抽样结果的每20户名单给到社区居委会书记，书记通过查阅社区居住名单较为容易地找到了联系方式，由书记出面帮忙联系，约定上门时间去入户访问，节约了时间，提高了效率。取得基本信任的住户也比较配合问卷调查，回答问卷的问题更加诚实有效。但是这些举措都是基于社区工作人员与居民之间的信任，也有只是口头答应了社区同意上门，而现场拒绝的。"拒绝是常态"一直是我们组内入户上门访问的宗旨。比较有趣的是，在一些比较高端的小区，我们发现由于每个城市社区包含的小区过多，社区居委会对于小区住户的了解是很浅薄的，所知晓的只是一个笼统的数据，在这种情况下，社区居委会很难真正地帮助我们与所选中的被访者取得联系，只能借助于各个小区的物业。这里我们发现了一个有意思的现象，在一些比较高档的小区，通过物业与被访者取得联系会大大降低被访者的拒绝成本，在物业通过电话帮我们联系样本的过程中，被访者只需要在电话中随便找一个理由就可以拒绝。而且这种被拒绝，即便我们再去敲门也很难成功。

城市社区白天的空心率特别高，大部分人都外出工作，因而工作日进行入户调查是非常困难的，白天几乎敲不开门，只能集中在晚上。但也存在一些被访者由于工作性质问题而使得访问员很难在一个合适的时间进行访谈。比如我们曾遇到一个被访者家是开饭店的，午饭和晚饭之后他们都不在家，早上又要备料，所以我们的访谈受制于这一问题很难顺利进行。大多数的情况是，被访者晚上在家，提到这一点的原因在于我们的一点反思，要考虑到工作日和周末，城市社区一定不能错过周末的黄金时间，不然的话效率就会大打折扣。

在城市社区进行调研最大的感受在于时机，把握时机对我们的调研来说特别重要。在调研过程中我们常常要把握每一道门开启的时机，我们在开始入户的每一天早晨常常相互调侃，看看今天谁的运气最好，谁能把握住每一次进门的时机。

## 二 农村社区的困难

当时我们计划先完成农村地区的问卷，再继续在城市社区开展工作。主要考虑到农村地区人比较淳朴，可能相较于城市社区的三道大门更容易开展工作。但是实地操作之后，我们发现在农村要突破的关卡不比城市社区少，主要有以下困难。

一是找到入户的路。农村地区在实地绘图时，最大的问题是村落聚落分散，在社区边界之内一些散落在田野旁的房子很难找到。比如在YQ村，会有一些房屋建在田地周围，一个人去画图的时候可能会存在危险，需要结伴出行。因为区域比较大，可以向村民借一辆三轮车，以提高画图效率。再比如建在比较隐蔽地方的房屋，如在高架桥下的房屋、建在林子里的房屋，可以请求村委会工作人员的帮忙，让其帮忙带路，以节约时间，增强自己的安全保障。同时，也存在"农村空心化"，主要指的是农村地区在地理空间上的"空心化"。在绘制图或者敲门的过程中，经常会遇到村民说"他家搬去城里住了""刚被儿子接去城里"，以至于很多房屋闲置着但是有明显的居住痕迹。所以在核户的时候，可以多跟附近居民聊聊。

二是沟通语言关。农村地区在人口结构上也存在"空心化",即农村青壮年劳动力大量流入城市,导致农村人口下降和农村青壮年人口比例下降,农村剩下的人口大多数是老人、妇女和儿童。因此在沟通交流上就会存在一些问题。被访者听不懂普通话,只能说方言,所以我们一般组队时需要有一位访问员能够说方言。被访者听不懂我们在问什么或者被访者回答能力有限,被访者的文化水平、认知水平是不尽相同的,这个时候就需要对问卷进行解释,用他能听懂的话说(一对老年夫妻我们用了两个小时访问)。有时候他知道我们在问什么,但是表达不清楚(抽到了喝醉酒的老头)。被访者担心隐私问题而拒绝回答,这时候就要解释我们的保密工作,表明不会泄露隐私,先扩大范围,然后再缩小范围,一点一点解除被访者的戒备。被访者受身边人的影响而不愿接受访问,这时候要尽量减少阻碍。

三是心理戒备关。在村里因为村民文化差异和较强的防备心,容易遭遇我们认知范围内"难以置信"的拒绝。在农村社区,被访者儿子喝酒之后回家,发现我们向他父亲"套取"家中信息,听不进去任何解释,以暴力方式将我们赶出家门,并以"私闯民宅"为由打了110报警。一开始我们不想放弃完成到一半的样本向他解释,尝试了几次,看见他打算暴力解决之后,我们就全身而退了。后面我们准备结束回去,在路边被他拉住,说是等一会警察就会来。好在组员都比较乐观,大家一致认为可以在警察面前自证自己并非非法私闯民宅的"骗子"。好在警察只是告诉我们最好带着社区工作人员一起入户,这样更有说服力。所以借此经验,在农村熟人社会中,入户受阻时应该及时动用"熟人关系"以获得入户机会。比如在抽到态度比较强硬的户主时,第一次觉察到态度强硬,就直接放弃,待找到村委会工作人员后再次入户就较容易成功。除此之外,有些农村被访者总觉得自己是社会边缘人,自己的想法与感受不重要。美国著名社会学家查尔斯·库利提出了"镜中我"概念,认为一个人的自我观念是在与其他人的交往中产生的,一个人对自我的认识是关于其他人对自己看法的反映,人们在想象别人对自己的评价中形成自我的观念。因此针对回答不自信、不善于表达自己想法的被访者,我们应该对其回答给予及时肯定的回应,"也有很多人这样想""我也这样认为",给予其自信,便于得到较为真实的数据。

## 三　个人反思

作为CSS的访问员，我们认为整个CSS访问过程中有以下两个因素至关重要。

其一为组织与组织之间的信任。2023年的"中国社会状况综合调查"是自2013年以来第二次抽选样本城市，这需要重新建立行政联系、深入村居组织、形塑公众印象。这些工作将直接影响后续十年的持续调查，因此达成组织与组织之间长期合作与信任的关系至关重要。首先，建立扎实的行政联系，最好是与能够强有力介入社区事务的党政部门建立联系。其次，行政联系要充分利用好。用好行政联系的力量，发了通知到社区物业群可能就结束了组织之间的沟通，然后就需要我们不断地去与社区推拉磨合。通知只是第一步，社区后续所做的工作更为重要，这决定了解除居民怀疑、建立开放配合的信任关系。最后，在社会信任关系建立的路径方面，组织支持的重要性不言而喻。社区居委会/网格系统发出相关调查通知，配上访问员照片；社区物业如果和居民关系良好，特别是高满意度的商业社区物业，配合社区发布入户调查（CSS）的相关通知和访问员团队照片，这样可以快速提高社会信任程度，可能会极大提高访问效率。

其二是不同组织成员之间的信任。在入户访谈时，被拒是常态，我们不可避免地会心情低落。我们在组里常开玩笑，每天被拒绝，情绪低落，只要做成了一户，或者受到一户居民的友好对待，哪怕仅仅只是客气对待，我们都可以被治愈一天。我们一般2人一组，只要整个团队一直心在一起，谁有困难，在附近的组员立刻起身帮忙，没有任何怨言，目标一致。在每一次被拒绝以后，我们相互情绪低落，相互达成默契，一定是挂着笑脸去敲下一户的门，不把上一户的情绪带到下一户。作为带队小组长，在YQ村，做完最后一份问卷后，打算转战下一个社区之前，我找一位阿姨借了三轮车（村里唯一的交通工具就只有三轮车），带着组员，去了距离村子6公里的海边吃饭，一起转变心情。虽然仅仅待了2个小时，正好看见了海边的晚霞，在看到海的那一瞬间，我们在这个村落受到的所有委屈都烟消云散了。在海边拍照留念，也增进了小组成员之间的信任和感情。"既来之，则安之"，既然遇到困难就迎面解决，总有解决的一天。不把负面情绪传播，有问题及时沟通，一个人的困难，大家一起面对，将困难化无。

## 四 感恩

在整个CSS过程中，我们认为感恩很重要。在每次入户被拒、被"扫"地出门、被语言攻击等时，我们都会受到或多或少的打击，甚至感觉自己的人格受到了侮辱，陷入自我苦恼中。但是换个角度，代入自己是一个被访者，一些"来路不明"的大学生到你家中，要求你做一份长达1小时左右的问卷，"套取"你的家庭、经济状况等比较私人的信息，你也可能会拒绝。只不过每个人的经历不一样，拒绝的方式也不一样。这是因为社会环境造成的社会认知偏差，被访者认定你是骗子，就用偏激的方式赶你走、拒绝访问，你无法改变其认知，只能接受。但是大多数人的本性都是善良的，我们印象最深的是一位阿姨，因为自己的孩子和我们年纪相仿，看见我们就像是看见自己的孩子，很热情地接待我们，表达自己的观点。所以我们要学会感恩，感恩每一位接受访问的被访者甚至拒绝者，拒绝者让我们体会到数据的来之不易。

感恩这次调研给了我们这样一段独特的经历，结识了一群可可爱爱的小伙伴、遇到了形形色色的人，这些点点滴滴是这个夏天独属于我们的记忆。感恩每一位接受我们访问的居民，感恩给我们提供帮助的居委会工作人员，感恩在后方给我们提供帮助的督导老师，感恩这个与CSS一路同行的夏天。由衷地向为该项目付出心血的人致敬！

第四篇

# 以俗观

# 导语：在中国式现代化实践中彰显青春风采

田志鹏　中国社会科学院社会学研究所

中国有960万平方公里的国土，56个民族，14亿多人口，从东部到西部，从地方到中央，各地各层级方方面面都有很大差异。在新发展阶段，如何实现统筹兼顾、综合平衡，如何做到突出重点、带动全局，需要开展广泛、深入、有代表性的调查工作。2023年"中国社会状况综合调查"（简称CSS）的主题是"调查进万家，聚力现代化"，就是希望通过高质量的社会调查，最广泛地体察民情、汇集民意，为新一轮改革发展提供翔实数据，推进中国式现代化。人世间的一切幸福都需要靠辛勤的劳动来创造，高质量完成社会调查工作需要每一位访问员辛勤地劳动。从访问员饱含深情的文字中，我们可以看到他们充分认识到了每一份调查问卷的重要性，并高标准地完成了各项调查任务，更可以看到他们在调查过程中的成长和对祖国、对人民的热爱。

## 一 成长于城与乡之间

访问员的足迹遍及城镇和乡村，但从田野笔记来看，出现更多的、给访问员更大冲击的还是各地的村落。当访问员身处相对落后的农村地区时，发展不平衡、不充分的表述不再是抽象的表述，而是直观地呈现在他们面前。如刘佩莹讲道："在过去的认知里，我一直认为像温州和台州这样富饶的城市，即使是农村住宅也都大体和小别墅一样。然而真正下了实地，我才切身感受到什么是贫富差距。"在新闻信息主要通过数字媒介传播的时代，我们所看到的乡村往往或多或少被蒙上一层"滤镜"，更加接近想象中"田园牧歌"的样态，而真实的乡村生活却被掩藏起来。

在20世纪，马歇尔·麦克卢汉就提出了"媒介就是信息"的观点，至今影响深远。我们越依赖媒介获取信息，媒介塑造我们观念的能力越强，而这在基于大数据的算法推送信息的时代表现得更加明显：我们在与媒介的互动中编织着一个个定制化的"信息茧房"。话语的竞争同样是权力的竞争，媒介或许是无生命、无立场、无偏向的，但运用媒介的人却是有生命、有立场、有偏向的。缩小城乡差距是明确的国家正在努力实现的目标，但在具体实践中不断实现"以城带乡""以工补农"却需要凝聚全社会的共识。访问员们通过调查收集的数据固然可以汇聚成一项项指标，清楚地反映城乡差异，如就业、收入、教育、医疗、住房、社保等民生领域的差距，但更为重要的是在全社会达成加快缩小这些差距的共识。

数据是冰冷的，访问员们的体验却是鲜活的。从他们的笔记中，我们可以清楚地看到我国农村居民最新的生活状况，更可以看到访问员们对农村发展的关心与期待。正如王文蔚所说："穿行于最繁华绚烂的都市，我时刻提醒自己用双脚丈量最贫瘠的土地，把握社会的脉搏，将学问做在祖国大地上。"我们常说，访问员的成长是其在实施各种全国大型调查过程中的额外收获，或许从收集数据的核心目标来看确实如此。但如果从人的成长和观念改变的角度来讲，这又何尝不是最核心的价值。我们组织全国调查的根本目的是了解城乡居民生产生活的真实情况，从而更好地指导改革实践。但任何改革最终都要依靠人来完成，一名访问员观念的改变会带动家人、朋友、同学、同事的观念变化，这种细微但深远的影响或许会对未来的改革产生深远影响。从这个意义上讲，每一名访问员在调查中的成长都是无价的。

## 二　在"行行重行行"中从实求知

任何真正知识的获得都是理论与经验相结合的结果，所以我们才要读万卷书、行万里路。在快速变迁的现代社会，书本知识和互联网平台化的快餐知识十分容易获得，但检验各种知识却越来越困难，尤其是以人为研究对象的社会科学。在全国范围内进行有代表性的抽样调查，就是在避免局部经验造成误解和偏差，也正因此，每一份问卷都十分珍贵、十分重要，因为一份问卷几乎反映着10万人口的态度。全国调查是昂贵的、缓慢的，收集到的资料是有限的，因此，基于抽样的问卷调查只是社会科学检验知识的一种方法。参加调查的访问员最多完成几十份问卷，而且可能不会使用最终的数据做进一步研究，那么他们参与的调查在求知层面的意义体现在哪里呢？

第一，差异化的生活状况丰富了观察者对社会的认识。通过"他者"文化来理解自身的文化是人类学的重要研究方法。在我国城乡、区域发展差距仍较大的情况下，对于身处发达城市的访问员来说闯入乡村、"城中村"不亚于一次跨文化之旅。正如王文尉所说，调查"使我能够真正深入基层家庭中，走进每一位被访者的生活环境中，切实了解我国基层百姓生活中的困难、艰辛与各方水土孕育下的人间百态。"又如万千所说："参与CSS之旅，我看到了从前在象牙塔中从未看到过的人、事、物，和不同出身、不同经历、不同三观的人接触，千人千面，用脚步丈量祖国大地、用耳朵倾听社区民声、用内心感应时代脉搏的过程中，跳出书本，理论联系

251

实际，真正做到学以致用，在不断被质疑、被理解、被拒绝、被接纳中一点一滴地积累我人生的宝贵经验。而这些经验不断塑造着我的性格、气质，让我得以从和以往不同的视角看待这个社会，有勇气面对今后人生中可能遇到的困难。"

第二，在实践中提出真问题、发现真难题。冉思施和刘佩莹都在文章中提出了一个经常被提及的问题：能否针对城市居民与农村居民分别设置问卷？他们都深知问卷统一的重要性，但是调查过程中部分农村居民在回答特定题目时不知所措，这让访问员深深忧虑某种知识上的优越性是否会给被访者造成伤害。其实，通过"条件加载"的方式，电子化访问已可以便捷地根据被访者及其家庭的状况呈现不同题目，形成事实上的多个分卷，不限于城乡分卷。例如，仅务农的劳动者不会回答非农职业问卷，没有经历农村宅基地"三权分置"改革的人也不会回答土地改革相关问题。但对于更多的主观评价问题，并没有先定的客观标准足以判定谁有能力回答。更为重要的是，对于重大社会问题的评价，每个人的意见都重要，因而作为人群代表的被访者的意见十分重要。因此，在问卷设计上，我们预留了"不好说"的选项，允许不清楚题目含义的城乡居民跳过特定题目。而且，这种情况在城市社区同样存在，只是表现得没有那么明显。从根本上说，这是我国发展不平衡、不充分在调查领域的反映，解决这一问题不能靠简单的分卷，需要问卷设计者、调查执行者、执行监督者三方的密切配合，不断提高调查水平，做人民满意的调查。

第三，在区域比较中获得真知识。参加CSS的访问员往往都有机会在短时间内走访多个城乡社区，这提供了一个天然的比较分析的机会。例如，张先韬就叙述了他比较西南两个农村的发现，"我们走访了两个农村，S村和D村。两个村子给人的感觉都差不多，都是比较落后贫困的，但两个村子也有对比，D村在山上，它的地势起伏、崎岖程度都要比S村大，交通条件也更差，按理说D村要比S村穷一点。然而，令人没想到的是，根据我们问卷上家庭经济收入这块，D村实际上要比S村还富一点，这得益于D村的高地势和云雾天气，让D村人多了一种选择——种茶叶"。对于很多访问员来说，参加CSS可能是一生中唯一一次进行多地区的实地调查。因此，通过调查实践一种思维方式比掌握特定调查技巧更加重要，技巧事后不用会被遗忘，但认识世界的方法会对一个人产生长期影响。

《庄子·外篇·秋水》指出，"以俗观之，贵贱不在己"，说的是根据世俗的看法，贵贱是相对的、不确定的，它随着人们观察立场的不同而不同，随着观察角度的改变而改变。在今天的社会中，人们仍旧会因立场不同而看法不一。但是，从访问员的文字中可以清晰看到他们的立场，表现在被访者不理解问题时的担忧，表现在对生活困难家庭的关切，表现在对农民增收的期待，更表现在把学问做在祖国大地上的庄严承诺。人民至上是中国式现代化的根本指向，青年访问员们有理想、敢担当、能吃苦、肯奋斗，在实践中不断坚定人民立场，彰显了为人民服务的青春风采。他们源于基层一线的实践经验必将启发、激励更多青年为党和人民的事业不懈奋斗。

# 仲夏浙里：
# 难之，行之，悟之

王文尉　浙江工业大学公共管理学院

在2023年中国社会状况综合调查（CSS2023）浙江省工作结束的第4个月，我提起笔，重新将思绪拉回2023年那个"日行三万步，调查进万家"的火热夏天，回忆涌上心头，有了些全新的感悟。2023年6月28日，中国社会状况综合调查在浙江省正式启动，而我即将参与温州乐清4个SSU的调查。7月11日，我与小伙伴们一同接受了涉及绘图抽样、调查实施流程、CAPI系统操作、入户接触与抽样、问卷讲解以及访问员须知和访问技巧等内容的为期四天半的培训，并完成了学校周边PF村的绘图与试访练习。PF村面积不大，房屋楼栋排列整齐，社区居民善良淳朴，无论是绘图还是问卷访谈都"行之甚易"。然而，在乐清市实际调查的16天，在毒辣太阳的鞭笞下、冷漠不解的白眼下、频频拒访的挫败下，我才体悟到何为"知易行难"，又何为"且难且行"。

## 一 双线并行：初出茅庐心茫然

7月16日晚8点，我们一行人到达温州乐清站。17日早8点，我们准时下楼集合，开启双线作战任务——调查XJ村与WJ村。由于这两个村之间的距离较近，于是我们8位访问员分成两组，同步进行调查。我与3名小伙伴共同完成的是XJ村的调查。XJ村虽为村居，但是地处市中心，工业发达，外来流动人口较多，村里出租屋、自建房众多，形成了一个较大规模的城中村，且村内道路蜿蜒曲折，房屋错综林立，对我们的绘图工作来说是个极大的挑战。

绘图的这几天里，我与3名小伙伴组成的四人小分队两两出行，每天早上8点准时在楼下大堂集合，而后两队出发从南北两面往村中心开展绘图工作。由于我还不是很熟悉绘图流程，一开始在操作平板时会错误记录房屋的类型数据、房屋层数、具体住址数，或者会在排除楼层时忘记添加备注。好在温州组的巡视督导刘学姐及时发现了我的错误，并帮助我重新绘画和调整数据。画了一上午后，我已基本掌握绘图工作要点。自然，绘图工作并不是纸上谈兵，每一栋独立式房屋、每一幢塔楼式建筑都需要我们一层一层往上爬，排除每层可能出现的商户住址及天台顶楼和地下车库，才能最终知晓全楼的具体住址数。有些楼栋高达八层却没有电梯，有些楼栋全天下来几乎都是大门紧闭的状态，有些楼栋外立面和楼梯间破败不堪……这些都增加了绘图难度，再加上天气炎热，我们往往跑个几层，脸上便蹭蹭往外冒汗，水瓶里的水被我们咕噜灌下去大半。

在画到城中村时，由于难以将平板上模糊的房屋与实际相对应，再加上当地遍布大门紧闭的出租房、搭建房，无法判别房屋的具体住户数，因此我们请来了分管此处的网格员协助我们进行辨认。这里不得不提到本次CSS之旅对我影响最大的人——XJ村的一名基层干部，在接到我们的协助请求后，他在完成手头工作后骑着巡逻的电动车前来帮助我们。他常常打趣说是在带着我们"开辟光辉大道"，其实是帮助我们辨识城中村里鳞次栉比、参差不齐的房屋，以及随手拿起路边的木棍驱赶村里成群结队的"拦路猛犬"。正是因为这样的"打狗"事迹，他被我们亲切地称为"祥哥"。在祥哥的大力帮助下，我们四人小分队终于结束了四天漫漫的绘图任务。结束绘图后，我们紧接着开始了核户工作。四天几万步的徒步丈量，已使我们对XJ村的街道、小路烂熟于心，花了一小时左右便全部完成核户。

访谈样本分配后，我们个个摩拳擦掌，兴致勃勃地开始了入户访问工作。然而，刚开始接触样本，我们便频频被"泼冷水"。在得到样本后我们分头行动，在接触前十个样本时遇到了各种意外情况，不是被冷漠拒绝，就是住户深夜才归来而无法开展访谈，抑或住户搬家、房屋空置导致样本废弃。一下午，我们毫无进展。临近晚上8点，天色已黑，我们爬到一栋建筑的六楼，总算敲开了第一户的门！这是我本次CSS之旅中的第一份问卷，也是我人生中做的第一份正式的问卷，于我而言意义颇大。

开门的是一个热心的大哥，我们还没来得及开口说话便被热情地招呼进屋，他还给我们泡了两杯红茶。我们简单阐述了来意，还没来得及展示访问员身份，他便开怀大笑地说："唉！都是学生，都是这么过来的，你们看着也不像骗子，我相信你们！"之后，他便毫无疑虑地接受了我们的前期抽样调查。这对于我们来说是莫大的肯定！在抽到大哥的妻子时，大哥主动配合带着两个女儿回避，将访谈空间留给我们。他的妻子也十分随和，笑脸盈盈地认真配合，我们用了不到50分钟便在轻松愉快的氛围中结束了访谈。在访谈结束后，我们提议以50元为他们的报酬，他们连连婉拒，表示接受访问是应该的。这正式开启了我的问卷调查之旅，让我跳出了接连被拒访的"挫败感泥潭"，感受到世间人与人之间最简单、最纯真的情意。

接下来的三天，我们每间隔一段时间就再去敲门，对每个样本至少接触4次，坚持不懈地完成一份份问卷。再次回忆每个调查对象，我的脑海里浮现出了调查中所遇不同之人。她——一个独居在仅10平方米的出租屋的姐姐。她一开始十分抗拒访谈并威胁我们说要报警，但在我们的好言劝说与软磨硬泡下，她最终同意接受问卷调查。而在调查结束后，她对我们的态度发生了180度的转变，临走时硬塞给我们两瓶牛奶，说："曾经有不怀好意的人闯入我家，所以我很害怕，一开始把你们当作了坏人，真的很不好意思。"她——一个在家照顾两个孩子的全职主妇，在我们持续不断的请求和网格员的协助下即将放下戒备接受问卷调查，却被丈夫勒令紧锁房门、拒绝受访。她丈夫表示"我们只是最普通的打工人，没什么好调查的"。而她也无奈地锁上了房门。她——一个住在老旧公寓楼的独居女孩，她表示很愿意接受问卷调查，但是由于自己"早九晚十"的作息，实难抽空接受访谈，我们只好遗憾地放弃这个样本。她所居住的公寓通风系统很差，只要一有住户生火做饭便会使油烟蹿升到所有楼层，呛得我们眼里含泪，而她却只是说"没事儿，老公寓都这样，我都习惯了"。他——一个我们等待了两个小时才终于等到的快递打包师傅，50多岁的他一个人住在一间出租房里，离异，无儿无女，赚的钱除了用来缴房租外全数用在了喝酒、聚餐、买烟上。在接受我们访谈的过程中，由于他赶着出门和朋友聚会，我们被迫中止了访谈。他——城中村里唯一一家理发店的师傅，忙碌到几乎没有整小时的休息时间，于是在和顾客聊天以及吹头发、烫头发嘈杂的理发店环境中，在师傅一手夹着香烟一手拿着剪子的阵阵"吞云吐雾"中，我们艰难地完成了一份来之不易的调查问卷……历时7天，我们终于完成了XJ村的20份问卷。

## 二 并肩作战：渐入佳境开新篇

7月24日下午2点，跨越50余公里，我们开启了全新的SSU——JN村。JN村的面积较大，因此我们8人并肩作战，两两结伴出行。在JN村村委会的帮助下，我们完成了初步的社区调查，并将JN村行政区域划分为四大板块。我与一位小伙伴完成的是一个房屋排列相对整齐的板块，它位置优越、房屋整齐、街道明晰、独栋式建筑多，这些优势加快了我们的绘图速度，仅仅一天半我们便完成了绘图及核户工作。在绘图过程中，我们一路边走边画，遇到不确定住址数的宅居便向周边居民询问。为了消除人们的疑虑，我和小伙伴说了一个民众容易理解的善意谎言——"我们是来画地图的大学生，我们就在手里这个平板上画"。绘图过程中，我们遇到了一位善良热心的婆婆。在知道我们的来意后，婆婆止不住地夸赞我们，为我们递上西瓜和水解渴，为我们介绍她所知道的邻里街坊的居住情况，甚至在遇到对我们十分戒备的被访者时主动站出来为我们说话。我们在JN村总共调查了四天，每次经过婆婆家，婆婆都会站在家门口用乐清话笑呵呵地说："姑娘你俩又来啦？地图还没画完呀？来我这儿歇歇脚！"

在画完我们的那一板块后，我和小伙伴及时支援其他板块的绘图工作。为了顺利进入楼栋，我们在有门禁的小区底下"蹲守"，这样有人出入楼栋门，我们便可以上前展示自己的身份以进入。一个27层高的大厦，是我们在JN村绘图的最后一个建筑。我们一层一层地排查，有车库、天台、商户、未装修的复式毛坯房，最终统计的具体住址数超200户。站在27层楼的窗口边，我们往下望去，望见好大一片田野。据村干部说，这是他们这儿当家吃饭的宝贝田。我们站在这儿许久，正值傍晚，夕阳西下，田野里一片黄绿相间，有个矮屋顶上还立着个烟囱，阵阵清风徐来，屋顶上炊烟袅袅，眼前所见之景仿佛一幅画。

尽管绘图已然得心应手，但是JN村的入户访问工作相对XJ村而言难度更大。对比地理位置更佳的XJ村，JN村则是一个较为偏僻的村居，这里的居民对我们的访谈有着天然的抗拒。我们所接触的样本住户超过一大半都表示"我们不懂这个，你调查我们没用"，这对我们的入户调查带来了不小的困难。我们一遍一遍真诚地解释着自己的来意，展示自己的证件，希望被访者能够配合我们完成调查，却又一遍一遍地遭受言辞冷漠的拒访。在JN村访问的第一个样本，便给我带来了很大的打击。被访者是一位中年大叔，他在知晓我们的来意后，用不友好的言辞驱赶着我们。一番争论下，为了避免引起冲突，我们只好悻悻地离开。尽管十分沮丧，我还是迅速调整好心情，继续敲开下一户样本住户的门。

"您好，请问有人在家吗？"——开门的是一个精神矍铄的爷爷。爷爷以为我们是像他孙子一样大的高中生在完成暑期任务，很心疼我们大热天出来调研。简单的几句寒暄，我们便被爷爷真诚的话语温暖了。抽样抽中了爷爷的儿媳妇，爷爷拍胸脯和我们保证一定会在儿媳妇下班回家时第一时间告知她，嘱咐我们一定要再来。我们再访时已是傍晚，他们儿媳妇正在屋头做饭，在一番沟通后，她表示自己十分愿意接受我们的问卷调查，但是唯一合适的时间便是现在。为了配合她的时间，我们即刻打开平板，在厨房里进行问卷调查。他们儿媳妇学历高，理解力强，一小时不到我们便问完了所有题目，收获了一份"辣椒炒肉味儿"的宝贵问卷。在我们提出以50元为受访报酬时，爷爷义正词严地说："配合问卷调查是我们作为公民的义务，这50块钱我们绝对不会收下，况且你们念了这些题目这么久也很辛苦，我们必须得留你们坐下来吃个晚饭再走。"爷爷的心意我们心领了，应付的报酬我们还是交到了爷爷的手中，临走时爷爷站在家门口一路目送我们离开。

"您好，请问有人在家吗？"——开门的是一个正在做手工活的阿婆。阿婆不善言辞，显得有些内敛，但她见外头在下大雨，还是赶紧招呼我们坐下。当我们表明自己的来意后，阿婆小声地用蹩脚的普通话表示她学历低，不会普通话，也听不懂我们的问题。见此，我的小伙伴便尝试用乐清话再次向她表达想要做问卷调查，或许是亲切的乐清话打消了阿婆的疑虑，她表示可以边做手工活边回答问题。这是一次困难重重的问卷调查，小伙伴用不是十分熟练的方言一点一点地表达清楚题目的意思，但问卷的后半部分题干词语较不常见，我们请来了会熟练讲温州话的督导老师帮助我们。最终用了近两个小时，我们获取了这份温州话版本的宝贵问卷。两个小时过去，外面还在下大暴雨，阿婆见我们受困于大雨，放下手工活，为我们三人倒了茶水，与我们简单地聊了几句。当我再次回忆起这个CSS期间做过的时长最长的一份问卷，我才意识到，在那样的一个暴雨天，一位独自坐在家中做着手工活而又不太会讲普通话的上了年纪的阿婆，对陌生人的来访自然怀有很强的戒备心；而当问卷调查结束，阿婆主动与我们攀谈起来，那一刻，人与人之间的距离坚冰开始融解。

"您好，请问有人在家吗？"——这是我们在JN村敲的最后一户人家的门，也是做的最后一份问卷。晚上6点半，我们来到这家由一对中年夫妻在经营的烟酒店。接受我们入户调查的是阿姨，最终抽到的是叔叔。由于只剩这最后一户了，于是我们便在店里等待叔叔下班。这是一次很漫长的问卷访谈，因为我们每念一个题目，叔叔总是会在给出他的答案后又对此做出引申，尽管我们想加快访谈速度而有意无意地引导访谈节奏，但是叔叔仍然滔滔不绝地讲述着他的故事。我们的问卷调查艰难地开展着，我和小伙伴共三个人轮流交替，最终完成了这份有着"丰富故事和满满吐槽"的问卷。

至此，历时4天，JN村的问卷调查工作正式结束。

## 三　迎难而上：打击重重收尾战

7月29日，我们来到了本次CSS之旅的最后一个SSU——乐清市SD村。刚来到村委会，我们就遇到了三大困难。其一，SD村由三个自然村融合组成，占地面积极大，同时SD村四面环山，山地需徒步一小时抵达。如果抽样范围为整个村，绘图、核户以及后续调查将涉及上山，而当时正是台风天，上山对于我们来说存在巨大的安全隐患。其二，近年来村民与村委会在社保和征地补偿金方面意见不合，入户存在困难。其三，当地青年村民大多外出谋生，村内大多为留守老人和儿童，大部分村民仅仅只会讲方言，会讲普通话的村民较少。因此，为了进一步推进调研进程，同时保障自身安全，我们最终申请了对SD村的自然村之一——AS村开展调研工作。

对于AS村，我们调研团队仍采取在JN村进行的绘图方式，即将村居分成四个板块，两两结对进行绘图。我与小伙伴绘画的那一板块在山坡上，所有的建筑均为村民的自建房，但是房子形状大小不一，层层叠叠地密集分布在山上。我不得不坦言，这是我绘图以来遭遇的最大困难：房子错综排列、密密麻麻，还有许多村民搭建的柴火房、小仓库，排排房屋之间仅有几条狭窄的小路，多家房屋面前都有看门犬，甚至有多间房屋坐落在山顶，而想到达山顶必须穿过荒山泥路。种种因素导致我们难以在平板上正确对应实际房屋，经常编错号或者绘错图，不得不返回目标建筑面前重新拍照、重新绘画，绘图进度十分缓慢。我们画了停，歇了再画，画了又停。我一度想放弃，一度想逃离这个建得"乱七八糟"的山村。好在团队中的其他小伙伴及时过来支援我们，在大家的帮助下，我们终于完成了AS

村的绘图工作。小伙伴们给了我力量，让我坚定了调查的决心。绘图结束时已是第三天的中午，村庄里没有饭庄，我们在一名村干部的帮助下，找到了村里唯一的一家早餐店，在狭小的店里吃了一碗热乎的炒粉干。这是一顿振奋人心的饭，一顿8个人坐在一起庆祝绘图工作全面结束的饭。吃完后，我们稍作休息便开始了入户调查。

AS村的入户调查注定是艰难的，一下午我们连连遭拒，收获的问卷仅有可怜的一两份。第四天早上再来时我们互相打气，不断地去接触样本，不断地去尝试敲门入户，不断地说明以获得被访者的信任。一早上下来我们并没有太大的收获，经常"敲门无应答"，或者样本对象年龄较大不符合抽样条件。但是我们仍然与部分被访者进行了预约，决定下午再来进行问卷调查。在AS村，我与小伙伴一共完成了六份问卷，而其中两份我有着十分深刻的印象。

第一份问卷我们访谈的是一位住在山脚下自建小洋楼里的大妈。在入户时大妈正和她的朋友在搓麻将。大妈一开始很不愿意接受我们的访谈，原因是自己没有文化，可能听不懂问题。但在我们的恳求下，她最终还是决定试试。然而，在麻将桌旁的问卷访谈质量自然不高，大妈受到周边朋友的影响胡乱作答了些题目，不是答非所问，就是回答带有调侃意味。一个多小时下来，我们口干舌燥，而大妈还沉浸在麻将里。我们给予报酬并致谢后，便匆匆离去。而令我感到惊讶的是，第二天我们来到大妈家进行补访，大妈对我们的态度发生了大转变。她安静地坐着，有问有答，认真思索，配合我们完成了需要补访的问卷内容。临走时大妈拉着我的手，塞给我两瓶水，并为昨日自己不当的调侃行为连连道歉，这让我认识到访谈情景也很重要。

第二份问卷我们访谈的是一位住在外立面已经破旧的三层民房里的大爷。大爷是个健谈的人，他的儿女都已成家并搬到城里居住，失去老伴的他因为舍不得老房子，所以一个人居住在这间房子里。正式开始问卷调查后，我们念的每一道问题大爷都认真地思索斟酌后，再给出他的答案。从他的回答中不难看出，大爷爱党爱国爱家，他对SD社区的治理满怀信心，对村委会近几年所做出的成就表示肯定。他毫不掩饰自己对中国共产党的夸赞，以及对各层级政府的赞美。大爷是我访谈的所有对象中唯一有过丰富志愿服务经历的人。大爷说自己早年做生意，每月赚五千块就会拿出两千块寄回家，一千块自用，剩下的两千块便捐出去。他自掏腰包为村里铺路，为村里开河道，也自掏腰包救助了一位失去双腿的残疾人。现在退休了，大爷说他趁着身子骨硬朗经常跑去做志愿服务，不图别的，就图为这个社会出份力。大爷是我本次CSS过程中访问的最后一个对象，在走出大爷家时，我万分感慨。

至此，历时16天，四个村庄的问卷调查全部结束，我与其他七名小伙伴共计完成了80份有效问卷。

## 四　写在最后

本次CSS之旅，我得到了在课本中无法收获的体悟，16天的调查生活所遇到的人或事纵然无法一一书写，却足以在我心中留下一道道难以磨灭的痕迹。"纸上得来终觉浅，绝知此事要躬行"，即使在一年前我已经学习过社会调查研究方法，并且在实地调研之前参与了集中培训，但在真正进入实地入户访问，接触形形色色的不同年龄、职业、家境、学历的被访者时，还是会遇到各种各样出乎意料的状况，或大方热情地招待，或冷漠冰冷地拒访。或许我该感谢这些"状况百出"，使得本次调研经历更有价值，使我能够真正深入基层家庭中，走进每一位被访者的生活环境中，切实了解我国基层百姓生活中的困难、艰辛与各方水土孕育下的人间百态。

于我而言，最受益匪浅的莫过于和每一位被访者访谈交流的一个小时。人与人之间的交流是灵魂的碰撞，每一次敲门都是一次全新的交谈。被访者或脾气急躁，或谨慎多疑，或温柔平和，或面冷心热，一样的问题，却因为每一位被访者的经历迥异而有了独一无二的访问过程与结果。尽管我时刻提醒自己用第三者视角观世态，尽管我时刻提醒自己仅仅只是一个能力有限的访问员，尽管我时刻提醒自己不可以设身处地地为被访者打抱不平，但我总是无法摆脱被访者视角，在聆听他们的故事时，悄悄地热泪盈眶。无论贫穷还是富有，高学历还是低学历，年老还是年少，拥有不同身份、不同地位的人表达了自己对社会问题的看法和见解。作为一名公共管理专业的学生，我的课本上常写到"看民生、调民心、察民意"，而这些被访者的回答串联起来才真正向我生动、鲜活地展示出一个真实变迁中的中国社会。

在本次调研过程中，我获得了很多村干部的帮助。每个村庄的基层干部和网格员都尽全力地帮助我们完成社区调查，顶着烈日带领我们入户，为我们打消村民的疑虑，有时甚至在一旁帮助翻译方言。每一位基层干部都如数家珍地介绍自己的村庄，他们熟练地走在每条熟悉的街道上，一路走来与路上碰见的村民频频打招呼，他们饱满热情的工作状态便是中国社会基层干部的真实写照。犹记得，在离开XJ村时，我们邀请帮了我们大忙的网格员李祥吃了一顿饭。在饭桌上，祥哥与我们交谈甚欢。末了，他告诉我们，尽管社会很残酷，但是永远不要做坏事，永远要去做一个对社会有用的人。"以政厚德，为公健行"，我在饭桌上默念着。

16天的时间里，我们在烈日中绘图，在暴雨中入户，穿梭在高楼林立的城镇，也踏步沃野千里的村居，从刚开始表明自己调查来意时的磕磕巴巴，到越发熟练自报家门时的落落大方，我在调查基层家庭、感慨社会百态的同时，也在越来越稳定的心境、越来越娴熟的操作中充分锻炼了自己的社会交际能力和处事能力。打击、否定、冷漠、拒访、热情、肯定、善意、完访，感谢每一位认真配合的被访者，也感谢每一位严词拒绝的被访者。本次调查经历，我将受益终身。

见世面，不仅见向上的繁华，也应见向下的苦难。穿行于最繁华绚烂的都市，时刻提醒自己用双脚丈量最贫瘠的土地，把握社会的脉搏，将学问做在祖国大地上。或许难行，但愿吾辈行道不孤。

# 行千里，观百态

冉思施　云南大学民族学与社会学学院

古人有云："读万卷书，行万里路。"书中知识难能可贵，但我没想到实地给我带来的震撼远超乎我的想象。2023年，与CSS同行，我去了之前从未踏足过的西南地区，在那里看到了不同的景色，听到了不同的声音，学到了不同的知识。一切所观所感都在教会我成长，都在告诉我社会调查的宗旨所在。

## 一　调研前

在结束访问员招募工作后，为便于大家统一线下培训，我校为外校的同学提供了宿舍，而我恰好被安排去接待他们，这是我第一次与访问员见面。大家带着简单的行李，从四面八方赶来。在这里，我遇到了博士研究生、硕士研究生以及比我还小的学弟学妹，在进行简单的休整后大家就迅速投入了培训阶段的准备工作。2023年7月15日，我们正式开始了本次CSS的培训。培训的安排比较紧凑，有时甚至需要从早上9点持续到晚上9点，7月的西南地区比较闷热，大家在一次次昏睡中打起精神。对于我们这些首次参加CSS的访问员来说，那本厚厚的问卷似乎让我们有所畏惧。培训是从画图开始的，这是我们以往没接触过的，从一开始培训时的一无所知到实地模拟绘图后，模拟地图上绘制得密密麻麻又有规则的图标，我充满成就感。同时，我们也在实地模拟中不断发现自己的问题。

在理论培训中，我们有问答环节和检测环节，通过一轮问答与提问可以发现自己的不足。在模拟访问中，我最害怕的问题就是被访者拒访，我们会思考各种理由去说服被访者接受我们的访问，但所幸，这个问题在我的实地调研中很少出现。培训的最后一项任务是找到一个被访者并完成问卷访问，这项任务的难度远超过我们的想象。我们原本打算去学校附近找一些散步休闲的老人家，但实际上，由于问卷涉及收入、工作以及观念问题，加之访问的时长较长，我们很难找到被访者并进行一次完整的访问。在这时，我意识到，此次CSS之旅可能比我之前想象得更具挑战性。

## 二　调研中

2023年7月19日，在最后的物资领取及安全培训结束后，我们组便开始了行程。去往目的地的路上总会遇到一些曲折——本地突发降雨。我们被困在了去火车站的路上。所幸，开车前20分钟时我们终于到了火车站附近，然后拉着行李箱在雨中飞奔，最后在列车启动前的1分钟赶上了车。在火车到站后，我起身准备下车，这时，有一个女生轻轻拍了拍我，跟我说了一句："加油！"她跟我说，她也是此次的访问员，不过他们组稍后出发，看到我的书包认出了我是CSS的访问员。她的加油给我带来了一点不一样，心暖暖的，带着荣誉与自信，我出发了。

我们从火车站出发后，坐了一个多小时的车到达了目的地。那天的雨下得格外大，加之时间比较晚了，我们决定先进行休整。幸运的是，在第二天正式调研的时候，阳光明媚。我们前往了 H 村，这是我们本次调研中最大的村落。在确定完村居边界后，我们开启了我们的绘图之旅，为节约时间，我们分成了几个小组分开绘图。实地的问题不同于模拟的时候，我和我的小伙伴绘图的第一个村居特别不规则，因 CSS 采用地图地址抽样，而卫星地图只能拍摄到屋顶，加之我和我的小伙伴不是很熟悉绘图系统，所以我们被困在第一处许久。后来，我们决定先暂时搁置第一处，去完成其他处的绘制。相比之下，其他处确实规则很多。在画完整个村落后，我们又回到最开始的地方，可能因为经过一下午的画图我们对绘图逐渐熟悉，终于坎坷地画完了这个村落。随后，我们去支援其他村落的访问员，他们所画的村落更加复杂，整个村落都是胡同，胡同旁边都是房子，对着手上的卫星地图，很难下手。加之胡同走向的村落，你永远不知道下一处会不会突然有一只小狗冒出来，只是到了某处，会被狂吠的狗吓一跳。

说实话，我认为绘图确实占据了我们调研的大部分，7月底的大西南，太阳很毒，眼睛都睁不开，我们戴着帽子、拿着平板穿梭在胡同里，手上还偶尔拿着棍子，以便驱赶突然上来的狗或羊。在雨天绘图也不好，撑着伞、拿着平板绘图确实有几分艰难。我记得我们最难绘的一张图是我们访问的第三个村——G 村，因为我们拿到的地图上有一大片都是云雾遮挡的地方，当时申请离线地图，可督导说需要一定的时间才能给我们，为了按时完成当天的任务，我和我的小伙伴就来回数了数在云雾下的房子数量，最后完成了绘图任务。

我们的调查顺序按照绘图－访问进行，在绘完某个村子的图之后，我们就开始了入户访问。可能是因为有地方干部的带领，我们的入户顺利了很多，几乎没有拒访的情形。但7月底的农村未必是清闲的，我们去的时候很多人都在地里干活或者外出务工，于是我们的访问情形就变成了到一户敲门，没人，村干部帮忙打电话，得知回家的时间，选择下一户被访者家敲门抑或顺利进入，抽样抽中的家庭成员现在还未回来，于是留下电话向被访者预约时间访问，我们的调研就这样磕磕绊绊地进行着。

　　除去开始访问前的前奏，我觉得我们的被访者大多还是很配合的。我的第一个被访者是一个老爷爷，我们去的时候他还在睡觉，得知我们来了他迅速起床和我们交谈。为了不影响我们的问卷质量，他时不时地让家中吵闹的孙子小点声。结束这个访问后，我到达下一家被访者家门前，他们还在地里干活，接到我们的电话他们匆忙地赶了回来。有一个哥哥在接受我们访问前十分担心隐私的安全性，在了解完我们的调查之后很配合地接受了我们的访问，并告诫我们要努力学习。在接触了十几个被访者后，我了解到他们的故事，故事的内容本身只是个人的悲欢离合，但是可能是有了对比，让故事有了不一样的色彩。

　　似乎平日里谈论有关贫富差距的话题太多了，以至于提起这个话题时我都有点习以为常，觉得无关紧要了。但在这里，我突然就直观地认识了这个词，就在小小的一个村落里面，这个差距的反映是直接而现实的。我们遇到过家有"小别墅"的被访者，他们能对问卷中涉及旅游支出的问题侃侃而谈，告诉我们他们旅游的次数。当然，在这里我们遇到的更多的还是辛勤劳动、努力改善生活条件的被访者。我们也遇到过似乎被命运捉弄的被访者，他的故事让我们唏嘘。本次调研最让我有感悟的三个人或群体，其中有两个都不是我的访问对象，我只是在开会的时候听到其他访问员提起过。第一个让我感触颇深的是一位七旬老人，他的故事让我感觉到命运弄人。他是我国1977年恢复高考后的第一批考生，也考上了大学，本应有着光明的前途，却因为某些个人原因被分到了工厂，又因某些原因没能正常退休。现在他的儿子有智力障碍，孙子也有智力障碍，还有一个瘫痪在床的妻子。一家人住的条件不好，买药费用成了极大的一笔支出。他说他最希望的是自己能活得长一点，让他照料孙子到初中，这样至少孙子能够活下去。我没有实际接触这个被访者，但是听到其他访问员的讲述，我真的感觉很无助，特别是发现自己只具有悲悯的情怀却没有助人的能力时。也是那个时候我开始思考，我们社会调查的宗旨是什么。人们常说没有调查就没有发言权，可是调查后有了发言权能干什么？怎么能够尽快解决眼前事以安抚眼前人？我们可以做到那个地步吗？

　　第二个被访者让我感触极深是因为她家的小狗。我们下去调查的乡村大部分家庭都是养狗的，养来看家护院。但是那家女主人养了一只萨摩耶，一只有点脏、有点可爱的萨摩耶，这在农村地区还是很少见的。她的故事也离不开悲欢离合四个字，她的丈夫在2023年4月不幸离世了，家里面为给他治病已经掏空了积蓄，还借了不少外债。现在她面对的不仅是外债，还有丈夫去世的悲痛。那只萨摩耶是她丈夫送给她的，我们最开始见到狗狗的时候它身上脏兮兮的，我还以为是女主人没心思照顾她，实则不然。第二天我们去那个村寨的时候下雨了，狗狗嘴里叼着女主人刚洗干净的鞋，在泥地上撒欢，毫无疑问，它雪白的毛又脏了。我终于理解它为什么看着始终是脏兮兮的了，女主人看着狗狗，看着鞋，只能感慨一声，接着把鞋再刷一遍。这个场景，让我感受到了温馨与真情。

第三个让我感触颇深的是一个群体。在我们调查的最后一个村寨——S村，因为环境保护、区域整改的问题，整个村都在往外搬迁，我们去的时候，地图上的房子大多成了一片废墟。当然，让我感触很深的是在我绘图的时候看到了一个类似于集装箱的房子，我一度认为那是东西存储处，但为了确保抽样的准确性，我特地询问了这个房子是否有人居住，答案居然是有人。他们跟我说，因为这边的房子拆迁了，但是另一边的房子又没修好，所以只能暂住在这。询问S村的被访者，毫无疑问，他们对C市政府的政策都有不满，他们不愿离开他们赖以生存的土地。有的老人和我说，搬到C市城区、住在高楼里于他们而言一点都不方便，而且他们离不开土地。站在C市的角度，我能理解该政策的重要意义，但我觉得该政策造成的后续问题，C市可能要花较多的时间和精力去解决。怎么让环境保护和农民生活互不影响，这或许是最大的难题。当然，这不是我一个访问员能解决的问题，我只是站在自己的角度提出一点思考。

当然，调查中的问题也不少。在第三个村寨调查时，我们惨遭"滑铁卢"，偌大的一个村寨里我们抽中的地址里的被访者大多不在家。依稀记得，我们进行了两轮补充抽样，还是没有充足的样本数据。那天下午，我们终于等到预约好的被访者下班，然而他们还要去种玉米，做完那份问卷已经晚上10点多了。在返回酒店的路上，我真的是筋疲力尽，手机与平板的电都近乎没有了。

此外，因为我们调查的村落比较分散，所以我们几乎每天都在坐车去村落的路上。调研七八天，本地的出租车司机都知道我们这个团队的存在了。我印象最深的就是从S村返程的时候，因为位置太偏加上时间较晚，我们根本打不到回程的车。当地饭店的老板帮我们联系到了一辆三轮车，送我们到镇上，我们再从镇上打车回去。加上老师，我们刚好11个人，满满当当地坐在三轮车上，透过玻璃看外面的风景。三轮车的声音很吵，我们很快乐。因为去那个村寨去了几天，我们和三轮车师傅熟识了，他会亲切地称呼我们访问员中一个可爱的女孩为小胖子，女孩每次都佯装生气地说："不要叫我小胖子啦！"

至于我们调查中的生活，得益于CSS的经费支持，我们的住宿条件和饮食条件都格外不错。因为中午的时候我们要忙着访问或者绘图，所以午饭一般都是匆忙且简单的，但晚饭——虽然可能会由于我们调查的时间推到晚上9点钟——总是很丰盛的。我们会在结束一天的调研后于晚饭时间讨论自己遇到的人和事，谈谈自己的反思与需要改进之处。晚饭的时间往往是我们最休闲的时光。在调研的半个月里，我真的做到了早睡早起，晚上回来就睡，早上7点起。说起来，我的调研时光似乎除了调研就是睡觉和吃饭，未曾好好欣赏调查地点的景色，实属遗憾。与我同住一间酒店的搭档朋友，她的日常除了调研与睡觉就是忙学校的工作了，我们就这般充实地过着。值得庆幸的是，我们的调研提前完成了。调研结束的那个下午，我们吃了一顿丰盛的午饭，进行了午休，逛了逛附近的景点。

## 三 调研后

对于此次调研我有太多的思考和反思了。首先针对CSS的问卷设计，问卷真的有点过长了，我们的被访者一般到中途就逐渐没有耐心了。关于问卷问题的设置，我其实很想知道能否针对城市居民与农村居民分别设置问卷，不是说带有城乡歧视，只是部分问题对于农村地区确实不适用。在问卷中我感触最深的就是我们的问卷有好几个部分都涉及打分，用1~10分进行打分，但是被访者不理解为什么要打分，也不知道打几分。他们跟我说不理解，然后我换一种思路，让他们用1~100打分，他们或许能理解一点点，但是他们还是不懂为什么要打分。关于对社会公平以及宽容的理解与评分，我发现我自己是能理解的，但是一半的被访者理解不了这个问题。而当我去阐述解释的时候，我竟发现我也不能很好地阐述清楚。其次，CSS有一个抽奖环节，我觉得这个环节设置得很好。但当我下去后，我发现这个环节可能对于很多村民来说可有可无，他们不会去扫码抽奖，会用智能手机的也没时间、没精力去抽奖。所以我在想，这个抽奖能不能换一种形式在农村呈现呢？最后，因为CSS采取地图地址抽样，我们根据图层绘图。但是或许是因为图层不能做到实时更新，以至于我们的地图与实景并不相符，这给我们的绘制增加了不少的难度。如何对这方面进行改善与精进呢？我很好奇，也很期待。

对于我们的团队，我很感谢我们团队每个人的努力。首先，我看着学长穿着短袖在烈日下穿梭，到调研结束时，他的手臂露出的地方与被衣服挡住的地方形成了鲜明的对比。所以，谨记调研要注意防晒，学长的手都蜕皮了。其次，在乡村树林那些地方要防止蚊虫叮咬，我一直知道云南的蚊虫很毒，但没想到那么毒，在调研进行到一半的时候，我的身上被蚊虫咬得很惨，还引发了过敏，身上都是密密麻麻的红疙瘩，至今都还有很多黑印子。最后，女孩子一定要注意安全。在调研中途的时候，为了节约时间，我们在某个村落是一个访问员访问一个被访者，当我只身进入被访者家中并遇到了一个一见面就拿我开玩笑打趣的青年男子时，我真的有些手足无措。所幸，我的搭档很快赶来，我们顺利完成了访问。走出那家时我都有种劫后余生的感觉。所以，女孩子一定要注意安全，安全第一，访问第二。以上就是我的反思。

其实，对于我自身来说，很感谢与CSS同行度过2023年的夏天，我认识了很多优秀的同学和老师，并在调研过程中与他们建立了深厚的感情。我也在调研过程中见证了不少人的生活，听过不少人的故事。CSS极大地锻炼了我，不论是我的胆识还是与人交谈的能力。在CSS中，见到的人、听到的故事都让我更加明白社会调查的意义与宗旨，坚定了我走上社会学之路的决心，不局限于现实，不忘忑于明天，至少，此刻我对社会学充满了极强的憧憬与极大的兴趣。或许，唯一遗憾的是，对于那个家庭条件不是很好，患有精神疾病却又依旧热情配合我们、回答我们问题的被访者，因我手上的感谢信发完了，我承诺第二天给他带去。他的神情很期待，但因为时间及任务安排，我们没有再前往那一个村寨，不知他是否等过我们。

# 在燥热生活里窥见一丝斑驳

韩哲　苏州科技大学社会发展与公共管理学院

7月的泗阳，在洪泽湖的映照下，夏天仍旧被绘上了燥热的底色，瓦蓝色的天空与明亮的晚星交织在CSS的画卷里，6人组的宿迁泗阳调查小分队，于夏日的葱茏与葳蕤之中，在2023年难忘的鸣蝉之旅，窥见了一丝斑驳。

## 一　序幕：风起

在启程去泗阳之前，通过中国社会科学院社会学研究所的老师和学长学姐们给我们带来的全面详细的培训，在理论层面，我们基本上掌握了相关的操作方法。

培训前期，老师们详细介绍了CSS的初心和相关内容。CSS是中国社会科学院社会学研究所于2005年发起的一项全国范围内的大型连续性抽样调查项目，在家庭生活、社会生产、劳动就业、社会态度、价值观念等方面进行翔实的调查。其覆盖范围之广、受众群体之多、操作方式之科学、问卷内容之与时俱进，深刻体现出为政府和社会科学研究者提供严谨的数据和为人民群众服务的初心使命。我们听见社会的心跳，通过调查这一社会互动，在此世的星空里，与之共鸣。而后，在杨标致、李少康、李丽莉等学长学姐的指导下，我们了解了调查方法——绘图抽样与入户抽样相结合，同时我们对问卷的三大模块和内容有了浅显的认知。PSU、样本、集体户、入户，一个个名词堆砌在我们面前，初听只觉迷茫与疑惑，而在示例讲解与在社区的亲身实践后，我们经过简单的建筑绘图和与被访者的第一次模拟问卷调查，了解了绘制每个建筑物和做好每一份问卷的不易，同时也坚定了投身CSS工作的信心。

在培训后期，李炜老师对入户抽样的再次介绍让我印象尤其深刻。家庭户与集体户、商铺租户、房屋合租、工棚等各种特殊情况，抽样框如何确定，抽样如何推进，在李老师的讲解与示范下，它们像铺开的学术画卷，逐渐进入我的心中，让我受益匪浅。最后，学长学姐们交代了相关的注意事项，例如着装要求、说话语气等。我们认真地做着笔记，求知与实践的欲望，在此刻达到了峰值。

## 二　第一幕：进军

在唐天源老师的带领下，我们第一站来到了H社区——此行唯一的城市社区。川流不息的车辆、充满烟火气息的路边摊、特有的夏日啤酒的香冽，而让我们震惊的，无疑是鳞次栉比的高楼。

到达H社区时，已经是下午一点。我们简单吃了当地特色美食——长鱼面，便开展了与社区的对接工作：询问社区边界及相关信息、与书记联系和交流、参与社区红色建设工作、与网格员进行联络……在傍晚，我们选择FY小区进行简单绘图。绘图过程并不是很顺利，因为是在晚上，很多小区的单元号和楼号看得并不是很清楚，独立单元楼内电梯数量也不相同，同时还有复式单元楼，排查起来十分麻烦，更别说蚊虫的叮咬和挺着肚子挨饿了。

在经历一晚上的绘图后，我们大致对流程和内容有了了解。在第二天，我和张佳悦学姐被安排到JD小区开展绘图，本以为小小的面积会带来轻松的工作，然而却事与愿违。雨天导致小区入口无法进入，我们在居民的指导下，从侧边进入。老小区杂草较多，毒蚊子追着我们咬，烈日直射我们的头顶。而小区内部，单元楼排布混乱、商用与民用边界模糊，单式复式楼交织、塔式梯间交错，电梯安装混乱，这些给我们的绘图工作带来很大的障碍。我和学姐慢慢地爬楼，与居民交流，多轮筛查后，才完成绘图工作。

在核户环节，该社区装电梯的楼宇全部都需要用门禁卡才能进入，作为访问员我们面临很大的困难。有的二十几楼、三十几楼都被抽到，这对我们的体力无疑是巨大的消耗。在社区工作人员、网格员和物业管理人员的帮助下，在本地居民的配合下，我们才拿到小区的通用门禁卡，在他们的理解与支持下顺利完成了核户工作。让我印象最深刻的一份问卷是在我们酒店附近商住两用的一个居民家里做的，在核户阶段我们就见过那家买菜回来的女主人，她很热情地表示如果抽到她的话，她愿意接受采访。而在入户阶段我们遇到了这家的男主人，向他表明身份以后他很热情地邀请我们进屋，并拿了很多面包、牛奶、零食与我们分享，同时说自己以前也做过类似的工作，十分理解我们。我们抽到了他的爱人，也就是这家的女主人，不巧女主人正在她姐姐那里探亲，他打了很多个电话进行催促，我们十分过意不去，本来较远的路途，我们却没等她多久。在问卷调查环节，她的配合度很高，虽然对于有些问题她的理解能力不足，但经过督导和我的解释以后，她有了一定的了解并给出积极的回应。整体上问卷做得很顺利，在结束阶段他们一家人拉着我们让我们留下来吃饭，十分热情。

每当夜幕来临的时候，夏日的烟火气息显得十分浓厚：铁板面的香气、烤鸡腿的红润、串串香的滑嫩多汁、手打柠檬茶的酸涩甘甜，我长久地驻足在这条小巷，心中遐思万千：我本远行客，飘摇在此间。城市社区很宽广，高楼、车流、门禁、晚风、橘子汽水、天穹，第一站的旅途，艰苦却不失本真，霓虹灯闪烁在我的眼里，转眼又是下一场旅途。

## 三 第二幕：静谧

B社区情况很复杂，城乡接合部、街道、农村、田地、商铺、烂尾楼杂乱无章地并立在这片静谧的土地上，但是仍然和谐。在B社区的菜市场附近，有一片很小的区域住宅楼，背靠农田和菜园。记得是傍晚，漫天异彩，柔柔的晚风吹着我和王古月学姐纷乱的思绪。几位老人摇着蒲扇，倚在碧绿色的石头上，夏天少有的斑驳在此形成美好的油画。王古月学姐拍下照片，将这一刻定格。我慢步走向前，和他们打招呼，询问着某户破败的长满爬墙虎的人家，是否还有人居住。他们耐心地回答，说着这边哪里是空宅，哪里拆了没人居住，哪里已经销户，节省了我们很多时间。我们道谢，打了招呼便慢慢离开，将今天的静谧与足迹漾入此间。

让我印象最深刻的是在B社区的最后一份问卷，我们抽到了一家寿衣店，老板很热情地欢迎我们，介绍着他的收入、家庭情况、社会态度等方面，配合度很高。他向我们解释为什么会选择开寿衣店，他说人这一生从出生到死亡都要有一个庄严的仪式，而死亡就是人们对世界最后的告别，人们总是有意无意地回避死亡，却忽视了死亡本身也是一场盛大的仪式。死亡并不意味着结束，而是新的开始，因此他想开这家店铺去使人们正视庄严肃穆的葬礼。入殓、吊唁都有规格与程序，我们要做的就是守好心中的希望，为死者作告别，为生者宽慰。他的这番话，我在回去的路上仔细复盘与回味，的确，我们对死亡避而不谈，将它视作禁忌，却忽视了生死互相依存，共同构成了大千世界。

整体上看，绘图过程漫长，我们用了将近三天。每到中午，我们在汉堡店相聚，吃着午餐，交流着绘图的经验和进程，商讨着下一步的安排。记得吕士杰学长总是最先出发，日头最晒的时候还在匆忙绘图的路上，大汗淋漓却仍在为绘图工作贡献自己的力量。喝着奶茶，看着平板上一个个的建筑物逐渐被绘制，我们的成就感油然而生。面对面积较小、没有门牌号的房屋，我们的工作没有因此而被耽误，在唐老师的带领下，我们针对房屋特色、房门类型、周边环境等进行命名和划分，保障成员间信息和沟通顺畅。

在 B 社区的最后一天，清晨的小笼包搭配美味的豆浆，再吃一点胡学姐买的馅饼，早晨的入户和问卷工作便开始了。迎着朝霞，行走在田间小道上，和同伴们嬉笑打闹，而后又全身心投入工作。路边几个闲逛的青年，街边叫卖的声音，散发香味的美食，城隅街角，我们自成宇宙。

## 四 第三幕：降临

杜甫诗云，"来如雷霆收震怒，罢如江海凝清光"，用以形容公孙大娘剑气之凌厉与迅猛。我认为，用此句诗来形容我们的 HY 社区之行，也异曲同工。HY 社区位于乡村，当地以小农经济为主，与街道和镇上距离较远，交通不便，民风淳朴自然。绘图过程中，因为是自建房，很多房屋的入口朝向模糊、错综复杂，让我体会到什么是"世间本没有路，走的人多了，便成了路"。家养的看门狗会突然出现，追着我们，迫使我们快步奔走。

雨后的土地散发着瓜果的清新，缠绕的藤蔓交织着竹竿上的夕颜花，天光与烈日隐藏在湿云中，我们走在路上，像夏夜的碎星裹挟在黄昏的天宇上，带着浪漫的柠叶香，肆意点缀着 HY 村落。

在 HY 村，我们用了两天半时间就完成了村居边界确认、绘图、抽样、入户、问卷调查等所有工作，好像来不及留念就要告别。在网格员的带领下，我们很容易便开展了抽样与问卷调查工作，村民的配合度非常高。小组五个人，在第二天就完成了 14 份问卷，很大程度上激励了我们的士气。当我们准备结束当天的工作回酒店时，外面下起了夏天特有的瓢泼大雨，我们分散在村落的各地：王同学在做问卷，被村民拉着留下吃晚餐；吕同学在粮油店做抽样工作；胡学姐在居民家里做入户；张学姐问卷做一半就开始帮村民收晒在外面的玉米；我在做完问卷回去的路上，被迫在车棚里避雨。大家散落在不同的地方，心却连在一起，开始实施全面作战计划，为做中国好调查付诸行动。而后雨过，夜色已经降临，我们返回酒店，开始了会议并做出第二天的工作安排。

现在回顾来看，在这里的时间虽然很短，但是真正打动了我。有虽然口齿不清，但是看我很热给我递上蒲扇、给我搬风扇的阿婆；有访问完想送我冰红茶，要带我逛村落的小卖部老板；有正在带婴孩很忙，但也积极配合的宝妈；有帮我撵看门狗的大爷；有热情的村干部和可爱的猫猫狗狗。如此淳朴、自然。

## 五 第四幕：合奏

时光匆匆，我们又来到了Z乡。和B社区一样，这里是城乡接合部，布局更加复杂，地形更加错综，因而我们的绘图工作进入较难的阶段。我们本打算按门牌号绘制，中途却出现了消失的门牌号，横纵交错排布的自建房与非住宅，零星分布在社区最边缘的房屋，还有住宅区内的厂房。

我印象最深刻的便是在社区最边缘的Z村落，距离镇上将近5公里，徒步对于我们的体力和时间浪费极大。唐老师提议租小电驴代步，加快进程的同时可以吹着风欣赏沿途吃着鲜草的羊群和郁郁葱葱的白桦林。我一个人骑着电驴，带着绘图装备，烈日的暴晒没有阻挡我们的步伐。在我将要到达目的地的时候，却发现了更大的难题：必经之路被水淹没，我没有办法骑着电动车过去，只能下来步行；而步行的话要经过别人的农田或者杂草丛生的蜿蜒小道，小道很窄，一个孩童都难以通过。杂草里蚊虫很多，路是泥泞的，我只记得这一趟走下来我的鞋子已经沾满了泥土，不过后续总算是顺利地完成了绘图工作。

我的小组成员们也或多或少遇到了一些问题：方言问题很严重，非江苏西北部的话我们基本上很难听懂；街镇上的路非常绕，在自建房的内部有很多菜园，同时还有小公园和河道穿插其中，很容易迷路；在村落的东部有两家工厂，散发出的味道特别难闻，我们靠近时几乎无法前行。但在当地村委会和村民的积极配合下，我们还是完成了所有的工作。

在做问卷的过程中还有两个小小的插曲。张学姐入户抽到了一位瓜农大娘，但不巧的是这位大娘正要赶往自己的摊位卖西瓜。因此在做问卷的过程中，我们会听到人来人往的车流声、街边商贩的叫卖声、前来购买西瓜的顾客的交流声。但整体上这份问卷的质量很高，大娘的配合也十分积极，经常把话题拓展开来，顺势地就把下一个问题给说了。最后她邀请我们一起留下来吃西瓜，还送给了我们硕大香甜的西瓜。我们充分感受到了当地居民的热情和最真挚的情意。第二个小插曲，是我在乡里做最后一份问卷时，当时推进得很顺利，被访者高中毕业，对问卷有一定的理解力，过程中几乎没有什么波折。在最后阶段，在被访者得知和我是老乡时，瞬间激动起来，拉着我要和我去吃饭，并且邀请我的搭档和老师一起去饭店。但当时天色已晚，我们得加快行程，只得几番拒绝。

简单又美好的芬芳的泥土，公园里流过的清澈的河流，傍晚随清风摇曳的野花，一切的美好都停留在此刻仲夏，融入这片乡野自然。夜幕将至，完成所有工作的我们，在流萤间徘徊，晚风微凉。

## 六　终幕：欢愉

在完成了四个社区的所有工作后，我们回到了最初的 H 社区。再次看到相同的景色，心境从之前的复杂转变为欢愉与轻松。在找了个宾馆后，唐老师带队组织我们去吃烧烤，当作明天各奔东西最后的饯别。

生蚝与羊肉串的鲜嫩多汁惹得大家争抢，香菇、韭菜、金针菇绿白相间，鸡腿和中翅在灯光的照射下显得格外美味，鸭肠和脆骨肉色香味俱全……这一场盛宴，大家相互支持与交流，觥筹交错，坐立随心，感悟与不舍融在话语间，想用仙女的绸缎把这短暂的泡沫一般的夏夜紧紧搂住。

美妙的时光总要迎来最后的告别，回望为期近三周的旅途，风景、知识、友情、经验，无不丰富着我的现有图式。感谢CSS给我带来大学里一次全新的体验与收获，让我以访问员的身份，走进前所未有的生活，感受不同的风景。以夏为约，留在风摇树叶与薄荷色的黎明。我们的故事永远不会结束。

# 去战胜每一座大山吧

马云霄　中国社会科学院大学社会与民族学院

2023年7月10日CSS2023在重庆市正式启动，由重庆大学承办。重庆团队在进行了为期四天的培训并通过最终的考核后，被分为两队，由我和安然分别跟队，对重庆市三个PSU开展调查。因为重庆的访问员人数相对较少，地方老师又一直在催进度，所以我们基本上作为绘图员和访问员参与了全程。

## 一　方言万岁

因为我所在的访问员团队里重庆本地人比较多，所以无论是绘图还是访谈，我们始终保持着"至少一名会说方言的成员＋至多一名不会说方言的成员"的队伍行进。对我这个北方人来说，听懂方言是迅速打入"重庆内部"的第一任务。其实相对来说只要多听、多问，在很短的时间内就可以听懂重庆人说的大部分方言词。好吧，我承认只是听得懂，模仿着说还是太难。

绘图时想了解任何一个建筑物，尤其是在村子里或者镇子上的时候，都要主动和当地的居民交谈。重庆人总是一开口就是方言，所以说方言可以迅速和他们拉近关系、建立情谊，这让我们立刻了解了关于这个建筑物的一切情况：还住着人没有、有几家人住在这里、他们什么时候回来……用方言和当地人交流时，问题的答案比想象中更容易获得，这让我们的"等腰三角形"（在使用CARS系统绘图时，一个等腰三角形代表一个住宅类建筑物）更准确。后来我和安然交流经验时，她提到她那边遇到的一个难题，就是镇子上有很多商住两用的建筑物，但是很难判断上面的住户和下面的商户是不是一家，所以有关那个分图的建筑物信息全部是由访问员在和一个又一个底商老板的聊天中收集的。

不仅是绘图，印象中所有入户都是从一句"你有空没得"的询问开始的。就这点而言，重庆真的是个很神奇的城市，从还在上幼儿园的小朋友到二三十多岁的年轻夫妻再到六七十岁的老人，重庆话自然地融入每一个重庆人的生活中。有很多岁数稍长的社区居民看到挂着证件、背着包、手拿着平板的我们时，都会很好奇地问我们是干什么的。用重庆话认真回答更容易得到信任，最后再微笑着补上一句"要是抽到婆婆您了一定要帮我们做问卷哈"。以重庆话开头让我们的入户调查变得没有非常生硬，即使是在拒访率很高的城市社区，重庆话也让这份"拒绝"变得不那么让人难以接受。

## 二 开局不利

当我们上午到达第一个SSU的居委会时，因为已经提前做过行政联系，所以居委会的工作人员为我们提供了力所能及的帮助，从填写问卷到介绍社区情况，再到划分社区网格地图，一切都在按计划进行。到下午太阳落山时我们已经绘完图准备开始核户工作，因为是在城市社区，我们当即决定再接再厉，至少完成三分之二的核户工作，当时的我们沉浸在工作顺利进行的喜悦之中，完全无法注意到平静水面下的"暗涌"。直到其中两个小分队的成员在各自负责的小区内被保安叫住，被质问甚至"被扣押"，和谐的面具才被撕下。我们从隔壁小区赶到"事发"地点后，和保安进行了长时间的沟通，才知道原来他们是从小区监控里看到我们拍摄部分住户大门照片的行为后认为我们侵犯了小区住户的利益，甚至为我们贴上"疑似诈骗者"的标签。而当我们表示已经和社区提前做好联系工作时，他们则表达了自己只听从于物业公司安排的立场，最后因为时间已经很晚了，所以沟通的结果是我们必须先离开，直到物业公司为我们"发放通行证"。还有很难让人接受的一点在于他们拍了我们每个人的照片。

毫无疑问，事情的转折超出所有人的预料。那天晚上复盘时，阴云笼罩在每个人的心头，低气压扑面而来，被怀疑的委屈、被责备的失落，斗志昂扬的调查者们在第一天就遭受了意料之外的打击，萌生了退缩的念头。但是我从CSS学到的最重要一课就是必须把解决问题放在第一位，在不停为访问员们打气的同时，我和地方督导决定第二天还是要通过居委会联系到物业公司，争取支持。当然这件事最后在社区工作人员的帮助下解决了，这件事带给我们的教训成为我们在接下来进入每一个SSU的工作指南之一：在城市社区的居委会之外，其实还有被我们忽略的一方——物业公司。因为有行政联系的作用在，所以相对于居委会来说，其实物业公司对于我们进小区入户的要求更多、更严格。所以和社区联系时，可以请求社区的协助，让其帮忙和物业公司那边说明，打好招呼，以免产生纷争。

## 三 碰钉子

重庆站的工作开始前，我就已经在福建进行了半个月的督导工作。但是不同之处在于我在福建跟的SSU都是农村社区，而在重庆我跟的则以城市社区为主，所以在重庆我才真切地感受到老师和师姐们常说的城市社区拒访率高的特点。这里不得不提我们调研的第二个SSU。抽样组进行再抽样时抽到的四个小区全部是江景房小区，我们从绘图到入户调查，每日都能见到"长江千里"，可那时的我们从最初的惊艳到后期再无暇顾及浩浩荡荡的长江水，原因无他，拒访率太高。对于这个社区里115个有效样本中的110个样本，我们全部敲过门并对在家的住户进行过入户接触，最后历时五天才完成20份问卷。当时有个访问员和我说，"每次敲门，总担心没有人在家、没人开门，但又更担心有人开门但是拒绝我们，心里都被拒绝得麻木了"。我也和地方督导一起忧心万一在115个有效样本中做不出20份问卷可怎么办。

当然不只是拒访率高的问题，例如我们在上午入户接触时抽到了答话人的丈夫作为被访者，结果被告知他正在打麻将，于是和他约了当晚7点。电话里他表达了想要接受访谈的意愿，结果7点再次上门后他还没有回家，和他打电话确认后又约了第二天下午5点，之后我们第二天下午上门时他仍然不在家。但是他在电话里说让我们再等等他，他马上回家。我们等到晚上6点30分，他打来电话说可以来了。结果我们的访问员上门后他什么都没问直接说他不想接受访谈了，让我们以后不要再来了。我能感觉到访问员们的耐心在那一刻被消耗殆尽了，但我们还是笑着和他说了再见。这样的例子不止一个，访问员们也从一开始的气愤慢慢坦然接受。也许正是因为这样，每一份问卷才来之不易，每一位访问员的付出才无比珍贵。

因为CSS的问卷每个主题下对应的问题都不少，所以有时被访者对于某个问题的抵触甚至反感，是我们始料未及的。我到现在还记得一个差点中途拒访的被访者，当我们问到她觉得一个家庭中有几个孩子是最理想的时——这在我看来是一个很日常而且很好回答的问题，被访者本来态度很好，结果当时立刻就让我们离开，拒绝再回答任何问题。我和访问员一下子就蒙了，后来在我们的努力争取下，被访者才决定继续做问卷，并且向我们讲述了她的往事。事后我进行每日复盘时，才真正有所反思：从一开始我的态度就错了，没有一个问题可以用"日常"来形容，一旦开始做问卷就不能松懈，被访者的经历各有不同，所以我们真的无法预料到底是问卷的哪一个部分会突然戳中被访者的哪一个点。这要求我们无论是对问卷还是对被访者，都要本着小心谨慎又足够尊重的态度，当然这也对我们的临场发挥和积极应对提出了更高的要求。

## 四 "上山容易下山难"

　　走过三个城市社区，终于来到这一PSU的最后一个社区，其也是唯一一个农村社区。从重庆的情况来看，相比于城市社区鳞次栉比的高楼大厦和115个样本中很难做出20份问卷的高拒访率，农村社区其实比较容易入户，而难在绘图。村居建筑物坐落在一座又一座的大山上，那时我才感受到重庆山城的"魅力"，即使进行了再抽样，还有四座大山等着我们去攀登。村委会大叔的车在山上住得最高的那户人家门前停下，阳光穿透薄雾，我们向大叔说声感谢和再见，迈开下山的脚步，一天的绘图工作开始了。

　　因为村委会人手不够，没有办法及时为我们提供向导帮助，所以我们采取的策略是每个小分队都从山顶沿着乡道一路向下，在用三角形标出建筑物的同时拍摄大门照片，免去后期核户的工作（因为基本是农村自建房）。虽然从CARS地图上看村居都比较整齐地分布在乡道的两边，但实际情况实在超出我们的想象，建筑物的后面还是建筑物，从乡道分岔出去的每一条小路都带着我们进入一个"可以画很多三角形，而你都不知道顶点冲着哪，以及到底这几栋房子住了几户"的世界。较真的绘图员们赶着住在前面的村民家的家犬和鸡鸭鹅，走到小路的尽头才发现，哦，原来地图上红色屋顶的建筑物后面还住着两户人家。不仅如此，我们还碰到很多在地图上可以看到，现实中也能远远望见其轮廓的山中房屋，问了附近的人家得知那里可能还住着人，但我们就是找不到去那里的路，所以在我们的私人设备上时刻更新着备忘录，提醒着我们万一抽到那户村民要做访问，该如何千辛万苦地走到人家的门前。一天下来，大概每一队的绘图员都对"自己所属的"大山上分布的建筑物有了更清楚的认识。另外值得一提的是，山上的房子完全没有门牌号，我们只能用它的外观命名：我记得当时我们的建筑物三角形全是"一层水泥房""二层蓝色刷漆小洋房""三层白色瓷砖自建房，还要加一个阳台"……为每一个建筑物起一个"注重颜值"又极具分辨性的名字对我们来说其实是一件很有趣的事。

第一天的工作结束，绘图才刚刚完成三分之一。每一名绘图员都筋疲力尽。其实我已经做好了面对一切负面情绪的准备，但是晚上复盘时并没有人抱怨，也没有人说放弃，大家都在积极地讨论那天的绘图经历，分享自己觉得可以借鉴的经验，也提出自己的问题以便大家一起想办法解决，并且根据每个人的情况调整第二天的分组。这个团队在那一瞬间吸引到我，于是我才发现团队每名成员的改变，从一开始一受挫就想撂挑子不干到现在不怕辛苦、迎难而上，可能她们并不自知，我却有幸见证。

## 五　不想走但也不能留

访谈本身会让人变得平静。在我参加巡视督导培训时，姜瀚师哥曾讲到一个当时邹老师和他一起为一位刚刚失去儿子的父亲做问卷调查的案例，那时我就在想，如果是我去跟那场访谈，我一定会忍不住哭完全程。后来在福建培训时跟着地方团队的访问员们做试访，我因为一个被访者讲述的一段关于他漂泊流浪、无家可归的经历而流泪。但是当我真的作为一名调查者，运用自己学到的社会调查技能参与到其中时，我自己都惊讶于自己的平和与冷静。这尤其体现在我跟着重庆团队一起做访谈时，我可以平静地听完每一名被访者的回答，在他们借以抒情言志时适时地做出回应，对含糊处进行追问，并随时指出访问员的不足。这并非对于他者故事的冷漠，而是对于那些鲜活个体的尊重。我仍然出于靠近他人的目的，没有咄咄逼人的责问，无须故作矫情地感伤，我希望自己正在做的社会调查能够反映他人的真实生活，就像我每次在敲门入户争取答话人的配合时说的，"您就把您的情况包括问题都讲出来，我们会尽力把这些都客观地反映在问卷中"。

讲真的，我很喜欢在访谈结束后和离开被访者家之间的那段交流时刻。问卷内容涉及的范围很广，所以很多时候在问卷调查结束后，我们一直在和被访者说抱歉，耽误了他们那么长时间，然后背上自己的书包，留下感谢信和小礼品后匆匆离开。但总有热情的被访者把我们留下来继续进行一场持续10~30分钟不等的闲谈，聊一聊CSS是怎样的调查，说一说这些年社区和家庭的变化。我在其中感受到了自己被接纳的过程，每次遇到这么难能可贵的时刻，我都很认真地和人家讲我所了解的CSS2023：针对中国式现代化做的大型社会调查，目的是了解民生，问题设计全面，抽样涵盖全国。我也会很主动地和被访者分享并不容易的调研前期准备工作和自己正在做一件多么了不起的事，可能我只是这个庞大团队中的一名小小的成员，但是我在努力成为其中最重要的一员。

不仅仅是这些，无论是CSS进行时还是结束后，我总在庆幸自己遇到了很好的地方督导，从福建到重庆，从MW、YL到WX，她们有领导力、责任心强、做事果决、永远行动在解决问题的一线。和她们一起做事，让我觉得踏实且开心，感谢她们的付出！加在一起两个多月的相处与交往，看似只是相互鼓励、相互关怀、一起向前行的平凡琐事，却成为我成长的养分与力量。

这是一段关于翻山越岭和成长的经历，山是在山城重庆真实存在的一座座大山，也是调研路上的"畏途巉岩不可攀"。这趟CSS之旅要暂时告一段落了。说实话，不轻松！在开展社会调查的过程中，作为巡视督导，同时也是一名绘图员和访问员，我真的经历了很多事情，每天也都在尝试和不同的人［包括地方团队成员、村（居）委会工作人员以及被访者］打交道。可贵之处在于它又不仅仅是调研本身，我能清晰地感觉到自己很快地成长起来，在较真，在反思，也在改变。必须承认，我有过因为不满而发疯的时刻，也遇到了很多当时当下自己觉得崩溃、肯定过不去的坎儿，但狠一狠心，也就迈过去了，随之而来的是专业能力的提升和更加无畏的强心脏。到这时，我才真的觉得这样一直做下去也很好。但我终究还是得和每一名访问员挥手告别，鹏北海，凤朝阳，又携书剑路茫茫。

# 仗卷之江行

刘佩莹　中国社会科学院大学社会与民族学院

在我过去的印象里，CSS一直是作为一个权威的、重要的全国大型社会调查数据库而存在的，它代表着一份份问卷、一串串数据，我以为我和它之间仅限于我从它那获取数据而已。然而来到中国社会科学院大学后，在李炜老师的课堂上，我第一次真切地了解到CSS是如何运行的，了解到CSS数据背后每一份问卷是如何产生的，我也第一次感知到CSS的温度，当时我就下定决心一定要参加2023年的CSS。2023年5月，CSS督导开始招募，在历经了两个月的选拔和培训后，7月1日，我终于坐上了从北京前往宁波的高铁，开始了为期30天的CSS之旅。路途中，望着窗外地势从平原过渡到山丘，我的心中充满着初往浙江的期待以及对督导工作的忐忑。此时提笔写下这段文字时，北京已经步入深冬，树叶飘零，回忆起盛夏奔走在田间地头的画面，心中似乎又燃起了温暖的火光。

## 一　在路上

由于要准备去下一站杭州培训的物资，我比宁波督导团队的小伙伴们晚到了三天，错过了给地方访问员的培训。宁波的访问员们虽然年纪小，但是干劲十足，2号上午一考核完，午饭都来不及吃就要去社区画图。立即开工的速度让本想先跟他们建立关系的我猝不及防。在宁波，我督导的两个SSU均为城市社区，建筑规整、面积适中，用CARS系统画图进展很快。但是城市社区难就难在入户，虽然地方老师前期有进行行政联络，但是社区居委会的配合程度并不高，往往以最大耐心填完社区问卷后，就不再协助我们开展工作了。同时，城市社区中物业的话语权很大，我们不仅要和居委会建立好关系，还要取得物业的信任，麻烦他们帮我们开门。在核户上楼的第一天晚上，小组就遭到了居民的严重抵抗。

那天，访问员们正庆幸终于把BX社区的绘图工作完成了，点开CARS系统正准备上楼核户时，一位阿姨拦住了我们的去路，言辞激烈地问我们是干什么的，大晚上的为什么要去她家。一连几个问题问下来访问员们都愣住了。得益于在怀柔的试访经验，我立即拿出自己的督导证、身份证、学生证给阿姨解释，"我们是中国社会科学院的访问员，正在进行一项社会调查。我们已经和社区居委会沟通过了，今天主要是来核户，看看这家有没有人住，我们并不知道您家具体是哪一家，我们是按系统随机给的地址来核户的，还想麻烦您行个方便"。配合微笑我耐心地解释，但是阿姨就是不听，声音还更大了，说"我才不管你们是谁，你们带着个牌一看就是传销的，我才不让你们上楼"。几番来回解释下，我们把给社区的调函拿出来给阿姨看她也不信，还越来越生气，埋怨物业随便给人开门。无奈当晚我们只能先行离开。

我明白这是社会调查必然会经历的，但是这场景给初次入户的访问员们可吓得不轻，一时间团队士气非常低落。我赶忙安慰他们出现这种情况是正常的，阿姨只是安全防范意识比较强，并不是对我们有恶意。大家休息了很久，才重新振作起来。那天晚上我们一直核户到晚上11点多才收工。这种高强度的工作状态几乎是宁波小组的常态。

遭到拒访或阻拦我们调查的情况，在宁波发生得非常多。城市社区白天居民都在上班，我们只有抓紧晚上5~8点的黄金时间入户，遇上接连拒访的时候一名访问员一天可能只能做成一份问卷。一户居民还和我们说，这个小区几乎家家都分有三四套房子，暑假有些都出国游去了不在家，他们都生活得很好了不需要社会调查。面对这种不配合的情况有时候我感到很挫败。但是作为督导我必须给访问员们做出表率，不能泄气。尽管困难重重，宁波的调查工作依旧按照计划推进着。

7月的宁波酷暑炎热，站在太阳下画图，在一栋栋楼间奔走，往往一天下来身上的衣服都能被汗水中的盐渍浸白，衣服湿了被太阳烤干，接着流汗又变湿，循环往复到晚上每个人的衣服上都有一圈圈白色的盐渍印迹。终于在大家的共同努力下，7月10日宁波两个SSU的40份问卷基本完成，我收拾行囊准备出发前往杭州，然而真正的困难才刚刚开始。

位于杭州的浙江工业大学承担了浙江省剩下5个PSU的调查任务，作为督导组长，在培训开始前我就遇到了问题。培训前一天去踩点时，选定的模拟绘图社区PF新村不允许我们进入他们小区开展工作。我和标致姐在办公室与社区书记沟通了一个小时都没有办法说服他，最后我们联系了浙江工业大学开具调函，又联系了相关老师才终于说动了书记，让他允许我们带着访问员进入社区。5天时间好不容易完成了40名访问员的培训，我们马不停蹄地兵分几路，去往湖州、温州、台州、金华开展调查。其中，我主要跟进温州和台州的调查工作。

在过去的认知里，我一直认为像温州和台州这样富饶的城市，即使是农村住宅也都大体和小别墅一样。然而真正下了实地，我才切身感受到什么是贫富差距。在温州的XJ村，我看到的是道路蜿蜒曲折，楼房、平房交错穿插，楼宇密集，形成了一个不小的城中村。这里住的都是外来打工者，房主将房屋隔断，小小一层可以住6~8户人家，更有甚者一层住了32户。

当时我和访问员去数楼时，都被眼前密密麻麻的房门所震撼。在XJ村我时常有种割裂感，看着道路旁琳琅满目的商品，看着马路上疯狂奔走的外卖小哥，看着拉着错综复杂的电线、居住环境极差的城中村，我突然开始思考生活的意义，心情十分沉重。在XJ村，因为房屋分布实在过于复杂，单单画图我和地方访问员就画了四天。最后，带着他们完成2个SSU的调查工作后，我离开了温州，赶往台州。

温州和台州均位于浙江省东部，属于临海城市。7月下旬，浙江省受台风天气影响，几乎天天下雨。台州的4个SSU均为农村社区，和温州城镇化水平较高的村落不同，台州的4个农村社区几乎都是从山上搬下来的，居民以当地人为主，经济发展主要依靠当地农业和工业生产。因为拆迁等历史原因，台州村落多由几个原始村组合形成，行政面积较大，村内行政关系复杂，工作人员无法完整提供整个村的详细信息，给调查工作带来了不小的挑战。在入户访问时，由于农村地区留守老人较多，他们大部分都听不懂普通话，同时浙江省内部的方言差异也极大，访问员们难以与居民沟通，何谈完成完整问卷。由于问卷质量不高，特别是在一些主观问题上被访者回答得比较模糊，北京后台常常让访问员们进行补访和重访，访问员们一度因问卷作废而落泪。在这个过程中，我发现我们的问卷设置其实也存在一些问题，在农村地区有些问题可能会出现不适用的情况。十余天时间，我们在台州终于完成了80份问卷的调查工作。7月31日，在第二波台风来临前，浙江工业大学5个PSU的问卷调查工作终于完成，我动身前往杭州和超慧会合，一起返回北京。

## 二　做有温度的社会调查

什么是社会调查？学术上将社会调查定义为有意识地通过对社会现象的考察、了解和分析研究来了解社会真实情况的一种自觉认识活动。在2023年的CSS问卷中，我们了解了居民们在个人工作状况、家庭经济情况、生活状况、社会保障、社会信任和社会公平、社会价值观和社会评价、社会参与和政治参与、志愿服务与公益慈善、党和国家廉政建设等方面的真实情况，调查内容十分全面。区别于自填式问卷，CSS通过面访的方式进行问卷调查，这种形式本身就能使社会调查升温，拉近与被访者的距离。然而在实地进行问卷调查时，或许社会调查本身就带有一种知识性的冷漠，我还是感知到了它冰冷的一面。

直到现在，有一件事情一直让我印象深刻。在温州，一天晚上我和访问员们抽到了一位来自外地、从事家政服务的阿姨进行家访。阿姨来自河南，跟随丈夫来到温州打工已有十余年时间，儿子刚刚大学毕业在上海打拼。由于阿姨几乎没有上过学，也不太识字，她只能进行一些体力劳动维持生计。她没能加入家政公司，平时家政接单她只能通过熟人介绍，用微信语音她才能了解别人的需求。

我们能抽到这位阿姨十分不容易，这个小区每一层只有两户人家，但是每一户中有四五户租户，小小的房间里住了好多人。阿姨说这间房子还算住得好的。在我们说明来意后，阿姨十分热情地迎我们进门。起初在问到个人及家庭情况等问题时，阿姨基本上都能回答得上来；然而当问到社会信任、社会公平、志愿服务、反腐工作这些问题时，阿姨都不能理解我们在问什么。两位访问员非常努力地跟阿姨解释，举各种例子帮助阿姨理解问题，然而阿姨只能尴尬地笑笑，脸上露出一丝窘迫。当时我不忍于无意中给阿姨带来的压力与伤害。两个小时后，在访问员的努力下，阿姨终于完成了问卷，幸好后来这份问卷在后台顺利审核通过。我们离开前要给阿姨支付酬劳时，阿姨还非常不好意思，说自己没有回答好，耽误了我们的事。阿姨那黝黑淳朴又有些害羞的脸现在时不时还会浮现在我的脑海中。

像这位阿姨的情况，我们在很多农村地区经常遇到。一些留守老人或没有受过太多教育的人，又或是整日忙于生计、应付生活已足够劳累的人，我们对他们进行社会调查会不会带给他们压力，出现知识上的"优越性"给他们带来伤害的情况？然而他们作为中国社会中占有很大比例的人群，CSS作为一项全国性的大型社会调查，我们有责任和义务去了解每一类群体的生活状况，了解他们的真实需求，不能为了避免可能的伤害而忽视对他们的了解和分析。其中，一方面，如何优化调查问卷和调查形式？我想还需要进一步探讨；另一方面，访问员们的访问能力也十分重要。

任何一项社会调查的开展，都离不开每一名访问员的付出。作为CSS的访问员，首先需要掌握CARS、CAPI系统的使用，了解问卷调查的基本流程，这是调查工作的基础。其次作为一项对人的研究，访问员需要有一定的社会经验，对世俗生活有一定理解，也就是"接地气"。只有"接地气"，我们才能感受到被访者的温度，才能带着温度去做社会调查，其中包含了对被访者的体谅、灵活应变能力与沟通能力。

俗话说"伸手不打笑脸人"，面对突然要问自己问题的陌生人，大部分人都会保持警惕。这时候微笑就是我们最好的武器，微笑能够在一定程度上帮助被访者放下对我们的戒备心，为我们后面的交谈奠定基础。同时，访问员可以在交谈中寻求与被访者的共同点，例如家乡、兴趣爱好等。在大型社会调查中，尽管前期会进行行政联络，但是在实际入户的过程中，访问员需要有一双懂得观察的眼睛，通过对被访者的观察、对所处环境的观察，营造自己的亲和力，拉近与被访者的距离，进而顺利入户完成调查。

认真负责的态度是一名访问员最重要的一点。首先，访问员们要对自己所做的每一份问卷负责，切不可弄虚作假。CSS作为一项全国性大型社会调查，整个调查过程需要耗费大量的人力、物力、财力。每一个大区、每一个SSU正式调查开始前的筹备工作都需要整个项目组付出巨大的努力，因此访问员作为一线工作者，要担负起收集每一份问卷的责任。其次，在实际工作中，会遇到很多困难，例如恶劣的天气、难耐的温度，有时甚至可能风餐露宿，又或是辛苦完成一份问卷后又面临补访、重访的情况，在这个时候，访问员们一定要保持乐观，遇到问题及时与督导沟通。

## 三 心得感悟

行文至此，2023年马上就只剩下最后一个月了，回忆起7月在浙江的日子，不知道为什么脑海里一直回响起标致姐念叨"Plan B"的声音。在整个工作进程中，我和标致姐、超慧相处的时间最久，我们仨还有一个组合名叫"智慧营"。由于第一次做督导组长，工作中我还有很多没有考虑周全的地方，标致姐每次都提醒我要准备"Plan B"，这慢慢成了我的一个工作习惯。和超慧在一起时，我俩每次都乐呵呵的，盼望着能够早点回到北京。还有一点让我非常感动的就是李炜老师对我的信任与认可。在温州和台州工作时，出现了很多突发状况，比如大型村居需不需要拆分、选定好的SSU可不可以更换等问题，和李炜老师汇报后，老师每每都会先询问我的意见再给我针对性的回复。这让有些心神不宁的我瞬间有了底气，让我放下顾虑、放开手脚去面对挑战、解决问题。回北京后，当有人问起我在CSS怎么样时，我总会非常开心地说，这是我今年最开心的一个月。开心于拥有与李炜老师、标致姐、超慧，还有其他华东家人共同奋斗的时光，开心于认识了一群可爱的访问员，开心于参加了CSS让我对整个中国社会有了更加深刻的认识。

自人类社会形成，遥远的可以追溯到柏拉图时期，近一点可以追溯到韦伯那个时代，众多先贤为我们描述社会、理解社会、分析社会提供了理论视角。但要想真正了解当今中国社会是如何运行的，了解当代社会中人群的生活现状，必须深入实地开展调研。CSS就是其中一个最有效的渠道。希望未来有更多学子能够加入CSS的队伍中来，CSS能够越来越好。做中国好调查，CSS一直在路上。

# 千人千事千面

万千　苏州科技大学社会发展与公共管理学院

我们团队有幸参加了2023年中国社会状况综合调查在江苏省内南京市、苏州市、扬州市、宿迁市40个村居的调查任务。历经5天的培训和20余天的实地调研后，顺利完成了400户家庭的入户调研工作。距离最后一次入户访问已过去100多天，在这100多天内，调查时的点点滴滴不时在我的脑海中浮现，于是我便提笔将这些美好一一记下，以此来为我的CSS之旅画上圆满的句号。

## 一　懵懂踏上访问员之路

初识CSS，是在2023年5月10日，李炜老师来苏州科技大学社会发展与公共管理学院做了一场关于社会调查的讲座。这是我在课堂之外，第一次接触社会调查。李炜老师在这场讲座上为我们介绍了改革开放以来国内大型学术调查的发展状况，以及这些调查在了解国情民意、支撑政府决策方面发挥的重大作用。那时我就在想，如果有一天可以参与这样的调查该有多好。很快幸运便降临在我头上。在一个晚自习，我在班级群里看到了CSS访问员的选拔通知，心中一喜，从6月5日报名，到6月15日面试，到7月4日至8日培训，再到之后的访问历程，一步一步宛如做梦一样。

带着这样的欣喜，7月4日，我早早地就在会议室等待培训的开始。还记得那天天气很好，走在路上，和煦的阳光透过稠密的树叶洒落下来，成了点点金色的光斑。前一天晚上，我激动得睡不着觉，脑海中止不住地想从北京来的督导会是什么样的。他们会是和我们一样的大学生吗，还是中国社会科学院的研究员呢，他们会是怎样的人，社会调查到底怎么样做呢，培训到底难不难呢。

在见到督导团队的那一刻，我就知道，这是专业的团队。从他们每个人的自我介绍就可以知道他们的性格，或是内向，或是外向，或是擅长实地调查，抑或擅长技术支持，一目了然。杨标致督导在教我们画图的时候非常认真，一开始，我搞不清建筑物的类型，低头沉思，她一眼就看出我的窘迫，耐心地俯下身，为我细细讲解。李少康督导脸上永远挂着标志性的笑容，十分和蔼，从他的肤色可以看得出来他经常在户外做实地调查。开始模拟敲门入户的时候，我十分不好意思，也有些手足无措，在遇到充满戒备的住户时不知道如何去沟通。他给我做了示范，认真倾听住户的顾虑，并一一解答，从始至终情绪都非常稳定，而且脸上的笑容从未减弱半分，其专业性令人敬佩。在他们的鼓励下，我一点一点地学习访问技巧，并被他们的人格魅力所折服。

## 二 带病勇闯地下城

上午的绘图学习给我们提供了新的视野，我没有留意到自己坐在了空调的风口，冷风呼呼地往后脑勺吹，导致我的头晕晕乎乎。下午走在去实地绘图的路上，头重脚轻，忽冷忽热，恍如不在人间。小组成员发现我的异常，纷纷表示关心，问我要不要休息，我表示可以继续。但我小看了这次不适，汗水不一会打湿了衣裤，额头烫得厉害，喉咙火辣辣地疼。在我清点地下一层的时候，因为是老旧小区，所以里面一点光亮也没有，地面还有积水，无数恐怖片片段在我脑海中闪过，就当我准备速战速决的时候一声呵斥把我吓了个激灵。是一位突然从地下室门内闪出的阿姨问我："干什么的，是不是小偷！"我举起手中的访问员证，说："阿姨，你好，我是大学生，来做调查的，不是小偷，这是我的证件。""我不看，你快走，不然我报警了！"我一愣，只能避其锋芒，灰溜溜地走出楼道。趁她上楼后，赶紧再返回统计。

头重脚轻的感觉越来越强烈，在爬第三层楼梯的时候我险些摔下去，这个时候我才意识到自己这次病得不轻，只能去和督导请假返回休息。不过还好我们组的绘图工作已经完成了。还是张学姐扶着我上的网约车，一路上，她一直开导我，让我不要有愧疚感，以身体为重。这让我感受到了我们CSS调研团队是一个大家庭。晚上小武和小薛分别给我送了药和检测试纸。在检测结果是阴性后，我长舒一口气。睡了一晚上后，发现烧退下去了。虽然第二天还咳嗽，但勉强可以坚持，督导和同学们纷纷来关心我的情况，也算是有惊无险。

## 三　智取第一份问卷

在经过细致的培训之后，我们开始正式上岗，我们去的第一个社区便是江苏省苏州市的B社区，该社区为典型的城中村。第一天绘图时我们遇到了倾盆大雨，那时候我们经验不足，三个人带了两把伞。这就导致其中必定有两人因为大雨而只能在一起绘图，降低了绘图速度。并且由于雷电天气，当时躲在阴暗的楼道里望着打结老化的电线瑟瑟发抖的情形还历历在目。不过好在吴语地区的方言相差并不大，有了方言的帮助，我们和当地人的交流变得容易了一些，遇到问题就询问附近住户。不过城中村最大的难点就是住房结构复杂，外面看有四层，其实里面结构早已被改为六层，甚至有单独的隔间。每一个房间的住户数量不同，加之外来人口众多，各地方言不一样，楼道环境不佳。另外有不少外卖作坊在城中村里，外卖商贩对于我们这样的外来人口警惕性非常强，抵触情绪也比较大，给我们的绘图工作带来许多困难。

记得在第一个小区绘图时，我们在时间上超出了预期，而其他分队已经进入核户阶段，我们的绘图却还没有完成，只能加班加点。社区上班时间为朝九晚五，我们如果加班的话就会缺少办公场所，这给我们的工作带来了不少困难。不过在我们团队的共同努力之下，终于到了入户阶段。居民的警惕性比较强，再加上该社区外来人口流动性强，前段时间有诈骗案发生，因此居民的拒访率比较高。于是我们便与社区交流，得到了社区工作人员的支持，通过社区工作人员的介绍，打消住户的疑虑，得以入户访问。

记得那是一个黄昏，太阳依然不饶人地迟迟未落。夜仿佛纸浸了油，变成半透明体，给太阳拥抱住了，分不出身来。也许是太阳陶醉了，所以晚霞隐褪后的夜色带着酡红。在接连被拒三次之后，我拖着疲惫的身体回到社区，在社区工作人员的帮助之下，联系上了之前拒访的一户人家，并约定好时间。此时已是下午5点，距离预约时间还有1小时，我顾不上吃晚饭，拿出之前做的笔记细细复习，心中排练着一会儿要对住户说的话，以提高访问成功率。

住户家楼层较高，且没有电梯，等我爬上楼的时候，汗水已经浸透了我的衣衫。第一次敲门，住户并未开门。我听到里面有碗筷碰撞的声音，便没有放弃，继续敲门并说道："您好，我是下午和您预约的访问员，麻烦开一下门。"过了好一会儿，才有一位40岁左右的妇女打开门问："你是谁？我们什么时候有预约？"我心一惊，急忙打开平板，查看访问地点，反复核实，确认无误后，连忙拿出我的学生证和身份证，还有访问员证。告诉她，我是附近大学的学生，是做社会调查的……她上下打量了我一番，才让我进门，但是也只是让我站在门口地毯的位置。

我深吸一口气，脑中反复回想着，督导在之前的模拟调查时嘱咐我的话，耐心地和她解释我们在做什么调查，目的是什么，她才同意接受我的访问。但是在涉及家庭经济状况这一板块，她不愿过多回答，且质疑我是不是坏人。我只能再次耐心地与她解释，反复保证我们的访问是绝对保密的，不会泄露被访者信息。慢慢地，慢慢地，她逐渐接受了我，给我搬了一张椅子。记得当时我反复检查了三遍，甚至找到了督导，让他帮我检查有没有错误，才将问卷上传。他认真帮我检查了之后，询问了我访谈过程，并且给了我许多鼓励和肯定，也给我分享了他做访谈时的一些经验和小技巧，让我在接下来的访问中更加自信。就这样在忐忑不安的情况下我完成了我们分队的第一份问卷。当晚我躺在床上，明明工作一天，但是一点也不感觉累，十分期待第二天的访问。

## 四　楼道被困

正值夏天，记得那个时候每天出门但凡超过十分钟，身上便开始出汗。而B社区多为老式住宅，基本没有电梯，只能一层一层地爬楼。由于不知道门禁密码，我们只能蹲在门口，跟着要回家的住户进入楼道。久而久之，便得出经验，如果小区单元楼有门禁，并且是用数字密码解锁的，可以看一下有哪几个数字磨损得特别严重，密码很有可能就是那几个数字。

其中也发生了一件趣事，因为之前我们并没有接触过防盗门式单元门，有一次大风把楼道门关上了，但是我在内部并没有看到任何门把手，锁也打不开。这个小区当时只有我一个人在，没有同伴的帮助，我尝试着线上联系同伴和好友，询问此门的打开方式。多次尝试无果，楼道里也没有住户进出门，然而预约的访问时间快到了。无奈之下我只好碰碰运气，敲一楼住户的门，恳请她帮我打开单元门。还好出来的是一位奶奶，见我是大学生，在了解了我来此的原因后，热情地教我如何从里面打开防盗门，并且邀请我去她家吹空调。我对她表示了感谢，说明原因后便去了下一户入户访问。第二天，我再次步入这个小区的时候，看到了一个熟悉的背影，是那天的奶奶，她提着重物，我便上前帮她拎包。她看是我，先是不好意思，后拗不过我，连声说谢谢，我们边走，她边和我聊起了家常。儿女都在外地，她和老伴住在一起，经常跳舞解闷，对这个小区居民比较熟悉，对我的调查充满兴趣，并且帮助我了解住户情况，下午陪伴我去敲门，大大提高了我的访问效率。

## 五　狗嘴脱险

我是在此地乡村长大的，但是这一次再回到乡村，却让我看到了它的另一面，就好像重识了一位故人，和记忆中的它完全不一样。苏州市L村是我们的最后一个访问地，此村较为特殊，为旅游度假村。但是由于文物保护，交通不便。该村村民早上四五点钟便起床，晚上8点左右，街上就没有人了。因此对于我们的访问时间要求大大提高。

此村家家户户都养狗，农村的狗不比城市宠物狗那般温顺，在第一天绘图时，我便被八只大狗围堵。我从小就是怕狗的人，知道这种情况不能跑，于是停在原地不敢轻举妄动。但是那些狗围着我。很长时间也没有走的意思。恐惧之下我拨打了督导的电话。老师告诉我，不用怕，并第一时间联系了村干部。村干部从我发送的定位了解了我处在的位置，在电话中安慰我，很快骑着电动三轮车赶到。那是我第一次在乡间乘坐电动三轮车，此村道路狭窄，多为石子路、青石板路，只能勉强通过一辆三轮车，且地势起伏大，我害怕得紧紧抓住三轮车的扶手，下车的时候腿已经软了，差点摔倒。然而村干部却习以为常，骑着三轮车毫不费力地在大街小巷当中穿梭。村干部告诉我村里以前的故事，并且提醒我，该村由于文物保护，所以交通受限。村民对此颇有怨言，年轻人都已经搬到镇上居住，留下的多为老年人，而且听力不太好。

还好有村干部提前打预防，让我在随后的入户阶段接连遇到访问的六家都没有访问适龄人员的情况也不气馁。村民们之前接受过多次访问，他们认为之前的访问并没有给他们的生活带来改善，于是对于这次访问的抗拒情绪非常强烈。甚至我们在核户的时候，碰到了一个70多岁的老人，用手指着，说我们做的是没有用的事情。但是好在有村干部的及时阻拦，没有造成严重的后果。这让我看到不同的人对于同一件事情的不同看法，沉浸式地感受到基层群众的需求。且由于我是社会工作专业出身的学生，对于基层治理方面也产生了一些思考。

后来的访问因为团队人手不够，大多是一名村干部陪着我。通过交谈得知，他以前是退伍军人，后来转业当了村干部。他拿出他年轻时的照片，向我炫耀他当年还是"小鲜肉"一枚。岁月在他身上虽然留下了印记，但少年之志却未被磨灭。他幽默地称呼他的电动三轮车为"敞篷法拉利"，并告诉我，他有一个五岁的小孙女，这是他接送他孙女上下学的专属座驾，并乐呵呵地说自己也愿意充当我们的司机。

有一次我的访问时间被安排在了晚上七八点钟，天已经黑了，由于该村特殊的作息时间，路上也没有什么人，我当时十分害怕。访问对象还是一位明代住宅里的独居男性。那位村干部仿佛看出了我的害怕，开着他的"敞篷法拉利"接送我，其间一直在屋外等我，并且时不时发消息确认我是否安全。这让我觉得十分暖心，有他的陪伴，以及一路上的妙语连珠，我渐渐在这个家家户户养狗的村子中不那么害怕了。后来的几天是雨天，青石板的路上长满了苔藓，走起路来一步一打滑。且正值夏季，蚊虫繁多，记得那个时候我们最喜欢做的事情就是晚上回到住的民宿，数身上到底有多少个蚊虫包，也算是苦中作乐。不过幸运的是因为从小生活在吴语区，可以听得懂苏州话，交流没有什么障碍。我充当了我们团队中的翻译，其间，团队成员表现出了对苏州话的强烈好奇，我们经常一回到酒店，便开始苏州话学习，我们团队中的东北姑娘渐渐学会了一些地道的苏州方言。

我们的CCS之旅在这样酸甜苦辣之中不知不觉就接近了尾声，记得做完最后一份问卷的时候，已经是晚上的7:30了。那个时候我们团队成员才匆匆回到民宿，饭菜已经凉透了，店家好心地帮我们再次加热，并且送了一小杯当地特有的杨梅酒给我们庆祝。这是他们家自己门前种的杨梅树上摘的，用老手艺酿的，曾经有人专门从市区开车到这里来买呢，是他们的"镇店之宝"。我不太会喝酒，但也用筷子蘸了一下，甜甜的，辣辣的。回到家中之后，才发现自己已经晒黑了三个度，比军训有过之而无不及，但是却快乐得很。一想到自己做的问卷可以为中国调查贡献一份力量，再晒黑几度也无妨！

## 六 期待未来

通过参与CSS，我看到了从前在象牙塔中从未看到过的人、事、物，和不同出身、不同经历、不同三观的人接触，千人千面，用脚步丈量祖国大地、用耳朵倾听社区民声、用内心感应时代脉搏，跳出书本，理论联系实际，真正做到学以致用，在不断被质疑、被理解、被拒绝、被接纳中一点一滴地积累了我人生的宝贵经验。而这些经验不断塑造着我的性格、气质，让我得以从和以往不同的视角看待这个社会，有勇气面对今后人生中遇到的困难。

# 观、听、探、获

李东灏　厦门大学嘉庚学院法学院

2023年夏天，是一个平凡而又不平凡的夏天。平凡的是2023年的夏天仍然烈日炎炎，不平凡的是2023年夏天参加CSS项目组的同学们。一次偶然的机会，在专业的班级群中看到了有关2023年中国社会状况综合调查"招募访问员的通知，当然那时的我对于CSS项目并没有多少了解，本以为这也会和其他通知一样，看一眼就被抛在脑后了。但听到越来越多的人开始讨论CSS项目，我不由得也渐渐地感兴趣了起来。

对社会调查这类项目经验并没有多少的"新手小白"来说，虽然在初高中时期也有在暑期去社区做一些简单的社会调查，但都只是停留在最基本的层面，诸如对家庭人口和社区基本情况的了解。通过上网登录中国社会状况综合调查网站查询相关资料，我了解到CSS是一项全国范围内的大型连续性抽样调查项目，通过随机抽样的方式在全国范围内抽取1万多个样本进行问卷调查。看到网站上面一个又一个庞大而又精准的数字，这是通过不断地坚持积累下来的，让我不由得心生敬畏，在我的内心埋下了想成为一名调查访问员的种子，我下定决心一定要参加CSS项目。在全国范围内开展社会调查的主要目的就是通过对全国公众的劳动就业、家庭、社会生活、社会态度等多个方面，来了解目前我国社会的变迁，获取社会大众生活的数据资料。调查研究可以帮助我们了解社会现象的本质和特征，通过调查研究可以帮助我们及时准确地发现社会中所存在的问题，并及时地解决问题。调查研究中所得到的数据还可以为社会科研工作者和政府决策提供准确、翔实的数据。

## 一　新手培训

很幸运，我顺利地通过了面试，正式成为CSS福建省调查队中的一员。在期末周考试结束后，正值端午假期，我们迎来了为期四天的对访问员和地方督导的培训。首先由李炜老师为我们介绍了CSS项目的概况和历史。PSU、SSU、建筑图层、样本抽取、被访者抽取等，一大堆复杂又陌生的词语充斥在我的脑海里，挥之不去。脑海中的陌生词语如同一群野马一样，无法控制地乱窜，令我有些凌乱。接着李炜老师又向我们介绍了调查必不可缺的两大系统（CARS和CAPI）。讲解完后由其他几位巡视督导为我们详细地讲解了CARS和CAPI两个系统的使用方式与技巧。CARS系统为计算机辅助住宅抽样系统，CAPI系统为计算机辅助面访系统。在我们为期半个多月的调查时间里，CARS和CAPI一直陪伴着我们，从开始到结束，无论是调查前的绘图抽样，还是抽样完成后的问卷访问，都离不开它们的辅助。

培训的第一天我们学习了如何使用CARS系统绘图，上午在教室中大家认真听巡视督导为我们讲解，大家在平板上面练习如何标注建筑物的基本信息，并学习如何对不同的建筑物进行绘制和标注。从一开始的练习时不断出现问题，经过了一遍又一遍的修改和练习，大家都逐渐地熟练了起来。经过了一上午的练习，大家都基本学会了使用CARS系统绘制建筑物。下午我们去了学校外面的社区进行了实地的绘制建筑物练习，6月的盛夏，下午两三点钟，是一天里最难耐的时候，外面烈日炎炎，马路上滚烫，脚踏下去柏油路都是软绵绵的，感觉处处在化开。到了社区分配好任务，大家按照各自的任务有序地进行着，我一遍又一遍地确认着绘制的方式是否正确。因为这个社区存在着特殊的地方，从社区里面看到的第一层，到了社区外面的马路上面看时就变成了第二层。不同的楼层可能户数也不同，所以就需要我们一层一层地去爬，去查看。大家在骄阳似火的天气下，仍然保持着高效率，不停地奔波，来来回回地穿梭于每栋楼里面。绘制结束后大家集合在一起，在绘制过程中所发现的问题，都及时地汇报给了巡视督导。针对发现的问题，大家一起讨论，同时各自分享着绘图时的技巧，查漏补缺。

接下来的两天大家在教室学习了调查问卷的内容、在访问过程中的一些访问技巧，并且当堂由李炜老师带着大家简单地模拟了一下在访问的过程中遇到不同的被访者应该如何去与被访者进行沟通，如何运用语言的技巧与被访者拉近关系，让被访者配合我们完成调查。同时他也非常细致地为我们讲解了问卷的每个部分，调查问卷由A到L 12个部分组成，A到D部分主要调查被访者的家庭成员情况、被访者的个人工作情况、家庭经济状况以及生活状况四个方面。从E到J部分调查被访者对社会的看法以及志愿服务的参与情况与对党和国家廉政建设方面的看法。最后两个部分就是被访者的联系方式和在访问过程中的访问记录。一份问卷完成的平均时长在70分钟左右。

时间飞逝，不知不觉培训已经到了最后一天，同时也迎来了最后一项的练习——试访问。结束上午的培训大家两两一组分头出发，寻找自己的试访问对象。大家有去找食堂阿姨的，也有去找学校对面小吃店的老板的。不论是食堂阿姨，还是小吃店老板，大家都非常积极配合我们的访问。我找到了一家小吃店的老板，去的时候，老板正在准备餐食，看到我之后，非常热情地邀请我进去，简单和老板讲述了一下我的来意，老板非常愿意配合我。有了老板的热情配合，大约过了一个小时，试访问顺利结束了。虽然仅仅只是一个试访问，但是我还是非常开心。访问过程中有卡顿、有不熟练，虽不是一次完美的访问，但却是我作为访问员的一个新的开始。

为期四天的培训圆满结束，从初次知道中国社会状况综合调查，到培训结束，我了解了如何成为一名合格的社会调查访问员。这不仅仅是一个身份，更是一份责任。我们要将四天的所学所感运用到实地的调查中。

## 二 启程去龙岩

6月26日启程去龙岩，我们一行人从学校出发，从厦门北站乘高铁前往龙岩站，1个多小时的路途，伴随着内心的激动和面对未知的忐忑。一路上跨过河流，见过农田，穿过隧道。在福建上学的时间已经一年左右，这里和我生活了18年的北方截然不同，房屋错综排列，有种别样的美。龙岩市我之前只在网上看到过，这是我第一次到龙岩，但我知道龙岩比较有名的客家土楼，雄伟壮观的圆筒形建筑就在这里。

在此之前地方督导已经提前前往龙岩为我们规划路线、安排住宿。早上出发，下午两三点钟到达了居住的酒店。督导让大家在酒店先各自调整休息一下，就出发去绘制NJ社区的村居边界和分图，以便明天的绘图工作顺利开展。面对着一个陌生的城市，虽然路程已经让我有些疲惫，但还是对外面产生了浓厚的兴趣。在酒店收拾休息了一下，不知不觉时间已经来到晚上，大家一起出去吃了晚饭，品尝了一下当地的特色美食。

晚餐过后，NJ社区因为就在饭店附近，所以大家就一同前去社区熟悉了一下建筑物的分布并做了一些规划，好为明天的绘图工作提前做准备。但是天公不作美，突然下起了雨，这一场突如其来的雨打乱了我们原本的节奏，大家只好先行寻找避雨的场所。雨中大家进入了一家花店，花店阿姨很热情地让我们进去避雨，还为我们准备了凳子，在花店中的大家并没有被突如其来的大雨浇灭了热情，有的围在一起聊天，有的与美丽的花朵拍照，有的跟对面杂货店的小朋友打招呼、跳舞。就这样不知过了多久，雨渐渐地停了，那时已经晚上9点钟左右了，大家收拾东西告别了阿姨回到酒店休息。走在一个陌生的城市、陌生的街道，面对着突如其来的雨水，当地百姓用他们的热情善良，阻挡了暴雨的冷酷。到了酒店大家集合在酒店一楼的大堂布置了一下明天的工作安排，由地方督导为明天的绘图工作进行了分组的安排，大家就都各自回到房间休息，为明天的工作积攒精力，用最饱满的精神状态迎接正式调查的开始。

## 三 初试牛刀

正式的工作开始了，一组十名队员兵分两路，由一名地方督导带领我们四名队员先行前往了SQ村去做绘制建筑图层前的准备工作，大部分的队员留在NJ社区进行绘图工作。大家每个人都用饱满的精神状态，开始了正式的绘图。在前往SQ村的路上，从车窗望向窗外的天空，依旧是灰蒙蒙的，我的心里不由得害怕再次遇到昨天晚上突如其来的雨，影响今天绘制图层的进度，我的心里默默地希望今天能有一个好的天气。

大概经过了40分钟，我们一行五人到达了SQ村。地方督导先带着我们简单地在SQ村熟悉了一下路线。进入村子，首先映入眼帘的就是拥有着100~200年历史的土楼，一座又一座土楼，经过了长达百年的风吹雨打，仍然屹立在村子之中。即使有一些土楼已经出现了缺口漏洞，也能够看出它的雄伟壮丽。百年前的村民，没有先进的建造工具，凭借着不断的努力，建造出了一座座土楼。在村子里面通过询问当地村民，我们了解到因为土楼历史较长，有些已经是危房，不适合居住了，所以多数村民在土楼附近建造起新的房屋了。在村子里面熟悉了一遍路线以后，我们去了村委会找村支书帮助我们绘制SQ村的村居边界。村居边界绘制完成后，我们大致了解了村子的分布和规划。SQ村被分为原始建造的村落和后续在主路两边依次排列的独院式住宅。紧接着我们把SQ村进行了分图，以便后续更好地分工绘制建筑房屋。CARS系统上面的谷歌地图与现实的建筑物和道路存在一些出入，于是大家一起进入村子里面，把分图上面不清楚的地方去实地走一遍，再对照地图标注出来，这样可以更合理地进行分图，也可以更加有效、直观地与质控去沟通，以便工作顺利进行。

一切前期的准备工作完成后，当我们正要准备开始绘图的时候，天空突然又开始下起了雨。没有办法我们只能回到车上面，等待着雨停后再开始绘制。在车上面大家通过CARS系统上面的谷歌地图仔细研究了村子里面的路线，以及建筑物的分布，为接下来的绘制工作找到了一条最完美的绘制路线。大约过了一个小时雨渐渐地停了，大家一同在土楼比较多的一个分图进行绘制。因为土楼的内部结构复杂多样，所以绘制起来比较麻烦。进入一个土楼内部，内部有很多个小房间，且有的土楼内部居住了不止一户住户。这让大家一时有些手足无措，不知道该如何进行绘制。最后经过大家的讨论，将土楼看作一个建筑物，如果有多户家庭且被抽中为样本，就进行户内抽样。但是正值雨季的天气，绘图的工作很难顺利地开展，天空中又开始渐渐地下起雨来。无奈大家只好在车里面一边开车一边把路边的几座独院式建筑物先行绘制完成。不知不觉时间已经到了下午的4点钟左右，天气终于完全放晴了，大家正式开始了绘图。时间很快来到了晚上，我们回到了NJ社区与大部队集合，他们似乎遇到了一些困难，雨水也一定程度延缓了他们的绘制进度。听着大家每个人讲述着自己一天的经历，有开心、快乐，也有困难、挫折。虽有困难，但是大家每个人的脸上仍然洋溢着快乐。

第二天天气尽管没有完全放晴，但是已经没有了昨天的雾蒙蒙，早上更多的人来到了SQ村进行绘图，大家两两一组逐渐进入了工作的状态。穿梭在村子之中，我们绘制着一座座的土楼和独院式住宅，不知不觉来到了中午。大家在一起吃了午饭，相互分享了一些绘图过程中的经验，就又匆匆地开展绘图工作。我所负责的分图经过了一上午的绘制，还剩一半左右，下午又下了一会儿小雨，但是不影响绘图。我打着雨伞在村子中来回穿梭，遇到问题及时进行电话沟通。因为村子里的路杂乱无章，我独自一人险些在村中迷了路，好在遇到热情的叔叔阿姨在我不知道路该怎么走的时候为我指路，也有当地村民为我讲述这些土楼的历史。有了叔叔阿姨的热情帮助，下午的绘图很顺利地完成了，时间也已经来到了傍晚。一天的奔波，大家每个人的脸上都露出了疲惫。

接下来的两天，NJ社区和SQ村的绘图工作都在有条不紊地进行着，随着时间一天一天过去，大家绘图越来越熟练，绘图的效率也越来越高。大家白天认认真真绘图，晚上结束后一起在小吃街品尝美食，边走边聊天，聊一聊这些天发生的有趣的事情，漫步在夜晚的城市街头，感受着这座陌生城市的脉搏和气息，感受着难得的惬意。

随着NJ社区和SQ村的样本抽样完成，我们迎来了第一次正式的问卷调查之旅。早上大家在酒店大堂集合，两两一组各自向着自己所要去的样本地址前进。虽然在培训时有过试访问，但是到了正式访问的时候还是难免有一些紧张。敲响了第一户样本家的房门，但是并没有人回应，这时邻居家的房门开了，通过询问我们得知这家住户并不居住在这里，这样的开局显得有些"出师不利"。紧接着我们去了下一个样本处，本以为这次会有人给我们开门，但是结果不尽如人意，房门虽然打开了，但是不管我们怎么和阿姨解释，阿姨仍然不相信我们。伴随着房门"砰"地关上，这次我们还是无功而返。就这样我们坐在楼下，显得有些手足无措。就在这时，突然路过了一个叔叔询问我们是做什么的，在我们跟叔叔解释完我们的工作之后，叔叔表示愿意配合我们。然后我们询问了叔叔家的地址，巧合的是正好是我们要访问的样本之一，约好了下午访问的时间，我们受挫的心仿佛有一束光照了进来。上午的访问并不顺利，被居民不理睬、不理解，被认为是诈骗团伙。

中午吃完饭过后，休息了一会儿，我就和巡视督导一起去了叔叔家。被访者正好就抽到了叔叔，在访问的过程中，我内心非常紧张，尽管已经熟悉过很多遍的问卷内容了，但是当点开问卷时手还是有一些颤抖。好在有学姐的陪同，不断地给予我鼓励，叔叔也十分地配合我们的访问。中途我不止一次读错、卡壳，经过了一个多小时的访问，问卷有惊无险地完成了，这是我的第一份正式的问卷，心里充满了成就感。有了第一次的成功，为我后面问卷的访问提供了动力。再次看到大家的时候，大家坐在奶茶店有说有笑，完全没有了早上出发前的紧张。结束了第一天的访问之旅，感觉大家都如释重负一样。

有一个良好的开端，才能为后面的访问之旅增添动力。后面几天大家去了SQ村进行访问。在SQ村访问到一个样本户，刚开始家中的老奶奶非常热情地欢迎了我们，经过了户内抽样后访问在有条不紊地进行着。但是在访问过程中，不知为何奶奶突然在一旁明确表示拒访，突如其来的变化，让我有些措不及防，本想与奶奶沟通一下，但奶奶拒访的态度强烈，无奈只好放弃了这一个即将成功的样本。这些困难显然是我们之前没有预想到的。有困难、有波折，但是大家坚持不懈、迎难而上，付出了200%的努力。"千淘万漉虽辛苦，吹尽狂沙始到金。"面对各种意想不到的状况要保持冷静，寻找解决问题的方法。

## 四　熟能生巧

告别了高楼林立的城市和雄伟壮观的土楼群，我们去了山清水秀与拥有田园风光的XB村和TZ村。第一次来到XB村我就被眼前的景色所吸引，这里的风光如诗如画，乡村的山清水秀更犹如一幅天然的画卷，让人心旷神怡。我们告别了城市的喧嚣，用心感受大自然的鬼斧神工。村支书非常配合我们的工作，积极地帮助我们完成绘图中遇到的困难。在XB村我们访问了一位叔叔，他为我讲述了农村近些年来的变化，在国家政策的引领下，村子的进步，村民生活水平都有了显著提高。因为有村支书和村民们积极的配合，我们的绘图和访问十分顺利。结束了一天的访问后，大家一起到村口的一条小吃街，伴随着各种香味和喧闹声，小吃街热闹的氛围让人忘掉一切疲惫。各式各样的摊位前挤满了人，有打气球的、有套圈的，还有冰粉、炸串……各种游戏、美食让人目不暇接。

转眼间，龙岩的访问之旅就剩最后的一个村子——TZ村了。在前面工作进行的同时，TZ村的绘图工作也在稳步地进行当中，大家都已经完全地掌握了绘图和访问的要领。在TZ村核户的过程中，发生了一件令我胆战心惊的事情，在早上去绘图的时候虽然看到了墙上写着"小心有狗"的字样，但是并没有看到小狗们。等到了下午去核户的时候，当我进入院子的那一刻，我的背后突然传来"汪汪汪"的叫声。当我回头看去，已经有数十条狗出现在我的身后，顿时让我背后冷汗直流。此刻的我跑也不行，不跑也不行，犹如被"敌军"包围一样。好在旁边出来了一位奶奶，这才让这些来势汹汹的小狗停止了叫声。

在进行访问时，大家早上在TZ村的超市门口分头出发去访问样本住户。一开始我的访问并不是特别顺利，寻找了几家住户，结果都是无论怎么解释他们依旧不信任我们或直接吃了闭门羹。好在经过一个上午的忙碌，其他人的访问还是比较顺利的。中午大家坐在超市门口的板凳上面休整，烈日当头，心情有些许的低落，休息过后调整好心情我们继续出发。功夫不负有心人，我们终于找到了一家样本户愿意接受访问，爷爷热情地欢迎我们进去，给我们接了茶水。在爷爷一家的配合下，问卷顺利完成，后续的访问也在有条不紊地进行着。最终龙岩的4个SSU的80份问卷圆满完成。在龙岩我们感受到了当地居民的热情，感受到了属于这座城市独有的烟火气。在我们遇到困难时，他们会热情地帮助我们；也会在我们没有休息的地方时，为我们提供休息的场所。龙岩访问工作的成功离不开他们的积极配合。

## 五 炉火纯青

十多天的龙岩之旅圆满结束，大家回到了启程的地方——厦门。在厦门我们要完成此次调查的最后两个SSU——XS村和XH社区。

XS村是厦门市同安区的一个城中村，到了实地以后我们发现这里的实际建筑物与系统地图上面的建筑物存在着差别，很多几年前存在的建筑物现在已经拆迁了，这就导致大家在绘制建筑图层的时候，会出现实际建筑物与地图上面不一致的情况。室外骄阳似火，接近40摄氏度的高温让大家感到极度不适。因为部分房屋拆迁的原因，所以要反复在村子里面来回穿梭，不断更换参照物，只为保证绘图的准确性。最后经过不断的反复核对，大家一起集中绘制，终于在晚上9点多左右，将整个XS村绘制完成。结束后，大家一起去吃了海底捞，犒劳一下忙碌了一天的自己。

转天我又去了XH社区进行绘图，但是这边的景象更令我"大吃一惊"。这边不仅一些房屋的拆迁导致实际建筑物与地图上的不符，而且有一些房屋是居民自建的出租屋，有些出租屋的一楼还成了纺织品加工厂，内部构造更加错综复杂。大家"各显神通"，有人一层一层逐户去数；有人询问房子中的租户；还有人把楼下告示和房屋窗户相结合等，用各种办法去绘制建筑图层。XH社区是由福建省三个调查组一起负责的，所以在各组的通力合作下，用较高的工作效率，以最快的速度完成了绘制。当时，大家对于问卷的熟练程度和与人的沟通技巧，已经炉火纯青了。核户完成，样本发放，问卷访问工作也在顺利地进行着。随着最后一份问卷的提交，预示着2023年中国社会状况综合调查福建省龙岩组的全部调查工作顺利完成！晚上大家回到酒店后，收拾行李，各自踏上了回家的旅程。

17个日日夜夜，回想起大家在一起工作时的汗如雨下、吃饭时的欢声笑语、分享趣事时的滔滔不绝，回忆顿时涌入脑海。

## 六　收获成长

光阴似箭，日月如梭，虽距调查结束已经过去了小半年的时间，但是调查过程中的种种场景仍然历历在目。我由开始的懵懂无知到熟悉，最后再到心中感慨万千。时光在流逝，从不停歇；万物在更新，我们也在成长。CSS的旅途让我们更加了解了生活的不易，看到了社会百态，看到了每个人的生活环境不一样、家庭背景不一样、机遇境况不一样，所以活法不一样。又看到他们无论处于何种境地，仍然笑对生活。自古圣贤之言学也，咸以躬行实践为先，识见言论次之。要在实践中了解百姓的生活状况，在实践中了解社会发展状况。从实践中得到的经验是建立在汗水和努力之上的，的确如此，我们在绘图和调查的过程中遇到过各种各样的阻碍，终会化作肥料，助我成长。

对于一个学生而言，敢于接受挑战是一种基本的素质。虽烈日炎炎，骄阳似火，仍抵挡不住调查进行的脚步。读万卷书，不如行万里路。书籍上的知识固然重要，但是亲身体验更重要。亲身体验让我进一步了解社会，在调查中增长见识，锻炼自己的才干，培养自己的韧性，通过不断磨炼，发现自身问题，找出自身的不足和差距，并及时改正。在连续半个月的社会调查中，并没有劳累所带来的坏情绪，相反更多的是欢声笑语。我们要用心做好每一份问卷。

"百舸争流千帆竞，波涛在后岸在前。"现在的美好生活是一代又一代人艰苦努力、无私奉献所创造的。回首百年，社会的发展越来越好，百姓的幸福度越来越高。通过社会调查看社会发展，听百姓声音，一批又一批的访问员，付出艰苦努力，交出了一份又一份的完美的答卷，汇聚成数据，为分析社会近况做出贡献。黑格尔说过，"只有经过长时间完成其发展的艰苦工作，并长期埋头沉没于其中的任务，方可有所成就"。出发前的一句话我将永远铭记于心："不忘初心，砥砺前行，做中国好调查！"

谢谢CSS龙岩组这个开心、快乐的大家庭，圆满完成调查是大家所有人努力付出的结果。感谢大家在我连续被拒访时、工作做错时对我的帮助与包容。重点感谢两位地方督导，两位学长为2021年CSS的访问员，属于"老带新"。学长们把前期的准备工作做到了无微不至，比如提前规划大家的衣食住行，提前到每一个SSU熟悉基本情况，时时刻刻了解所有人的情况、位置，严格把控每一份问卷的质量，把龙岩组这个大家庭带领得其乐融融。最后还要感谢巡视督导，感谢学姐在我紧张时给予我鼓励，在大家遇到困难时及时地给予帮助。感恩所有经历，感谢所有遇见！2025年我们再会！

# 辽河边上的中国

陈晔　沈阳师范大学社会学学院

置身隆冬，回首盛夏时和团队的伙伴们一起工作的一个月，还是会被当时的所行、所见、所闻、所思触动。

## 一　行在辽宁

2023 年 7 月 21 日，本应登上回家避暑的列车，不想却留在了静悄悄的校园里开始了 CSS 培训。大家坐在同一间教室里，学一样的此前从没接触过的知识，从访问员工作的电子化问卷、绘图、核户、抽样、入户、访问、传输，到督导工作的审核、反馈，每天都学习新知识，也会遇到新问题，并解决新问题。当我得知我要做督导，带队去一个陌生城市做社会调查的时候，没有欣喜，只有紧张的压迫感，甚至夜里做梦都在一遍遍地问自己，我真的能做到吗？巡视督导们都觉得很困难的事我真的可以做到吗？从前我一直扮演的是队员的角色，是被师兄师姐们照顾的小师妹，不承想这么快就要被推到队伍的最前面，做队员们在陌生城市的领路人了，我真的可以吗？

容不得踌躇，我和我的六名队员便登上了前往辽宁省鞍山市的列车。从沈阳一路行进，我望着窗外的一幕幕风景，心中暗想这一次我希望我是行的。尽管给自己和伙伴们做了功课与心理建设，我还是低估了初始阶段的艰难。到鞍山市后，我立即开始联系各个被抽中的SSU。因为第一次接触社区工作人员，我还在心里暗暗背了一篇通稿，以防失言冒犯到对方，影响后续的工作。令我没想到的是，第一通电话就给了我迎头一击，社区书记说根本没有任何政府层面的工作人员告知他们我们要在社区内进行社会调查，并且明确拒绝我们前往拜访。随后的其他SSU的反馈也类似，怀疑我们的身份和用意，不同意我们开展调查。在和组员沟通过后，我开始在多方之间周旋。那几天刚接完一通电话，就又打进来一通电话，循环往复。但好在事情出现转机，在接触社区的过程中，我发现一些农村社区存在拆迁进城的情况，经巡视督导向老师们反映，决定先暂停对鞍山市农村SSU的调查，从城市SSU入手。当时的我们谁都没想到，波折之后等着我们的还是数不清的波折。一个城市SSU，十天的时间，依然没有做满十份合格的问卷，不禁让组员们士气大减。看着其他的队伍进度比较快，大家更加为自己队伍的工作进度而感到焦虑。早上出门时干干净净的衣服，晚上回来早就被汗水浸湿。

挫折并没有把我们打倒，而是让我们更加打起精神，不断地复盘每日的得失，不断地精进入户和访谈的沟通技巧，不断地修改我们的组织分配方式。在真正进入社区的第12天，第一个SSU这块硬骨头终于被我们啃了下来，谁都没有多说话，只是奔向下一个目标SSU，开始了新的入户访谈工作。长久的调研工作让我第一次对成长二字有了清晰的认知，成长的过程中难免有被拒绝的失望、被恶意怀疑的无奈以及仿佛看不到尽头的煎熬。成长真的很痛苦，但在路的尽头我见到了临危不乱的自己、有条不紊的自己、坦然清明的自己，是从前不曾有过的全新的自己。

此行共34天，远远超出了我们原本的计划，每天打开手机步数基本都超过15000步，这些脚步把我们送到每个被访者的家中。一路走来，从第一天被几个社区书记怀疑是骗子，到敲开了第一个被访者的家门，再到完成第一份合格的问卷，最后结束了一个SSU的工作，可谓一步一个坎。无数次被怀疑、被拒绝，无数次鼓起勇气、露出笑脸再次面对被访者。因为多方面的压力我在社区的花园边崩溃大哭，挫折与泪水见证着我的工作、我的成长和我人生中又一个难忘的夏天。

## 二　我见辽宁

走出车站的那一刻，除了扑面而来的热浪，就是马路对面赤红横幅上的四个大字——欢迎回家。这四个字成了我对鞍山的第一印象。来时，身为外乡人的我不禁想这是一座什么样的城市呢，我没有答案。但那一条赤色的横幅让我联想到在风雨飘摇中，依然出现在家门口提着夜灯等待游子的母亲。离开时，我又看到了那条横幅，但心境较来时已经有了相当大的变化。再看"欢迎回家"这四个字，我除了感觉到它在和我道别，恭喜我终于完成了工作可以回家，还多了一种离别之感。

区别于沈阳的繁华，即使是在鞍山最繁华的地段两旁依然有大量的废弃大厦，听人说已经荒废了二三十年了，从破旧的窗户望进去即使是白天大楼中也是黑漆漆地驻守在最繁华的街道。鞍山市是辽宁省除了沈阳和大连之外最大的城市，有中国钢都之称。或许是钢铁灰暗的颜色与质感，鞍山给我一种灰蒙蒙却热烈的感觉。无论是官方还是大众，都对钢铁之都有着别样的自豪感，从大街小巷的各种"撸起袖子加油干"的标语，到集中宣传城市文化的繁华街道和知名景点，你总能在或大或小的地方被钢都人民的自豪感触动。在后续的入户收集数据的过程中，我发现这个城市中的很大一部分人都与鞍钢紧密相关，大多数人退休前或者现在就在鞍钢工作，我第一次如此直观地感受到钢都的力量。作为重工业基地的鞍山，不仅为国家的工业化建设提供动力，还如此深刻地影响着当地大量人口的生活。

　　我一路从城市到农村，又从农村到城市，为了联系各个SSU奔走在这座城市。因为晕车很严重，也为了节省一些经费，所以不是太遥远的路我基本都是走着穿梭在楼宇和田野之间。盛夏时节，太阳很大，温度很高，走在路上我有意观察着这座城市大大小小的建筑和形形色色的路人，他们和我在沈阳见到的人有着些许不同。没有太多年轻人，没有太多孩子，街头巷尾还有着20世纪末的影子，大大小小的工厂，高耸的烟囱冒着白色的烟。路上时常会有很大的卡车，卡车驶过除了轰隆隆的响声，还卷起碎石和尘土，太阳一照，会有一种特殊的味道，它留存在我的记忆里成为鞍山的一部分。

　　通过和几个农村SSU的村书记沟通，我发现这里基本所有的村子都在进行拆迁进城的工作。我接触到的几个农村SSU都有着相同的又很棘手的问题——拆迁补贴纠纷，这些被抽中的农村SSU都未能完全将村民安置进城。农村SSU在城市中并没有自己独立的行政辖地，仅仅有管理落在相应村委会户口上的人的职权。农村的原址一部分被政府征用，另一部分是农业用地，只有零星的没有迁进城市的几户人家。一开始老师们商定依然前往农村原址进行调查，并和邻村进行合并，成为一个SSU。但因为另一个村庄也因为类似的原因采取了拆迁进城的政策，在原址上的居民尽数被安置进城市，两个村庄加在一起的样本量仍不足以满足要求。后经联系其他农村社区，基本是相同的情况，最后鞍山PSU只能调查四个城市SSU，这成为最后的调查方案。在接触几个农村SSU的过程中，我到了几个村庄的原址看看相应的情况，发现基本没有到农村的交通工具。唯一一条能去其中一个农村SSU原址的公交已经停运，只能打车到现场去。一路上两侧基本全是工地和工厂，马路只修到村口，村里的道路并没有硬化，刚刚下过雨道路异常泥泞。我深一脚浅一脚地向前走，映入眼帘的是未完工的工地、比人高的玉米地和错落的红砖房。房子只有零星几栋，院子里停有车辆却不见人，走了一遭折返的时候才碰到一名中年女性，我上前打招呼却被冷落，仿佛是极不信任他人的样子。我很想了解他们选择不搬迁的原因，想知道是不是和村委会告知我们的相同。中国人一直以来被塑造成心系故土的形象，文学作品中常常以落叶归根、荣归故土为前进动力，但当我越走向群众越发现，现实中的人坚守在故土的原因是错综复杂的，现实因素与情感因素的交织，使其与文学作品中我所读到的描述有所不同，这对于我来说是一个不小的观念上的冲击。

## 三　闻在辽宁

一路走访，一路听闻。CSS带给我的不只是一份社会调查的履历那么简单。人类学讲求走出书斋，社会学讲究进入田野，作为一名社会学专业的学生只要步入社会学之门就不会对其感到陌生。扪心自问，我学社会学到如今已是第三个年头，几次访谈调查基本都是与学生、教师或者一些受教育程度较高的年轻人进行的，对于真正敲开一个陌生人的门或者接触一些普通居民我是从心里觉得恐惧的。恐惧的是什么呢？总的来说，一是怕被拒绝，二是没有足够的勇气，也并没有谁强制我一定要如此。人总是有无数理由来合理化自己的行为，但迟迟没有接触真实的社会，没有真正去看见、去理解他人的境遇却是不争的事实。CSS给了我一个不得不走出舒适区，睁开眼睛看看这世间百态的理由。这是一次机会，也是一次成长，我想我会为这成长冠以"看见"之名——走出象牙塔。

犹记二事，得以一窥。

进入第一个SSU开始入户工作的一天下午，太阳躲进云层里，地面上尽是雨后留下的大大小小的水坑。我和组员们踮着脚绕过水坑，爬上六楼敲响了被访者的家门。因为入户工作已经开展了几天，被拒绝多了，大家已经做足了又被赶走的心理准备。却不想我们刚敲过门，立马有人回应，知晓了我们的来意后便直接给我们开了门。开门的是一位满头白发的奶奶，奶奶没有多问便答应了我们进行户内抽样的请求。在一问一答中，我得知奶奶已经84岁了，在这个房子内只住了两个人，一个是眼前这位年过八旬的奶奶，另一个是奶奶36岁的侄女。但这个侄女并没有接受我们访谈的能力，她因为一场意外导致胸部以下全部瘫痪，大脑也因受损而失去了清醒的意识。这一户没有能进入抽样框的人，所以组员们又赶到下一户人家去了。出于私心，我留在原地继续向奶奶了解一些家中的情况。从奶奶的描述中，我脑中渐渐有了一个大家庭从兴向衰的历程，一个亭亭玉立的少女从青葱至迟暮的过程。中国人对天伦之乐、子孙满堂尤为重视，但在奶奶应享天伦之乐的时候，她却要担起照顾生活不能自理的侄女的起居的担子。因为没有养老金，奶奶也没有其他的收入，只能靠着孙辈每个月的生活费来负担自己的生活以及侄女的复健开销。"复健复健，说的很好听，我知道我的侄女这辈子再难康复了"，这是我在和奶奶短短半小时的接触中她说的唯一一句丧气话。即使面对这样的处境，她还是和善乐观。辞别奶奶后，我走在满是水坑的路上去和组员们会合，一路走一路想，人生如此苦涩，人却如此坚韧不拔。我忍不住回头看了一眼奶奶家的方向，这或许是我们一生中唯一一次相遇，不过我可能一辈子都不会忘记奶奶身上善良乐观的精神。

在我们即将完成第一个SSU的工作时，在同一个小区的另一户人家也给我留下了深刻的印象。住在此处的是一位67岁的奶奶和她上小学四年级的外孙女。在我们到访的过程中，我们了解到奶奶只有一个女儿，一场意外夺走了女儿和女婿的生命，只留下了外孙女。这么多年奶奶一个人抚养小外孙女长大，由于没有退休金，主要靠政府和社区的扶持生活。奶奶的身体不太好，但一说到她的小外孙女就很精神。她说她们过得很好了，有党和政府支持她们，只要能把孩子拉扯大就比什么都强。我在一旁听着访谈的过程，心里的感受与听之前访问的奶奶时的并不相同。在这个家庭中，丧亲之痛固然沉重，但因为有外孙女的存在，会让人觉得一切都还有希望，未来总会越来越好的。

行文至此，诸多感慨。在我们正式离开这个SSU的时候，我回首看着高耸的楼宇，心想如果没有这次社会调查的机会，我可能一辈子都不会想着来一个叫鞍山的地方，到一个社区看看那里的人们生活的如何，他们每个人都有怎样的人生经历，有怎样的期许。在培训阶段，关于CSS的介绍里最打动我的是"CSS项目就是这么一个能够把国家的发展和变化记录下来的事情"，它让我想起史铁生在《务虚笔记》中的一句话，"历史无暇记住一个人的苦难，因为多数人的利益和欲望才是历史的主人"。尽管我们最后所呈现出来的只是一组数据，是一串串字符和数字，但作为亲身去将这些数据收集起来的督导，我和我的回忆承载着每一个数据背后的故事。它可能不会被所有人看见、了解，但我想只要有一个人还记得被访者们的故事和精神，这件事本身就有不断进行下去的意义，人就不会轻易地被时间抹去存在的痕迹。

## 四 我思辽宁

在出行之前，我的一位老师和我分享他读博期间的一段趣事。当年他下田野调查关于东北农村宗教信仰的诸多事项，在当地留了很长时间，却久久没有进展。他一边下田野和老乡们聊天取材，一边读着随身带着的一本书，那是列维-斯特劳斯的《忧郁的热带》。老师开玩笑说他当时一边看一边想，"热带忧不忧郁我不知道，反正我写不出来论文挺忧郁的"。正是受到这件事的启发，在调查入户的过程中，我也在休息的时间断断续续地读完了朱苏力（笔名苏力）先生的《送法下乡：中国基层司法制度研究》和曹锦清先生的《黄河边上的中国：一个学者对乡村社会的观察与思考》，本篇的标题正是借曹先生书名来表达我对辽宁这片土地的热忱。

朱苏力先生在《送法下乡：中国基层司法制度研究》中有言：学者的生命在某种意义上就是要不断逾越已知的界限。作为一名社会学专业的学生，这次走进田野的经历确实为我拓宽了我"已知的界限"。朱苏力先生和曹锦清先生的这两本书的成书时间都在20世纪末到21世纪初这段时间，当时的中国刚刚步入新世纪，进入了艰难的转型时刻。任何改变都不会一帆风顺，随着改革不断深入，很多社会问题也浮出水面。中国现代化发展的不平衡问题从那时到今天一直存在，学习和生活在大型城市中很难直观地感受到这一点。在开展工作的一个月中，站在曹、朱二位先生的肩膀上，低下头从书本中我见到了30年前中国改革开放的开端，走在路上感受着30年后中国基层现代化的面貌，抬起头思考展望着中国现代化的未来。正如曹锦清先生所说过的，"悲观是没有出路的，盲目乐观所导致的浮躁、激进更有害，'谨慎的乐观'或许是唯一正确的态度"。

在本文的最后，我想对CSS的老师们、巡视督导们、质控督导们以及我的学校和鞍山组的组员们致以最诚挚的感谢，感谢大家在调查期间对我的支持。那段时间虽然很辛苦，但我从不后悔选择加入CSS2023，从不后悔与大家在2023年的盛夏相遇。或许，多年以后，我还会回到鞍山去看看曾经走过的路、见过的人，回忆当时的点点滴滴，虽然可能物是人非，但我希望那时我的真诚与热忱的做调查的心没有被时间和世界所动摇。

欲度关山，何惧狂澜；风生水起，正好扬帆。与诸君共勉。

# 从CSS感受西南农村的
# 顽强与乐观

张先韬　西南民族大学社会学与心理学学院

暑期，自8月4日，一场从成都青羊区某街道到自贡市某县，跋涉数百公里，穿梭于城市与农村的调研之旅就此展开。CSS，即又称"中国社会状况综合调查"，是为有效推进中国式现代化，扎实推进共同富裕，更全面地了解全国城乡居民的工作、生活、就业以及对美好生活日益增长的需求情况，为党和政府制定政策提供依据而服务的。我很荣幸参与其中，受中国社会科学院的委托，我们负责四川地区的抽样调查。系统随机抽样选出地区后，我们组被分配到自贡某县里的四个街道和乡村中，去实地抽样、入户调研。小组7人，在督导老师的陪同下，在9月5日，圆满完成所有任务，该实践之旅就此告一段落。

在实践中，令我印象最深的，是当地农村的状况。西南的农村是什么样的呢？在结束了城市社区的入户调查后，我就开始按捺不住地去想，它会和中部地区，我家乡的农村的风貌一样吗？它们会有什么差别吗？差别又在哪？我十分好奇。而这些问题在我到达实地后，就有了答案。坐上飞驰的面包车，我们前往了S村。这是我们第一个农村样本，我们将在这里完成农村区域的画图、抽样，以及20份入户问卷。不断往后变成残影的树林，透过车窗，无尽的红土地向我的眼睛涌来，一路车程，我真切地感受到了崎岖起伏的地形。这里，位于西南的一角。这里农村的特点是，没有一望无际的青青平原，有的是高低起伏、极不规则的丘陵山地，还有贫瘠得不能再贫瘠的红土。我看到这些，第一反应是，这该怎么种庄稼？分散的平地只有山丘脚下才有那么一点儿，平均大概一亩那么大的面积，有些是一亩半那么大。这么小的面积，根本不能使用大型播种和收割机器，可想而知，这里的播种和收割，绝大部分都是靠人工劳动力。根据我们后来的调研，结果确实跟预想的一样。我往前走一点，发现在这红土地上，种着辣椒（当地人管辣椒叫海椒），然而，这些辣椒，果实很小，看上去营养不良的样子。在我们之后的农村实地探索和入户访问中，我逐步了解了当地栽种的主要作物。当地的主要经济作物是玉米、海椒（辣椒）、大豆；种的粮食作物有水稻、高粱（这还是我第一次见到高粱，没熟的时候竟然和玉米长得一模一样）、红薯，以及一些丝瓜。令人觉得新奇的是，他们这里栽种了很多的桑树，这些桑树与我们常见的桑树不同，它们的叶子十分大，但整棵树没有一个主干，而是细分的很多枝条，每一个枝条上叶子十分茂盛，很难不让人猜测这可能是一种经过专门的人工培育的品种。可能将它的叶子产量提高，以此来发展蚕业。我们在居民家中曾见到过一间房里面养的全是蚕，但我们当时并没有深究当地是否有专门的养蚕业，这也是我们调查的遗憾。

我们走访了两个农村，S村和D村。两个村子给人的感觉差不多，都是比较落后贫困的。但两个村子也有不同，D村在山上，它的地势起伏、崎岖程度都要比S村大，交通啥的更困难，按理说D村要比S村穷一点，然而，令人没想到的是，根据我们问卷上家庭经济收入这块，D村实际上要比S村还富一点，这得益于D村的高地势和云雾天气，让D村人多了一种选择——种茶叶。一户拥有10亩左右茶田的农户，茶叶（除去成本）可为其带来5万~6万元的收入，在这里，几乎家家户户都会种那么几亩茶叶，只是有的家庭出去打工了，把自己的茶园流转给了别人。D村家庭年均收入估计在4万~5万元。S村，据我们的抽样问卷调查，家庭年均收入可能在1万~2万元或者3万元左右。根据我们的调查，农村中，年均收入超过10万元的家庭，可谓少之又少，40户里可能就2户左右吧。在这些农村家庭中，我看到了大多数家庭中都是60~70岁的老人，他们的劳动能力早已大不如前，可还得为了能吃上饭而在田里辛苦劳作着。他们的子女远在千里之外的沿海城市打工，几年才能盼一次团圆。老人们要种水稻，得有饭吃，还得拿水稻卖钱。可是家里总共就一亩多的田，自己没能力收割，收割机也开不进去，就得请人帮忙割。可是除去高昂的人工费，除去自己吃的，一亩多的水稻还能剩多少拿去卖钱呢，何况是在水稻根本卖不了多少钱的情况下。我记得当时在S村做调研的时候，中途遇雨，就我一个人孤军深入。最后雨实在是太大，我不得不去一户村民家躲雨，家中是爷爷奶奶两口子住在一起，爷爷73岁，奶奶正好满70岁。我与他们打招呼，问这雨这么大能不能在他家屋檐下躲下雨，爷爷见我个头比较小，像个小孩子就答应了。尽管他们不知道我的身份，也不清楚我的来历，但还是很热情地招待我。爷爷非要给我坐他正在坐的板凳，我说"不用不用"，随便就找了个地方坐了下来。奶奶后面还是从屋里搬出个板凳，让我舒服地坐下了。我随即向他们说明了我的来历，我说我是从成都来的大学生，来这里下农村做调研。爷爷很是诧异，觉得我完全不像大学生，更对我是从成都那么远的地方来的感到惊讶。就这样，在认识我、了解我来的目的后，我们就你一言我一语地聊了起来。

在农村，不需要你开具什么正式的公函，出示什么证件。在这里，人与人的信任没有降到冰点，当你表明你的来意后，他们就会向你展示他们的热情。做了那么多份问卷，我只是像机器人一样，重复地询问着问卷上的问题。对于每家每户的经济收入，我问的最多，但也知道的最少。因为访问是在家庭里面做的，我看不到实际的田野，他们也只是按照我的提问回答冰冷的数字。久而久之，我只知道他们的大概收入是这么个数字，然而我的头脑里却没有关于这些数字的现实概念。直到这位爷爷把我拉到他们家的田里，当我置身情景之中时，我才感到这数字的实际内涵与背后的艰辛。躲雨的时候，是我与爷爷自由聊天的时间，我可以问我自己想要知道的问题而不受问卷的约束。我问起爷爷的家庭经济收入，他回答一年可能就大概四五千块的样子，我问，为啥会这么少呢？他说，农民吗，哪有啥子收入哦。我又问，你们平时种稻子啊这些大概每年能赚好多钱呢？他说，哪能赚好多钱吗？赚不到钱嘞！谈了一小会儿，雨渐渐停了。我说，爷爷，就拿你们下面那块田举个例子，大概能赚好多嘞？（他们家在山坡上，而山坡下有几块田零零散散，被山地分割，只有较少的几个能称得上是"块"）。爷爷说，你要下去看看不？走，我带你去看吗。我们下了山坡，被水稻田包围着，在每块水稻田的边上，他们种了一排排的玉米。在不平整的土地上，他们也不浪费，种着"绿肥红瘦"的海椒。爷爷指了指我面前的这块稻田，说这块稻田大概一亩半。我又继续问他这一亩半的田大概能产出多少水稻，他说1000斤左右吧。这是我来到这里，第一次对一亩田能产多少水稻有直观的认识，就在现实生活中，就在眼前，在我们的交谈中，我逐渐了解到当地农户种植作物的行情。

当地的水稻要卖的话，大概是1.2元一斤，有时候可能跌到1块钱左右一斤。我们这里假设按1.2元一斤来计算，在我的反复询问下，爷爷给出了一亩地大概产1300斤的平均值。这只能说是平均值，收成好，一亩能有1500斤左右；收成不好，一亩可能连1000斤都不到。我们姑且按一亩1300斤算吧，那这样下来，一亩田的稻子能全部卖掉的话，大概就是1560多元钱。可是这还没有扣除掉成本。一亩田，首先是水稻的种子钱，大概就是100多块钱。说到这里，爷爷一个劲儿地向我抱怨说去年去镇上买种子的时候，信了别人的话，结果买到了假种子，被坑了200多块。买完种子接着要买肥料，一亩地的肥料钱那可就高了，得花上200~300元。这肥料不撒不行，这地贫，不撒种不出来好稻子。买完肥料了得考虑虫害吧，不然的话，有好稻子被虫吃了怎么办。又得拿一笔钱来买打虫药，这一亩地的打虫药一年得100多块。这样一来，就已经扣除掉了500多块了。爷爷又拍了拍自己的身体，说，他这年纪，70多岁了，还能干得了什么活？稻子熟了他收割不了，他家儿子又在外面城里打工，不能干等着稻子错过时机烂在田里。而且如果割得太晚，他还要把稻子晒干，又要花些时间。这越往后推，价格越低，他不得不请人来帮他收割。这一亩地请人工就要花个300多块钱，他这最后能赚到多少钱呢？我们现在依据爷爷的描述，大体上就能得出一亩田净赚多少了，1560元减去100元，减去200元，减去100元，减去300元，最后算出一亩地有800多块钱的净收入。然而，这些稻子不能全拿出去卖，还得为家里留足一年的口粮，能卖的又得减少。我调查发现，当入户询问当地农户家里有几亩田的时候，基本上都回答是一亩多、两亩的样子，到头来连种都根本种不了多少，又从哪找稻子来卖呢？即使有地种，可是，在农村里，基本上都是老骨头了，哪有力气去种那么多地呢？即使请壮年的劳动力来帮种、帮收割，那高昂的人工费也足以打消他们的积极性。山坡太陡，大块的地太少，全是零零散散的碎地，要么收割机开不进去，开进去了也不好操作。而且就那几亩地，收割机进来动辄上千元，还不如就请几个壮汉劳动力给收了呢。好在，这些困难都被克服了，种子、肥料、虫药都弄好了，万事俱备，只欠东风。可是偏偏不刮东风，来了场寒潮妖风，连上好几个星期的降雨，说给稻子毁了就毁了，又何处去诉苦呢？收稻子的伙计却只能以低廉的价格收走稻子，若不卖，那就只能烂在家了，到最后不是白种了吗？两亩地的稻子卖掉了，可那点钱又能干什么呢？家里若是有小孩，上学要钱用，这卖稻子的钱显然是不够的，就只能种些其他的，玉米、海椒，拿它们去卖钱。玉米一斤大概是1.2元左右，海椒一斤大概是1.4元左右（爷爷和我说原来海椒刚开始种的时候，收海椒的伙计可以收到1.7元左右一斤，现在慢慢地降到1.3~1.4元左右一斤），然而玉米、海椒的命运又与稻谷有何不同呢？还不是一样！九九八十一难，要走三趟！三趟走完，有时候家里花销大，还得倒贴，到最后有什么钱可以赚呢？

风夹杂着雨，吹动着面前田里已经被收割完的稻秆，爷爷在我旁边挥手挥脚地描述着，隐约能听到，不远处另一户人家，屋檐下风谷机传来的"呲呲"的运作声。那一刻，家庭年收入已不再只是一个个冰冷的数字，四五千元也不再是简单的四五千元，它向我低吟着，满是无奈与辛酸。放眼望去,周围无尽的大山,进入我的瞳孔,压得我喘不过气来。可是,山间几块为数不多的平地,上面是玉米、海椒、水稻,还有稀落的人家。这还是让我看到了一点希望,至少,它给了人一点盼头,这是我在整个CSS里印象最为深刻的几件事之一。在结束调查几个月之后,在写这篇感悟文章时,我还记得很清楚,因为它让我深刻了解到,一个西南地区普普通通的农民,是如何在兼具辛酸与希望的生活中一直耕耘劳作下去的。

D村是我们最后一个农村调研点,当时我们坐大巴到镇上,打算从镇上找辆面包车把我们一行7个人载着送去村里。可是我们却惊讶地发现,他们这里最主要的交通工具竟然是摩托车!在这里,我们见到了浩浩荡荡的摩托车大军,他们在路边,招呼着需要打车的行人。这里没有从镇上去往村里的公交车,只有从镇上开往县里的大巴,要是想去村里,就只能坐摩托车。一是因为这里确实比较落后,在大山里面;二是因为这个镇实在是小,周围的村离镇里十分近,加之道路较为崎岖,起伏较大,汽车要爬坡耗油量大,显然不够划算。这时轻便、小巧的摩托车自然成为大家出行的首选。我曾亲眼见到过一位看上去有七八十岁的老太太,矫健地跃上摩托,摩托车马达一转,轰一下就开走了!

我们驻扎在镇上,白天去村里,晚上回来。白天得很早就出发。在我们来到这儿的第四天,我还是像往常一样去买早餐,为等下出发做准备。当我走出民宿时,一派热热闹闹的景象出现在我眼前,这天早上的人比以往多了很多。以往比较冷清的街道,当时全是背着背篓的老太太老爷爷在穿行。他们一边走一边瞧着路两旁摆的摊位,遇到自己要买的就停下来问摊主。摊主的吆喝声不断,总想着把来来往往的行人往自家摊子上揽。在一个肉摊前,一位老头很是倔强,而肉摊老板也不退让,两者为了一块猪肉拉拉扯扯了半天。我往街边走,发现有些新的摊位是专门卖早点的,我立即就发现了一种别样的早点。它是用绿叶包的,绿叶里面是白色的东西,闻起来酸酸的,吃起来有点像发糕,应该是当地的一种特色小吃吧。借着买早餐的机会,我和老板聊了下,大概知道这番景象是怎么回事了,原来这是当地的习俗——赶场,也就是我们俗称的赶集。他们会在一个星期中的某几天,不约而同地从周边各个村子涌入镇上来赶场,上至七八十岁的老爷爷老太太，下至几岁的小孩，能来的都来了，街道一下子活了起来；变得有烟火气了。赶场的习俗，调研完后我还专门问过我爸，他们那一辈这个习俗都还保留着。可是到了我们这一辈，赶场就变得很少了。在我的家乡基本已经见不到了，我所能记得的赶场，也只停留在书本上。借着这次调研，碰上天时地利人和，竟然见到了真的、原汁原味的赶场，我的遗憾也算弥补上了。我不得不感叹，在西南地区的大山里，交通比较落后，这里的农村跟平原地区的农村相远差得太远。可是也托交通落后的福，生活在这里的人们，简单而又淳朴，善良而又热情，顽强而又不屈，辛勤而又满怀希望。

在这趟旅程中，我结识了一群富有朝气和志向远大的伙伴。我们在高楼大厦里飞奔，在雨天里穿着雨衣在田野里赶路，双脚上满是红泥巴。从一开始入户访问时的拘谨、尴尬，到后来为了抢着赶进度而豁出去，不放过任何可以访问的人家。我认识了从北京跨越千里来到四川的老师、督导，她们帮助我们小组化解了矛盾与困难。在与她们的交流中，我见到了不一样的风景，我因而对未来、对去一个更高的平台产生了向往与期望。我们在调查中，看到了居民、村民与居委会、村委会、物业的一些矛盾与摩擦，也经历过被居民不信任、被拒之门外的时光。特别是有一个调研点，我们待了6天却只做了8份问卷，像是被拖入泥潭，对能不能做完这个调研点的问卷充满着无限迷茫。可是，我们就是不肯服输、不想放弃，我们想尽了一切办法，终于等来了与居民、村民之间冰雪的消融。当长达一个小时的访问结束后，户主的态度由千方百计地想赶我们走，到最后热情地要请我们留下来吃饭，在这态度大转变的背后，是我们的真诚换来了他们的信任。

在访谈中，我见到了一对残疾的兄弟，大哥一只眼睛失明，二弟一条腿残疾，行动不便。大哥原来有妻子，后来离婚了，留有一个儿子在外地读书，学费花销大。大哥以卖海椒来养活他的二弟和他的孩子。在我的访问中，他总说我问的东西没有意义，可是即使这样他还是认真配合我完成了一个多小时的问卷。一对母子，母亲身体不好，只能做些杂活，打些零工，收入十分微薄；一个患病的儿子，每年下来，检查费、药费算在一起得4万多块钱。还好她有一个身体健康的丈夫在饭店里当厨师，一年下来，收入勉强能贴补家用。该户人家，就在成都的市区里，在一个物价非常高的地方生存。我在调查时，一辆白色轿车专门把我拦下，司机摇下车窗，愁苦地对我说，××桥上有户人家，家里实在让人看着心疼，那是真的不容易，你们搞调查的一定要帮助下那户人家！我第一次为我只是个学生、只是一个小小的访问员而羞愧，我为无法给那户人家提供实质性的帮助而感到无奈。我能做的只有访问，可是司机说的那户人家并不是系统抽到的样本，司机也并没有为我们带路。他所说的××桥，我们到最后也不知道在哪里。就这样那户人家就像石沉大海一样，再也找不到了。

这样的人在我们的访问中实在太多太多了，他们就像野草一样，乐观而又顽强地活着。我发现了一个奇怪的现象，那些悲苦的事情似乎总要降临到乐观的人的头上，为什么要对乐观的人如此不公？为什么他们就必须要在痛苦的泥潭里挣扎着？可后来我转念一想，似乎想明白了，人在遭受重大变故后无非就两种态度：一是悲观，二是乐观。如果悲观，那他们肯定早就从这个世界上消失了吧；如果乐观，他们就还会抓着最后的希望、最后的牵挂，坚强地活下去。这是多么平凡而又伟大的赞歌！

第五篇

# 以道观

# 导语：CSS在锤炼中寻求认同，在求新中把握大局

李炜　中国社会科学院社会学研究所

《仗卷走天涯：全国大型社会调查之督导笔记》（第四辑）沿《庄子·秋水》之脉络，到此结穴于"以道观"。

　　虽然"道"是中国文化中玄之又玄的词语，甚至玄到了"道可道，非常道"的不可言说境地，但社会调查研究本质上是经验性的。本篇的"以道观"由七位长期从事CSS的"有道之士"讲述其与CSS的结缘：十年来带领CSS山西团队不辞劳苦、年年出色完成调查任务的闫钟老师；从2013年本科一年级就开始参与CSS的张宾同学——十年期间他从一名初识调查的"小白"成长为CSS抽样团队中无所不晓的"大拿"；2017年

参与CSS并走上职场后又返回调查研究方法专业的杨标致同学；七年来CSS后勤和行政事务最可依赖的胡玉淑老师；在CSS2021和CSS2023中两次担任现场执行和值守督导的李琦与姜瀚同学；以及最后，从CSS"出生"一直陪伴她"成长"的在下。从这些CSSer的心得中，我们可以提炼出能近20年如一日持续这项全国大型调查的"长久之道"。

## 一 契合社会现实发展的方向

CSS之所以有长久的生命力，首先在于它契合中国改革开放的现实主题。改革开放，可以说是当代中国最能凝聚全民共识的"国之大者"。作为中国的社会科学工作者，我们要有高度的历史自觉，去记述、分析、推进这一走向现代化的社会变迁进程。本篇我的文章讲述了1998年改革开放20周年学术研讨会上，学者们对"整体上统合社会变迁资料"的期盼，数年后中国社会科学院主持的CSS就是在这种学术自觉的驱动下应运而生的。CSS的多期调查主题，如社会矛盾与冲突（CSS2006）、民生问题（CSS2008）、城镇化与流动（CSS2011）、社会质量（CSS2015~2021），乃至第9期确立的"中国式现代化"，都体现着与时代共进的特性。大方向找对了，调查研究就有了大局立意，其前景就与国运民意相联系，如百川入海，浩瀚无垠。

亲历CSS的同仁们对大型学术调查与"走向现代"的社会变迁的意义有着深刻的体认。李琦同学在文中特别提及，"CSS调查人的使命不仅仅是收集科学依据，他们也切身地投入了各领域的现代化建设，真实地观察了全国各地的真实情况，因此《仗卷走天涯：全国大型社会调查之督导笔记》书系的价值巨大，是我国调查事业现代化建设的见证，反映了我国现代化过程中的'小故事'"。可以说，这是CSSer们的同感。

## 二 乐而为之的价值认同

以长期持续的社会调查记述社会变迁，还需要参与调查的诸多同仁的共同努力。其中最为重要的是调查人共同体的价值认同。孔子曾言，"知之者不如好之者，好之者不如乐之者"，讲的是求知的三个境界。或可这样理解："知之者""好之者""乐之者"分别对应的是知识认同、职业认同和价值认同。CSSer的成长亦是如此。没有对调查事业的倾心，是无法长期耕耘在这一领地的。

本篇中张宾的讲述就是真实的体现。我现在还记得十几年前，这个黑黢黢的本科生小子在回中国社会科学院大学良乡校区的地铁上，每每凑近我身边，求解他听社会研究方法课时的困惑，渐渐地，他成了CSS团队中忠实且不可或缺的一员。期期复期期，从本科生到硕士研究生、博士研究生，从调查培训的受教者到教授者，他一步一个脚印地努力攀爬，最终完成了国内第一部研究地图地址方法的博士学位论文。由知而好，由好而乐，CSS赋予他的知识、专业和精神，已随着他在新的岗位上开花结果了。

闫钟老师又何尝不是如此？在他的讲述中，有个未能展开的"桥段"，就是初次我们将CSS委托于他，是经过一番戏剧性的"考察和斡旋"的。要不是他以山西人独有的执拗打动了我们，CSS在山西的调查究竟花落谁家还未可知。十年来的合作证明了他不负托付，从文中可知他每期调查都亲临现场带队，调动各种关系资源打通行政关系，为学生访问员的顺利入户多方奔走……如果没有他对调查的"钟爱"，焉能在遇到困难时坚持不懈？可以说对CSS的价值认同，是每位参与者的自主驱动力。

## 三 不断突破的技术创新

"工欲善其事，必先利其器"，新型调查技术的引进，不仅可以节约人力、物力，提升调查效率，更重要的是可以大幅提升数据品质。本篇中我记述了CSS十余年来调查技术不断更新的过程。就抽样方式而言，从早期运用民政部全国村居抽样框到直接利用国家统计局人口普查资料，从居民名单抽样到地图地址抽样，从纸质版村居地图绘制到采用卫星影像图的电子化的抽样系统，项目团队这一系列的技术创新极大地保障了全国样本的代表性。就数据采集方式而言，由原初的纸笔填答的访问方式升级为计算机辅助访问方式，又进一步整合为现场访问的数字化质量管理系统，后台值守可以同步调查现场的数据采集过程，也可以随时审核访问记录，即时提供质量反馈。目前CSS项目的CASS-CARS和CSS-CAPI两大系统，都是国内调查技术应用之翘楚，体现了CSS不断专业化的水准。

即便CSS目前在调查技术领域有了长足的发展，但仍有诸多实践中的经验需要提炼和分析。杨标致的文章，即从地图地址抽样的流程（村居环境、村居工作、技术应用、抽样人员的态度和行为、住户特征、入户接触）等多环节，分析了地图地址抽样框的覆盖性问题。利用CARS系统获取的数据，她计算出地图地址抽样框和村居登记户数的覆盖比大约为1:1.1，一定程度上论证了地图地址抽样方法的有效性。然而仍需进一步以村居现有的名单信息来对标覆盖误差。同时，她也提出了规范抽样人员行为、发挥前后台督导配合作用的可行建议。

## 四 "举轻若重"的细节锤炼

CSS是一篇大文章，起承转合的每一个环节都决定着调查的成败。近20年的调查历练，项目组同仁在调查的每一个流程细节上都反复锤炼，确保调查执行规范、有效、顺畅。这些经验的提炼体现在项目组的培训课程中，更体现在各地执行团队既遵循规范又因地制宜的现场管理中。闫钟老师以山西地方督导的组织者身份，总结了统筹协议签署、地方村居民委员会行政联系、访问员选拔与安排、调查装备物资发放、调查质量控制和应急问题的处理、财务开支报销等多方面的经验。这些经验告诉我们，CSS这样的大型调查项目是依靠一个个疏通堵点、不断推进的环节，才获得扎实的数据资料的。这些疏通堵点的经验，是目前任何一部社会调查研究方法教科书中的"观测误差""非观测性误差"都难以涵盖的，不仅是CSS执行的攻略，也极大地扩充了社会调查的"本土性知识"。

与调查的前台经验同样重要的是后台后勤保障的经验。胡玉淑老师作为CSS最资深的后方大管家，以"精致、精准、精细"为关键词，以CSS2023工作为例，讲述了调查行政支持、后勤保障、财务管理诸环节工作的细节。在行政联系上，她要承担与全国30余家合作机构的协议签订和经费核准，其间有多达数百次的往来沟通；在后勤保障上，她要负责全国1400余名督导/访问员的用品、资料、访问设备的定制印制、邮寄调配，其工作量之大、环节之细，非局内之人无法体会；在财务管理上，每项支出的设定既要严格遵守国家财务规定，又要根据各地情况留有"余量"。项目组的大区督导、培训和巡视督导、质控专员、值守人员也有百人之多，他们的差旅住宿费用、工作费用和劳务报酬也要笔笔核准，及时报销……这一系列工作的落实，都体现在胡老师制定的各项流程、表单、问答事项之中。

同样，李琦同学根据自身的经验，就如何凝聚项目团队督导与地方机构督导–访问员间的合作共识，如何加强调查研究与被访者日常生活的意义连接，提出了"访问员与督导的相互影响""调查者与被调查者的相互影响"这两项颇具新意的议题，读来颇受启发。

姜瀚同学则对督导培训和督导队伍组织建设提出了许多中肯的建议，如制作系列教学宣传视频作为培训的预习材料提前提供给督导，而课堂培训侧重于技能训练，这相当于前置了培训空间，增强了培训的有效性、实用性；在主流网络音视频平台建立官方账号，将项目介绍视频、项目宣传视频、培训与试访问花絮集锦、地方执行队伍录制的总结视频，以及部分教学视频等进行公开发布，以利于CSS的新媒体宣传传播；将大语言模型应用于培训模拟、辅助访问、质量控制等流程。这些细微具体的建议，不仅具有针对性，还具有相当的前瞻性。

古人云，"九层之台，起于累土"，"图难于其易，为大于其细"，这是CSS能够长期保持调查品质的座右铭。

# 十九春秋玉汝于成，
# 二十芳华再谱新篇

李炜　中国社会科学院社会学研究所

至今，中国改革开放的壮阔旅程已逾四十载，其间，我国社会学领域的重生与建设紧密伴随这一历史巨变，我国的社会学者则始终运用该学科独有的方法——社会调查聚焦、描绘并剖析深刻的转型过程。我深感荣幸，于1987年入职改革开放以来中国首个专业的社会调查机构中国社会调查所，成为改革开放洪流中早期的社会调查人之一。在随后的十余载岁月里，我不仅参与，还主导了众多涉及民意测验、政策调研及市场营销的项目。

自2005年起，我肩负起主持中国社会科学院重大持续性社会研究项目"中国社会状况综合调查"（简称CSS）的重任，这一角色我坚守了长达十九年，亲历并见证了中国社会调查领域在改革开放浪潮下的起伏兴衰。在即将到来的CSS第二十个年头，我在这里分享一下个人对于中国学术界社会调查的深刻体会与思考。

## 一  CSS的缘起：因事而生，因人而起

CSS的缘起是一个颇具趣味的话题。虽然该项目正式发起于2005年，但可以追溯到1998年或1999年。众所周知，中国的改革开放始于1978年，而1998年是改革开放二十周年。当时学术界举办了许多研讨会，以纪念这一重要时刻。我记得，当时社会学界在北京好苑建国酒店举办了一场大规模的学术研讨会，讨论的议题涉及中国二十年间的社会结构、社会阶层和价值观的变迁等。虽然学者们提出了许多有趣的学术观点，但大家发现没有一套完整的资料可以系统地支持这些研究。当时，我们意识到，在研究社会变迁的过程中，更多关注的是现象，而缺乏从整体上统合社会变迁的资料。

放眼国外，从20世纪70年代起，已有长期持续的社会调查，如GSS（注：美国综合社会调查，全称General Social Survey。发起于1972年，是由美国芝加哥大学的国家民意研究中心负责实施的定期的全国抽样社会调查项目）。实际上，早在1990年代初，我在进行社会调查时就已经了解GSS。因此，我从那时起就开始积累相关资料，并梦想有一天能够开展属于中国的全国抽样社会调查项目。为此，在1990年代初，我曾参与创立中国民意调查中心。该中心是一个民办机构，它的简称叫诺克，跟美国芝加哥大学做GSS的诺克（NORC，全称National Opinion Research Center，美国全国民意研究中心，成立于1941年，总部设在芝加哥大学）是一个称呼。我很早就知道这样的一个研究范式、这样的一个做法，我也想做，但是一直没有机会。因为一个团队要长期持续地做大规模的社会调查，需要大量的经费支持，这对我们来说太奢侈了，是不可能的事情。

1998年的学术会议的反思，意味着学术界对开展持续性社会调查以研究中国的社会变迁达成了共识。但当时国家社会科学基金和院内课题的经

费非常有限，要做全国性的大规模持续调查，资金问题始终是一个巨大的障碍。因此，尽管有这一想法，但实际动力仍不足。

到了2005年，出现了一个更切实的契机。此前，在陆学艺老师主持的全国社会阶层调查中，我承担了入户调查的工作，全国12个省份6000余户的调查执行工作，让我积累了组织全国性大规模调查的经验。2005年，陆学艺老师的全国社会阶层调查进入第二期，且社会学研究所又接到了民政部委托的中国村民自治状况调查课题，当时的副所长李培林研究员就把课题具体的调查执行工作交由我来承担。

通过民政部的行政关系，我们拿到了全国村居委会的资料清单，建立了全国性的入户调查抽样框。然后我们以民政部的名义在全国招聘了数百名中学老师作为我们的访问员。我们进行了详尽的抽样和访问培训工作：全国被分为五个大区，我逐一进行培训，让访问员们到抽中的区县和村居中抄录所有的住户名单，共计抄录了数十万户，而后在课题组抽样后进行入户访问。这使我不仅掌握了全国抽样框的构建方法，还积累了管理大规模调查队伍的宝贵经验。

在2005年，李培林研究员认为中国的社会学恢复重建已经二十余年了，对于中国的社会变迁要有自己的持续调查研究。中国社会科学院的社会学研究所作为"国家队"，要像美国的诺克一样，开展中国社会学的持续调查项目。恰巧，公安部有一个课题，希望我们研究当时的社会冲突与矛盾，并愿意提供资金支持。于是，我们便围绕这一课题展开了全国性调查，项目名称定为"中国社会和谐稳定追踪调查"。有了抽样框和管理队伍的支持，我们顺利地开展了第一次调查。因此，可以说，如果没有李培林老师当时的提议和主张，这一长期社会调查项目是不可能成功的。

## 二 CSS的革新：社会万象，数据显现

### （一）关注中国现实的调查主题

虽然CSS借鉴了GSS的模式，但CSS自创立以来，始终坚持以中国的

现实问题为调查主题的原则。这是中国社会科学院作为国家智库的职能所在，也是项目组同仁的共识。因此 CSS 的主题设置，除了包括社会变迁的基本模块，如家庭结构、就业结构、城镇化、信息化的趋势变化，每期调查还特别聚焦一两项社会的热点议题。例如，CSS2006、CSS2008 分别以"社会矛盾与社会冲突""民生问题"为主题。这样的设计思想贯穿了至今为止的九期调查，如 2011 年正值中国的城市化率超过 50%，我提议该期调查应以"城镇化与流动"为主题；2013~2021 年聚焦于社会质量，则来自项目组对欧洲"社会质量"概念及指标体系的中国化的实践；2023 年我又倡议 CSS 应以"中国式现代化"为主题，为新时代的中国社会变迁提供研究资料。

这种契合中国现实发展重大议题的设计方式，能够抓住中国社会发展的阶段性特征和重大社会问题，为社会政策研究提供有针对性的数据。这些阶段性特征串联起来，便构成了中国社会变迁的完整图景。十余年来，项目组围绕不同阶段的主题，基于各期的主题数据，出版了 40 部中外文专著，如《当代中国和谐稳定》《当代中国民生》《当代中国社会质量报告》等。这些具有学术影响力的成果都得益于每期调查聚焦主题的设计思路。

此外，CSS 的初始调查内容设计采用了模块化方式。通过将一组关联的研究问题设计成相对固定和标准化的测量访题，便于多期调查间的比较。例如，CSS2006 包含了基本信息、教育、就业与职业等 15 个模块，而 CSS2008 则增加了消费与媒介接触等 3 个模块。模块设计的方式沿用至今，迄今为止调查共涉及近 40 个模块，涵盖了社会学、经济学、政治学等多个学科关注的议题。这些模块分为固定模块、轮替模块和热点模块三种类型，分别满足对社会变迁的长期追踪、周期性监测以及重大变迁事项分析的不同研究需求。

将调查议题转换为访问工具，有赖于高质量的问卷设计工作。CSS 项目组为此可谓殚精竭虑、精益求精。崔岩、田志鹏老师主导问卷设计工作，自每期调查前 4~5 个月就开始确定主题，分派项目组老师设计问卷初稿，经多次讨论后，通过数次试调查，修正合并并最终定稿。"纸上得来"最终指导调查"躬行"，如此才能收集到有效的社会变迁资料。

## （二）科学严谨的抽样

CSS的抽样设计前后经过了四个时期的变化。2006~2008年初期的全国抽样框，是借用的前面讲到的民政部中国村民自治状况调查课题的抽样框。当时是以全国年满18~69周岁的住户人口为推断的总体，采用了多阶段复合抽样（multi-stage composed sampling）。具体抽样过程分为五个阶段：县/市/区、乡/镇/街道、居委会/村委会、居民户、居民。每个阶段采用不同的抽样方法，详见表1。

**表1 2006~2008年CSS全国分阶段抽样样本单位分布及抽样方法**

| 抽样阶段 | 抽样单元PSU | 数量 | 抽样方法 |
| --- | --- | --- | --- |
| 阶段一 | 县/市/区 | 130个 | 分层比例抽样+PPS抽样 |
| 阶段二 | 乡/镇/街道 | 260个 | PPS抽样 |
| 阶段三 | 村委会/居委会 | 520个 | PPS抽样 |
| 阶段四 | 居民户 | 7064户 | 等距抽样 |
| 阶段五 | 居民 | 7064人 | 简单随机抽样 |

在第一阶段，县/市/区（PSU）的抽取基于2000年全国第五次人口普查数据。将全国2797个县/市/区根据城镇人口比例、居民年龄、受教育程度和产业比例四大类七个变量进行聚类分层。在每个层中，按照PPS（概率比例抽样）方法抽取了130个县/市/区，覆盖全国28个省/自治区/直辖市。在第二阶段，从抽中的县/市/区内，根据乡/镇/街道（SSU）的户数和人数统计名册，采用PPS方法抽取每个PSU内的2个SSU。在第三阶段，依据抽中的SSU的村委会/居委会（TSU）的户数和人数统计名册，继续采用PPS方法抽取每个SSU内的2个TSU。然后，抽样员到每个抽中的TSU登记常住人口与外来人口数据，最终形成一个涵盖47万户160余万人的抽样框数据库。在第四阶段，居民户的抽取较为简单，依据上述抽样框数据库，在每个TSU内进行等距抽样即可。

CSS初期的抽样设计为后续三次抽样设计提供了基本模式：其一，县/市/区、村委会/居委会两级的抽样框依据全国人口普查周期更新，十年不变；其二，村委会/居委会一级不区分城乡属性，以便分析社区城市化的变化情况；其三，以18~69岁经济活动人口为推断对象。之后的抽样框更替一直沿用这些模式。

第二期（2011年）的抽样设计沿用了中国人民大学的CGSS抽样框，第三期（2013~2021年）的抽样设计采用2010年全国第六次人口普查的全国区县资料，在抽样方法上以隐含分层+PPS方法替代了原有的多指标聚类方法。同时，引进了地图地址抽样的方式进行末端抽样。2017年项目组开发了"中国社会科学院计算机辅助住宅抽样系统"（CASS–CARS），全面替换了原有的纸质版绘图抽样方法，这在国内的调查抽样数字化方面属于较为前沿的技术。第四期的抽样设计以2020年全国第七次人口普查资料为准进行了全面更新，但抽样方法与第三期无甚差异。目前CSS抽样框包含了全国所有的省级行政单位以及下辖的156个区县624个村居的多级抽样单元。

科学严谨的抽样是CSS数据代表性的关键。在历次的抽样设计中，张丽萍、任莉颖、王广州等老师付出了极大的智慧和心血，为CSS做出了可贵的贡献。2014年我和张丽萍老师写过一篇文章《全国居民纵贯调查抽样方案设计研究》，较为详尽地介绍了CSS的抽样设计。

## （三）呈现高效性的现场执行模式

CSS初期的调查执行是以政府部门支持、专业调查机构执行、项目组质量监控的方式开展的。调查的合法性依靠中央部委文件支持，例如初期两次调查分别以公安部和民政部名义发文。全国范围内的调查执行则委托专业调查公司进行，CSS2006和CSS2008均由北京华通现代市场信息咨询有限公司运作。由于我之前有在专业调查机构的工作经历，深知现场管理对调查质量保障的作用，因此设置了项目组巡视督导人员赴各地监督的质量管理流程。这种结合政府、科研机构和企业优势资源的模式取得了显著成效，例如CSS2006的现场调查在当年4月中旬启动，在两个月内就完成了全国130个县/市/区、520个村委会/居委会共7063份问卷的调查工作。

　　而随着时间推移，CSS的执行模式也经历了重大调整。由于行政资源的不可持续性，专业调查机构在没有政府行政支撑的情况下难以进入村居开展入户调查。2010年CSS项目组与中国人民大学的中国综合社会调查（CGSS）项目合作，联合全国40余所高校，成立了"中国社会调查网络"（CSSN）。这一新模式将依托专业调查机构改为依托地方高校和科研机构。地方高校不仅具有人脉资源，可以确保进入城乡社区的合法性，还需要大型调查为学生提供社会实践的机会，联合执行可以相互扶持，共享数据资源，实现多方共赢。虽然CSS和CGSS因机构经费和财务管理的原因未能持续合作，但与各地高校科研机构合作的模式一直延续至今。

　　项目组+地方合作机构的执行模式带来了CSS项目管理的改变。首先，项目组需要考察和遴选开办社会学或社会工作系、开设调查方法课程、有充足的学生作为访问员和督导、有校方组织化管理和广泛人脉关系的高校作为优选合作对象。每次调查启动前，我的职责之一就是前往各地拜访这些合作机构，特别是对新进入的机构进行调查和行政联络能力的考察，同时为学生们宣讲CSS的意义。目前与CSS长期合作的机构有30余家，我们成了社会调查公共学术资源的共创者。调查执行期间，项目组会分赴各地，开展为期3~4天的培训。由于高校调查实操的机会较少，项目组加大了现场质量控制的力度。自2011年起，CSS项目得到了中国社会科学院研究生院的社会工作硕士（MSW）中心的支持，每期调查都有数十位社工硕士担任培训和巡视督导，保障了调查的现场组织工作和质量。

　　CSS项目组设计了标准化的执行流程，包括行政准备、督访培训、实地抽样、现场访问、质量控制和数据处理等环节，依靠《访问员手册》《督导手册》《巡视督导手册》等标准化文件来规范执行。尽管之后的执行模式有所调整，但注重调查培训、严格执行管理流程和现场质量管控的传统一直得以延续，确保了CSS数据的高品质。在现场执行环节中，邹宇春老师带领团队承担了督导招募、培训、现场管理、质量监控等多方面的工作，可以说这是CSS所有环节中最为繁杂、最耗精力的。经过近20年的耕耘，我们现在可以自豪地说，CSS的现场执行在全国各大调查中，严格性和高质量是名列前茅的。没有对社会调查事业的挚爱，怎能坚持长久！

（四）学术拓展与技术更新

1. 利用 CSS 开展社会指标体系研究

大型纵贯调查无一例外，都以研究社会变迁为宗旨。前面提到，这些调查的主题都采用模块化的方式来采集相关信息，每期调查都相当于抓拍了当时社会不同主题的影像，比如有的抓拍了家庭结构，有的抓拍了劳动就业……但认真反思下就会发现，这些抓拍似乎难以拼出一幅社会的整体画面。换言之，传统的 GSS 类型调查主要以模块化设计为主，但各模块之间缺乏整体联系，无法综合评估持续性社会变迁的状况。认识到以往纵贯调查在主题方面存在的共性问题后，大概在 2011 年第三期调查之后，我就在项目组中提出采用指标体系更有助于对社会变迁进行整体性的刻画，这一想法得到了同事们的认可。

何种指标体系适用于描述中国的社会变迁呢？当时欧洲社会科学研究和公共政策研究领域的"社会质量"（social quality）理论和指标体系引起了项目组的关注。尽管社会质量理论源自 1990 年代的欧洲，但它与我国现阶段社会发展的诸多重大议题密切相关，并且与全面建成小康社会所强调的"富强、民主、文明、和谐"高度契合，是社会发展理论的新范式。自 2013 年起，CSS 项目组开始了社会质量理论和指标体系的本土化研究工作，这项工作由崔岩老师负责，通过焦点组访谈、认知测试等方式，对社会质量指标体系进行了符合中国现实的重要调整，最终形成了包含四个基本维度、15 项二级指标和 80 余项三级指标的"中国社会质量指标体系"，并将其设定为 CSS 中的固定模块，使得全国层面的社会质量衡量和评估有了持续的数据资源。"中国社会质量指标体系"的推出，有效提升了 CSS 的学术价值，赋予了 CSS 有别于国内其他同类调查的独特定位。此后，项目组成员连续出版了三期《当代中国社会质量报告》，并在"社会蓝皮书"上刊载相应内容。

2021 年恰逢"十四五"开局，建设"富强民主文明和谐美丽的社会主义现代化强国"成为国家未来的发展目标，CSS 项目要契合这一主题，才有持久的生命力。体悟到这一点，我再度倡议，我们要应用 CSS 开展评估中国现代化建设进程的指标体系的研究。当年项目组以"社会现代化指标体系"为主题，申请了院创新工程课题。项目组同仁围绕着经济、政治、文化、社会、生态五大领域，开展了现代化理论学习、指标研读、问卷设计等学术科研工作，以2023年第9期CSS为中国式现代化指标体系研究的起点。

2.建立中国社会质量基础数据库暨CSS数据平台

按照国际学术界的通行规则，以公共财政资金资助的调查，其数据应该为学术界的共享。自2008年以来，CSS数据就面向全国公众开放，但最初用户获取数据的方式是通过邮件申请，经项目组审批后再点对点通过邮件发送。到了2015年，用户数量大幅增加，需要一个更高效的数据发布平台。2016年，项目组获得了国家社会科学基金重大招标项目"中国社会质量基础数据库建设"（16ZDA079）的资助，委托合作机构开发了"中国社会质量基础数据库"（csqr.cass.cn）。该平台用于管理"中国社会状况综合调查"纵贯数据库，发布"中国社会质量指标体系"数据。除了CSS数据外，数据库还整合了大量统计数据资源，目前集成了215个数据集，涵盖数千万个数据项。该平台免费向研究人员提供数据在线分析、下载、可视化展示和在线科研办公等服务，为学术研究和政策咨询提供了重要的数据支撑。平台于2018年7月正式上线，并于当年入选中国社会科学院创新工程重大科研成果。

3.引入计算机辅助调查方式：CSS-CAPI系统

到2015年为止，CSS的五期调查均使用纸质版问卷作为数据收集工具。尽管纸质版问卷成功完成了数据采集工作，但它存在无法自动监测各个指标的内在逻辑关联、无法自动提醒无效回答、无法实现纸质版数据与电子数据的自动转换等问题。项目组在数据回收、数据清理、数据核查和现场质控方面投入了大量的人力、物力与时间。

2017年，项目组尝试引入计算机辅助调查（CAPI）方式，与北京大学中国社会调查中心合作，对北京大学已有的CAPI系统进行了适用修改，形成了CSS-CAPI系统，并在当年的第六期CSS中使用。这一系统在数据清理、数据回收、数据核查等方面带来了极大的改善。然而，由于该系统的情境代码和框架设置并非为CSS特制，现场数据收集和质控管理中的一些个性化需求尚未得到满足。

因此，自2018年起，由CSS项目组成员邹宇春老师负责，与数据采集研发机构合作，开发了针对CSS特定需求和现场调查执行模式的CSS-CAPI系统。该系统具有样本和访问员管理、电子问卷记录、现场录音听取、现场阅卷、双向审改问卷、访问员地理信息定位、可视化分析等诸多强大和实用的功能，可在Web端和移动端同步使用。自CSS2019始，之后的多期调查都应用了CSS-CAPI系统，数据质量大幅提升，现场质控和数据审核过程显著缩短，数据清理过程也变得简便快捷，在国内同类软件中获得一致好评。

4.应用计算机辅助地图地址抽样系统：CASS-CARS

如前文所述，自2011年起，CSS项目开始采用地图地址抽样方法实现村居内部的住户抽样。然而，使用纸笔方式获取的地址样本框不仅耗时、耗力、耗钱，还难以监控样本框质量，而且纸质绘图资料不利于长期保存和重复使用。随着电子地图资源的可利用性增强，CSS项目组开始考虑开发以卫星影像地图为底图的电子化地图地址抽样系统。

2019年1月至6月，项目组成员任莉颖老师领导开发了"中国社会科学院计算机辅助住户抽样系统"（CASS-CARS）。项目组与南康公司合作，开发了Web端和移动端两套系统，集成了最新的高清谷歌卫星影像地图和高德导航地图，包含村居图层和建筑物图层。通过地理信息系统与计算机辅助调查技术，该系统实现了自动加载村居边界、标记建筑物位置、录入建筑物信息、自动编号并生成住户清单列表、在线实时完成概率抽样以及导航至样本地址等功能。

该系统首次应用于CSS2019，全国共有1100余名抽样员和访问员使用了该系统，对全国151个县/市/区的580多个村委会/居委会的住户进行了地址信息采集，共采集了98万余条地址信息。经过二期开发完善，该系统在2021年、2023年再次被应用。这一系统是国内大型社会调查中首次在实地绘图抽样阶段全程实现电子化操作的创新，大幅提升了绘图阶段的工作效率和准确度，节省了实地调查中访问员查找样本地址的时间，使调查执行更加便捷和有效，得到了社会调查界的高度评价。

## 三 CSS的挑战：攻坚克难，兼容并包

CSS开展这些年来遇到的困难太多了，这些困难可以细分为"大难"和"小难"。其中最大的困难即经费问题。无论是CSS，还是国内其他大型调查项目，都是极其耗费资金的。国内著名大型学术调查年度经费都在千万元左右，而且有专业化的调查数据中心作为支持。相较而言，我们的团队只是一个项目组。项目组每年需要临时组建并向院里的科研局申请项目，通过后项目组才能成立；项目完成后，项目组立即解散。我们的团队中还有若干博士研究生成员，如王卡和兰雨，这些学生并非正式成员，真正编制内的只有五六个人。在这种情况下，如何保持团队的长期稳定是一个亟待解决的问题。要想维持团队的长期稳定，就需要不断寻找资金来源，这无疑是一个极为困难的任务。

在中国社会科学院，科研经费本来就较为紧张。中国社会科学院大约有40个研究所，我们社会学研究所属于中等规模，一个项目就需要从院里申请几百万元，这对其他研究所的调查研究也是一种压力。从管理角度来看，这是一种难以平衡的情况。因此，我们需要不断争取资源，同时，在争取经费过程中会耗费巨大的精力。每次在院长办公会上争取经费都很难。我亲眼看到李培林老师在院长办公会上折冲樽俎，跟院领导据理力争，争取经费。院领导说好吧，这次就批给你们，下不为例！但下次还是这样去会上争取调查的经费。

当然现在好了，院里对我们调查比较认可了，但是毕竟还是需要一笔很大的经费。最难的是在2015年和2017年这两期，基本上经费就没有一个像样的着落。有时候同事们也说，这不是我们自己家的课题，没有经费不做就不做了，反正损失的不是我们个人。但是想想一项事业好不容易做起来，半途而废就甚为可惜了。没有经费，我们就四处寻求资助。我院的上海研究院曾给予了我们巨大的支持，资助了当期调查总经费的八成。在经费最紧张的时候，虽然上海研究院的资金已经拨款，但尚未到账，而CSS已经启动。为了推进项目，所里不得不从其他项目临时调拨经费以支持CSS。

这种情况下，我个人承担了巨大的风险，担心拖累所里的其他研究。然而，正是这种坚持使我们克服了最大的经费问题。

相比之下，入户环境的困难则属于"小难"。在2006年和2008年项目初期，我们的入户调查相对容易。当时，公众对于社会安全和个人隐私的担忧较少，特别是农村居民普遍热情友好，对调查的配合度较高。然而，随着城市化的推进，情况发生了显著变化，高楼林立不得其门而入的情景很常见。我们到一个村进行调查，两年前还是院落式的村子，两年后变成了楼房。虽然居民未变，但楼房有门禁系统，导致我们难以进入，拒访率大幅上升。此外，我们采用的地图地址抽样方法，尽管科学，但空户率高、地址辨识困难，导致应答率降低，拒访率上升。面对这些困难，全国各地的合作机构也容易产生不规范行为，增加了调查作弊的风险。

这里穿插一个小故事，在2011年调查的时候，我带着一个团队在某个省做调查。那次我带着我们一个MSW同学一起下去跟队，发现这个团队几乎没有人管，从第一天开始就有作弊行为。我们每天都要查问卷，我就明显能知道问卷是什么样，我进行回访就知道是作弊了。我一直跟着一名同学，我知道他作弊，他就跟我耍赖。结果中间做了一个调查，是一个老人家，我们事先知道他的地址，有他的联系方式，就提前打了电话，然后老人就站在村口一直等我们。等我们来到他家里，家徒四壁，但是他非常感恩我们来聆听他的声音。那天的访问，我就让那个作弊的同学来问，我在旁边观察，他那天没有作弊。问完了以后，我们就给了人家礼品，那个老人非常感动。我们俩一块走出去没多远，那个男同学回来把自己身上的钱全掏出来给了那个老人，然后走出来跟我说："李老师，我以后再也不作弊了。"我询问他为何？同学回答道，他感受到被他人需要了。在调查中，作为研究人员，如果你不去一线，你永远不会知道这种社会价值的体现。当然在实际的调查中，依赖于"感化"的方式来规避作弊的发生是不切实际的。为了应对这种挑战，我们付出了大量努力，尝试通过各种方法确保数据的准确性和可靠性。这些努力虽然取得了一定成效，但入户环境的变化和由此带来的困难仍然是我们需要持续解决的问题。

## 四 CSS的未来期望

近20年的光阴匆匆而过，对CSS而言，她相当于一个大一年级的学生，她未来的前途还甚为广阔。作为悉心陪伴她20年的长者，我对CSS今后的方向有几个期盼。

其一，早日实现从"做好中国调查"到"讲好中国故事"的转变。CSS的九期调查积累了7万余户家庭的数据资料，是中国社会变迁微观层面的一部数字历史书。在精益求精做好数据资料收集的基础上，推进用数据资料来做中国社会变迁的多主题分析研究是当务之急。比如，伴随着持续的工业化和人民受教育程度的提升，中国人的价值观有无如英格尔斯所言的"Becoming Modern"？我们的数据表明，中国和所有走向现代化的国家一样，面临着人口老龄化、低婚育率带来的人口结构的变化，如何通过数据分析来揭示"人口红利"丧失、社会抚养比上升带来的发展压力？又比如，由于急速城市化带来的大量农村人口进入城市，被这些流动人口扯散了的家庭结构，在不同层级的城市空间是如何分布的？导致家庭生命周期发生何种变迁？CSS数据中有大量和中国未来经济社会发展密切关联的现实议题，值得对其深入挖掘和分析。

其二，尽快采取综合性、智能化的数据分析手段。CSS以往的学术研究和资政成果，大多囿于CSS数据本身，内证虽然有效，但放诸纷繁复杂的社会场景中，毕竟可刻画、可解释的变项有限。如果能综合利用外部信息资源，内外兼备，则能突破现有数据资料的局限，而获得更有价值的成果。比如，在研究居民的收入分布特征时，可以考虑纳入区域经济或经济地理的变项：居民收入不仅受到其受教育程度、职业、行业等传统因素的影响，还可能受到生活空间的市场机会多寡的制约。同样，基于数据的仿真模拟方法的引入，也可以将静态的数据活化，有助于预测诸如在现有收入分布形态下，经过何种演进的路径，可以扩大中等收入群体。

其三，积极拓展调查研究的新途径。众所周知，大型学术调查往往采用入户调查方式，其优点是代表性强、数据采集过程可控、数据精准度高，但耗资大、拒访率高、周期长等一系列问题也越发凸显。长此以往，国内现有的大型学术调查都存在着难以为继的困境。目前我国网民的数量已超过10亿人，覆盖了几乎所有的12岁以上人口。如果能以网络调查为未来的主流调查形式，则能以有限的经费做更多主题内容的调查。但目前网络调查总因缺乏有效的抽样框、代表性差而遭到诟病，如果能在网络调查的抽样代表性研究方面有所突破，则对国内学术调查有莫大的贡献。另外，也要看到AI技术在调查领域有着广泛的应用场景。如开发虚拟访问技术，将目前的面对面访问转换为虚拟访问员的在线访问，可以极大地减少访问员的数量，节约相应的人工、联络、管控等成本。总之，数字时代的社会调查该如何去做，这是我们CSS团队面临的挑战与机遇。欲望尽天涯路，更需再上层楼！

# 仗卷十载天涯路

闫钟　山西大学政治与公共管理学院

对于CSS而言，2024年注定是一个不平凡的年份。作为享誉国内的一项大型学术调查项目，CSS在2024年即将迎来她的20周岁。对于这样一个凝结着无数CSSer关爱而初长成的孩子，我们应该送给她一个怎样的礼物才能表达我们对她的美好祝愿，为她庆贺即将到来的20岁生日呢？可能每个人会有不同的答案，也会有不同的选择。作为一个山西大学的地方督导，我有幸陪伴其度过了十余年（2013~2023年的6期）的时光。在这期间，CSS从一个青涩的少年，逐步走向成熟。作为一名随行者，我深知CSS每期调查都凝结着无数人的汗水和心血，CSS每前进一步都来之不易。我既见证了其成长的艰难和阵痛，也感受到了其成功的喜悦与幸福。作为一名

CSSer，用笔记录和保存一些我的经历与感受也许是我作为当事人献给CSS最好的一份礼物。

## 一 结缘CSS

说起CSS，自然会联想到项目总执行人李炜老师。每一个CSS项目参与者，对于李炜老师都非常熟悉。我与CSS结缘源自我和李炜老师率领的中国社会科学院团队的相识。那是在2010年12月20日，由北京大学中国社会科学调查中心主办的"社会调查年会·2010"，来自国内外25所高校和科研机构相关领域的专家以及实地参与调查的人员齐聚一堂，围绕"入户调查的调查管理和数据质量"这一主题，深入探讨入户调查中的调查管理方法和数据质量督导方法。当时在会议茶歇之余，我急忙向会议的主办方询问中国社会科学院有无代表参加，并请其帮助介绍认识。于是主办方的代表把我带到了中国社会科学院参会代表——李炜老师、刁鹏飞老师和范雷老师的面前。他们3人代表中国社会科学院参会，其中李炜老师还是大会五个分会场的主持人之一。我过去时，他们三位正在兴致勃勃地畅聊会议内容，我的到来似乎有些不合时宜，一时间打破了热烈的场面。我向三位做了自我介绍，我是李培林研究员的博士后。三人非常热情友善地接待了我，并与我交换了联系方式。三人的热情，瞬间使我将身上的陌生感抛到了九霄云外，让我这个已经出站的博士后感受到了温暖，也结下了与CSS的不解之缘。

两年后的一天，我获悉社会学研究所即将开展CSS2013项目的消息，想到作为一名出站的博士后，终于获得了为社会学研究所效力的机会，我感到欣喜异常。客观上，我有条件协助社会学研究所开展CSS项目。我作为山西大学社会学专业的负责人，深知山西大学拥有社会学和社会工作专业的本科生以及社会学专业的硕士研究生，他们可以成为社会调查所需的访问员。萌生这一想法后，我征得了导师李培林研究员的同意，于是主动向CSS项目总执行人李炜老师请缨。后来经过李炜老师的考察和斡旋，将CSS山西调查的任务交给了我当时所在的山西大学哲学社会学学院。由此我结下了与CSS十余年的缘分，开启了自己的CSS之旅。

地方督导作为一个组织者的角色，在CSS中处于中枢环节，具有承上启下的功能，负责统筹协议的签署、与地方村（居）委会的联系、访问员的选拔与安排、调查装备物资的发放、调查质量的控制和应急问题的处理、财务的开支报销等方面的工作。其中，有关调查的准备工作是CSS执行过程中至关重要的一环，对于调查质量起着决定性的作用。在每期CSS前，山西大学的督导老师都会根据中国社会科学院的要求，精心准备，确保每一个环节都能保障到位，不出纰漏。CSS涉及的每个社区或村庄，都需要与当地村（居）委会进行协调。这是调查准备工作中最重要的一个环节。通过与村（居）委会的沟通，可以了解当地的情况、人员分布和调查难点等信息，为调查工作的顺利进行提供有力的支持。访问员的选拔是调查准备工作中的另一个重要环节。CSS需要由专业的访问员进行，因此需要选拔具有良好沟通能力和团队合作意识的优秀学生参与这项工作。此外，在调查过程中，确保访问员的人身安全也非常重要，因此对于其住宿和交通的安排绝不能忽视，需要提前进行妥善的安排和布置。

## 二　未雨绸缪　精心准备

### （一）协议签署

在每期CSS正式开始前，作为项目的重要一步，中国社会科学院社会学研究所都要与地方合作院校签署合作协议，明确双方在调查中的权利义务、职责范畴，以及调查时限等内容。合作协议需要双方负责人签字，并加盖单位公章。合作协议的签署看似只是调查中的一个流程，似乎仅是双方合作的一个象征，实则具有重要的意义和作用。因为它不仅标志着双方合作关系的正式确立，也意味着CSS项目在地方合作单位获得了合法性与合理性。现在地方高校对于学生外出做了严格规定，对于其参加各种活动非常慎重。特别是大规模的学生活动，必须获得学校的认可与同意。合作协议的签署意味着CSS获得了学校的通行证，从而为学生访问员的选拔提供了基础条件。

### （二）村（居）联络

CSS作为一项入户调查项目，都是集中在某个社区开展的，访问员成功入户进行调查的关键在于获取村（居）委会的支持。在调查中，访问员除了入户访问外，还有一项内容是完成村（居）委会的问卷，里面涉及村（居）委会的各种信息。这份问卷的完成必须依靠村（居）委会的协助。另外，村（居）委会负责人掌握着辖区内住户的各种信息和相关情况，尤其是入户需要村（居）委会的协助，因此获取村（居）委会的支持对于调查的成功至关重要，取得并建立与村（居）委会负责人的联系成为地方督导的一项重要职责。但是，这项工作对于长期工作在高校的督导教师的挑战性很强，因为要与社区联系需要调动四面八方的力量。在中国这个人情社会中，这主要考验督导的人脉。山西省的四个PSU分布在中、南、西、北，每个PSU都需要有熟人才能建立联系，若与社区一级的负责人进行联系，通常需要通过上面的各级政府，一级传递一级，如此才能抵达社区。在2013年CSS山西调查时，为了与长治县（今上党区）一个SSU的负责人建立联系，我请一位省民政厅的领导帮忙，然后从省民政厅—长治市民政局—县民政局—社区四个层级才联系到社区负责人；CSS2003更换样本后，联系社区负责人的环节同样不少，甚至更多。以某个SSU为例，为与社区负责人建立联系，经过了六个层级，即督导—区委书记—区委办主任—副主任—街道书记—街道副书记、副主任—社区负责人。

为了联系社区负责人，地方督导通常需要想尽各种办法、通过各种努力，克服重重困难，才可能达到目的。在2023年调查正式开始前，经过多方努力，我们拿到了山西省4个PSU 16个SSU村（居）委会负责人的联系方式。后来的实践证明，做好与社区的联系工作非常重要，因为村（居）委会负责人不仅可以为入户调查提供支持，而且还可以为访问员同学提供住宿信息、交通工具等，非常有利于后续的调查工作。

### （三）食宿安排

保障访问员的安全是调查成功的重要前提，也是地方督导的一项重要工作。一般而言，对于访问员的住宿，我优先选择县委县政府的招待所。因为这样的住宿机构通常不仅安全有保证，而且食品比较卫生，不易产生安全隐患。如果县委县政府的招待所不合适，就请当地村（居）委会负责人提供相关的住宿信息。通常，能够满足安全可靠、交通便利、价格合理等方面的条件就可以考虑。另外，在选择住宿机构时，尽可能选择附带提供早餐的机构，这样可以节省早餐时间，还可以提高调查效率。

### （四）购买保险

购买人身意外保险是CSS项目协议中的要求，也是学校允许学生外出进行社会实践的前提条件。为此，在每期调查开展前，我都将参加调查的每位督导老师和访问员同学的信息收集全面，然后向保险公司购买他们的人身意外短期保险。在山西省进行的6期CSS中，实践证明，购买人身意外保险对于参加调查的每个督导和学生访问员不仅是必需的，也是十分必要的。这一点将在后面的应急处理部分再叙。

### （五）物资收发

常言道，兵马未动，粮草先行。CSS作为大规模的问卷调查项目，与传统的田野调查不同，需要为众多的访问员配备相应的装备和用品。从早期的调查问卷、访问手册、遮阳帽、背囊到联系函、预约信、感谢信，以及后来的平板电脑。在每期CSS中，访问员的用品种类繁多，我记得有一年的物品清单中一共有37类。其中2013年的调查样本中，山西省一共有4个SSU，每个村居有17户，一共268户。2023年以后更换了样本，每个SSU的数量有所变化。山西现在每个SSU需要完成20份问卷，16个SSU一共需要完成320份问卷。因此，发放的物资数量较之前有所增加。这里，我们对由山西推广到全国的151个县/市/区604个村居的10000多个受访对象进行估算，分发、调拨的物资可以说是一个天文数字。其中中国社会科学院老师们为此付出的心血由此可见一斑。在历次CSS中，中国社会科学院及时为山西大学的各位督导教师和访员足额配发了调查物资，我在此非常感谢。胡玉淑等老师为此付出的辛劳，保证了调查工作的顺利进行。

## 三　优中选优　严格培训

### （一）严格选拔　优中选优

CSS在山西大学学生心目中，已经成为一个响亮的学术品牌。因此在每两年一次的访问员选拔中，报名学生非常踊跃，地方督导老师甚至应接不暇。2023年报名的学生数量超出了实际所需的一倍多。为了保证访问员质量，山西大学制定了严格的选拔标准：沟通能力强、善于表达的优秀班干部和三好学生优先，同时要求身体素质好、领悟能力强、具有团队合作意识且能吃苦耐劳等。选拔访问员时，通常由辅导员发布信息、公布选拔标准，然后学生自主报名。经过辅导员初步筛选后，督导老师再集体进行二次筛选，最后确定访问人选。在2023年的选拔中，报名参加选拔的学生非常优秀，其中有校三好学生、优秀班干部、挑战杯一等奖获得者、国家励志奖学金获得者、优秀志愿者、"百村调查"优秀调研员、全国大学生市场调查与分析大赛山西大学选拔赛获奖者、学校辩论赛的冠军得主、学生会体育部部门之星等。可以说，报名的学生个个优秀，督导老师有充分的条件从中精挑细选、优中选优。

在选拔访问员的过程中，除了上述因素外，通常还要考虑访问员的地域因素和文化因素。一般情况下，会优先选拔户籍为被访者所在地的同学。因为他们具有天然的语言优势和文化背景，更加易于与受访对象沟通。因此这条原则似乎成为每次选拔时不成文的一个规定。比如，按照这一原则选拔的访问员，在2013~2021年山西省CSS涉及的4个县区——长治市的长治县（现改为上党区）、吕梁市的离石区和方山县以及大同市的天镇县进行调查时，他们都能很好地履行自己的职责，圆满地完成调查任务。当然，山西大学的地方督导在优先考虑本县、本地区户籍学生的同时，也合理配备一些外县、外省的同学，并按照比例进行搭配，做好组合。这样做的目的在于为本省和外省同学提供一样的调查机会，实现机会共享。

## （二）严格考勤　保证质量

作为高校教师，我深知考勤制度是学校对学生进行管理的重要方式，也是培养良好校风、学风的重要手段。严格的考勤制度不仅有助于帮助学生形成良好的自律意识，培养学生严格要求自己、自觉遵守纪律的良好习惯，也对于培养其良好的团队意识和严明的组织纪律性具有重要的意义。对于CSS培训而言，虽然培训时间只有短暂的三四天，但由于其培训效果直接决定着调查质量，因此山西大学的各位督导老师对培训的内容和细节都不敢掉以轻心，要求参加培训的学生不能有任何的侥幸和马虎。为此，我们对参加培训的学生提出严格的要求：每天必须按时出勤，不能迟到早退；上课必须专心听讲，不能交头接耳；遇到疑难问题，及时与培训督导沟通，力求当下解决。在培训期间，每天由各组负责人对访问员进行点名，保证学生出勤人数。这套制度历经6次培训检验，证明效果很好。严格的考勤制度有力保证了CSS的进度和质量。

## （三）进行试访　检验效果

试访是CSS培训过程中的最后一个环节，对于检验培训效果、提高调查质量具有重要的意义和作用。在试访过程中，访问员可以通过与被访者面对面的交流，检验自己的表达能力、沟通技巧、发问方式、语音语速是否恰当，帮助自己迅速建立与被访者的信任关系，从而深入了解被访者的观点立场和态度反应。在试访过程中，访问员与被访者直接进行互动，这样可以直接检验培训效果，及时发现培训中存在的不足，弥补缺憾，保证后续调查质量不受影响。正是基于这样的原因，山西大学的督导老师在每期的CSS培训中，对试访环节高度重视，每次都按照中国社会科学院培训督导的要求，认真准备、精心组织，提前与学校相关的部门和人员做好联系工作，为CSS试访创造条件。

根据山西大学的实际情况，地方督导为每期CSS试访安排了学校食堂的大师傅和服务员作为被访对象，其人数一般按照一个师傅对应两个访问员的比例确定。每次试访的时间，一般安排在午饭结束之后的下午2点到4点之间。因为4点以后，食堂就要开始准备晚饭了。作为试访，必须保证足够的访问时间，通常大约需要2小时。如果时间过短，访问员很可能没有完成，起不到检验效果；时间过长则影响食堂的工作。因此，对于试访要事先确定一个大体的时间。

## 四　统筹进度　高效访问

### （一）巧妙借力　化解入户难

访问员在一些社区开展工作时，发现一些被访者对调查不解其意，甚至抱有敌意。但是很多小区居民在经过社区网格员的耐心解释后，大多会同意访问员进行入户调查。依托社区网格员，访问员被成功带入居民家中展开调查。可以说，社区网格员对于访问员顺利完成任务功不可没。通过社区网格员的帮助访问员及时破除了入户障碍，消除了对立情绪，做到了事半功倍。熟人带路的方式在农村这样的熟人社会效果显著。这是因为社区干部对自己片区的居民都很熟悉，所以在入户访问的时候，最好请社区干部或者社区网格员带路，能够减少障碍，加快进度。

### （二）融入当地　获取信任快

在入户访问时，地方督导发现融入当地、与社区居民打成一片是增进对方理解、获取对方信任的最佳方式。2023年在山西某SSU开展入户访问时，有个别住户不愿意配合，甚至怀疑访问员是间谍，以至于这种说法在社区迅速传播开来，给访问员入户调查带来极大的困难，访问员被频繁拒绝，严重影响了入户调查进度。巧合的是访问员在回家的路上，无意间发现村委会门口大妈们在跳广场舞，于是6名访问员同学本着放松一下的心态，加入了大妈的行列，与她们一同跳起了广场舞。因为访问员同学头戴遮阳帽，上身穿着印有山西大学Logo的T恤衫，身背印有CSS的背囊，特殊的装束引起了众人的关注。但也因为融入大妈中间，后者放松了对学生访问员的警惕。等到第二天入户访问时，访问员发现入户过程比前一天顺利了很多。事后得知村民们通过一起跳广场舞接纳了他们，不再对其学生身份产生怀疑。学生访问员通过跳广场舞获得村民信任后，被拒绝的频率明显下降，调查的速度因此大幅加快。这种融入方式也许只适用于村庄这样的熟人社会，但这告诉我们：与村民相互融合、打成一片是获得支持和配合的最佳利器。

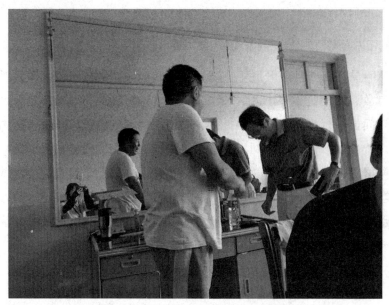

图 1　闫钟老师和访问员同学顺利入户

## （三）尊重差异　上好文化课

常言道，十里不同风，五里不同俗。在进行绘图调查时，每个督导和访问员都应尊重当地的文化和习俗，特别是少数民族的生活习俗。在 2023 年调整后的样本中，山西省有一个 SSU 是回族聚居区。作为穆斯林，回族有自己特殊的信仰、习俗和生活禁忌，这是在调查时必须格外注意的。为了避免产生误会，我们在接触回族被访者前，通过查阅互联网、图书资料，询问身边亲友与附近居民以及向当地的社区工作者请教等方式了解其风俗习惯、生活习性、处事方式等，提前做好必要的准备。如回族人避讳在外人面前袒胸露臂、穿暴露身体的服装。访问员在敲门时，如果遇到回族被访者穿着这样的服装，就必须留给他们足够的时间进行换装，访问员自己则要保持足够的耐心等待对方开门。作为交往的礼节，访问员在访问回族人员时，也应着装整齐干净，并保持文明礼貌用语。在赠送礼物时，必须尊重回族人的习惯，切忌赠送含有违背伊斯兰教信仰的物品，如烟酒或含有猪肉成分的食品。回族人对于陌生人具有较强的边界感，尤其是对于外族人防范意识较强，因此作为汉族的访问员大多时间不被允许进入回族被访者家中进行访问。此时，作为访问员，必须对此表示理解，并在户外进行访问。在2023年调查访问的20户回族家庭中，有一半左右的被访者没有允许访问员进入家中访问。他们或者选择在家门口，或者选择在小区楼下等地就近接受访问。对于访问员而言，调查必须不拘一格，方得始终。在2023年的调查中，充分尊重回族文化和生活习俗，与其和谐相处、友好交往是回族小区访问较为成功的重要因素。

（四）每日例会 排疑解难

每个小组长在晚上召开例会，是山西CSS过程中的规定动作，多年来已经成为工作惯例。当日工作完毕后，督导老师会组织召开小组会议。各个访问员将当天的工作进度进行汇报，遇到的问题提出来讨论交流，比如，有些同学在绘图中不知道如何贯彻右手原则，在入户抽样时会发生错误等。在每日例会中，督导和访问员集思广益，共同对遇到的问题寻求最优的解决办法。同时，对于好的经验，要相互分享。比如，在核户过程中如何确定空户？在入户访问时，如何避免中途拒访？在调查期间，这样的例会日复一日，直到调查结束。例会能够集思广益、取长补短，帮助访问员化解绘图和调查中遇到的各种问题，交流学习各种绘图和入户的方法与技巧，提高工作效率，加快工作进度。例会还可以有效提振同学的信心，克服绘图与调查中存在的困难，促进调查工作的完成。

图2　闫钟老师与同学们开周例会

## （五）男女搭配　干活不累

每期CSS在招募学生访问员时，男女性别比例是一个重要的考虑因素。一般而言，为4个PSU配备的访问员性别比例是1:1，即一个女生搭配一个男生。女生在沟通方面，具有天然优势。同时，男生可以起到保护安全的作用。这样的配比，主要基于男女生分工协作的因素。特别是在入户访问时，女生敲门，男生配合。在绘图时，男生头前带路，女生跟上绘图。男女生在一组开展工作，既便于分工协作，又有利于保障女生安全。在实际工作中，男女两两相伴而行，能够保证至少有一名同学可以与其他组和老师进行正常的联系，及时接听电话、回复消息等，从而有利于调研工作的顺利进行。特别是遇到被访者被小孩缠身时，可以一名同学访问，另一名同学负责照护孩童，从而为被访者安心受访创造条件。访问员对小孩的照护往往容易获得被访者的好感，拉近彼此的距离，从而为访问的成功提供助力。客观上男女组合有助于调动双方的积极性，所谓男女搭配、干活不累。在山西进行的6期CSS证明，这样的组合确实能够愉悦身心，一些访问员在参与调查的同时，也收获了爱情，找到了自己的伴侣。

## 五 致谢

山西大学是CSS的地方合作单位，我作为一名地方督导，有幸能够参与6期CSS，深感生逢其时，倍感荣幸。首先要感谢中国社会科学院社会学研究所对山西大学的信任，感谢中国社会科学院社会学研究所的各位领导特别是发展社会学研究室的领导对我的信任。没有他们的信任和支持，连续十余年进行长期合作，完成这样一项大规模的调查是难以想象的。

我非常感谢我的博士后导师李培林研究员。正是因为师从李老师，我才有机会踏入中国社会科学院这个中国哲学社会科学研究的最高殿堂，才有机会进入社会学研究所，也才有机会认识了CSS进而参加CSS。我感谢陈光金所长的信任、王春光副所长的支持和杨典副所长对我在CSS线上交流发言时给予的肯定。特别感谢李炜研究员和邹宇春老师、崔岩老师、胡玉淑老师、任莉颖老师和王卡、张宾以及各位培训督导、巡视督导对山西大学调查工作的支持，正是基于以上各位领导和老师的支持与帮助，山西大学才能把CSS一期接一期地做下去。

图3 CSS2021山西大学团队合影

　　如今，社会调查在党和国家生活中的重要作用日益凸显。毛泽东主席强调"没有调查，就没有发言权"[①]，习近平总书记进一步指出，"调查研究是我们做好工作的基本功。调查研究是谋事之基、成事之道，没有调查就没有决策权"[②]。中国社会状况综合调查（CSS）如今作为中国社会科学界最具影响力的大型纵贯调查之一，已经被列入中国社会科学院重大经济社会调查项目，正日益显现愈来愈重要的学术价值和社会价值。作为一项公益学术项目，CSS每期数据引起了学者的关注并被引用。实际上，CSS提供给世人的不仅仅是数据，因为实际上这些数据本身就是一种学术成果，这些数据都是运用科学的方法、严谨的方式获得的，这些数据本身就是对社会变迁最真实、最可靠的记录。李培林老师说1992~2022年是中国经济社会发展的黄金30年，从这个意义上说，CSS用其珍贵的数据记录了这30年中十几年的变迁历史。这些数据必将随着时间的流逝，日益展示出独特的历史价值和社会价值。相信CSS的明天会更好。

---

① 毛泽东：《反对本本主义》，载《毛泽东选集》第一卷，人民出版社，1991，第109页。
② 《中共中央办公厅印发〈关于在全党大兴调查研究的工作方案〉》，https://www.gov.cn/zhengce/2023–03/19/content_5747463.htm。

# "七载锻造，精致精准精细"的后勤保障
## ——从CSS2023行政支持与财务管理谈起

胡玉淑　中国社会科学院社学会研究所

## 前　言

天下难事，必作于易；天下大事，必作于细。中国社会科学院重大经济社会调查项目"中国社会状况综合调查"（CSS）已经顺利完成了九次调研工作，我个人有幸参与了其中四次，感悟颇多，有很多经验，也有很多反思。这篇文章将幕后的故事分享了出来，希望能给调查者些许启发。

回想第一次参与CSS项目是在2017年，起初

是摸着石头过河，面临各种未知与挑战。当年经费紧缺，项目总负责人李炜老师积极寻求帮助并成功筹集到所需的资金。整个项目团队的老师在困难面前展现出了坚韧不拔的精神，无论遭遇何种挑战，始终坚持严谨科学的调查理念，确保年度调查任务高质量地按时完成。记得在那年的岁末，由于财务管理的压力，我仿佛置身于一场无形的债务漩涡中，各方款项的结算催促让我深感肩头责任重大，其压力犹如自身负债累累。

图1　CSS2017年度督导总结会合影

2019年，在院、所各职能部门的鼎力支持下，CSS项目的调查经费得到了充分保障，这极大地调动了全体项目组成员的积极性。2019年8月30日的"CSS吉林田野行"，我踏上了前往吉林长春的征程，同时任社会学研究所党委书记穆林霞、时任科研处副处长刁鹏飞、时任发展社会学研究室副主任邹宇春、科研处李乐、吉林省调查执行负责人田志鹏以及吴一楠等共同组成了一支实地调查队伍。这次吉林之行让我记忆犹新，返程路上，穆林霞书记谈到了她对于此次在吉林实地考察的感受。她感慨万分地表示："此行深切体验到了大规模调查背后的艰辛、劳累与不易，但收获满满，真是不虚此行！"她特别强调，社会调查的每个环节都有其科学性，行政联络亦是调查的重要一环，此次有两位科研处行政岗的同事也一同参与，深入理解了调查工作的各个环节，这有利于在全过程做好支持和保障工作，确保调查的流畅性与规范性。

那年9月1日，我们前往吉林省东辽县白泉镇万兴社区进行实地调研，到达时发现同学们已经接近崩溃状态，邹宇春老师即刻组织召开了一个短会了解相关情况。我第一时间联系社区负责人说明来意，邹宇春老师和社区负责人简短介绍后，得到了社区负责人的高度重视，当天便完成了该社区入户的全部调查。李乐老师生动地概述了调查员的一天：清晨的迷茫困顿—傍晚时分的欢声笑语—恋恋不舍分离。东辽团队在这独特的一天里留下了刻骨铭心的记忆，也收获了属于自己的调查经验。刁鹏飞老师说："霞光满天，星移斗转，调研终有期，佳话长久传。"李乐老师就CSS吉林站的亲身体验写下感悟："为谁辛苦为谁忙？调查队员跑断肠。不忘初心担使命，采蜜民生酿辉煌。"邹宇春老师感慨地说："回首穆林霞书记带领的吉林之行，现在还历历在目。我们一定不忘初心，牢记调查使命，做好CSS的调查。"

图2　CSS2019吉林省长春市实地调研合影

图3　CSS2019年度督导总结会合影

时光流转至2021年，恰逢中国共产党成立百年的历史节点，CSS项目组以此为契机，围绕"进万家、访万户、忆百年"的主题，赋予了当年调查项目更加丰富的内涵。2021年7月23日，我同崔岩老师一同赴河北省山海关这个革命老区展开了实地调研，深入了解社情民意，发扬实事求是的调查研究作风，并与山海关田园社区的党委书记进行了党建工作座谈交流。

图4　CSS2021年度调查河北省秦皇岛市工作座谈交流合影

2023年，CSS的主题定为"调查进万家，聚力现代化"。作为一项研究型的学术调查，执行过程中涉及的工作可谓错综复杂、千头万绪，涵盖了对外联络协调、问卷设计研发、督导选拔培训、地理抽样规划、现场调查实施与后台质量管理，以及必不可少的行政支持与财务管理等诸多环节。在行政支持方面，具体包含了调查物资筹备、调查材料印刷、物资清单核对与邮寄发放、人员组织管理与会议策划安排、保险购买与各类证件手续办理等事务；而在财务管理上，则需要进行财务报销制度培训、出差审批与费用报销、合同签署与经费划拨等一系列操作。这两项职能被视作后勤保障的核心，为前线调查团队提供了坚实的后盾，为后台质控值守的同学保驾护航。令我印象最深的是2023年7月31日的北京暴雨。7月30日早上7点17分收到办公室吕红新老师关于极端天气的提示，提醒北京地区工作人

### （一）前期物资准备

自2023年3月起，CSS2023项目组启动了调查物资的具体筹备工作，针对调查员所需的核心装备进行了精心规划与落实。调查员的调查装备主要包括带有调查Logo的双肩包和遮阳帽、调查现场使用的平板电脑以及调查问卷等纸质资料。这些看似不起眼的物资，却是调查顺利开展不可或缺的，甚至缺一不可。

2023年3月，项目组开始分别与多家厂商接洽双肩包与遮阳帽的事宜，基于暑期调查的特点，防水与耐用性是首要考察的指标，对比样品的质量、价格等因素，在4月底敲定了双肩包与遮阳帽的最终设计方案，并附带调查项目的官方Logo。历经两个月左右的生产周期，所有定制装备在6月中旬全部完成交付，满足了调查实施阶段的物资需求。

出于成本与效益的考量，调查所需的平板电脑则采用租赁的方式以控制开支。从3月至5月中旬，团队与三家候选公司深度沟通，权衡租赁费用、服务质量、设备性能等因素，最终选定了一家最符合要求的服务商。尤其是在后期北京区域的调查中，鉴于其调查仅在周末执行，项目组特别协商达成了周末租赁优惠策略，减少了50%的平板设备租金，同时强化了数据安全管控措施。

对于调查培训的纸质资料，在项目组定稿后，于5月19日启动了分批次的印刷工作。至6月19日前，完成了正式调查所需的"绘图抽样手册、调查手册、CAPI系统访问员使用手册、调查问卷、巡视督导手册、质控系统地方督导使用手册、地方督导工作流程手册、海报、宣传页、预约信、感谢信、信函、公示卡、督导证、访问员证、社区问卷"等18类资料的印刷工作。与此同时，至6月已完成了"督导与访问员的登记表格、平板与充电配件使用协议、领取单据、样本使用记录表的汇总版、调查样本清单"等6类电子文件的编制工作，确保每一步操作都有详尽的记录，助力调查活动有序高效开展。

## （二）调查中的设备管理

平板电脑作为主要的现场调查工具，项目组总计租赁了超过1000台。为了确保设备的有效利用及责任归属明晰，我们与各地合作机构签订了详尽的调查设备使用协议，明确了双方的权利与义务。在实地调查期间，平板设备的发放与回收紧密衔接各地培训计划，确保设备在培训期间到位且在访问结束后能迅速回流。为确保调查物资的高效周转与平板电脑的良好运行，减轻访问员负担，我们强调各地在完成调查任务后，要及时将闲置设备和资料回寄总部。鉴于回寄时可能因设备数量限制导致多批次快递问题，我们需要特别重视记录每一批次的回邮信息，以便跟踪与核实。这些工作都有相关的工作表作为依据。

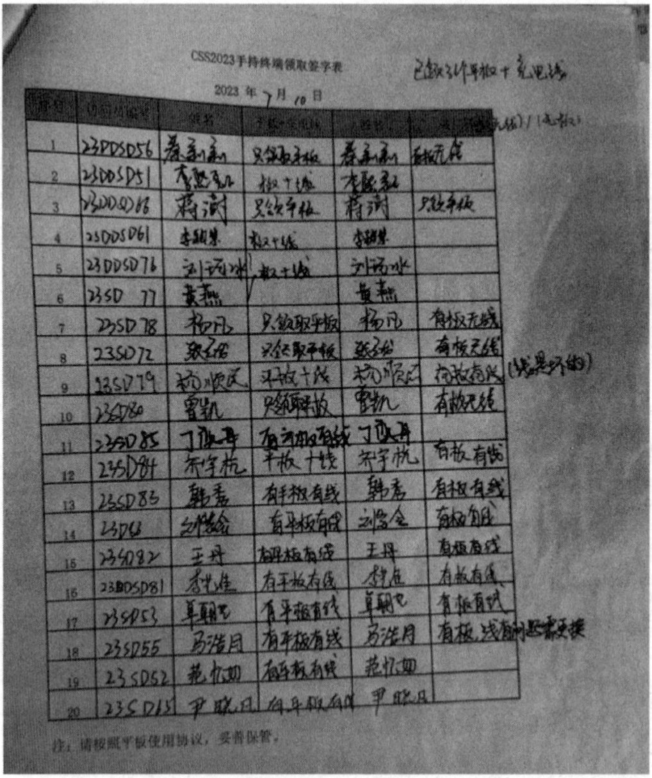
CSS2023手持终端领取签字表

2023 年 7 月 10 日

注：请按照平板使用协议，妥善保管。

图6　手持终端领取签字表（现场）

| 日期 | 地方机构 | 归还数量3 | 归还时间3 | 使用期限3 | 归还时间4 | 归还数量4 | 使用期限4 | 备注 |
|---|---|---|---|---|---|---|---|---|
| 7月3日 | 山东海洋大学 | 14 | 11月3日 | 3个月+1个月 | | | | 共还22台-14台（多8台） |
| 7月7日 | 河北社科院 | 34 | 11月10日 | 3个月+1个月 | | | | 11.10(还32台)差2台（10.22和11.9） |
| 7月10日 | 南昌大学 | 22 | 10月16日 | 3个月 | | | | 11.16（还15台）11.18还8台 |
| 7月10日 | 济南大学 | 36 | 11月13日 | 3个月+1个月 | | | | 11.3还5台 11.13还5台、、11.14还26台 |
| 7月10日 | 兰州大学 | 8 | 10月18日 | 3个月 | | | | |
| 9月4日 | 浙江工商 | 3 | 11月3日 | 3个月 | | | | |
| 9月11日 | 华东政法 | 13 | 9月28日 | | | | | |
| 10月13日 | 社科大 | 5 | 11月13日 | 3个月+1个月 | 10月20日 | 8 | 3天 | 10.20、10.22（两天加起来还9台，多一台） |
| 10月26日 | 西藏大学 | 7 | 11月9日 | 12天 | | | | 多1台 |
| 租用数量 | | 142 | | | | 8 | | |

费用单价　122台*450/台/3个月=54900

59台*240元/台/1个月=14160

30台*120元/台/1个月（北京执行半价）=3600

13台*10元/台*14天=1820

8台*10元/台*3天=240

14台*200元/台（碎屏）=2800

8台*500元/台（进水+内屏损坏）=4000　　　　　　　　内屏损坏3台外屏损坏5台

沈阳师范大学（赔付）直接转公司-2500

费用合计　79020

图7　地方机构设备使用与归还表

在调查过程中，难免会遇到平板电脑故障等问题。有一次，在调研时，有两位访问员反映平板无法使用。首先，鉴于我们在巡视督导处配备了备用平板，我们立刻采取应急措施，联系巡视督导调用其手中的备用品进行更换，同时快速从北京总部调用待使用的平板，使用顺丰特快邮寄新的设备，并在后面回收故障平板后将其邮寄回服务商。有的时候，一些地方合作机构在邮寄平板时可能出于保护设备的初衷，导致包装方式不当，出现超预期的高额运费。对此，我们迅速响应，线上指导现场的巡视督导在实地解决问题，优化包装方式，重新联系快递员。有时邮寄回收或调配到其他地区的平板会出现被上一任访问员设置密码的情况，我们同样要求将情况迅速上报给巡视督导，对接该平板的上一位使用者，获取密码以解锁。

此外，对于某些人为操作不当导致的设备损坏（如碎屏现象），我们会督促地方机构自查并如实记录，若有不符之处，则进一步与当地教师核实并依据规定进行赔偿处理。通过上面的种种措施，我们持续强化设备管理与后勤服务效能，以最大限度地保障调查项目的高效执行。

### （三）物资的发放、回收与调配

CSS 是一项国内大型学术性的社会调查，其流程环节相对复杂，对数据质量有着很高的要求。与我们合作的 34 个合作机构的地方督导有 180 名，访问员 1144 名，我们为督导和访问员专门定制了 1300 份背包和遮阳帽，这些物资都要及时寄到合作机构处，以保证调查顺利进行。

鉴于各地方合作机构实施调查的时间节点各异，物资调配环节需有详尽的记录表，以便精准追踪每一份物资的发放与回收过程，实时提供各类数据信息。针对部分合作机构因临时增加访问员而产生的紧急需求，如需补发资料，则需迅速响应，优先采用顺丰特快投递；针对反馈未收到物资的情况，即使已提供寄件信息，也需要及时对接顺丰或京东客服查询处理。极端情况下若无法找到相关物品，只得重新寄送。

对于发往各地方合作机构的物资需要分类打包，以 SSU 的数量为基准，对调查执行机构的物资进行整理打包，有变化的资料随后及时补充；制作各地方执行机构的物资清单，一并附在邮寄物品中，方便培训督导及地方机构负责人到现场后核对；再检查，采用交互检查的方法核对物资的种类，以预防资料的缺失；及时进行快递的追踪，包括包裹的数量、快递单号、包裹收发情况等，从而确保物资准备充分且无误。

此外，作为委托项目，地方合作机构需要在完成调查后提供结项证明，同时还要为参加本次调查的老师和同学制作证书。这些工作都已顺利完成，其中督导和访问员证书共制作了 1434 份。

## 二 精准的人员管理与协助：精益求精，倾力奉献

维护一个覆盖全国各省（区、市）（不含港、澳、台）、合作单位 30 多

家的大型样本调查项目，对于专业的商业调查公司而言，通常会组建一个分工明确、各司其职的团队来应对。然而，在我们这样的研究机构所开展的学术性调查项目中，由于每两年才进行一次，所以我们并没有充足且持续的项目经费去维持这样一个专门的后勤保障团队。因此，后勤保障工作的重任就落在我身上，并有幸先（于润倩）后（李海楠）得到两名学生助理的协助，共同承担起一系列关键的后勤保障工作。在项目运行阶段，作为后勤工作者，我在与实地工作的协同对接过程中，遇到并解决了多种多样的问题，体验到了现场工作的酸、甜、苦，在帮助各地的老师和学生的同时，我也不断反思并优化相关制度，既得到了工作上的成长，也收获了内心的满足。

## （一）人员管理与会议管理

在调查的前期准备工作完成后，项目组集中力量统一进行抽样与调查督导人员的选拔和聘用，整个流程涉及合同签订、人事管理等环节，后勤保障团队协同处理各项行政手续。院外人员进出院部和都需要办理出入证等，所以项目组对外校同学以及其他参与培训的人员进入中国社会科学院大学和中国社会科学院，包括值守质控同学进入中国社会科学院等都进行了相关报批工作。此后，项目组在北京总部组织了为期12天（含实地课）的督导课程培训，参与培训人员118人，培训顺利完成后，进入正式调查的环节。

鉴于正式调查工作中可能出现的风险，在督导人员出差前，项目组为督导人员按照实际出差时段购买了全面的商业保险，包括但不限于人身意外伤害保险、意外伤害医疗保险以及意外住院补贴等，从而为他们提供周全的风险防护。在调查项目完成后，针对在京接受培训、参与督导工作的人员以及北京地区的访问员，学校相关部门出具了有公章和负责人签名的正规实习证明文件。据统计，CSS2023项目共完成了1400余份实习证明的发放工作。

同时，在调查的前期准备到后期总结的全过程中，为确保调查顺利推进，总计策划并执行了80场线上线下混合模式的会议，覆盖超过1000人次。会议管理的工作内容涵盖会议审批、会议室（场地）预订、参会人员进院申请、会议通知以及会议议程的制作与发布等多个层面的精细把控管理。特别是在北京的督导集中培训阶段，还需细致协调培训场地及相关资源，确保培训活动的顺利进行。

## （二）突发情况的应对与保障

作为后勤保障人员，我们需要全天候应对调查现场出现的财务、物资等方面的各种突发状况并及时解决问题，这就要求我们在工作中极度注重细节，严谨对待每一个任务。在调查周期内，我们的工作没有固定的节假日和上下班时间，始终保持手机24小时畅通，以确保前线同事和同学们在任何时间都能获得及时有效的后方支持。

此次调查过程中，我们经常会收到不在正常工作时间的各类紧急信息。其中，最晚的一条求助信息是在2023年6月23日凌晨00:10，来自福建站点关于行政资源配置的需求。当时，福建站点新增了一些调查员，导致纸质版的访问员证短缺，当地督导杨标致同学半夜紧急联系到我，询问能否提供电子版访问员证，我迅速从手机存储的档案资料中调出所需文件，将问题解决；而我收到的最早的一条信息是在同年7月19日的清晨4:54，李琦同学因得知当日即将前往的乡村调查点无法提供发票，担心影响报销流程，向我发送信息提前核实应对策略，我在线上予以指导。

以上只是众多类似案例中的缩影，实际上，我们每天都在全力以赴地处理诸如此类的问题，以确保项目的正常运行和调查工作的顺利推进。

## （三）对外沟通与联络

CSS2023与34家地方合作机构建立了合作关系，后勤保障团队在对外联络组与这些机构充分协商并达成经费分配方案和具体调查实施方案后，即启动严谨的合同签订程序。该程序首先需通过科研处的严格审核，并经过所领导审批签字确认后加盖公章，随后合作方完成签字与盖章手续，标志着合同正式生效。在合同管理上，我们秉持科学高效的原则，对所有合同进行合理分类，并建立委托业务登记体系，根据委托业务性质对其进行扫描存档，实现数字化管理。2023年，我们已顺利完成40份合同的签署工作，这些合同主要涵盖了此次调查项目的各项委托业务内容。

## 三　精细的财务管理与对接：精打细算，恪尽职守

CSS作为国家级项目，财务工作必须坚持高标准、严要求，必须合理使用每一笔经费，服务好项目的全流程。在这次调查中，北京总部的工作人员包括8名大区督导、59名培训与巡视督导、26名抽样质控专员以及25名后台质控和值守人员。他们在项目中承担着行政沟通、教育培训、现场运营、样本分配、质量监控等多项职责，相应的差旅费及劳动报酬报销均由后勤保障团队负责审核与处理。由于人员众多、事务繁杂，财务报销工作量巨大。我们的工作特性决定了任何细微之处都不能有丝毫疏忽，务必严谨细致，确保操作零误差。财务票据务求规范、明晰、精确，只有这样才能确保财务流程顺畅无误，避免延误与差错。

### （一）财务报销规范与培训传达

为确保差旅费用合理支出，避免报销过程中出现困扰，在调查前期项目组即开展了报销制度培训。培训内容囊括了出差审批表填写要求、乘坐交通工具要求与报销标准、住宿报销标准与发票开具要求、出差补助标准等核心要点。培训过程中强调了财务报销制度的严肃性，具体的报销规定明确指出：

城际交通费限额为火车硬座或硬卧、高铁/动车二等座，或全列软席列车二等软座。

住宿费依照省会、地级市和县级市执行不同的标准。面对特殊情况，应先向上级大区老师汇报，并经其批准后再报请后勤主管老师和所财务部门核准，再执行变通方案。

### （二）细化差旅费报销流程

面对复杂的差旅费报销事务，作为后勤保障负责人，我深知挑战与压力所在，并致力于寻求更为科学有效的解决方案。借鉴过去的经验教训，

如报销票据丢失无法补办等问题，本次调查我们着重完善工作方法，创新管理机制，及时识别并解决实际问题。

首先，发现现场出现的问题，寻找解决办法。针对报销过程中频繁出现的问题及督导咨询热点，形成详尽记录，并经项目组负责人确认后，与财务部门协调，依据财务政策，制定了差旅费报销十二问答，旨在解答报销过程中的常见疑问，提升报销效率。报销前，要求出差人员对照该清单自我检查，符合规定后再提交报销申请。

| 序号 | 十二问 | 十二答 |
|---|---|---|
| 1 | 缺水单的，入住离店日期只给打在发票备注栏里的 | 需要有流水单（住宿明细），可给酒店提供咱们的模板 |
| 2 | 交通无法形成闭环的 | 需要写说明，大区老师签名、本人签名 |
| 3 | 发票金额与付款金额不一致的 | 报销时按少的金额计算 |
| 4 | 不能开发票只能开收据的 | 需当地（村居委会／乡镇街道政府）开证明并加盖公章 |
| 5 | 地方机构统一订住宿的 | 需当地（村居委会／乡镇街道政府）开证明并加盖公章 |
| 6 | 特殊情况产生退票费用的 | 大区老师知情，写说明并请大区老师签名、本人签名 |
| 7 | 出差行程有变化的（提前或延后） | 提前报备，并在报销时提供提前报备的证明 |
| 8 | 工作衔接不上且时间比较短无法返回的 | 报销时主动报备 |
| 9 | 住宿费超标的 | 选择不超标的住宿，如必须超标，超标部分自理 |
| 10 | 出差时间不满 20 天的 | 调查完成后立即返回，如想要继续进行督导工作可向大区老师申请 |
| 11 | 通过第三方预定酒店的 | 发票和住宿明细必须酒店开具，可提前致电酒店询问 |
| 12 | 票据丢失的 | 需自行承担所产生费用，无法报销 |

图8　差旅费报销十二问答

其次，制作了完善的出差报销明细表，包含审批时间、出差地点、交通费、住宿费等具体信息，此举有助于出差人员更好地整理报销凭证，同时也缩短了财务人员审核单据所需的时间，使得每位出差人员的费用明细一目了然。

统计结果显示，本次调查中，外联组李炜老师和王卡老师最早于3月19日开始了出差之旅，而调查高峰期集中在7月和8月。此阶段8名大区督导老师的差旅费用占总差旅费用的51.49%，其余月份的差旅费用占比为48.51%。另外，59名培训和巡视督导在7月和8月的差旅费用占到了总差旅费用的70.10%，其余月份占比为29.90%。

巡视督导报销发票明细

| 出差人姓名： | | | 职务/职称 | | |
|---|---|---|---|---|---|
| 申请时间： | | | | | |
| 出差地点： | | | | | |
| 出差时间： | | | | | |

| 交通费 | | | | | | |
|---|---|---|---|---|---|---|
| 序号 | 出发地 | 目的地 | 交通工具 | 日期 | 发票金额（元） | 所属省份 |
| 1 | | | | | | |
| | | | | | | |
| 总计 | | | | | | |

| 住宿费 | | | | | | |
|---|---|---|---|---|---|---|
| 序号 | 城市 | 房间单价 | 入住天数 | 日期 | 发票金额（元） | 所属省份 |
| | | | | | | |
| | | | | | | |
| 总计 | | | | | | |

备注：特殊情况说明

图9　出差记录表

在项目实施阶段，我们的培训师和巡视督导在奔赴全国各地进行培训和巡视的过程中，时常会遭遇多种多样的实际困难。有一次，由于抽样选定的调查地点地处偏远，交通不便，住宿条件亦欠佳，当地的部分酒店或宾馆由于种种原因无法按照规定开具发票或提供详细的住宿清单。巡视督导在前线遇到这类难题，首先就会联系我们寻求解决方案。然而，财务工作必须严守规则底线，我们作为后方支持部门，会尽力协助他们与酒店沟通出具材料。但有的酒店甚至连必要的证明材料也无法出具，那我们就必须依据相关财务规定，不得不拒绝他们的诉求，并对后面工作的督导和访问员做出相应的提示。此时，我的内心深感痛惜与同情，因为我知道他们可能正在忍受烈日暴晒、风雨侵袭，甚至遭受蚊虫叮咬等各种艰苦环境的考验，还可能面临被调查对象拒绝的尴尬境遇。这种时刻的心情确实难以用简单的语言来描述，充满着对前线同事无私奉献和艰辛付出的深深敬意与关怀。

## （三）涉及地方合作机构的财务管理

在各类合同签订完成后，后勤保障部门肩负起委托业务经费及时拨付的重要职责。一旦合同生效，我们会立即启动首笔款项的支付流程，待地方合作机构开具有效发票后迅速办理报销手续。在此次调查项目中，要向

34个地方合作机构支付委托业务费，尤其是在6月至7月间，拨付款项进入高峰期，支付的费用占据了总委托业务费的54.82%；而到了9月至10月，则集中处理大部分机构的项目尾款支付工作，这部分费用占总委托业务费的27.96%；其余时段支付的费用占比为17.22%。

做好这项工作必须要有责任心和耐心，执行过程中经常会遇到各种问题，需及时与上级财务部门沟通，以确保核算工作的顺利进行。直至2024年1月25日，我们仍在与票务公司负责人核实各类账目，这一过程涉及逐笔核查支付信息，工作强度与难度不言而喻。尽管如此，我们也严格守住财务制度底线，通过不断优化报销流程与管理制度，力求实现报销工作的精确、高效与透明化。

在面对细碎、繁杂的财务工作时，项目组必须付出辛勤努力，始终秉持高度责任感和敬业精神，确保任务的质量和效率，为团队的顺畅运行贡献力量。在这个过程中，我们凭借对调查工作认真负责的态度以及扎实的财务管理专业知识，确保了每一项工作的顺利推进。正是这份责任心和专业技能的结合，为我们财务工作的平稳、高效运行构筑了坚实的支持和保障体系。

## 四　致谢

"千头万绪"的后勤保障工作能够顺利完成，离不开社会学研究所的领导以及包括科研处、办公室、财务部门与所里各研究室老师们的鼎力支持。这个夏天，忘不了陈光金所长对项目进展的严格把关，他作为项目的第一负责人，常因项目相关审批工作占用自己的吃饭时间、休息时间、下班时间。还有王春光副所长在电梯里的"现在入户调查难度大，大家一定要注意安全，做好防暑"的叮嘱，以及杨典副所长"你每天都来所里，辛苦了"的问候，这些都深刻展现了社会学研究所领导对项目的重视与对师生的关心。忘不了科研处傅学军处长对项目提供的宝贵指导，以及科研处殷维老师、李乐老师和宋煜老师的支持与协助，办公室吕红新主任对值守和质控人员的安全提醒，办公室副主任杨晶晶老师的信息及时反馈，办公室魏晓雷老师和张佳老师的杂务协助。财务室夏勤老师的调查经费报销所涉类别多，要严格把好第一关，按财务部门相关报销管理规定，合情、合理规范报销的流程。孔鑫源老师的流程提示、冯琳惠老师的付款后告知，调查项目给财务室老师增加了很多工作，在经费拨付和差旅费报销中他们不辞辛劳地加班加点，及时反馈问题并积极解决，在坚守制度要求的前提下为项目组的财务报销工作提供了很多支持。还有张丽萍老师的体贴关心、周文环老师的贴心帮助，这些都让我难以忘怀。也忘不了李炜老师的"遇到困难就找胡玉淑老师"、邹宇春老师的"只有胡玉淑老师在研究室，我出差在外心里才踏实"、崔岩老师的"只要符合财务规定，您全权处理"、任莉颖老师的"有胡玉淑老师在我们简直太幸福啦"、林红老师的"专业的事还得专业的人干"、田志鹏老师的"我在我负责的地方带头节约"、王卡老师的"胡玉淑老师是我们调查最坚强的后盾"。

图10 CSS2023项目团队成员合影

感谢参与CSS项目的每一位督导。这个项目让每个人都受益匪浅，许多同学在总结会时的状态与其刚来面试时的状态已经截然不同，他们与人相处、沟通、表达的能力都得到了大幅提高，我看到了大家的成长、变化。

我深感欣慰，所有的付出都是值得的。

　　每次调查结束后，我都全面深入地总结经验、分析不足，并在新一轮的大调查启动时，汲取新的管理理念，提升自身工作能力，从最初的跟进逐步过渡到独立承担，从幕后走向台前，从后期管理转向前期培训，不断完善规章制度。在这个过程中，我个人也得到了显著的成长。正是因为有了这样一个充满人文关怀、互助协作的研究团队，我深感温暖，对调查工作饱含深情、充满动力。感谢社会学研究所每一位老师在工作和生活中给予的支持与帮助，致敬各位同仁在调查后勤保障工作中的无私付出与并肩作战。

　　总之，本次调查的后勤保障工作中虽面临诸多问题和挑战，但我们通过积极寻求解决方案、不断总结经验和教训，为未来的各项工作提供了宝贵的经验借鉴。首要任务是理顺工作流程，制订详尽的工作计划以确保工作的流畅进行；其次要加强各方沟通协作，共同驱动工作的进步。披荆斩棘，携手前行，调查工作是一个庞大的系统工程，"做中国好调查"目标的实现更离不开各个环节的通力合作。后勤保障工作是调查顺利进行的关键组成部分，科学合理的工作流程将有力地推动调查工作品质的提升。

# 从"诉"到"汲"：
# 一个CSS"忠粉"的成长

张宾　中国青少年研究中心青年发展研究所

自2013年至今，我一直都在从CSS中汲取能量。

之前在《仗卷走天涯：全国大型社会调查之督导笔记》第一辑、第二辑以及博士学位论文的致谢中，我都或多或少"流水线"式地梳理过自己参与CSS的所学所感，如今翻来，多是以讲述自己的经历和付出为主，感觉多少有些"诉苦"的青涩，而对那些在潜移默化中催发个人成长的"好雨"则相对疏于收集和记录，我非常感激能有此自学而思的机会。

较长时间地和数据打交道我逐渐有了这样一种感受：以社会年龄为自变量对个体/群体发展状

况的解释效果要更优于生理年龄。在这一经验感受的指引下，我在这里就从自己各阶段与CSS的关系着手来具体阐释形式上的社会年龄各阶段对个人发展产生作用的具体机制。

## 一 大学期间，知识学习

这一时期以专业知识和综合知识学习为主。2013年夏，大一下学期，在大家都还未从"社会学究竟是什么？"的困惑中平静下来时，我们9个人便已经开始了节奏紧张的社会学实践——参加CSS2013。2015年全年，大三下学期和大四上学期，我部分学习了CSS在全国层面的抽样方案和各阶段的抽样方法，系统学习了以CSS为主要案例的社会学研究方法课程。

（一）专业知识学习

在CSS2013为期一周的紧张培训过程中，调查介绍、绘图抽样、入户、问卷和访问这几个部分对当时的我来说是全新的内容，每个部分学起来都很有挑战性。现在我还能回想起当时那既懵懂又紧张的状态。尽管当时学习得也还算认真，但那时真正掌握的知识也不过二三成而已。

1. 作为被培训者

CSS介绍。老师们关于CSS介绍的讲解包含了CSS的发展历程、调查设计和运作管理等内容，这使当时的我对一项全国性的大型社会调查有了宏观层次的全面了解，在此基础上，对调查的作用也有了更加深刻的认识。我参与的调查竟然能够影响政府决策，这是一件多么具有关键意义的事情啊！此外，通过老师们的讲解，我还了解到国内同时期还有几项同类型的大型社会调查正在开展，由此我对国内大型社会调查的发展状况有了一个粗略的认知。

抽样。有关抽样理论的培训，在当时理解起来难度还是很大的。PPS抽样？压根儿没听说过。虽然老师们一步步举例讲了按规模大小进行抽样的原理和科学性，但毕竟没有直接感知，我还是没能全面理解，加之与直接承担的工作任务关系不大，学懂弄通的意愿也就没那么强烈，我就暂时得过且过了。我们的主要任务是绘图抽样，就是按照老师们培训的规则把要调查的村居的建筑物都画下来、列个清单，然后再从其中抽选有人住的建筑物中的住址。真正促使我们迈开步子做这个机械性较强的工作的，或者说明确绘图抽样在我们心中的重要性的一句话是"为应对传统抽样方式难以有效覆盖流动人口的问题"，这是我对"人户分离"现象及其对社会调查带来的影响最为直接的感受，我因此认可了绘图抽样的科学性。

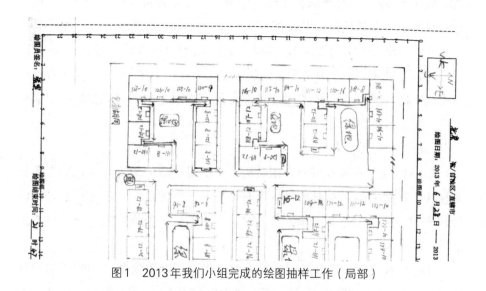

图1　2013年我们小组完成的绘图抽样工作（局部）

入户。关于入户的专业知识是基于长期调查的实践经验和积累数据得来的，比如在城市和乡村要有不同的时间安排，城市要尽量安排在周末，具体在几点到几点之间合适；入户要男女搭配，既要考虑提高入户的可能性，又要考虑访问员的人身安全。这些知识现在看来可能有人会觉得"这很简单啊""这还用说吗"……但对于没有调查经验的人或者对于调查新手来讲，很容易忽略这方面的问题，甚至始终想不明白为什么自己总是接触不到调查对象，为什么调查对象始终不愿意配合自己的调查，为什么自己调查得来的数据总是有偏差。

问卷。问卷题目设置的学问远非摆在面前的几道题目那么简单，每道题目背后都有复杂的理论逻辑、访问逻辑等的设计。比如对于"婚姻状况"

中的选项，仅从个人的有限经验是很难想到实际生活中会有这么多变量取值的，很多人至今都不理解“初婚有配偶”这一选项为何如此设置和如此表述的缘由。在老师们对每道题目做详细讲解后，我不仅对对应题目有了更加深刻的认知，对“操作化”这一关键概念也有了直观上的理解。

访问。以多选题和排序题为例，当时有一道“您认为当前我国存在的最重大社会问题是什么？”的题目，是一道多选排序题，一共有16个选项。当时培训老师问：“对于这种多选排序题，大家觉得应该如何问呀？”我当时的回答是“两两比较，依次找到第一选择、第二选择和第三选择”（注：这是一种很没有效率的做法）。其实，最合适的操作方法是“先请被访者选出自己认为最重要的3个选项，然后对这3项进行排序”（注：这样的操作方式效率是最高的）。通过培训我掌握了访问这类题目的知识技能，也掌握了设计同类题目的技能。

2. 作为台后工作者

2015年我主要负责审核全国各地提交的复核后的地图并进行抽样和补充抽样。在那期间，我对随机数表有了更深一层的认识。在随机数表的设计和分配方面，一是要考虑抽样的效率，二是要避免整体偏误，三是要防范潜在的人为干预。

在随机数表对抽样效率的影响方面，住宅建筑物数量在1000以内的村居使用1000以内的随机数表，而不使用3000以内的随机数表，虽然后者也能够满足抽样需求，但对于现场执行来讲，非常耗时耗力并且还很容易出错。

随机数表A

| | | | | | | | | | | |
|---|---|---|---|---|---|---|---|---|---|---|
| 753 | 614 | 990 | 273 | 15 | 274 | 970 | 311 | 398 | 620 | 26 |
| 571 | 784 | 641 | 707 | 956 | 709 | 716 | 336 | 175 | 674 | 373 |
| 452 | 866 | 929 | 296 | 318 | 933 | 632 | 624 | 352 | 964 | 910 |
| 334 | 652 | 11 | 433 | 857 | 491 | 925 | 913 | 469 | 865 | 846 |
| 73 | 555 | 286 | 184 | 871 | 611 | 437 | 963 | 851 | 920 | 961 |
| 586 | 213 | 314 | 434 | 899 | 34 | 637 | 290 | 795 | 781 | 381 |
| 563 | 690 | 354 | 680 | 135 | 183 | 379 | 325 | 81 | 657 | 262 |

图2　2015年使用的随机数表

　　使用随机数表会产生整体偏误的原因在于，如果所有的调查村居都使用同一份随机数表，那么，从按照绘图规则所列举的住址清单中抽选的地址将会是编号完全一致的住址，这在理论上存在整体偏误的风险。

　　随机数表对于潜在人为干预的防范主要体现在随机数表本身对抽选住址的随机确定，不同地区配以不同的随机数表在一定程度上避免了实地抽样员根据惯例对有可能入选的住址进行推断并采取干预的可能。

### 3. 作为学生

　　跳出CSS赋予的调查者身份，重新回到我的学生身份说。大四上学期，也就是2015年下半年，CSS的调查任务已经基本结束，在那个学期，我每周都会从中国青年政治学院去中国社会科学院研究生院听李炜老师给研究生们上的社会学研究方法课，课程内容涉及社会学研究方法的各个方面，比我在本科课程中学习的内容要深入和复杂得多。但是当每个知识点和CSS结合起来的时候我就有一种熟悉的感觉，更容易理解其背后的原理和逻辑。为期一学期的课程学习，我既对CSS设计的理论依据和实践基础有了更为充分的认识，同时也丰富了自己考研的知识储备。

### （二）综合知识学习

　　综合知识的学习在一定程度上是从调查知识学习中衍生出来的。综合知识是开展综合调查的必备知识，学习综合知识是社会学学科特点的要求。作为综合性调查，每个问题的综合性、浓缩性都很强，或者说每个问题的内在信息量都很大。综合知识的学习主要在老师们对问卷进行讲解的阶段，涉及户籍、工作、住房、社会保障以及反腐等多方面的复合知识。

　　户籍。在接触CSS之前，我对户籍的理解只停留在自己是"农业户口"上，更坦白地说，我其实不知道"农业户口"之外的其他户口具体是何叫法。从CSS的培训中，我不仅了解到了"农业户口""非农业户口"的区分，还知道有"居民户口"这种设置，而且居民户口还分以前是农业户口和以前是非农业户口，这使我对我国户籍管理办法的了解程度又更深了一层。和户籍相近的一个变量就是城乡，在这一阶段我学会了如何区分城乡的各种类型，知道了国家统计局和民政部对城乡界定的差异。较早地接触了这些纷繁的统计口径，我在工作后更容易地理解了部门间沟通成本产生的部分原因。

工作。关于"工作"的界定也是当时培训内容的重点，因为这里对工作的界定综合了国家统计局、国际劳工组织等机构对工作的定义，跟日常所讲的工作有着很大的区别，因而大家当时还对如何定义工作进行了争论，举了很多特殊的例子。工作部分有个重要的变量就是"职业"，为了掌握这个关键的社会学变量，我们学习了很长时间的《职业代码表》，老师们对每一种职业类型都进行了详细的解释和区分。再之后了解了编码，每次调查完都需要重新审核再编码，纯手工作业，这也是其他几个同类型调查重点要做的数据清理工作之一。

住房。在参加CSS之前，我从未想过有关住房的问题竟然是如此敏感的一道题目，接受培训前我直观地认为有几套就写几套呗，但现实不允许很多人如实大胆地告诉一个陌生的社会调查员真实情况。再有就是住房面积，在这里我了解到了所谓房屋面积、使用面积；对于住房的性质，我了解到了保障性住房、公房、小产权房，对我国住房的发展历史有了一点了解。这些虽然离我相对较远，但却是老百姓生活的核心内容，是从事社会学研究应该掌握的基本常识。

社会保障。我系统学习了社会保障的具体构成，虽然当时并未全部理解，主要是当时觉得这个离自己有点远，但至少是有了一个模糊的认识，知道了大致包括哪些保障，城市和农村的不一样，职工的和农民的不一样等。当时我还对现实生活中存在的社会保障不公平现象抱怨了一番。

反腐。最后部分是关于反腐的调查，当时党的十八大胜利闭幕，"八项规定"刚审议通过，对党员干部的要求更为明确。当时去调查该部分问题的时候我的确能够感受到浓厚的反腐败氛围，每到一地都会有干部把"八项规定"挂在嘴上。我对党的工作和党惩治腐败的决心有了更加直观的感知，更加坚信了我们党在反腐方面的工作是坚决和彻底的。

这一时期在CSS中学到的内容，对我产生了至少三个方面深刻的影响。一是专业知识水平的较快提升。参加CSS学习了调查方法后，我对照当时使用的教材，几乎将研究方法教材上的知识都用了个遍，甚至还对教材知识进行了拓展。因为各种原因，很多知识点在教材上没有或者是没被讲透，从调查中进行新知识的学习和运用，极大地丰富了我的学习内容，提升了我的专业水平。二是眼界更宽了。从那时起，我就对一般的调查、做得不好的调查产生了一种厌恶的情绪，不仅瞧不上，还鄙视，打心眼儿里认为，错误的调查，没有任何价值，徒然浪费社会资源。最直接的表现就是，我们当时一起做CSS的同学看到有使用问卷调查工具在朋友圈或者私信发个链接就要完成毕业论文、课程论文的，就觉得太水了，常有一起就某个问卷问题的设计不合理、抽样不规范等讲得头头是道，当然，这在一定程度上忽略了人家这样做其实也是专业技能水平提升的一种训练，毕竟不是每个人都有机会或意愿参加专业的大型社会调查的。于自己而言，无论是做调查设计，还是做各种研究分析，在态度上我都变得更加严谨了，对调查质量也具备了一定的鉴别能力。三是形成了对社会学最直接、最根本的认知，或者说这一时期的我把社会学的表现形式，当作了社会学本身，虽然知道社会学还有一大堆理论，但做了社会学调查，就坚信自己走在了正确的社会学道路上。

## 二　读研期间，经验积累

2017年全年和2019年上半年，以及研究生期间，这两个时期，按照项目组工作要求，我几乎走遍了全国所有的省份，对我国的区域和城乡差异有了直接、具体的感知，积累了一定的培训经验和社会经验。

在经历了2015年后台审核来自全国各地的地图照片的工作后，我强烈地意识到自己对我国各地实际建筑物布局和团队现实工作状况等缺乏具体感知，所提出的问题和建议在有些时候并不契合调查地实际，在一定程度上影响了调查效率。在向项目组老师反映了这个问题之后，加之自己已经到了研究生阶段，项目组老师对我进行了综合评估后安排我去各合作机构给同学们做绘图抽样的培训。高强度地在各地开展培训、跟着调查团队做督导等强化了我对中国城乡的直接感知，我对我国的地理环境、建筑布局、人文气息等有了更为清晰具体的认识。

## （一）培训经验

第一次独自做培训前我设计了很多种开场白，把每一页要讲的内容和要讲的示例、故事等都做了密密麻麻的笔记，甚至到了几乎要把每页内容都背下来的程度，非常担心自己在讲台上卡壳、讲不清楚或者有所遗漏，给接下来的调查带来困扰。直到真正完成几场培训后我才更加体会到上台前准备得再充分都不如在台上实践。我在每次培训完成后都会在心里做一个较为简单的评估，看看在哪些地方进行调整会对下一次的培训更为有利，以下几点是在总结过程中频繁出现的词，尽管大家看来都很平常，但这几点着实为我开展培训工作提供了巨大的帮助。

图3　2017年6月在安徽师范大学培训期间的实地绘图抽样练习

图4 2017年6月在广西大学培训绘图抽样复核工作

图5 2017年7月在河北农业大学培训绘图抽样复核工作

多互动。加强和同学们的互动,包括提问同学和接受同学的提问。一开始我可不敢,在自己知识欠缺、经验有限、对调查宏观层面把握不足的情况下，万一答不上来或者答得不够准确而给全场的老师和同学带来误导，那可就麻烦大了。后来尝试了几次，我发现大家的问题比较集中，而且基本上也都有比较成熟的答案，所以慢慢在互动这方面就放开了。

走下讲台。最早开始培训的时候，我觉得讲台是对自己的保护，只要自己在台上，台下就会象征性地对自己表示尊重，现在写起来我都感觉好好笑。只有真正走下讲台才会发现大家其实都有很多疑问，但大家都不好意思主动提问。只有走到每个人的身边，他们才会主动打开心扉，将自己的困惑主动表达出来。毕竟这个时候即使问的问题很简单，也不会引起更多人的注意。走下讲台了解同学们真正的困惑对于提高培训质量是至关重要的。在台上问大家有什么问题吗，基本上很少会有反馈，或者在台上问其实只是仪式性地问，并没有想着有人会真提问，这时候的提问只是一个环节的结束语而已。而在同学们当中，基本上每个人都会有自己的疑惑，有时候，这种疑惑其实是群体性的。

把常规错误极端化。把常规错误当作极端案例给接受培训的同学们分享，这样做的原因在于将常规错误当作极端案例容易引起同学们的重视；同时，把常规错误的影响放大，使同学们听到这些错误时就感到这些错误非常离谱、非常荒谬，强化其无论如何都不会犯类似错误的心理。这种对常规错误加深印象的手段，对同学们在实际操作中留心提防相应错误是非常有益的。

与此同时，我验证了一下死记硬背调查流程和具体知识点的效果，虽然死记硬背后能够成为一个好的对调查工作有充分了解的知识库，但终究成为不了一个好的培训人员。虽然通过背诵自己心里有底气了，觉得自己不会被问倒，在讲述过程上也能清楚地知道每一个环节要做什么，但是这种通过死记硬背建立的自信体系很容易受到现场培训的效果和同学提问等的影响而需要不断地进行调适，逐渐会与背诵的内容脱节，最终导致弃之不用。

以上这些都是我在接受培训时老师们常用的方法，但直到自己真正用起来的时候才知道每种方法都需要和现场的状况相契合，使用不当，强行塞进去的示例、故事，在现场是非常尴尬的。综合使用多种方法的能力需要通过反复的实践和思考才能够真正获得。在经历了较为紧张、拘束的首次培训之后，我逐渐在台上能放得开了，虽然做不到谈笑风生，但已基本上能够流畅地把整个培训流程走完。这在很大程度上是因为经验积累多了，一是能够回答各种问题，提出各种特殊情况的应对方案；二是对各种案例的理解更加透彻，有能力做到信手拈来。

### （二）社会经验

此处的社会经验指的是对中国社会现实的直接经验感知，这些经验感知虽然并非调查工作的具体技能，但在很大程度上影响着调查工作的顺利开展。

地下室住人。2013年在北京开展调查时，地下室还是有很多外来务工者居住的，到2017年再调查的时候就发现地下室已经基本上被清空了或者改作其他用途，不再用于居住。但当时还不清楚其他省份的情况，所以在培训的内容当中就保留了地下室的情况。当在一个南方省份讲地下室住人的情况时，台下的反应出奇地一致，"我们这里没有地下室"，如此就更没有地下室住人的情况了。起初我还不信，以为可能是大家怕困难和出于安全的考虑，直到后来才深入了解到南方地区的建筑很少配套地下室，而这既有自然因素，也有社会因素。按照既有经验来讲述工作流程和理解世界，在很多情况下都会犯错误，有时犯的错误还很难让人理解。

土地承包期。我在攻读硕士学位期间的研究方向是农村社会学，时值党的十九大胜利召开，党的十九大报告中的乡村振兴部分关于农村土地承包关系的表述为"保持土地承包关系稳定并长久不变，第二轮土地承包到期后再延长三十年"。项目组对于这一表述也进行了系统学习和研究，拟把对这一表述的态度作为一道专门的题目，但因为各种原因最终没能纳入问卷中。因为专业方向的关系，加之实地调研的便利性，我在和同学们入户访问时，多少也会就这个问题对被访者进行访谈。通过一定的访谈后，我发现大家对这句表述竟然阐发出了多达七八种解释。由此我更加深刻地体会到了政策话语、学术话语以及老百姓话语的转化和相互理解始终做得还不够。

村居的一把手。调查工作的前期沟通工作中很重要的一环就是"拜对神"，要不然工作会受阻。说"拜对神"只是俗语，并没有任何贬义，讲的是开展调查工作一定要程序正当。实地调查开展过程中，调查团队一般是按照往期的工作办法开展调查，因为以往已经和村居建立好了联系，所以不会改变联系人，直接就跟之前的联系人对接。这种情况多数还好，但遇到村居换届之后就会很容易出现矛盾点。我在调查过程中遇到过一例，团队按照之前的联系方式和村居进行了对接，但在最后向村居获取住址内居民姓名的时候正好遇到了新任的村居一把手，其表示没听说过这个调查，如果需要配合的话，需要上级部门来文件才会配合。这就是一开始没有注意到村居换届、没有及时和最新的村居负责人沟通好，最后导致按照流程从上到下走了个遍，才得以完成调查。这样的事情虽不普遍，但处理起来较为复杂，给我的影响也比较深刻，所以在此处列出。

这一时期参加CSS是以对我个人的塑造为主。一是气场的提升。具体表现就是不像之前那样说什么都很小声，因为作为培训者的身份，大家都以你说的为准，回答自然要清楚明确，自然而然自信心就上去了，嗓门也就跟着上去了。早些时候这些现象发生在自己身上的时候是感觉不到的，直到看到一届届的师弟师妹们参加CSS只一个暑期，气场就发生了巨大的变化时，我才敢确认自己的确也发生了很大的变化，只是自己觉察不到。二是格局有所打开。这一时期的外出历练，使我能够自觉地将CSS与中国社会的发展状况真正地结合起来，不再拘泥于CSS自身的几个问题、几种操作方法，而是将CSS置身于整个时代的社会变迁和生产力发展过程来思考，在对CSS价值的认知强化的同时，自己在思考问题的时候也能够站在较以往更高的层面上了，这也是成为一个社会学研究者该具备的能力。三是对我个人性格的塑造，经历和经验相对增长了之后，我就很怕给人提建议。当遇到有人咨询具体问题的时候，感觉自己对来询者所问问题知之甚少，很怕给出错误的建议，这很大程度上在于来询者在一定程度上将自己当作是某方面知识的掌握者或者说是权威，就是一个能够给出正确方向的人。这其实意味着一份责任，因而在思考回复的时候我更为谨慎，思虑得也更为全面些了。

## 三　读博期间，能力提升

2019年下半年，博一上学期，梳理地图地址抽样工作全流程，形成关于地图地址抽样方法研究的学术论文。2021年全年，博二下学期和博三上学期，参与CSS2021核图工作。参与培训，整理CSS历年资料，形成博士学位论文初稿。

攻读博士学位期间的整体感受就是承担的具体任务相对少了些，当然也可能是处理具体问题的效率有所提升。但明显能够感觉到这其实是项目组老师对我的特殊照顾。一是到了博士学位论文写作的关键期，每次到所里见到老师们，他们都叮嘱我要好好写、尽快写、及时汇报；二是项目组内部分工更加明确，老师们把一些我之前负责的工作交给了新成长起来的学弟学妹们，给我减轻了担子。从而这一阶段我的主要任务就是考虑调查如何更好地推进以及回复来自各地对具体抽样问题的各种咨询。

### （一）理论能力

在项目组老师的鼓励和指导下，我把自己长期从事绘图抽样的工作进行了梳理和思考，对地图地址抽样到底有没有解决覆盖流动人口等关键问题进行了研究，从地图地址抽样方法的源起和发展等进行了梳理和分析，对国内外关于地图地址抽样方法或相近方法的覆盖率计算问题进行了较为细致的阅读和比较，最终以CSS为例来讲述这一方法的理论内涵。该研究还在学校科研项目中立了项，得到了学校的科研资助，之后还形成了专门的学术论文，发了C刊，作为优秀成果还获得了科研奖励。这是我个人理论能力得到提升和地图地址抽样方法的理论价值得到肯定的最直接证明。

统计与决策．2021,37(15) 查看该刊数据库收录来源 🅐

## 地图地址抽样方法探讨

张宾

中国社会科学院大学(研究生院)社会学院

**摘要：**地图地址抽样方法因其对调查总体的有效覆盖而在国内外大型社会调查中得到了充分应用,提高了抽样精度和调查数据质量,但该方法的具体执行相对复杂、成本较高,在覆盖率和灵活性方面存在不足。文章在对地图地址抽样方法进行介绍之后,对该方法的实现形式、存在的问题和潜在替代方法进行了梳理,并建议从覆盖率现状、抽样框调整、执行效率和成本的角度对地图地址抽样方法展开更为深入的研究。

**关键词：**地图地址抽样; 覆盖率; 成本; 抽样框;

**基金资助：**中国社会科学院大学（研究生院）研究生科研创新支持计划（2021-KY-26）;

**DOI:** 10.13546/j.cnki.tjyjc.2021.15.003

**专辑：**社会科学Ⅱ辑;经济与管理科学

**专题：**社会学及统计学

**分类号：**C81

图6　2021年就地图地址抽样方法发表学术论文

## （二）管理能力

团队管理能力。这里的管理其实更多的还是协作。在 CSS 内部，大家的目标一致，只是在具体的分工方面有所差异，这是由调查方法的特性决定的。我作为绘图抽样工作部分的小组长式的角色，在具体工作的安排和执行方面以及和不同环节的沟通方面都需要在考虑总体目标实现的核心前提下去建立彼此间的信任、优化任务分配和密切团队成员间的合作。自己真正作为较为完全的负责人是在试调查的绘图抽样工作阶段，自2015年至2021年的试调查准备工作都是我作为团队负责人来执行的，每次的团队成员都来自不同学校，相互之间不大熟悉，由相互之间比较陌生的人所形成的组织，公平、相互尊重是基本的要求，也是组织目标能够顺利达成的关键，因而在工作量的分配和团队成员获得感的增强方面需要格外注意。值得一提的是，每届参加试调查准备工作的成员，最终都成为当届调查团队的骨干。

数据管理能力。这里先讲一段和李炜老师的故事。有一次李炜老师问了我们一个问题，说你们认为自己的量化水平能有多少分。我感觉自己对常用的数据分析软件掌握得还算熟练，但复杂的模型和分析方法因为不常用所以我不太熟，就给自己说了个自以为比较保守的分数——60分。不料，李老师笑了笑说，10分。当时我们心中大惊！随后他可能是为了安慰我们，说老师目前也不过才30分。那时局限于自己所做的常规分析，我并没有深刻感受到自己的量化短板到底在何处。直到从头处理起自己毕业论文所需的历年CSS数据时才发现，不会的太多了……主要表现就是，数据处理效率低，数据分析层次浅……而李炜老师又是一位要求比较严格的人，对数据的规范性要求极高，每一条都要干干净净。毕业论文写作阶段，每周李老师都要我当面给他汇报一下进度，对于我每次处理数据得出的结果，他总能从关键的地方指出我在数据处理方面存在的问题，并指明下一阶段的重点分析方向。在这种面对面的教学和实践中，我真正获得了些数据管理的心得，才算对量化分析有了一个比较清晰的认识。

这一时期论文写作所使用的数据来自整个CSS团队共同奋斗十余载的心血积累。这使我能够在相对较短的时间内完成论文写作的基础性工作，比其他同学在论文写作上占据了更大的先机。站在CSS这位巨人的肩上，外在表现好似自己同等具备了CSS的能量，但实际远非如此，自己在CSS面前始终只是个小学生。而自己一切能力的提高皆源自项目组老师们给了我较多参与决策的机会和一定程度的自主权，这是项目组老师对我的信任，更是给我的一份责任。可以说，这一时期是CSS在对我的人生厚度和韧性不断地进行锤炼。

## 四 工作期间，综合运用

2022年秋，我如愿走上理想的岗位，从事自己喜爱的研究工作。从CSS中获取的一个个技能包都得到了充分的展示和应用。我作为一颗种子，在传播着源于CSS的调查文化。

调查研究是我们党的传家宝，是做好各项工作的基本功。党的二十大报告强调"弘扬党的光荣传统和优良作风，促进党员干部特别是领导干部带头深入调查研究，扑下身子干实事、谋实招、求实效"。在全党大兴调查研究的背景下，在把论文写在祖国大地上的浓厚科研氛围下，长期参与CSS的经历成为我求职和开展工作的加分项。

## （一）成体系的调查思维

入职后我参与的第一项重要工作就是年度全国青年发展状况综合调查。作为研究者和作为学生在思考和处理问题的态度与方法上有着极大的不同。在学生时代，做每件事情都不用过多思考，按照老师给设定好的方案具体执行就成。而正式工作后，自己就扮演了方案设计者的角色，要对每个环节和步骤负责。长期参与CSS使我水到渠成地形成了成体系的调查思维，对调查工作的每个环节和各环节之间的衔接都较为熟悉，从而对调查的抽样设计、执行和最后的数据清理都具备完整的工作思路和应对各种问题的技能包。

在抽样方案设计方面，我会综合考虑客观的社会经济发展状况进行分层，结合调查目标总体的特点，加入青年人口分布的权重。在执行方面，宏观掌控调查进度，每天更新调查进度并及时向课题组反馈，按照目标导向，及时督促合作单位完成既定调查目标。数据收集完成后，使用数据分析软件清理调查数据，为最终报告的撰写和后期数据的使用争取了时间。

近期，在本单位关于新一轮全国青年发展状况综合调查方案论证大会上，我将所学知识以成体系的方式与在座领导和同事进行了分享，既有忐忑，亦有喜悦，在这一过程中，所学专业价值和个人价值均得以充分展现。

## （二）严谨的工作作风

长期参与CSS强化了我在处理工作事项上的严谨态度，具体表现在对数据质量有着近乎洁癖的苛刻要求，这一点在清理首轮全国青年发展状况综合调查数据的过程中体现得尤其明显。首轮全国青年发展状况综合调查完成后，数据清理是一项至关重要的、基石性的、良心性的工作。对于每一条数据我都会仔细地过一遍，甚至有时候长期在电脑前坐着脑袋都木了，常常把自己吓得不轻。在探讨使用数据分析所形成的报告方面，我常常思考每个数据分析背后的数据来源，以及因果解释是否合理。在报告和论文的撰写方面，我始终秉持着数据不可信不用、数据获取的方式不科学不用的原则。

　　我所在的单位在调查方面同样有着良好的风气，我关于调查的科学性和可行性的论证得到了单位领导的高度重视。大规模、频繁地上会研讨，不做无意义的调查是开展调查研究工作的底线，是全单位同仁的共识。CSS成为我们做好当期调查的重要标杆，如果我们做得不如CSS好、不如CSS完善，无论是大小调查，虽有成果，但总觉得还可以干得更加漂亮。而这一目标的实现需要长期规范、严谨地工作。

　　从现在自己的工作状态来看各阶段参与CSS时遇到的困难也好，问题也好，遇到了其实是莫大的幸运。前期调查遇到的问题和困难越多，在这一过程中所培养的技能和积累的经验也就越多，虽不说成长总要面对各种困难，但在一种不断接受挑战的环境中成长起来，总归长得还是比较快的。

　　CSS所蕴含的调查文化滋养着我个人不断成长，其精神现已融入我个人的生命当中。放眼望去，CSS俨然成为调查界的标杆，这源于20年来团队严谨的工作态度和无私的奉献。做中国好调查，是学界前辈们的初心使命，更是新时代青年研究者应有的担当。衷心期望CSS能够持续做好全国大型社会调查的引领，不断提高学界做调查、做学问的上限。

# 关于地图地址
# 抽样的覆盖性问题

*杨标致　中国社会科学院大学社会与民族学院*

## 一　概念界定及问题提出

调查总体与目标总体之间是有差异的，在匹配过程中，主要存在两个潜在的问题，即覆盖不足（under coverage）和过度覆盖（over coverage）。由此，对构建抽样框的工作原则是不重不漏，收集完备准确的信息。若出现覆盖不足或过度覆盖的情况，则可能会导致特定群体的代表性出现问题，如流动人口。

CSS 的目标总体是年度调查时点居住在除港澳台之外的非机构住宅家庭户，以及上述家庭户中拥有中华人民共和国国籍的居民。调查总体是中国境内住宅单位内的居民户及上述居民户中18~69周岁的家庭成员。CSS将住宅建筑物定义为有家庭居住的建筑物。除了常见的居民住宅以外，住宅建筑物还包括商住两用的住宅和流动人口常见住所。前者比如一座既有店铺房间又有住家房间的房屋，一栋既有店铺又有住家的楼房，地下室有家庭居住的写字楼等；后者比如建筑工地的工棚、工厂宿舍等。在构建末端抽样框的过程中，CSS采用的是地图地址抽样方法，使用的是计算机辅助地图地址抽样系统（CASS–CARS）。

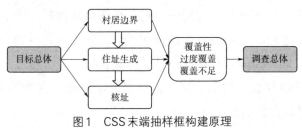

图1 CSS末端抽样框构建原理

那么，地图地址抽样的质量如何呢？我们可以通过什么方法来进行评估？首先，囿于黄金标准，我们很难从统计上来构建末端抽样框的覆盖性指数；其次，囿于成本，我们也无法在调查结束后，通过重复性的调查，来比较两次调查的结果。然而，诚如调查质量评估的思路已经从结果评价转为过程调控，若我们能充分了解绘图抽样全流程存在哪些对覆盖性有影响的因素，并且在有限时间和成本的条件下确保较好的工作质量，那么，我们最终也能获得一个高质量的末端抽样框。

因此，本文旨在从绘图抽样培训、执行和质量控制的过程来呈现绘图抽样的全流程工作，由此来探索通过地图地址抽样方法构建的抽样框覆盖性的影响因素有哪些，以及在精益求精的情况下，还可以有哪些优化之处。

## 二 抽样培训：构建末端抽样框的实践设计

CSS2023抽样设计划分为四个阶段，其中阶段一和阶段二采用潜分层PPS抽样，分别抽取县/市/区/旗和村/居委会，阶段三和阶段四与实地执行密切相关，其中阶段三采用的是地图地址抽样抽取住宅单元，地图地址抽样的质量与绘图员的工作质量密切相关。

在以往的绘图抽样模式中，CSS项目组区分了两类执行模式，一是绘图员和访问员非同一批人，二是绘图员和访问员为同一批人。CSS2023中，除了江南大学采用的是第一种模式，其他合作机构均采用第二种模式。在项目组为地方机构开展的标准化调查中，除了项目介绍以外，第一环节的培训内容就是绘图抽样培训。从抽样设计角度来看，地图地址抽样是末端抽样完整性的内容。同时，地图地址抽样是增强末端抽样框覆盖性的重要方法。换句话说，以不重不漏为绘图原则，地图地址抽样理论上可以覆盖绘图区域的所有地址，是确保入户抽样和入户访问顺利进行的前置环节。由此可见，地图地址抽样具有抽样设计和调查执行的双重重要地位，让绘图员对此环节重要性有一定的认知，同时又能掌握构建完整抽样框的技能，便是绘图抽样培训的出发点。

CSS2023共开展了33场绘图抽样培训，笔者承担了其中7场的培训工作，是10名抽样督导中，培训场次最多的。培训省份包含福建省、江苏省①、浙江省、上海市、四川省和海南省。7场培训中，在对标准化抽样工作流程进行培训的基础上，还根据各省份村居特点，对绘图工作特点、难点进行了补充介绍。

传统的名单抽样受限于名单来源，在名单可得性上可能存在难度。在得到村（居）委会许可的情况下，地图地址抽样可实现对村居管辖范围内所有地址清单的罗列，而这个过程，相当于我们原本要寻找"家户"，转换为罗列"住址"，户和址实现了置换，而后在住址上再通过户（内）抽样的方式，抽选被访者，这是抽样阶段的最后阶段。地图地址抽样通过模拟寻址的空间原理，区分了村居–住宅建筑–门的三步骤。第一步是进入村居确定工作范围；第二步是在村居范围内，通过行走的方式，将辖区内所有的建筑物进行绘制，通过列举住宅建筑物的住址信息，完成住宅地址抽样框的构建；第三步是随机抽取抽样框中特定数量的样本，让绘图员对样本的

---

① 江苏省有两家合作机构，其中江南大学由王翰飞承担培训工作。

有效性进行确认，即核户。这三个步骤映射到计算机辅助地图地址抽样系统，分别对应村居图层、建筑图层和抽样图层的工作内容。

村居图层的工作主要是在村居负责人的协助下，绘制村居边界，同时请村居负责人根据社区情况，在CARS系统上自填一个简单的村居信息表。

建筑图层是关键的工作图层，是三个图层中工作量最大的环节，具体有以下几部分内容。

一是以分图的方式对绘图员进行分工。一方面，住宅建筑物的数量通过计数来完成，同时，无论是住宅建筑物抑或地址，最终都需要获得唯一的编号，才能实现抽样元素（element）的唯一性。结合往年的经验，全国村居的住宅建筑物数大致为500个，将村居划分成不同的工作区域，有利于降低编号工作的难度。另一方面，分工有利于小组协作。地方合作机构一般采用的是小组作业的方式，比如CSS2023平均每个PSU的绘图员人数为7人，通过认领分图工作的方式，能够实现多人同时作业，从而实现工作效率最大化。

二是区分住宅建筑物和非住宅建筑物的绘制形状，同时通过填写表单的形式来形成住址列表。在CSS的设计中，住宅建筑物绘制形状是"锐角三角形"，非住宅建筑物的绘制形状是"矩形"抑或"实际形状"，因此，通过绘制的形状即可辨别建筑物性质。同时，通过"锐角三角形"的锐角可以定位到住宅建筑物的入口。在罗列住址列表的过程中，重点在于住宅建筑物的命名、住宅建筑物类型的选择、住址生成方式的选择、楼层和住址的填写与删除。

其一，住宅建筑物的命名。如前文所述，CSS的住宅建筑数由绘图员通过计数的方式进行编码，除了结合行走路线进行编号以外，还包括标识住宅建筑物的实际地址或明显特征，从而为下一阶段抽样图层的核户以及访问阶段的入户提供识址的重要参考。

其二，住宅建筑物类型的选择。绘图员通过观察住宅建筑物的特点，选取对应的住宅类型，包括塔式住宅、梯间式住宅、独院住宅、学生集体宿舍、工棚、公司/工厂宿舍、空宅/废宅。住宅类型的选择，一是可以为住址数提供参考，比如独院住宅通常住址数为1。二是可以为楼层数提供参考，比如塔式住宅一般为6层以上，有电梯；梯间式住宅一般为老旧小区的单元式住宅，一般在6层及以下。三是考虑到了流动人口的居住场所，如工棚、公司/工厂宿舍，这是识别一址多户的重要信息，也是在户抽样的重要住宅类型。四是考虑到了商品房市场环境、住户迁移等情况，在本期为空宅/废宅的住宅建筑物，在下一期可通过核户环节将其重新纳入抽样框。

其三，住址生成方式的选择。这里主要考虑城市社区和农村社区的不同居住特点。农村社区通常是独门独户居住，多为独院或杂院住宅的方式，绘图员可以通过观察的方式，直接填写住址数。城市社区多为楼栋住宅[①]，需要设置一定的计数规则。

其四，楼层和住址的填写与删除。沿袭上文提及的住址生成方式为计数规则的住宅建筑物，通过"楼层数×每层住址数"便可以完成一栋住宅建筑物住址数的计算。在楼层的填写和删除方面，一是需要分别留意地上楼层数、地下楼层数；二是需要删除非住宅的楼层，比如一楼底商；三是特殊情况，比如受文化的影响，有的楼栋没有13层或14层，也需要相应做删除工作。在住址的填写和删除方面，一是需要留意有楼层的住址数并非其他楼层的常规数，尤其是顶楼，通常有不规则的住户数；二是需要删除非住户，如纯商户、配电室、活动室等。除此以外，本阶段存在的实践难点在于门禁问题，可能存在进不了楼栋的情况，需要通过电表、信箱、窗户来推断住址数量作为替代方案；另外，也可能存在访问员没有认真填写住址信息等不规范行为。

抽样图层的工作主要有两方面，一是识别地图地址抽样生成的地址信息，二是核实样本住址是否有人居住，生成入户阶段使用的有效样本信息。

其一，识别地图地址抽样生成的地址信息。考虑到单元楼、农村住宅、杂院住宅等存在没有门牌的情况，CARS系统的地址并不具有实际门牌号的信息，而是按照"分图号–序号–住址名_楼层号.顺序号"的形式生成地址，通过"右手原则"[②]的标准可以保证不同的人按照同一个地址名找到唯

---

① 当然，农村社区也有楼栋住宅，这里只需要通过观察来对是否需要设置计数规则进行选择。

② "右手原则"，即背靠楼梯或电梯，若一个楼层同时有楼梯或电梯，即背靠能够正常使用的电梯，面向住户门，按逆时针顺序逐个进行排序。

一的门。同时，该阶段要求绘图员要拍摄大门照片，作为访问阶段入户识址的重要参考。

其二，核实样本住址是否有人居住，生成入户阶段使用的有效样本信息。一方面，抽样图层的样本状态包含有效样本和无效样本，其中有效样本包含有人居住或可能有人居住两种情况，无效样本则包含无人居住、废弃住宅两种情况。这里的工作涉及观察居住情况的经验做法，比如门口痕迹（门口干净或落灰、生活用物、生活账单等）、窗台痕迹（种植、窗帘等）等。废弃住宅和明显的无人居住状态最容易被识别，比较棘手的是可能有人居住。按照抽样设计，本期城市社区需要核户120户，农村社区需要核户90户，但在访问阶段，第一批只发放35个正选样本，在正选样本无法做出20份问卷的情况下，才会进一步发放有限的备选样本。因此，核户阶段并不建议绘图员通过接触住户的情况来获取居住信息，避免造成对社区住户的额外影响，但这种做法显著降低了"排空户"的精确性。同时，对于大量的"可能有人居住"的情况，由于不清楚是空户还是住户不在家，访问员需要在不同时间来敲门，花费大量时间蹲点。

## 三　绘图实践：全流程视角下的覆盖性影响因素探究

相较于纸笔画图，计算机辅助地图地址抽样，仍然存在不同绘图方式下的共同实践难点，比如难以识别隐蔽建筑、可能存在绘图员不规范行为等。尽管计算机辅助地图地址抽样在缩短工作时间、提高绘图准确度、将质控工作嵌入绘图全流程、减轻纸版资料储存压力等方面带来了便利性，但也带来了新的风险或误差类型。一方面，由于技术的介入，新增了技术背景下的风险，比如数据安全等；另一方面，在执行环节上，也新增了误差类型，比如卫星地图的时效性和精确度、系统设置偏差等。按照绘图流程安排，笔者分别总结了每个环节可能对覆盖性有影响的工作因素。

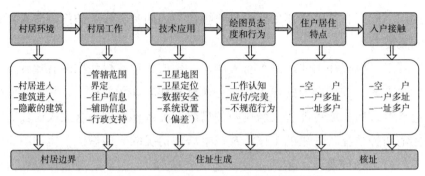

图2　从绘图流程来看末端抽样框的覆盖性

## （一）村居环境

### 1.村居安防措施

村居安防措施在某种程度上形成了明显的"居住者"和"外来者"身份的分野，绘图员作为外来者，进入社区需要一个合法的身份。尽管CSS在进入社区进行工作之前，便取得了村（居）委会的同意，但社区内可能存在不同小区的管理者，比如不同小区有不同的物业公司和安保人员，缺乏通用的单元楼"万能钥匙"等。若要顺利进入每一个楼栋，需要更多的行政支持，抑或更多的居民同意。一方面，对于村（居）委会与社区内对应的管理单位和居民的关系有要求；另一方面，调查团队与村（居）委会实际上是一个非常短暂的工作关系，很难创造出伙伴或契约关系，在某种程度上，调查会给村（居）委会带来额外的工作。因此，门禁是绘图阶段接触到住户家门的一个关卡。此外，相较于城市社区，农村社区则存在人类的朋友，即农户的看门狗，由于农村社区的狗多且安全性难以确认，以"能避就避、不主动招惹"为原则，以确保绘图员的安全。CSS2023中，绘图员观察数据的结果表明进入住宅建筑物有一定难度，百分制评分均值为35分，中位数为50分[①]。

### 2.隐蔽的建筑

在绘图员尽职工作的前提下，受地形、建筑物分布复杂、绘图员人生

---

① "建筑物进入难度"是绘图员观察评价题目，选项为没有困难、有些困难、非常困难，将选项分别按0分、1分、2分计算后转为百分制，数值越大，建筑物进入难度越大。

地不熟等影响，隐蔽的建筑仍是罗列抽样框的一大客观难题，农村社区如依山建造的社区、分布零散杂乱的村落，城市社区如市场和居住空间混杂的社区、新旧小区混杂的社区、存在较多私搭乱建情况的社区等，这些社区的共性是住宅建筑分布不规则，缺乏一定的规律。当然，这在某种程度上反映了村居规划和发展的历史。若以百分制来计算建筑物格局的整齐度，全国得分为59分[①]。

### （二）村居工作

#### 1.管辖范围的界定

绘图抽样的工作区域，由村居边界组成。理论上的村居边界为村居行政面积覆盖的区域。然而，在实际的村居工作中，存在行政管辖和实际管辖的分化，也存在人地管辖的分化。比如存在社区行政事务管辖权归一个区，但经济事务管辖权归另一个区的情况。有的小区在村居的土地管辖范围内，但村（居）委会对居住的住户没有行政事务的管辖权。针对这一情况，尤其以单位宿舍为典型，若没有纳入抽样框，则降低了对流动人口的覆盖性；若纳入抽样框，则要求地方合作机构与多个主管单位进行行政协调，对调查经费抑或调查时间可能会带来影响。

#### 2.信息质量水平

在绘图抽样前，绘图员需要请村居负责人在CARS系统上填写一份自答问卷，提供本村居内的行政面积、人口信息（户数、常住人口数、户籍人口数、外来流动人口数）、小区类型、特定建筑类型等。此外，有的社区还能提供进一步的辅助信息，如住户入住情况、户主信息或联系方式等，能够为罗列住址或确认空户提供重要的参考。这些数据既包含了实地绘图的辅助信息，也包括了绘图后评估分析所用数据，信息质量水平对信息的应用存在一定的影响。

#### 3.行政支持力度

村居行政支持主要包含三方面。一是带路支持，尤其是地形比较复杂、

---

[①] "社区内建筑格局情况"是绘图员观察评价题目，选项为1~7分，表示从很杂乱到很整齐，计算得分后转为百分制。

小区错落分布的，可以为人生地不熟的绘图员提供重要援助。同时，带路意味着可以提供交通工具，在减少经费或提高效率方面大有裨益。二是清除门禁障碍，比如知会保安开门、提供门禁卡等。三是提供户主信息，包括户主联系方式或空户信息。若在各个方面，行政支持都能提供一定的协助，可以很好地提高工作效率。不过，行政支持也是一把双刃剑，尤其是在地图地址识址环节，由于与平时的工作设计不一样，需要与带路人说明设计用意，尤其是家户和地址不一致的情况下，比如房东把房子出租，带路人并没有带到抽到的地址，而是房东另一个地址。

## （三）技术的应用

### 1.卫星地图时效性

纸笔画图的方式存在的技术难点是无法按照一定的比例尺原则来进行绘图。电子化绘图则突破了该难点，通过在系统嵌入地图、设置比例尺原则，可以实现不同使用场景地图比例尺的灵活缩放。相较于"从零到手绘社区建筑"的"灵魂画手"，通过卫星地图的辅助，绘图员摇身一变为一览社区全貌的"规划师"，"不知从何下手"的画图困境得到解决。但画图的困难则转化为能否顺利从卫星地图上找到对应的实际建筑，因此，卫星地图的时效性和精确性成为关键。这在某种程度上有赖于地图供应商更新的及时性，以及卫星地图的质量。若遇调整或新增情况，绘图员的如实反馈是保证地图质量的重要方式，即实地绘图中，在卫星地图的基础上，以实际情况为绘图基准。总的来说，百分制下，绘图员对CSS2023的社区在线卫星影像图评价均值为76分[①]，处于较高水平。有个别村居的卫星地图受云雾的影响而被遮蔽。

### 2.计算机辅助绘图的新风险和新误差

计算机辅助既为搜集绘图信息带来了便利，又带来了丰富的并行数据，如地理信息。这些数据与问卷数据一样，是重要的数字资源。信息保密和数据安全是基础，因此，对于服务器配置、安全的运维环境等技术要素提

---

① "社区在线卫星影像图质量"是绘图员观察评价题目，选项为很差、一般、很好，将选项分别按1分、2分、3分计算后转为百分制，数值越大，地图质量越好。

出了很高的要求。同时，村居工作环境的网络环境也会影响绘图工作的顺畅度，CSS2023的社区内手机上网信号评分为88分[①]。此外，与CAPI（计算机辅助面访）一样，计算机辅助下的绘图抽样，若逻辑设置等编程环节产生偏差，则容易对住址生成过程等构建抽样框的环节带来系统偏差。同时也存在工作难点，比如绘图员可能存在输入或增删错误，但系统无法辨别是实际情况的调整抑或误操作，没有提供软检查的环节，需要审核员参考其他辅助信息来进行判断和修正。最后，在绘图过程中，GPS定位的准确性、系统运作的稳定性也会影响绘图员的状态。

### （四）绘图员的不规范行为

不规范行为即绘图员因故意、不认真、操作不当等而导致抽样框绘制有遗漏的情况。一是没有按照实际情况绘图，制造假信息、主观遗漏抽样框等情节严重的不规范行为。比如故意将村居边界画小、伪造飞地、把住宅建筑物当作非住宅建筑物来绘制、伪造住宅建筑信息表、直接在卫星地图上进行绘制等。二是绘图员没有落实绘图标准，如应付式罗列楼层和住户信息，尚未做到仔细观察和排查的工作要求；误用"右手原则"，用门牌号的逻辑排除"右手原则"的住址，可能会牺牲双倍有效样本。三是对住宅、空户和非住宅的属性进行了错误的归类。

### （五）住户居住特点

住户的居住特点反映在地址上，主要表现为空户、一户多址、一址多户。在空户方面，一是可通过空置房屋率了解村居的房屋空置水平，本期村居工作人员自填问卷结果表明，全国总体的房屋空置率为26.02%。二是可通过核址环节的物理观察来初步进行排除。三是入户接触时，可通过村居负责人或住户邻居等信息人的信息，或通过不同时点的接触来辅助判断，但比较难区分是无人在家还是空户。最后也可通过村居提供的联系方式进

---

① "社区内手机上网信号状况"是绘图员观察评价题目，选项为信号正常、信号不稳定、没有信号，将选项分别按0分、1分、2分计算后转为百分制，数值越大，社区内手机上网信号状况越好。

行电联确认。在一址多户方面，一是绘图阶段尤其要留意工棚、公司/工厂宿舍等场所，比如本期绘图抽样的社区中，有80个社区辖区内有工棚或公司/工厂宿舍。二是通过入户接触时的成员关系来进行判断。在一户多址方面，这种情况的住户，在调查期间一个社区内很少被同时抽选为正选样本，主要通过入户接触来进行排查。

## 四 质量控制：辅助规范绘图的监督措施

在纸笔绘图模式下，若等待纸版绘图寄送后再进行质控，则无法保证质控的时效性。因此，需要最大限度地依赖实地监督的方式，该方式对督导人力和项目经费提出了很高的要求。相较之下，计算机辅助下的绘图抽样，巧妙地将绘图和质量控制的工作流程环环相扣，即只有绘图员通过了一个图层的审核标准，才能进入下一图层进行工作。同时，这也为绘图质控带来了技术应用下的创新做法。

### （一）技术应用下的质控方式[①]

针对上文所述的绘图不规范行为，计算机辅助的方式提供了监督的对应方式。一是村居边界的辅助审核，通过卫星地图可查看标志性建筑是否被纳入其中，同时通过比例尺丈量面积大小的方式，与村居信息表进行比对。二是绘图员实地绘图的真实性，可通过GPS定位、绘图路线、建筑物的经纬度信息辅助判断。三是审核工作细节的真实性，可通过审核绘图员提供的建筑物或大门照片，判断是否存在重复照片的方式，了解绘图员实际核户情况；通过建筑物信息了解实际的门禁情况；通过大门照片了解实际门牌信息等。

### （二）技术延伸了即时数据验证的可能性

数据验证以村居提供的信息为外部标准，一是可以通过自填面积数与

---

① 此外，住宅建筑绘制的重复性，也是通过建筑物的坐标是否重复来进行判断的。

村居边界范围进行比对，二是可以通过住宅建筑数与户数信息进行比对。此外，绘图员工作信息的并行数据也是一个参考信息，比如笔者曾因需要同时督导两组，通过后台观察到远程督导小组在绘制时间上的异常；而后了解到，原来组员遇到了熟悉村内情况的村委会工作人员，直接按图绘制，没有去实地核实情况。

## 五  结论与展望

总的来说，对比绘图生成的地址数与村居登记的户数信息，全国总体的覆盖比为1.10[①]，在城乡、地形、区域等方面存在差异。其中城市社区的覆盖比为1.28，农村社区的覆盖比为0.77；高山和丘陵的覆盖比较低，分别为0.81、0.97；东北地区和西南地区的覆盖比较低，分别为0.87、0.96，与对应区域的地形、房屋空置率有一定关系；中南地区的覆盖比较高，为1.25，与该区域的居住特点存在一定关系。这些数据在某种程度上可为我们提供针对不同区域、不同重点工作环节的指引。结合前文分析和实地工作感受，未来若要进一步精益求精，或许可以考虑以下几方面的情况。

### （一）发挥村居工作在数据收集、抽样方法比较方面的效能

可得性和名单质量制约着村居名单成为TSU抽样框黄金标准的可能性。笔者在浙江调查期间，曾见过社区有非常完备的纸版名单，抑或更新很及时的App名单系统。在国家重视基层治理和调查的背景下，社区工作与学术调查可以找到合作的较大公约数。同时，社区作为承接国家各项工作的基层组织单位，有着不同系统的登记口径，这些也为社区问卷的设计提供了一个对标国家数据的口径参考。因此，建议从基层治理水平、行政配合程度、数字化应用水平等角度选取特定社区，将其作为大型社会调查提供社

---

① 此处参照张宾《地图地址抽样方法研究——以CSS2019年》，中国社会科学院博士学位论文，2022。该文对覆盖比的计算，即将总样本数和计划样本数作为膨胀系数，对址户比进行调整。其中，若涉及社区内再抽样的村居，即户数信息为再抽样区域的户数信息；若只有再抽样村居的常住人口数或户籍数，则结合户规模人口再折算为户数。此外，"总样本数/计划样本数"作为覆盖比的调整系数，用来衡量不合格单位的比例，以提高覆盖比的精度。

区深描的研究基点，为数据收集提供更具有适用性、操作性、可比性的设计参考。此外，选取一定区域的村居作为试点，从方法的角度对名单抽样和地图地址抽样进行比较研究。

### （二）从量化分析的角度建立绘图员态度、行为与绘图质量的关系

从前文所述内容，我们可以了解到绘图员在绘制村居边界、生成住宅住址和核址中均扮演了关键角色，绘图员的工作质量直接决定抽样框的准确性。建议不断完善对绘图员信息的收集工作，同时，可借鉴访问员认知和行为研究，有针对性地设计绘图员工作定位、工作态度等方面的信息，同时打通绘图员培训表现与绘图结果数据的关联度，不断积累数据，探索绘图员特征与绘图质量的关系，为培训和执行提供参考。

### （三）发挥前后台的督导配合作用

计算机辅助绘图为质控带来了方式和内容的创新，但实地情况复杂，仍存在计算机辅助下的质控手段无法覆盖的盲区，实地督导仍有其无法替代的地位。可惜的是，从成本的角度出发，大型社会调查很难开展大规模的实地督导工作。不过，绘图员和访问员双角色合一的模式，为我们思考实地督导同时在绘图抽样和入户访问中发挥督导作用创造了空间。相较于访问员直管模式的调查中心，CSS采用的是与地方合作机构合作调查的方式。同时，项目组派出巡视督导进行指导和协助，这是调查执行期间很大的组织力量。此外，巡视督导还扮演着重要的前后台桥梁角色。一方面，巡视督导对实地小组的工作态度、团队士气、工作方法最为了解，可以重点关注需要加强绘图规范性培训的绘图员；另一方面，巡视督导可以发挥在关键场合的"在场"作用，如绘制村居边界、确认特殊区域（如飞地）等。最后，在线上质控无法覆盖的方面，根据具体的情况可进行一定幅度的随机抽查，落实实地质控环节。

# 如何做好社会调查

李琦　天津理工大学社会发展学院

中国社会状况综合调查（CSS）于2023年开展了第九期调查，自2005年第一期调查开始，这项涉及全国基础情况的大型调查业已经历了19年。CSS可谓是中国全面实现现代化的见证者与贡献者。笔者初次了解CSS是在2019年，于2021年初次参与到第八期的CSS，并于2023年参与到第九期的CSS，每次的CSS都令人收获颇丰。

CSS在2023年这期调查中承担了一些新的使命：党和政府提出大兴社会调查之风，明确为一众调查人树立了解社会真实情况的标准。不过在CSS2023的调查执行期间，我们发现了我国面临的诸多现代性困境，对于这种困境的思考将成为本文的一个重点。大学生群体一直是CSS执行的合作者，而基于CSS2023的观察，大学生群体呈现的某些群体特质值得深思。与此同时，在社会中时常处于边缘化状态的老年群体，在调查中亦处于相似的边缘化状态。城乡之间呈现一种文化认同的差异，而且与当下高度发展的社会分工有关，而作为社会分工中的一个部门，CSS2023观察到了这种差异。总体来说，本文试图从"现代化"与"现代性"的主题论述CSS2023所反映的问题与困境，并论述如何使社会调查做得更好。

## 一 访问员与督导的相互影响

访问员与督导是项目执行的主体，其中访问员是来自全国各地高校及科研院所的学生，督导则是有着更丰富的相关调查经验的高年级学生或老师，整体上执行团队为青年群体。在整个调查的过程中，访问员与督导的分工不同，所接触的人和获得的体验也有很大差异。访问员的主要任务有接受培训、绘图抽样、入户接触、进行访问、提交和修正数据。督导则主要负责培训访问员、联系村居、分配工作、陪访、控制调查进度、审核问卷、申请样本、总结汇报。基于工作内容的不同，访问员与督导之间的接触和联系从调查培训及前期准备工作开始，在此过程中建立起初步的信任关系，为实地调查做好铺垫。在实地调查的环节，督导发挥协调引导的作用，一方面要同村居的工作人员了解有关情况并争取帮助；另一方面要为访问员分配任务，并陪伴基础较弱的访问员入户和访问，及时提供建议。在一个村居的调查结束时，督导要集合访问员进行总结，并为后续调查做预案，力求使整体的调查效率与访问质量得以提高。上述主要是基于调查执行的角度来梳理访问员与督导之间的互动和关系，但是在实践过程中，访问员与督导之间除了完成项目的额定任务之外，相互之间的情感关系与信任关系的建构过程也值得关注。

从调查目的来看，访问员与督导只需按部就班地完成自身的任务即可，不过CSS的调查标准一直较高，有时任务并不像看起来的那么简单，这时我们就需要考察不同类型的督导与访问员之间的关系。督导按所属部门可分为项目组督导与地方督导，项目组督导为项目组统一招募并培训优秀学生，按分工可分为抽样组、执行组和质控组；地方督导则一般是合作院校的老师挑选的该校优秀学生。由此，地方督导与访问员的联络热度一般要高于项目组督导与访问员。而项目组督导因其分工的不同又可以分为前端与后台两部分，前端是负责培训访问员或在实地调查中协助各调查团队的督导（有时二者兼有），后台则是远程负责审核的督导，负责绘图审核、问卷审核、复核等工作内容。负责培训与协助实地调查的前端督导与访问员在联络热度上高于后台督导，低于地方督导。基于CSS项目组严格把控问卷质量的历史传统，负责审核的后台督导对问卷的审核极为严格，其重点在于质量；而负责协助落实调查标准、完成问卷的前端督导，其工作目标在于按时按质完成问卷，重点在于数量。可以看出，访问员与项目组之间存在着潜在的张力。

一般来讲，访问员与督导之间的关系可以分为多种类型，这些类型是基于不同的工作内容与联络热度考虑的。就地方督导和访问员的关系而言，一方面，地方督导由高年级学生或老师担任，他们要维护与访问员之间的关系，在访问员遇到挫折、情绪低落的时候需要给予安慰和鼓励，这种共患难的经历会使得双方的关系更为紧密，也使得双方的信任关系更加牢固。另一方面，地方督导还要完成项目组所分派的任务，任务执行的主体是访问员，而在访问员对调查的意义产生怀疑或者面对困难有怠惰情绪时，地方督导体现出双面性：部分地方督导会安抚学生并重申调查的现实意义，鼓励访问员完成任务；也有部分地方督导会和访问员持同一立场，并质疑调查的正当性，与项目组产生矛盾。对于负责前端工作的项目组督导来说，他们的立场要微妙一些，既要站在项目组的立场保质保量协助地方团队完成调查任务，也要站在访问员和地方督导的角度来面对各种困难。而后台督导则要坚持项目组制定的调查标准与规则，严格审核质量，这往往使得后台督导与地方团队的矛盾较多。基于前端督导在实地工作中的侧重点不同，前端督导与后台督导有时呈现紧密合作的关系，有时也存在着张力。

概括来说，地方督导-访问员、前端督导-地方团队（地方督导、访问员）、后台督导-地方团队（地方督导、访问员）、前端督导-后台督导四组关系呈现了CSS2023在执行阶段所体现的调查团队内部的动态关系。综合来看，地方团队与项目之间的矛盾与合作以及前端工作与后台工作的矛盾与合作是调查主题内部相互影响的核心，目的是完成CSS2023的调查任务，做中国好调查。不过上述四组理想类型式的关系并不能涵盖部分独特性，因此有必要结合笔者在实地调查中所观察到的内容。

在我国东部的一个团队，一组6人，成员为大一学生。由于工作安排的原因，当地的老师并不能在前期带领他们开展实地调查工作，主要由项目组督导协助他们工作。由于实地的情况极为复杂，地处沿海，且农村里边有较多外来人口和出租屋，在确定该村居的调查范围时他们耗费了极大的精力。在高温潮湿的环境中，项目组督导尽可能地陪伴在他们身边给予指导，并尽可能地避免访问员中暑等意外状况的发生，给他们准备好冰水。一方面，访问员都以一种极认真的态度完成自己的使命，并且由最初的不太理解调查中的严格要求和相关规范到逐渐了解其必要性，还通过调查了解到了最真实的社会状况，极力配合完成调查任务；另一方面，项目组督导竭力同他们站在一起努力去做好这次调查，相互之间高度认可。基于笔者的经历，当代大部分大学生在某种程度上对自身已担负的责任都会尽力去做得最好，有的自始至终是"我来了不是为了天花乱坠的意义"，而是一种对契约与责任的坚决履行。当然，有很多访问员是经历了实践过程而开阔了眼界，进一步深刻地感受到最初所谓的意义。这时对访问员来说，这段经历有真正的意义，他们也形成了一种调查人的特殊气质。当我们把上述几种理想形式的关系与实践过程和群体特殊气质相结合的时候，访问员与督导之间的相互影响便更明晰了。

## 二 调查者与被调查者的相互影响

当开展一项社会调查的时候，调查参与者立场的不同将导致观点的不同，这时所有调查参与者都应当自我反思，我们参与这项调查的意义与价值何在？仅仅为了收集材料吗？像CSS这种全国性的大型社会调查涵盖了除台湾、香港、澳门的所有地区，涉及156个县中的624个村居，要完成

12480份有效问卷，执行调查的人数多达千人，在整个调查过程中这个调查队伍分布在全国各地接触我国最广大的人民群众。如此的规模使得CSS本身在社会中成为一个传播学意义上的工具，CSS不再是单纯地收集材料的调查。CSS是一种典型的大型抽样调查，从全部调查研究对象中，抽选一部分进行调查，并据此对全部调查研究对象做出估计和推断。一般来说调查只是一个收集材料的环节，但是基于调查者本身的研究问题和对调查的重视程度不同，现实操作中往往面临着更为复杂的情况。

在CSS2023的执行过程中，有一个问题值得注意，那就是在研究者与被访者之间似乎存在着某种"断裂"。在调查中，被访者往往有几种疑虑：担心耽误自己的时间、担心自己的隐私安全、怀疑调查的意义、不了解调查的内容是否和自己有关、质疑访问员的身份。通常来说，训练访问员打消被访者疑虑的技巧有如下几点：出示证件表明身份、答疑解惑表明来意、保护隐私、提供回报等。但是结合实际经验来看，调查研究的意义与被调查者的日常生活联系不紧密。往往成功的访问多依靠多带礼物，由村居干部带路，"卖惨"（被调查者子女与访问员年龄相仿，引起换位思考，使其体谅访问员的艰辛）等。当然，有很多居民在得知中国社会状况综合调查是由官方支持的时候会选择配合，但据笔者所了解以及被访者的反馈情况来看，被访者普遍认为，调查所关注的内容与其实际生活中所关注的问题风马牛不相及。这可能反映出当下社会调查所存在的通病，研究者与被调查者的物质条件和认知水平等差异较大，存在着不可调和的"断裂"。并且，当下大多数调查研究并不能有效地针对相应群体的急难愁盼问题进行调查，更多的是研究者为了自己已定的主题补充材料。这种调查是为了解决研究者的问题，而不是为了解决被调查者的问题。这也是为何在CSS的调查过程中调查者一再为被调查者解释这项调查最终是为了弥补现有政策的不足，尽管实际上被访者并不认为这项调查能起到什么作用。

事实上，将项目与被调查者紧密联系起来的是广大的访问员群体，身为学生，他们涉世未深。并且我国基层民众对于学生的认可度较高，在他们身上投入了能将社会变得更好的希望。一般来说，人们对于做社会实践的大学生更乐于敞开心扉。在实地调查中，笔者发现，居民有一种敏感性，潜在地认为调查有很大可能带来坏的影响。据观察，以"您好，我是XXX（单位/学校）的XXX，受中国社会科学院的委托，来咱们家做一个社会状况的综合调查，请问您能回答我几个问题吗？"这样的"预设规范语言"开场的调查，如无村（居）委会干部协助，大多需要多次接触；然而居民对于以"您好，我是XXX（单位/学校）的XXX，假期做一项社会实践，请问您能回答我一些问题吗？"开场的调查，反而更易被接受，拒访率相对较低。这说明，人们更愿意帮助大学生完成社会实践而不是配合调查。基于此，研究者与被访者之间的"断裂"有可能被身为调查者的大学生弥补，这意味着调查者与被调查者之间的相互建构成为可能。

没有经历过拒访的访问员不是好访问员，一般来说，每个在一线做过调查工作的学生都经历过不同种类、不同程度的拒访，可概括为如下几种类型：暴力拒访、家人拒访、被访者拒访、中途拒访。访问员在接触一个样本时，如果不是100%确定无法完成一份问卷的话，为了保证代表性都会尽力争取一下。一般来说，拒访的情况大多出现在入户接触和访问途中，不同的处理方式取决于访问员如何与被访者互动来争取配合，常见的应对方法是进行引导式的询问与加深彼此之间的亲密程度。一般在访问途中，被访者的回答开始偏离，聊与访问无关的内容时，访问员需要引导被访者回到访问主题，或者被访者觉得时间太长时要采取积极鼓励表达加快访问节奏的做法。增进亲密关系往往会展现出换位思考请被访者谅解访问员的艰辛，也要明确不损害被访者利益并给予礼物或补贴。做一个倾听者会有益于拉近关系，被访者有实际的生活困难有可能会向访问员倾诉。但是在倾听的过程中，访问员会了解到自己未遇到的很多他人的苦难，这时原本促进访问的同理心策略也会对访问员自身产生一定影响。通过入户接触和访问的过程，访问员与被访者之间的相互建构也将使得调查不仅仅是收集材料的手段，人与人之间的互动以及关系的建构会使得非理性因素产生相应的影响。

非理性因素的影响具体体现为访问员与被访者之间的互动产生的后果。从访问员的角度来说，原本的目的是完成调查任务，做完一份问卷。但在做问卷的过程中，被访者及其家人会分享他们的生活和感受，他人的幸福、苦难、理解、认同会使访问员有特殊的收获。工具理性取向的调查在实践过程中产生了价值与情感取向的影响。这反映出调查过程中的一个问题，并不是所有访问员都能处理好这种关系，部分督导与访问员在这种相互建构的过程中会偏离原有目标，产生对于调查的新理解。

在实践过程中，各机构原本完成既定数量的问卷即可，但是很多团队做出了一定的额外贡献。例如，笔者在某地协助调查时，该团队负责人曾对访问员说，基层社会中会存在各种问题，有很多村民不了解国家有哪些对他们有利的政策，但是我们的专业就是与这方面相关的，那我们做这次调查的时候，一方面要保质保量完成任务，另一方面要尽力为村民提供些力所能及的帮助，可以普及下相关政策，帮助不会用手机、不会上网的人办理些网上的业务等。可以说，调查在此时不仅仅是收集材料的手段，还是一种以人为本的帮扶举措。笔者认为也正是党大兴社会调查之风的内涵所在，通过调查来促进中国式现代化的实现，通过调查来满足人民群众对于美好生活的需要。进一步来说，经历本次调查的人多少都抱有一种情怀——"我们来过，不是为了离开，而是为了下次来的时候一切变得更好"。

## 三　CSS2023反映的现代性问题

通过上述梳理，CSS团队内部的交互和CSS与被调查者的交互大致被呈现出来。可以看出，调查不仅仅是一种工具或手段，还是一种饱含人情味儿的动态过程。在整个调查过程中，笔者观察到存在着不同程度的各类社会问题，如养老困境、老龄化问题、人口流失问题、区域发展不平衡问题、精神文明建设困境等。这些问题不是凭空出现的，而是基于我国的发展历程、本土文化等因素产生的，也就是现代化过程中产生的诸多社会问题和社会现象。在此需引入现代性和现代化两个概念。现代化与现代性可以被视为因果关系，科学技术、经济生产、社会转型等现代化过程的推动形成了作为现代社会的"属性"的现代性。现代化问题属于事实性的、可用量化指标来衡量的实证问题，现代性问题则属于价值的问题，即它的目的取向、内在原则、行为方式等的合理性何在的问题。现代性着眼于传统与现代的对比，抽象出现代化过程的本质特征，着眼于从思想观念与行为方式上把握现代化社会的属性，反思现代的时代意识与精神。

从农村来看，基于观察，我国大多数农村面临着人口流失、高度老龄化、生产建设能力不足的问题。农村的大多数青壮年都会流向经济相对发达的地区，为了满足生计需求、赚更多的钱而外出务工。传统农村承担的社会功能较多，是人们生老病死、耗费大部分时间和情感的地方，以农业为经济主体时农村承担着大部分的生产功能。随着科技逐步发达，单纯的人力耕作不再成为主流，经济重心愈加移向城市，人们需要以自己的劳动力去务工或者从事服务业来赚钱。在社会发展的过程中，社会分工趋向高度精细，人必须依靠他人才能存活，那么人必须投入分工体系中。农村逐步成为当代社会的边缘，一方面传统农村的功能逐渐退化，慢慢地成为老年人聚集的中心或传统文化中心；另一方面，农村提供的经济依靠基本只来源于农作物，满足不了群众日益增长的经济消费需求。对于我国的现代化道路来说，农村又属于重中之重。不过依据本次调查来看，乡村振兴的一个重点在于农业现代化，农村面临着劳动力不足的问题，需要发挥农业科技优势以少数人耕作来满足农作物生产需求。乡村振兴的重心不能是单纯的经济振兴，基于农村的产业振兴目前较为局限，有高质量农作物、文化旅游、手工业、帮扶等方面，并不足以打造长效的振兴局面。基于现代性视角，聚焦现代化社会的乡村功能转型，给乡村以现代分工体系中的一个合适的位置或许会成为乡村振兴的潜在动力。

从经济与社会福利的角度来看，目前我国居民主要认为经济压力来自住房与医疗，对于年纪在50岁以上的被访者家庭来说，医疗方面的负担更加明显。而且信息差的存在使得老年群体、不会上网的群体等面临着了解政策的困境。一方面，有关政策的信息不会被传达到这部分群体；另一方面，这部分群体也不会主动去搜寻，只能兀自困苦。整体来说，我国半数人口的经济水平还处于较低水平，并且多数人认为社会保障水平较低，社会福利的现代化建设依然任重而道远。对于政策宣传方面，我国大多数政策依赖于数字化建设，成立专业的调查小组与宣传小组将特殊群体纳入政策体系将更好地落实政策效果。

从调查中的总体观察来看，我国民众对后续发展的信心是很坚定的，不过令人担忧的一点是，精神文明建设的缺失会使人在现代社会中无所适从。经济基础决定上层建筑，当我们逐步接近现代化建设的目标时，在很大程度上是可量化的指标达到现代化标准。然而未来是没有标准的，我们在飞速接近物质建设的标准时，精神文明的建设往往会出现滞后效应。精神文明建设的滞后效应是现代人无所适从的根源，也是各种亚文化的兴起与越轨行为发生的根源，会导致社会发展面临现代性困境。我国的现代性困境是基于独特的体制与独特的发展道路产生的，主要特色在于集体意识优于个体意识，资源可以在一定程度上统一调配。但在现代化的过程中不可避免地人们的自我意识开始占据更大的比重，个体化的兴起在我国的集体社会中既被压制也被引导，往往会使个体无所适从。

综上所述，CSS除了在与被调查者的互动中升华之外，其现代属性也是值得关注的。调查本身会反映出问卷之外的内容，将这些内容梳理呈现给广大读者，也是本文的意图。每个调查人都在经过调查实践过程的洗礼后而具有独特的精神气质，简单来讲就是从群众中来、到群众中去。CSS调查人的使命不仅仅是收集科学的数据，他们也切身地投入了各领域的现代化建设，真实地观察了国家各地的真实情况，因此作为汇总的《仗卷走天涯：全国大型社会调查之督导笔记》书系的价值巨大，是我国调查事业现代化建设的见证，反映了我国现代化过程中的"小故事"，值得读者细细品味。

## 四　如何做得更好

至此，笔者已将CSS2023中的一些现象、问题以及自身的一些观点论述出来，但文笔拙劣，并不能将整个调查的全过程和所有发人深省、引人感触的片段表述出来，在此也不再赘述。通过上述的种种内容，需要对调查本身做反思性考察，为CSS以及其他大型社会调查建言献策。经观察，大型社会调查的困境可分为内在与外在两部分，内在即调查本身包括调查团队、规则设置、问卷设计等，外在即行政联络、调查执行、访问技巧、对外宣传等。

从调查本身来看，调查团队内部的互动以及如何整合使整体呈现完美和谐的局面是一件很困难的事。调查整体可分为项目组、项目组督导、地方团队三部分，项目组负责完成调查的设计、与合作机构的行政联络、各项准备工作和对项目组督导的培训；项目组督导则在调查执行的过程中与项目组与各地方团队对接具体工作并协助调查；地方团队则是最直接的执行者，承担了地方的行政联络、地区的任务量完成、访问员的招募等工作。调查团队的庞大往往是考验组织架构与领导能力的，既需要明确任务目标，又需要照顾其中的人情世故，这就意味着整体的凝聚力更为重要。在此我们可以从涂尔干那里得到启发，对法人团体的职业道德建构，也即我们文中提到的调查人的精神气质建构，可以根据不同的组织形式与调查目的、调查意义来基于普遍的群体价值构建可持续的专有群体价值，这样有助于成员增强认同感，团队凝聚力也可以得到有效保障。从规则设置来看，不能一概而论，往往在调查中，对科学性的强调会导致规则的僵化，应当因地制宜，将普遍性与特殊性有机结合以提升调查质量。调查者与被调查者共同认为问卷设计有待改进，一方面，双方共同认为问卷过长，访问时间太长；另一方面，被访者经常表示，很多问题关联性很强，一直在重复同样的答案，也有被访者表示很多问题不符合实际，不是自己切实关心的问题。问卷的长度问题有待解决，笔者认为如能将不同的部分进行分卷处理，设置必答部分及抽取与被访者情况关联的部分，每位被访者抽取 1 个关联板块将大幅缩短访问时长。例如，对于有老人的家庭和年纪较大的被访者可以抽取养老问题的板块，有子女的可以抽取教育问题的板块，随机抽取国家认同的板块等。

从调查的外部联系来看，重点在于行政联络与宣传。从 CSS2023 来看，在调查期间，我国各地在同步开展大规模反诈宣传，当访问员敲开门介绍本项调查的同时会响起反诈的广播，场面一度尴尬，这为调查的入户接触带来很大困难。CSS 的调查地点的更换周期与我国人口普查的周期相符合，即在 10 年内对抽取的村居每两年进行 1 次共计 5 次调查。因此在第一次调查时建立与村居干部的紧密联系就十分重要，而大型调查的经费相对紧张，用于公关的费用有限，且基层干部没有必须配合的责任，适当地调整用于公关的费用将有助于调查的开展。从宣传的角度来看，调查的专业宣传局限于少数人，很多人不了解自然也不愿配合。CSS是公益性的学术调查，但从长远来看，积极的自我推销有助于调查的顺利开展。比如，多借鉴营销学，可以做战略分析，对不同的被调查群体做定向宣传；也可以与村（居）委会达成合作关系，在每期调查前在调查地点做动员。最重要的一点是要体现价值关怀，设计群众最关切问题的有关标语可使得宣传效果更好。在城市社区可以基于五社联动的背景寻求多方配合来共同完成调查，比如，社区志愿者和社会工作者可以与社区干部相互配合来协助调查的开展。

## 五 小结

回顾又一年CSS，调查过程中的艰辛、欢乐与收获总是相伴而行的，每每回想起来我总有一种难以平复的心情。遥望许多社会调查界前辈初创我国调查事业时的筚路蓝缕，转眼间，现代化的实现又近在眼前。中国的社会调查事业依旧任重而道远，其中交织着整个社会的变迁过程，自此回望，中国的社会调查已呈现我国迈向现代化的动态过程的一部分。等真到了伟大事业实现的那天，这将是一部宏伟巨著。笔者不才，有幸得以略尽绵薄之力，希望以此文章展示CSS的风采。"不忘初心，做中国好调查"，谨以拙作与读者诸君共勉！

# 其德维新，其照惟均

姜瀚　中国社会科学院大学社会与民族学院

作为持续关注转型时期我国社会变迁的纵贯调查项目，始于2005年的"中国社会状况综合调查"（Chinese Social Survey, CSS）项目已经走过了第18个年头，完成了第9期即CSS2023的调查工作。两年前，我有幸成为CSS2021的巡视督导，参与了山东省和西藏自治区的实地培训与巡视工作。两年后，我再次回到项目组，参与并见证了CSS项目如何一个样本又一个样本地将2023年我国复杂社会现实的各个侧面编码为定量数据，如何再次为变迁中的我国社会留下一份切片，并记录下历史的车辙。

在本期的调查工作中，我一如既往地得到项目组各位老师的指导提点和地方机构老师们的支持鼓励，一如既往地结识了志同道合、直谅多闻的同学朋友，并且一如既往地跟着CSS项目走过了祖国的大好河山。但由于各种内外条件发生的变化，我个人在调查项目中其实收获了与两年前不尽相同的知识、技能、社会经验以及人格成长。我相信CSS作为大型社会调查项目，对技术工具的发展和经济社会环境的变化一定比任何个体都更加敏感，也有更多样和更大规模的信息需求。因此我整理了自己的工作笔记和个人思考，试图留下一份哪怕是幼稚的记录，希望自己个人的经验能够为今后参与CSS项目的督导同学们提供一点参考，以及如有可能，为整个项目的发展提供一点灵感。

接下来我将从个人的项目经历与成长收获、与调查相关的外部发展环境变化、促进项目自我调适的内在条件，以及我个人的建议条陈四个方面展开我的陈述。

## 一 项目经历、个人收获与成长

过去几个月中，我以培训及巡视督导的身份参与了CSS2023项目江西、广西、河北、山东、黑龙江、吉林6省区的培训及实地巡视工作，具体而言，所参与的项目流程与工作内容如下。

2023年2月起，参与旁听学习CSS2023项目前期筹备工作；5月7日，面试督导测试；5月至6月，候选督导培训；6月18日，通过考核；7月15日至18日，江西省访问员培训；7月20日至23日，广西壮族自治区访问员培训；7月26日至29日，山东省2区入户调查巡视；8月2日至3日，河北省第2期访问员培训；8月5日至9日，黑龙江省访问员培训；8月10日至12日，黑龙江省入户调查巡视；8月14日至16日，吉林省访问员培训；8月17日至20日，黑龙江省入户调查巡视；10月25日，河北省第3期访问员培训。

从知识和技能的层面来讲，我2023年的收获要比两年前更加多元。如果说CSS2021使我第一次了解了大型社会调查及其技术工具、基础理论，掌握了基本调查技能，并正式带着这些知识和技能踏入了祖国辽阔的田野，那么在CSS2023的工作过程中，我的主要成长在于我开始意识到，变迁之中的我国社会本身就要求着大型社会调查方法、工具、理论及技能的不断优化、适应与调整。大型社会调查在微观上是访问员与被访者之间的社会互动，在宏观上是成长中的调查项目与变迁中的我国社会之间的互动。

从生命体验和个人经历的层面来讲，2023年我在黑龙江、吉林和河北第3期的培训都是与当时还是我未婚妻的陈之杞督导一起共事的，这样的经历非常可贵。同甘共苦、相互支持之下，"做好调查工作"对我个人和我们这个小家庭而言，意义非比寻常。就在河北第3期访问员培训结束后不久，我们到民政部门登记结婚，CSS2023以如此难忘和如此富于意义的形式在我们的生活中留下了浓墨重彩的一笔。

从拓展认知的层面来讲，CSS2023使我对我国田野实地的复杂性、城市化大背景下具体居民聚落形态的多样性都有了更进一步的认识。两年前在《仗卷走天涯：全国大型社会调查之督导笔记》第三辑中我向自己提出过一个问题，大意是社会调查如何回应由于工作时间等客观因素而不能为调查项目所覆盖的特定经济阶层或业缘群体的需求，当时我猜想这是现有技术条件和调查模式下固有的误差。结合2023年的所见所闻，我更新了自己的回答。首先，固有误差确实存在。其次，特定经济阶层或业缘群体的生存状况及其变化能够以直接或间接的形式体现在家庭经济状况中，也能够以第三人陈述的方式存留在调查访谈形成的录音数据库中。因此这些特定群体虽然未能接受细致的面访，但并没有彻底消失在调查视野中。最后，从历史的角度来看，现阶段难以访问的群体与目前无法直接进入定量研究的调查资料具有相似性，都仍在等待着社会调查技术工具的升级和既有资料数据化能力的提升，现阶段的社会调查正在为后来者的研究尽可能创造条件。

## 二　CSS项目外部发展环境的变化

2023年CSS问卷设计中贯穿多个模块的重要主题是"中国式现代化"，在国内外各种环境发生变化的当下，明显属于新情况的是一系列项目外部发展环境的变化，如合作单位、调查对象、调查环境等方面的变化。这些变化以较为显著的形式决定了大型社会调查的背景，影响了大型社会调查项目全国协同合作的形态，也塑造了开展大型社会调查工作的方法与策略。

## （一）合作单位方面

伴随着房地产泡沫的消退，部分地区地方政府的经费周转存在困难，地方高校、科研院所的研究经费也有所减少，而CSS项目在各省份的合作机构恰恰是地方高校以及地方社科院，因此整体社会经济发展条件的变化势必会影响大型社会调查项目的开展。一方面，经济压力之下，很大一部分从事社科研究的学者可能很难专注于实地调查的执行；另一方面，"巧妇难为无米之炊"，即使有强烈调查意愿和工作传统的地方合作单位，也可能由于上级主管部门或内部组织机构的经济压力，而在实地调查工作的开展上存在困难。

合作机构面临的难题很容易直接反映在访问员的工作方法和工作质量上，并进而影响调查工作的规范性和数据质量。因此，不论是合作机构或对接负责人难以专注开展CSS项目的风险，还是合作机构开展调查存在其他困难的风险，都对CSS项目整体的运作和全国的协同提出了更高的要求，需要以更为精细的方式开展地方机构合作、全国协调统筹的工作。

## （二）调查对象方面

伴随着社会经济整体形势的变化，此前在经济高速发展的条件下许多居于次要地位的社会矛盾开始逐渐显露，并在不同的地区表现为不同的矛盾形态。这些社会矛盾一方面是社会调查要研究的内容，另一方面则可能影响调查工作的开展，如部分调查点村民与村干部之间、居民与居委会之间的矛盾，如果处理不当可能极大地影响调查质量、拖慢调查进度，甚至造成本地调查的停摆。

CSS2023的实践中，部分队伍到达实地后发现村居情况复杂、事前缺少信息，这很大程度上是因为2023年依据全国第七次人口普查数据抽取了全新的调查村居清单，尚未建立长期联系。此外由于全国第七次人口普查完成于新冠疫情期间，部分地区人口流动情况在疫情后有所变化，因此实地情况可能与预期不符。好在自CSS2025起至全国第八次人口普查数据发布之前，项目组都将继续沿用CSS2023的调查村居清单，调查对象相对稳定，能够保证调查的执行队伍有条件提前了解情况并做好准备。

（三）调查环境方面

CSS采取的是地图地址抽样、访问员入户面访的调查方式，在严格执行调查流程规范的条件下能确保样本选取的规范性和科学性，但随着青年就业形势和高校学生升学形势的变化，访问员的主体即高校在读大学生因就业升学压力的加大而面临着内卷化困境，访问员参与调查的机会成本越来越高，而参与项目的预期收获可能因日益严重的内卷而缩水。部分访问员在调查过程中向督导表示过自己"希望能赶紧做完调查，好回去复习考研/考公/考编"的愿望。此时CSS项目组为确保问卷质量而严格坚守的入户面访调查方式与访问员"求快"的心理存在冲突，加之国内其他大型社会调查项目往往妥协现状采取电话访问形式开展，两者共同作用之下，部分地区访问员预期投入在CSS项目上的时间和精力有所减少。

整体来看，现阶段的调查在局部出现了访问员焦虑情绪泛滥、获得感不足、质疑项目对个人的意义的情况，结合地方合作单位可能面临的困难和压力，有导致调查期间规范性意识薄弱、抽样阶段操作变形等问题的风险。

## 三　促进CSS项目自我调适的内在因素

"外因是变化的条件，内因是变化的根据，外因通过内因而起作用。"在外部环境变化之外，CSS项目同样具有不断自我调整发展的传统和内部因素，包括社会调查的固有需求和技术供给能力的客观提高，在过去19年所展开的9期调查中，正是这些内在力量驱动着CSS项目不断成长，在绘图抽样、问卷调查等各个阶段始终走在科学性的前沿。

（一）社会调查的固有需求

发展变化本来就是社会调查的固有需求，这种需求不仅仅是"因地制宜"和"因时而变"，不仅仅在于每期调查调整问卷设计，或适应调查地点的客观条件而调整样本分配方式、入户访问策略；更在于通过保证调查的科学性，来发现、记录和回应社会本身的变迁过程。在一个像我国这样幅员辽阔，且正在快速推进工业化、信息化和城市化的多民族国家中，社会生活不同侧面的规范程度和变迁速度都是不同的，大型社会调查在边际上每细致一点点、准确一点点，放在整个国家和整段社会发展历史中都会有重大的意义。科研领域是社会的组成部分，调查工作作为科研领域中的一个实践类型，不仅需要适应科研领域自身的发展变化，同样需要以反身性的视角理解和适应整体社会环境的变迁。

### （二）技术供给能力的提高

过去几期调查中，计算机辅助面访（computer-assisted personal interviewing，CAPI）系统和计算机辅助住宅抽样（computer-assisted residential sampling，CARS）系统的应用已经为CSS项目注入巨大的力量，调查全流程的科学性、规范性、可核验性都因计算机辅助调查工具的引入而得到前所未有的增强。伴随着大语言模型ChatGPT的出现和国内大语言模型赛道的开辟，通用人工智能已经进入社会生产领域并开始成为知识劳动中重要的辅助生产工具，这为大型社会调查项目带来了更强的技术供给能力。现有水平的大语言模型已经完全可以应用于培训模拟、辅助访问、质量控制等流程，未来大数据模型的训练成本如能降低，则可能有更广泛的应用空间。考虑到过去几期调查中已经积累了大量的访谈录音资料、住宅住址地图资料等，都受限于现阶段项目组的人力、物力、数据处理能力而未能展开研究，通用人工智能的发展也许将赋予这些宝贵的资料以新的生命。

即使CSS2025开展时大语言模型尚未达到科研级应用水平，我相信在CSS2027、CSS2029或其后不遥远的未来，通用人工智能的应用也一定能够拓展社会调查的边界和历史资料研究的边界。

### 四　关于项目自我调适的部分建议条陈

CSS项目有着一以贯之的务实传统，且具有很强的适应能力和不断自我成长的机制，事实上项目组在此前每一期CSS项目的组织开展过程中都会针对各种复杂的现实条件和大背景做出适应与统筹安排。针对近年来尤其是2023年以来上述各种内外环境条件所发生的变化，我个人从巡视督导成长历程的视角出发，在督导培训和督导队伍组织建设两方面做出了以下思考。

（一）巡视督导员培训

督导培训是巡视督导掌握履职必备技能的主要途径。CSS项目中，巡视督导的培训内容大体包括业务知识与技能（绘图抽样/核图核户、入户抽样、问卷调查、访问技巧等）、项目团队工作机制（巡视督导工作流程、地方督导工作流程、质控流程与要点、报销流程与要点等）、工作纪律和伦理，以及包括经验分享等在内的其他团队建设内容。通过为期几个周末的集中学习以及试调查的集中训练，进入田野的巡视督导普遍能够熟练掌握相关知识与技能。

然而，由于巡视督导的主体构成是北京地区的在读硕博学生，当下青年学生群体普遍面临的困境，尤其是困扰访问员同学的内卷化加剧、焦虑情绪泛滥、获得感不足、质疑项目对个人的意义等，巡视督导同样需要面对。如果在培训教学和实践引导中应对不当，就可能削弱督导团队整体的抗逆力、纪律性，降低团队效率。基于此，项目组可从督导培训的内容设计、教学形式、考核方式入手，针对青年群体的新情况做出有针对性的部署安排。

1. 培训内容设计方面

首先，项目组可考虑以直观的专业性和满满"干货"打消部分督导同学可能出现的焦虑情绪和怀疑心理。具体而言，例如，可考虑将项目介绍内容制作成教学宣传视频，以预习材料的形式发放给巡视督导或在主流网络音视频平台上进行公开发布，把现场培训的重点放在知识讲授和技能训练方面，对于公开可检索到的内容则以考核代替介绍，并以更多合作实操代替往届督导经验分享和团队建设内容，使培训流程保持较高且较均匀的知识密度。

其次，项目组可考虑重点加大项目团队工作机制的培训力度，特别是加大巡视督导工作流程、工作方法的培训以及报销流程与要点的培训力度，避免出现巡视督导熟练掌握调查知识却不清楚自身定位，无法回应一线执行队伍的疑惑，以及出现资料、设备管理缺位，或报销报账不及时、不合规的情况。

2. 培训教学开展形式方面

督导培训涉及的知识体系庞大、内容复杂，缺少直观性，项目组可考虑重视教学视频的示范功能。对于新督导而言，教学视频最重要的意义在于将抽象的问卷知识、访问技巧具体化为一套直观的访问工作模板，而直观性能够帮助督导迅速把握复杂的知识体系和现场条件，提供巨大的教学效率增益。因此，一方面，项目组可考虑在督导培训时每周提前将对应部分的教学视频发给巡视督导留作强制预习内容并配合要点考核；另一方面，建议项目组考虑尽快着手安排制作以CSS项目绘图抽样/核图核户工作流程与规范、入户抽样工作流程与规范、报销流程与要点等为主题的教学视频，并将其作为今后督导培训的强制预习内容。

3. 培训考核方式方面

现有的督导综合考核方式综合了笔试成绩和试讲得分，但未能将试调查中的表现情况等其他一些较有参考意义的客观指标纳入考量。项目组可考虑权重比例，将培训到勤、课堂参与、模拟练习成果、笔试成绩、试讲效果、试调查情况等要素均以加分的形式纳入其中，作为培训督导最终录用的主要考虑指标。此外，由于该指标较综合、较客观地体现了督导参与培训各阶段各方面的态度和成绩，亦可考虑将之与巡视督导选择外勤省份时的顺序挂钩，使得分高者有略大的选择空间。

（二）巡视督导队伍组织建设

在督导培训流程之外，例如在巡视督导的招募和管理等方面，巡视督导队伍的组织建设对于项目正常运行同样具有基础性的意义。

1. 拓展对外宣传途径

在巡视督导招募阶段，可考虑拓展外宣途径、加大外宣力度以吸引更多有识之士报名加入CSS项目。志向明确、意志坚定者有其内在驱动力量，足可抵消内卷化带来的压力。

具体而言，现有的依托于微信公众号的督导招募启事，存在宣传范围较小、信息密度较低、难以全面介绍项目、宣传对象群体较为固定、难以穿透结构洞等问题。伴随着近年来主流媒体平台尤其是网络音视频平台和网络直播平台的兴起，直播、短视频等传媒形式在宣传范围、信息密度、覆盖圈层多样性等各方面都展现出强大的传媒功能。项目组可考虑在主流网络音视频平台建立官方账号，将项目介绍视频、项目宣传视频、培训与试访问花絮集锦、地方执行队伍录制的总结视频，以及部分教学视频等进行公开发布。

首先，这有利于扩大项目影响力并使感兴趣的潜在报名者获取更丰富全面的项目信息，有利于高质量督导队伍的组建和建设；其次，公开发布有利于扩大社会调查事业的影响力，减少田野中被访者对项目组的质疑；第三，相关视频的公开发布本身有利于社会科学知识和高质量信息的下沉与大众化传播，是打破学术领域信息壁垒、使社会调查事业与最广大人民群众密切联系的可行思路。

2. 巡视督导管理机制

在巡视督导的人力资源管理调配维度上，目前的管理机制已经达到了很高的优化水平，但一方面仍然存在调查密度高峰时全国人力紧张的情况，以及大区间人力分配不均衡、人员抽调难以灵活机动的问题；另一方面也仍存在历届督导之间垂直方向上经验难以传递、每年调查起步阶段担当大任的始终是新手的问题。

针对第一个问题，首先可考虑弱化巡视督导工作范围的大区分配，以省份为基本单位配置人力开展培训或巡视工作，并允许在项目组同意的基础上跨大区抽调巡视督导，尽可能便利地优化人力配置；其次可参考现有的绘图抽样督导多省份巡回培训机制，酌情安排巡视督导的专业分工，例如设置专门的实地回访督导等。

针对第二个问题，建议项目组考虑将"记录本省份工作中的重要信息并制作成巡视督导工作攻略，供下一期调查的巡视督导参考"作为巡视督导工作内容的一个组成部分，每期巡视督导完善本省份攻略后，留下姓名及联系方式。此方案可打通项目组历届巡视督导相互之间的信息壁垒，将零散的经验性知识整合起来，有利于CSS实践经验的总结积累和开枝散叶，也有利于学术共同体的构建和CSSer们的联结。

## 五　总结

《诗》云："周虽旧邦，其命维新。"《易》云："凡益之道，与时偕行。"在19年9期调查各种内外环境条件的变化中，CSS项目不断发展和成长，也不断吸收最新的社会调查理论、前沿技术成果，不断探索调查工具、调查方法和项目运行方式的优化思路，始终与时代同行。但事物的变化最终服务于那些不变的核心，在CSS项目与发展变迁中的我国社会一起成长的道路上，始终不变的核心就是全体CSSer"做中国好调查"的初心，和脚踏实地、深入田野的务实精神。

我个人在CSS项目中多蒙项目组老师、合作机构老师、共事的巡视督导同学以及访问员同学的信赖、支持和鼓励。正是老师们的支持、同学们的信赖，以及全体CSSer展现出的耐心、细致和责任感，激励着我鼓起勇气做出自己微小的努力，在CSS社会调查的事业中留下了一道几不可见的小小痕迹。

古语云："非知之艰，行之惟艰。"

# 后　记

再次写《仗卷走天涯：全国大型社会调查之督导笔记》的后记，我的心境似已完全不同。从比勒陀利亚转场北京，浮云一别后，流水两年间，倒也多了些许瓢酒慰风尘的自适。写上一辑后记时，我刚抵南非，满怀憧憬，期待探索新大陆的无垠；又一次提笔时，已结束两年驻外任期重回故里。如何形容这种时空转换间的人生沉淀呢？好像大树根系，经历疯狂外延生长后，终于找到一种自洽的方式把根须深深扎入一片土地，在广度和深度不断拓展的过程中，逐渐获得一种所欲自从的自赋效能感。或许，正是因为这两年的生命馈赠，当我再次读到CSSer们的文字时，也格外关注CSS2023是如何重塑他们生命的鲜活力的。

　　从某种程度上来说，CSS就是CSSer们得以出崖涘、观大海的那条宽阔径流。在《庄子·秋水》中，庄子借河伯与海若的问答指出，人只有突破自身的认识局限，才可能认识到天地之间的无垠。"秋水时至，百川灌河，径流之大，两涘渚崖之间，不辩牛马。于是焉河伯欣然自喜，以天下之美为尽在己；顺流而东行，至于北海，东面而视，不见水端。于是焉河伯始旋其面目，望洋向若而叹曰：野语有之，曰'闻道百，以为莫己若'者，我之谓也；且夫我尝闻少仲尼之闻而轻伯夷之义者，始吾弗信；今我睹子之难穷也，吾非至于子之门，则殆矣，吾长见笑于大方之家。"北海若答道："井鼃不可以语于海者，拘于虚也；夏虫不可以语于冰者，笃于时也；曲士不可以语于道者，束于教也。今尔出于崖涘，观于大海，乃知尔丑，尔将可与语大理矣。"在庄子看来，"可与语大理"的前提是摆脱狭隘认识，以获得对真实世界的丰富感官体验，只有积累足够丰富的感官经验才能有升华到更高层次的理性认识的可能。无疑，CSS就是那条引领CSSer们"顺流而东行，至于北海"去体验真实社会丰富性的感官通道，正如丽艳所见：中国社会正是由千千万万个普普通通、不完美但鲜活的"他们"组成，"他们"的个人、家庭、工作、生活等方方面面又汇聚成中国社会的综合状况。

正是CSS，让CSSer们得以体悟多彩而厚重的生命力。粤丹在湖北遇到一位80岁的独居老奶奶对天感恩道："感谢老天爷让这个社会变得这么好，感谢老天爷让两个孩子读到了书，让这两个孩子这么有出息。"陈晔仍然记得鞍山那位独自抚养外孙女的67岁奶奶，先韬曾在四川乡村跟一位健谈的农民大爷细致计算务农的每一笔收入和支出，"他们就像野草一样，乐观而又顽强地活着"。雨诗在湖南遇见热情的村干部、开心的聋哑老人、希望有人陪聊的孤寡老人。郭渊在内蒙古遇到从西藏迁来求温饱的打工者、大学毕业后投身工地的青年，他们"形单影只却似有千军万马之力"。新宇在云南入户时，看到醉酒壮年男人的无奈、年轻女子居家带娃的乐观、中年低保男人的落魄、空巢老年女性的窘迫。泽楷在江苏经历风雨洗礼后收获诸多"小确幸"，不仅获得社区工作人员的大力支持，还通过与村民交流收获颇多珍贵友谊和感动瞬间。浩修"眼界大开"，不仅结交了一群有趣的朋友，还吃遍了各地美食。嘉棋在生机勃勃的深圳看到那些不断奋斗的人，无论成年人还是未成年人，每个人似乎都背负着巨大压力。思施仍旧惦念西南村寨里那位患精神疾病却依旧热情配合回答问题的被访者，遗憾未能为其奉上感谢信。还有，子龙在河南农村被当地"耕读"习俗所代表的丰富理性精神洗礼，晓晨在皖滇田野纵深处感受到大山的天然韧性，境翼记忆里与CSS2023四个月的结缘是"邂逅相遇，适我愿兮"，奕帅在陕甘宁粤真切体验到基层社区治理中各主体之间的互动，感知到庞大社会结构中每一个真实、活生生的人的脉搏跳动。韩哲似仍在回味江苏的饯别晚餐，小伙伴们热闹争抢鲜嫩多汁的生蚝、羊肉串，香菇韭菜金针菇绿白相间成小曲，鸭肠脆骨肉量足又色香味俱全，鸡腿中翅在灯光映照下显得分外诱人。

正是CSS，让CSSer们得以成为不一样的自己。迪丽热巴人生第一次和十个人挤在不到五平方米的单人间里休息，第一次真实踏入自己生活的城市，第一次作为一个成年人面对工作中的困难，第一次深入了解自己的潜力。万千在江苏农村第一天绘图时便被八只大狗围堵，最后村干部骑着电动三轮车赶来将其成功解救。薛婧领悟到，困难挫折可以让自己浮躁的心慢慢沉下来、稳下来、静下来，在一次又一次的拒绝与质疑中获得成长。云霄作为巡视督导、绘图员和访问员，每天都在尝试和地方团队、村（居）委会、被访者等打交道，清晰地感受到自己的迅速成长。馨瑶说："CSS改变了我对社会片面、单一的认知，中国社会面貌很小的一部分也在我的脚步丈量下更为生动地呈现，这跟过去在课堂上被动地接受老师的讲授有很大不同。"梓楠体会到在校园以学生身份无法体会到的东西，即只有在实践中才能得到真知，例如遇到与计划相左的问题时保持冷静、与组员更好地分工协作、以亲和可信的形象与陌生居民沟通等。文尉在毒辣太阳的鞭笞下、冷漠不解的白眼下、频频拒访的挫败下才体悟何为"知易行难"和"且难且行"。龙洁则在经历入户被拒、被"扫"地出门、语言攻击等打击后仍然认为感恩很重要。当之杞从山清水秀的村落回到现代化都市太原时，箱子上满是尘土，她说："我那时心中涌动的更多是自豪之情，我知道这是我的功勋，是我与访问员们一起上山下地留下的珍贵记忆和痕迹。"高飞和小伙伴们一起挤公交、一起吃大锅饭、一起做菜刷碗、一起拮据地计算花销、一起经历暴晒雨淋，一块块晒黑的皮肤，一次次没电的平板，一本本严重磨损的示卡，一个个背到变形的电脑包，都见证着彼此的努力和成长。刘川认为CSS成就了自己，让她快速成长，变得更加沉稳，并逐渐走出"社恐"舒适圈，遇见了更多人，锻炼了自己不同方面的能力，意识到不同人有各自独特的经历和性格，也体会到保持对生活的期待和热爱是一种积极而残酷的处世态度。

正是CSS，让CSSer们开始懂得社会调查的真正价值。文康从椰林海南到雪域拉萨，从贵州到凉山，真切触及传统礼俗社会痕迹、活态非遗、电信诈骗、留守儿童、空巢老人等社会问题。宇恒感叹调查经历印证了那句"纸上得来终觉浅，绝知此事要躬行"。正如东灏所悟，书本知识固然重要，但亲身体验更重要，参与社会调查让其进一步了解社会，并在调查中增长见识、锻炼才干、培养韧性。邱媛认为做好小事才能成大事，无论督导还是访问员都要像狐狸一样，迈开双脚去找，睁开眼睛去看，张开耳朵去听，触摸时代脉搏，感受社会多面。莉雅在社会调查中见人世、知人心，面对真实世界，感悟日常生活的复杂性，并认为"在现场"本身就充满意义。在佩莹看来，先贤虽然为我们描述、理解、分析社会提供了诸多理论视角，但要想真正了解当今中国社会如何运行和中国人的生活状况，必须深入实地开展调研，而CSS就是一种最有效的渠道。正是在实地，赵娜认识到团队协作的重要性，队友不仅是合作伙伴，更是彼此的精神良药。琼瑶意识到访问员也可以有情绪反应，认为在合理范围内利用好不同"身份"的模式切换，有助于学习运用情绪表达自身合理诉求。李琦则进一步反思访问员与督导、调查者与被访者之间的相互影响，认为调查不仅是一种工具或手段，也是一个富含关系人情的动态过程，养老、人口流失、区域发展不平衡等诸多现实问题都不是凭空出现的，均深植于国家发展转型、社会文化变迁等时空进程中。标致则从绘图抽样培训、执行和质量控制过程，探索通过地图地址抽样方法构建抽样框的覆盖性及可优化路径。张驰在某天晚上回住处的车斗里被一位访问员问道："为什么我们看到的农村和课本上的新农村不太一样？"他沉默半晌才答道："也许这就是我们要做社会调查的意义吧！"

在庄子看来，人的感性和理性所能感知、推测的事物都不可避免地带有相对性和有限性，生死、贵贱、大小、是非、善恶、美丑、荣辱、得失等，都是心中成见，是人们被自己有限的认知能力所蔽而致。但同时，庄子又肯定对立事物双方互为彼此存在的条件，"知东西之相反而不可以相无"。这种相对主义主导了庄子对自然、社会、人生的认识与理解，并将其带入某种不确定性，于是他提出"道"作为一种绝对性来消除这种由相对性衍生的不确定性，认为一旦站在"道"的角度去审视，世间万物的差别都将消失不见，"以道观之，物无贵贱；以物观之，自贵而相贱；以俗观之，贵贱不在己。以差观之，因其所大而大之，则万物莫不大；因其所小而小之，则万物莫不小。知天地之为稊米也，知毫末之为丘山也，则差数睹矣。以功观之，因其所有而有之，则万物莫不有；因其所无而无之，则万物莫不无。至东西之相反而不可以相无，则功分定矣。以趣观之，因其所然而然之，则万物莫不然，因其所非而非之，则万物莫不非。知尧、桀之自然而相非，则趣操睹矣。昔者尧、舜让而帝，之、哙让而绝；汤、武争而王，白公争而灭。由此观之，争让之礼，尧、桀之行，贵贱有时，未可以为常也"。

正由于"道"是生养天地万物的根源且无处不在，故人与天地万物从根本上是同根同源的且地位平等，因此庄子说，"天地与我并生，而万物与我为一"。这种"天人合一"的精神从对自然的探索出发，重视人与环境和谐统一，与以社会伦理规范为出发点并致力于道德修养实践的儒家精神一并构成我国古代哲学的基本结构，传承至今成为我辈认识世界的文化逻辑起点。鉴于此，本辑《仗卷走天涯：全国大型社会调查之督导笔记》斗胆借庄子论观"道"言，分择"以趣观""以差观""以功观""以俗观""以道观"为全文结构化的篇目名，私寄望CSSer们不仅能够通过CSS获得"可与语大理"的能力，也在往后人生进程中能够不断突破自我局限，或得以道观世界。并自勉。

林红

中国社会科学院社会学研究所

**图书在版编目（CIP）数据**

仗卷走天涯：全国大型社会调查之督导笔记. 第四辑 / 崔岩，林红，田志鹏主编；任莉颖，邹宇春，李炜副主编. -- 北京：社会科学文献出版社，2024.10.
ISBN 978-7-5228-4379-7

Ⅰ. D668-53
中国国家版本馆CIP数据核字第202475XJ63号

仗卷走天涯：全国大型社会调查之督导笔记（第四辑）

主　　编 / 崔　岩　林　红　田志鹏
副 主 编 / 任莉颖　邹宇春　李　炜

出 版 人 / 冀祥德
责任编辑 / 庄士龙
责任印制 / 王京美

出　　版 / 社会科学文献出版社·群学分社（010）59367002
　　　　　地址：北京市北三环中路甲29号院华龙大厦　邮编：100029
　　　　　网址：www. ssap. com. cn
发　　行 / 社会科学文献出版社（010）59367028
印　　装 / 三河市尚艺印装有限公司

规　　格 / 开　本：787mm×1092mm　1/16
　　　　　印　张：28　字　数：422千字
版　　次 / 2024年10月第1版　2024年10月第1次印刷
书　　号 / ISBN 978-7-5228-4379-7
定　　价 / 89.00元

读者服务电话：4008918866